DIREITO
DO
PATRIMÓNIO CULTURAL

— LEGISLAÇÃO —

JOSÉ CASALTA NABAIS
Professor da Faculdade de Direito de Coimbra

SUZANA TAVARES DA SILVA
Assistente da Faculdade de Direito de Coimbra

DIREITO DO PATRIMÓNIO CULTURAL

— LEGISLAÇÃO —

2.ª EDIÇÃO

DIREITO DO PATRIMÓNIO CULTURAL

AUTORES
JOSÉ CASALTA NABAIS
SUZANA TAVARES DA SILVA

EDITOR
EDIÇÕES ALMEDINA, SA
Rua da Estrela, n.º 6
3000-161 Coimbra
Tel: 239 851 904
Fax: 239 851 901
www.almedina.net
editora@almedina.net

PRÉ-IMPRESSÃO • IMPRESSÃO • ACABAMENTO
G.C. GRÁFICA DE COIMBRA, LDA.
Palheira – Assafarge
3001-453 Coimbra
producao@graficadecoimbra.pt

Abril, 2006

DEPÓSITO LEGAL
241513/06

Os dados e as opiniões inseridos na presente publicação
são da exclusiva responsabilidade do(s) seu(s) autor(es).

Toda a reprodução desta obra, por fotocópia ou outro qualquer processo,
sem prévia autorização escrita do Editor,
é ilícita e passível de procedimento judicial contra o infractor.

NOTA À 2ª EDIÇÃO

Esgotada a 1ª edição, impunha-se proceder à publicação da 2ª. Facto que aproveitámos para levar a cabo algumas alterações, seja porque surgiram novos diplomas legais, seja porque tenha havido modificações nos já publicados.

As novidades desta segunda edição residem, no plano do direito internacional, na Convenção da UNESCO para a salvaguarda do património cultural imaterial e na Convenção europeia da paisagem e, no plano nacional, na publicação de diplomas legais que contemplam soluções inovadoras (há algum tempo referenciadas pela doutrina) em matéria de gestão e valorização do património cultural, como é o caso da lei-quadro dos museus e do regime excepcional de reabilitação urbana.

Para além da inclusão destes novos instrumentos normativos, procedemos também à actualização dos que já constavam da primeira edição. Destacam-se, neste âmbito, a publicação da versão portuguesa da Convenção da UNESCO sobre património cultural subaquático, as alterações do regulamento (CEE) n.º 752/93 e as modificações em matéria de benefícios fiscais no âmbito da tributação do património.

Março de 2006

Os organizadores

NOTA PRÉVIA

São muito modestos os propósitos desta compilação de legislação relativa ao direito do património cultural. Com ela pretendemos reunir a legislação básica, bastante dispersa e diversificada, que disciplina este importante sector do nosso ordenamento jurídico.

O que se justifica, fundamentalmente, por três ordens de razões. Por um lado, não há nenhuma colectânea da legislação relativa a este importante domínio do direito contemporâneo, que reuna o múltiplo e diversificado complexo de normas jurídicas que disciplinam actualmente o património cultural.

De outro lado, a nossa experiência dos últimos anos, enquanto encarregados da regência da disciplina de Direito do Património Histórico-Cultural, no Curso de Pós-Graduação em Direito do Ordenamento, do Urbanismo e do Ambiente, ministrado pelo Centro de Estudos do Direito do Ordenamento, Urbanismo e Ambiente da Faculdade de Direito da Universidade de Coimbra, alertou-nos para a necessidade e utilidade de uma publicação deste tipo. Uma utilidade, desde logo, para os próprios auditores do referido curso de pós-graduação.

Finalmente, parece-nos que este é também o momento oportuno, uma vez que foi publicada a Lei de Bases da Política e do Regime de Protecção e Valorização do Património Cultural, a Lei n.° 107/2001, a qual, muito embora ainda não esteja regulamentada em muitos dos seus aspectos pelos decretos-lei de desenvolvimento para que remete, constitui um marco importantíssimo na disciplina legal do património cultural.

A título complementar, diremos que integram esta colectânea textos normativos que não se encontram em vigor ou diplomas que, uma vez regulamentada a Lei n.° 107/2001, deixarão de vigorar. Estão na primeira situação a Convenção de Delfos, dada a sua importância, e a Convenção sobre o Património Arqueológico Subaquático, porque esperamos que venha a entrar em vigor dentro de poucos anos. Está na segunda situação o Decreto n.º 20.985, dado a sua vigência estar ressalvada no n.º 2 do art. 114.º da Lei n.º 107/2001.

Coimbra, Abril de 2003

Os organizadores

I

CONSTITUIÇÃO
DA
REPÚBLICA PORTUGUESA

Constituição da República Portuguesa

ARTIGO 9.º – **Tarefas fundamentais do Estado**

São tarefas fundamentais do Estado:

(...)

e) Proteger e valorizar o património cultural do povo português, defender a natureza e o ambiente, preservar os recursos naturais e assegurar um correcto ordenamento do território.

ARTIGO 52.º – **Direito de petição e direito de acção popular**

1. Todos os cidadãos têm o direito de apresentar, individual ou colectivamente, aos órgãos de soberania, aos orgãos de governo próprio das regiões autónomas ou a quaisquer autoridades petições, representações, reclamações ou queixas para defesa dos seus direitos, da Constituição, das leis ou do interesse geral e, bem assim, o direito de serem informados, em prazo razoável, sobre o resultado da respectiva apreciação.

(...)

3. É conferido a todos, pessoalmente ou através de associações de defesa dos interesses em causa, o direito de acção popular nos casos e termos previstos na lei, incluindo o direito de requerer para o lesado ou lesados a correspondente indemnização, nomeadamente para:

a) Promover a prevenção, a cessação ou a perseguição judicial das infracções contra a saúde pública, os direitos dos consumidores, a qualidade de vida e a prevenção do ambiente e do património cultural;

b) Assegurar a defesa dos bens do Estado, das regiões autónomas e das autarquias locais.

ARTIGO 62.º – **Direito de propriedade privada**

1. A todos é garantido o direito à propriedade privada e à sua transmissão em vida ou por morte, nos termos da Constituição.
2. A requisição e a expropriação por utilidade pública só podem ser efectuadas com base na lei e mediante o pagamento de justa indemnização.

ARTIGO 66.º – **Ambiente e qualidade de vida**

1. Todos têm o direito a um ambiente de vida humano, sadio e ecologicamente equilibrado e o dever de o defender.
2. Para assegurar o direito ao ambiente, no quadro de um desenvolvimento sustentável, incumbe ao Estado, por meio de organismos próprios e com o envolvimento e a participação dos cidadãos:

(...)

c) Criar e desenvolver reservas e parques naturais e de recreio, bem como classificar e proteger paisagens e sítios, de modo a garantir a conservação da natureza e a preservação de valores culturais de interesse histórico ou artístico;

(...)

e) Promover, em colaboração com as autarquias locais, a qualidade ambiental das povoações e da vida urbana, designadamente no plano arquitectónico e da protecção das zonas históricas;

(...)

ARTIGO 78.º – **Fruição e criação cultural**

1. Todos têm direito à fruição e criação cultural, bem como o dever de preservar, defender e valorizar o património cultural.
2. Incumbe ao Estado, em colaboração com todos os agentes culturais:

a) Incentivar e assegurar o acesso de todos os cidadãos aos meios e instrumentos de acção cultural, bem como corrigir as assimetrias existentes no país em tal domínio;

b) Apoiar as iniciativas que estimulem a criação individual e colectiva, nas suas múltiplas formas e expressões, e uma maior circulação das obras e dos bens culturais de qualidade;

c) Promover a salvaguarda e a valorização do património cultural, tornando-o elemento vivificador da identidade cultural comum;

d) Desenvolver as relações culturais com todos os povos, especialmente os de língua portuguesa, e assegurar a defesa e a promoção da cultura portuguesa no estrangeiro;

e) Articular a política cultural e as demais políticas sectoriais.

ARTIGO 84.º – **Domínio público**

1. Pertencem ao domínio público:

(...)

f) Outros bens como tal classificados por lei.

2. A lei define quais os bens que integram o domínio público do Estado, o domínio público das regiões autónomas e o domínio público das autarquias locais, bem como o seu regime, condições de utilização e limites.

ARTIGO 165.º – **Reserva relativa de competência legislativa**

1. É da exclusiva competência da Assembleia da República legislar sobre as seguintes matérias, salvo autorização ao Governo:

(...)

g) Bases do sistema de protecção da natureza, do equilíbrio ecológico e do património cultural;

(...)

i) Criação de impostos e sistema fiscal e regime geral das taxas e demais contribuições financeiras a favor das entidades públicas;

(...)

ARTIGO 227.º – **Poderes das regiões autónomas**

1. As regiões autónomas são pessoas colectivas territoriais e têm os seguintes poderes, a definir nos respectivos estatutos:

a) Legislar no âmbito regional em matérias enunciadas no respectivo estatuto político-administrativo e que não estejam reservadas aos órgãos de soberania;

b) Legislar em matérias de reserva relativa da Assembleia da República, mediante autorização desta, com excepção das previstas nas alíneas a) a c), na primeira parte da alínea d), nas alíneas f) e i), na segunda parte da alínea m) e nas alíneas o), p), q), s), t), v), x) e aa) do n.º 1 do artigo 165.º;

c) Desenvolver para o âmbito regional os princípios ou as bases gerais dos regimes Jurídicos contidos em lei que a eles se circunscrevam;

14 *Direito do Património Cultural*

ARTIGO 228.º – **Autonomia legislativa**

1. A autonomia legislativa das regiões autónomas incide sobre as matérias enunciadas no respectivo estatuto politico-administrativo que não estejam reservadas aos órgãos de soberania.

2. Na falta de legislação regional própria sobre matéria não reservada à competência dos órgãos de soberania, aplicam-se nas regiões autónomas as normas legais em vigor.

(...)

ARTIGO 238.º – **Património e finanças locais**

1. As autarquias locais têm património e finanças próprios.
(...)

3. As receitas próprias das autarquias locais incluem obrigatoriamente as provenientes da gestão do seu património e as cobradas pela utilização dos seus serviços.

4. As autarquias locais podem dispor de poderes tributários, nos casos e nos termos previstos na lei.

ARTIGO 241.º – **Poder regulamentar**

As autarquias locais dispõem de poder regulamentar próprio nos limites da Constituição, das leis e dos regulamentos emanados das autarquias de grau superior ou das autoridades com poder tutelar.

II
DIREITO INTERNACIONAL

1

Concordata entre a Santa Sé e a República Portuguesa [1]

A Santa Sé e a República Portuguesa,

afirmando que a Igreja Católica e o Estado são, cada um na própria ordem, autónomos e independentes;

considerando as profundas relações históricas entre a Igreja Católica e Portugal e tendo em vista as mútuas responsabilidades que os vinculam, no âmbito da liberdade religiosa, ao serviço em prol do bem comum e. ao empenho na construção de uma sociedade que promova a dignidade da pessoa humana, a justiça e a paz;

reconhecendo que a Concordata de 7 de Maio de 1940, celebrada entre a República Portuguesa e a Santa Sé, e a sua aplicação contribuíram de maneira relevante para reforçar os seus laços históricos e para consolidar a actividade da Igreja Católica em Portugal em beneficio dos seus fiéis e da comunidade portuguesa em geral;

entendendo que se toma necessária uma actualização em virtude das profundas transformações ocorridas nos planos nacional e internacional: de modo particular, pelo que se refere ao ordenamento jurídico português, a nova Constituição democrática, aberta a normas do direito comunitário" e do direito internacio-

---

[1] A Concordata entre a Santa Sé e a República Portuguesa foi assinada na cidade do Vaticano, em 18 de Maio de 2004. Aprovada para ratificação pela Resolução da Assembleia da República n.º 74/2004, de 30 de Setembro, e ratificada pelo Decreto do Presidente da República n.º 80/2004, de 3 de Novembro, D.R. n.º269, I/A, de 16 de Novembro de 2004. Pelo Aviso n.º 23/2005, de 7 de Janeiro, do Ministério dos Negócios Estrangeiros, publicado no D.R. n.º18, de 26 de Janeiro de 2005, foi tornado público terem sido trocados, em 18 de Dezembro de 2004, os instrumentos de ratificação.

nal contemporâneo, e, no âmbito da Igreja, a evolução das suas relações com a comunidade política;

acordam em celebrar a presente Concordata, nos termos seguintes: (...)

ARTIGO 22

1. Os imóveis que. nos termos do artigo VI da Concordata de 7 de Maio de 1940, estavam ou tenham sido classificados como «monumentos nacionais» ou como de «interesse público» continuam com afectação permanente ao serviço da Igreja. Ao Estado cabe a sua conservação, reparação e restauro de harmonia com plano estabelecido de acordo com a autoridade eclesiástica, para evitar perturbações no serviço religioso; à Igreja incumbe a sua guarda e regime interno, designadamente no que respeita ao horário de visitas, na direcção das quais poderá intervir um funcionário nomeado pelo Estado.

2. Os objectos destinados ao culto que se encontrem em algum museu do Estado ou de outras entidades públicas são sempre cedidos para as cerimónias religiosas no templo a que pertenciam, quando este se ache na mesma localidade onde os ditos objectos são guardados. Tal cedência faz-se a requisição da competente autoridade eclesiástica, que vela pela guarda dos objectos cedidos, sob a responsabilidade de fiel depositário.

3. Em outros casos e por motivos justificados, os responsáveis do Estado e da Igreja podem acordar em ceder temporariamente objectos religiosos para serem usados no respectivo local de origem ou em outro local apropriado.

ARTIGO 23

1. A República Portuguesa e a Igreja Católica declaram o seu empenho na salvaguarda, valorização e fruição dos bens, móveis e imóveis, de propriedade da Igreja Católica ou de pessoas jurídicas canónicas reconhecidas, que integram o património cultural português.

2. A República Portuguesa reconhece que a finalidade própria dos bens eclesiásticos deve ser salvaguardada pelo direito português, sem prejuízo da necessidade de a conciliar com outras finalidades decorrentes da sua natureza cultural, com respeito pelo princípio da cooperação.

3. As autoridades competentes da República Portuguesa e as da Igreja Católica acordam em criar uma Comissão bilateral para o desenvolvimento da cooperação quanto a bens da Igreja que integrem o património cultural português.

4. A Comissão referida no número anterior tem por missão promover a salvaguarda, valorização e fruição dos bens da Igreja, nomeadamente através do apoio do Estado e de outras entidades públicas às acções necessárias para a identificação, conservação, segurança, restauro e funcionamento, sem qualquer forma de discriminação em relação a bens semelhantes, competindo-lhe ainda promover, quando adequado, a celebração de acordos nos termos do artigo 28.

ARTIGO 24

1. Nenhum templo, edifício, dependência ou objecto afecto ao culto católico pode ser demolido, ocupado, transportado, sujeito a obras ou destinado pelo Estado e entidades públicas a outro fim, a não ser mediante acordo prévio com a autoridade eclesiástica competente e por motivo de urgente necessidade pública.

2. Nos casos de requisição ou expropriação por utilidade pública, será sempre consultada a autoridade eclesiástica competente, mesmo sobre o quantitativo da indemnização. Em qualquer caso, não será praticado acto algum de apropriação ou utilização não religiosa sem que os bens expropriados sejam privados do seu carácter religioso.

3. A autoridade eclesiástica competente tem direito de audiência prévia, quando forem necessárias obras ou quando se inicie procedimento de inventariação ou classificação como bem cultural.

(...)

ARTIGO 26

1. A Santa Sé, a Conferência Episcopal Portuguesa, as dioceses e demais jurisdições eclesiásticas, bem como outras pessoas jurídicas canónicas constituídas pelas competentes autoridades eclesiásticas para a prossecução de fins religiosos, desde que lhes tenha sido reconhecida personalidade civil nos termos dos artigos 9 e 10, não estão sujeitas a qualquer imposto sobre:

a) As prestações dos crentes para o exercício do culto e ritos;

b) Os donativos para a realização dos seus fins religiosos;

c) O resultado das colectas públicas com fins religiosos;

d) A distribuição gratuita de publicações com declarações, avisos ou instruções religiosas e sua afixação nos lugares de culto.

20 *Direito do Património Cultural*

2. A Santa Sé, a Conferência Episcopal Portuguesa, as dioceses e demais jurisdições eclesiásticas, bem como outras pessoas jurídicas canónicas constituídas pelas competentes autoridades eclesiásticas para a prossecução de fins religiosos, às quais tenha sido reconhecida personalidade civil nos termos dos artigos 9 e 10, estão isentas de qualquer imposto ou contribuição geral, regional ou local, sobre:

a) Os lugares de culto ou outros prédios ou parte deles directamente destinados à realização de fins religiosos;

b) As instalações de apoio directo e exclusivo às actividades com fins religiosos;

c) Os seminários ou quaisquer estabelecimentos destinados à formação eclesiástica ou ao ensino da religião católica;

d) As dependências ou anexos dos prédios descritos nas alíneas a) a c) a uso de instituições particulares de solidariedade social;

e) Os jardins e logradouros dos prédios descritos nas alíneas a) a d) desde que não estejam destinados a fins lucrativos;

f) Os bens móveis de carácter religioso, integrados nos imóveis referidos nas alíneas anteriores ou que deles sejam acessórios.

3. A Santa Sé, a Conferência Episcopal Portuguesa, as dioceses e demais jurisdições eclesiásticas, bem como outras pessoas jurídicas canónicas constituídas pelas competentes autoridades eclesiásticas para a prossecução de fins religiosos, desde que lhes tenha sido reconhecida personalidade civil nos termos dos artigos 9 e 10, estão isentas do imposto de selo e de todos os impostos sobre a transmissão de bens que incidam sobre:

a) Aquisições onerosas de bens imóveis para fins religiosos;

b) Quaisquer aquisições a título gratuito de bens para fins religiosos;

c) Actos de instituição de fundações, uma vez inscritas no competente registo do Estado nos termos do art° 10.

4. A autoridade eclesiástica responsável pelas verbas que forem destinadas à Igreja Católica, nos termos do artigo seguinte, está isenta de qualquer imposto sobre essa fonte de rendimento.

5. As pessoas jurídicas canónicas, referidas nos números anteriores, quando também desenvolvam actividades com fins diversos dos religiosos, assim considerados pelo direito português, como, entre outros, os de solidariedade social, de educação e cultura, além

dos comerciais e lucrativos, ficam sujeitas ao regime fiscal aplicável à respectiva actividade.

6. A República Portuguesa assegura que os donativos feitos às pessoas jurídicas canónicas, referidas nos números anteriores, às quais tenha sido reconhecida personalidade civil nos termos desta Concordata, produzem o efeito tributário de dedução à colecta, nos termos e limites do direito português.

2

Convenções da UNESCO

2.1. Convenção para a Protecção dos Bens Culturais em Caso de Conflito Armado, adoptada na Haia em 14 de Maio de 1954 [1]

INTRODUÇÃO

No seguimento da quarta Convenção de 1907 respeitante às leis e costumes da guerra em terra, que instituiu pela primeira vez um embrião de protecção internacional para os edifícios consagrados às artes e às ciências, bem como para os monumentos históricos, visa esta Convenção salvaguardar e assegurar o respeito pelos bens móveis ou imóveis que representem uma grande importância para o património cultural dos povos, qualquer que seja a sua origem ou o seu proprietário.

A salvaguarda destes bens implica que os Estados em cujo território eles se encontrem situados tomem em tempo de paz todas as medidas necessárias à sua protecção.

O respeito pelos bens protegidos impõe-se tanto ao Estado onde eles se encontrem como aos seus adversários. Este respeito pelos bens implica que as partes da Convenção renunciem, por um lado, a utilizar os referidos bens para fins que os possam expor à destruição e, por outro lado, que as partes se abstenham de qualquer acto de hostilidade em relação a esses bens. Elas comprometem-se para mais a proibir e prevenir qualquer acto de roubo, pilhagem, desvio ou vandalismo em relação a bens culturais.

---

[1] Aprovada para ratificação pela Resolução da Assembleia da República n.º 26/2000 e ratificada pelo Decreto do Presidente da República n.º 13/2000, ambos de 30 de Março. Pelo Aviso n.º 9/2001, de 16 de Fevereiro, foi tornado público que Portugal depositou, em 4 de Agosto de 2000, junto do director-geral da UNESCO, o instrumento de ratificação.

Está prevista uma protecção especial para aqueles bens de grande importância, assim como para os abrigos destinados a protegê-los.

As modalidades de aplicação da Convenção estão determinadas no Regulamento de Execução, que, por iniciativa do Director-Geral da UNESCO, foi pela primeira vez posto em prática aquando do conflito de 1907 no Médio Oriente.

A Convenção prevê também que as Partes Contratantes dirijam, pelo menos uma vez de quatro em quatro anos, ao Director-Geral da UNESCO um relatório sobre as medidas tomadas, preparadas ou consideradas em aplicação da Convenção e do seu Regulamento de Execução.

A Convenção entrou em vigor em 7 de Agosto de 1956.

O Protocolo adoptado pela Conferência da Haia, da mesma forma que a Convenção de 1954, proíbe aos Estados Contratantes a exportação de bens culturais dos territórios que eles ocupem. Estes Estados devem mesmo tomar todas as medidas necessárias para impedir semelhantes exportações por quem quer que seja.

Se, apesar dessas medidas, um bem cultural for exportado de um território ocupado, esse bem deverá ser restituído às autoridades competentes desse território no fim das hostilidades, ficando estabelecido que as indemnizações devidas aos possuidores ou detentores de boa fé serão pagas pelo Estado ocupante. O Protocolo estabelece ainda que em caso algum os bens culturais transferidos de um território ocupado poderão ser retidos como indemnizações de guerra.

O Protocolo entrou em vigor em 7 de Agosto de 1956.

As Altas Partes Contratantes:

Considerando que os bens culturais sofreram graves danos durante os últimos conflitos e que eles se encontram cada vez mais ameaçados de destruição devido ao desenvolvimento de tecnologia de guerra;

Convencidos de que os atentados perpetrados contra os bens culturais, qualquer que seja o povo a quem eles pertençam, constituem atentados contra o património cultural de toda a humanidade, sendo certo que cada povo dá a sua contribuição para a cultura mundial;

Considerando que a convenção do património cultural apresenta uma grande importância para todos os povos do mundo e que importa assegurar a este património uma protecção internacional;

Guiados pelos princípios respeitantes à protecção dos bens culturais em caso de conflito armado estabelecidos nas Convenções da Haia de 1899 e de 1907 e no Pacto de Washington de 15 de Abril de 1935;

Convenção para a Protecção dos Bens Culturais

Considerando que, para ser eficaz, a protecção destes bens deve ser organizada em tempo de paz através de medidas quer nacionais quer internacionais;

Determinados a adoptar todas as disposições possíveis para proteger os bens culturais;

acordam o que se segue:

CAPÍTULO I
Disposições gerais respeitantes à protecção

ARTIGO 1.º – **Definição de bens culturais**

Para fins da presente Convenção são considerados como bens culturais, qualquer que seja a sua origem ou o seu proprietário:

a) Os bens, móveis ou imóveis, que apresentem uma grande importância para o património cultural dos povos, tais como os monumentos de arquitectura, de arte ou de história, religiosos ou laicos, ou sítios arqueológicos, os conjuntos de construções que apresentem um interesse histórico ou artístico, as obras de arte, os manuscritos, livros e outros objectos de interesse artístico, histórico ou arqueológico, assim como as colecções científicas e as importantes colecções de livros, de arquivos ou de reprodução dos bens acima definidos;

b) Os edifícios cujo objectivo principal e efectivo seja, de conservar ou de expor os bens culturais móveis definidos na alínea a), como são os museus, as grandes bibliotecas, os depósitos de arquivos e ainda os refúgios destinados a abrigar os bens culturais móveis definidos na alínea *a*) em caso de conflito armado;

c) Os centros que compreendam um número considerável de bens culturais que são definidos nas alíneas *a*) e *b*), os chamados «centros monumentais».

ARTIGO 2.º – **Protecção dos bens culturais**

Para fins da presente Convenção a protecção dos bens culturais comporta a salvaguarda e o respeito por estes bens.

ARTIGO 3.º – **Salvaguarda dos bens culturais**

As Altas Partes Contratantes comprometem-se a preparar, em tempo de paz, a salvaguarda dos bens culturais situados no seu próprio território contra os efeitos previsíveis de um conflito armado, tomando as medidas que considerem apropriadas.

ARTIGO 4.º – **Respeito pelos bens culturais**

1 – As Altas Partes Contratantes comprometem-se a respeitar os bens culturais situados quer no seu próprio território quer no território das outras Altas Partes Contratantes, não se permitindo a utilização desses bens, dos seus dispositivos de protecção e dos acessos imediatos para fins que poderiam expor esses bens a uma possível destruição ou deterioração em caso de conflito armado, devendo também abster-se de qualquer acto de hostilidade em relação a esses bens.

2 – As obrigações definidas no primeiro parágrafo do presente artigo não poderão sofrer derrogações, excepto no caso em que uma necessidade militar exija de uma maneira imperativa uma tal derrogação.

3 – As Altas Partes Contratantes comprometem-se ainda a proibir, a prevenir e, caso seja necessário, a fazer cessar todo o acto de roubo, de pilhagem ou de desvio de bens culturais, qualquer que seja a sua forma, bem como todo o acto de vandalismo em relação aos referidos bens. As Partes impedem a requisição dos bens culturais móveis que se situem no território de uma outra Alta Parte Contratante.

4 – As Partes proíbem qualquer acção de represália que atinja os bens culturais.

5 – Uma Alta Parte Contratante não se pode desvincular das obrigações estipuladas no presente artigo em relação a uma outra Alta Parte Contratante com fundamento na não adopção das medidas de salvaguarda prescritas no artigo 3.º por parte desta última.

ARTIGO 5.º – **Ocupação**

1 – As Altas Partes Contratantes que ocupem total ou parcialmente o território de uma outra Alta Parte Contratante devem, na medida do possível, apoiar os esforços das autoridades competentes do território ocupado de forma a assegurar a salvaguarda e a conservação dos seus bens culturais.

2 – Se uma intervenção urgente for necessária para a conservação dos bens culturais situados em território ocupado e danificados

por operações militares e se as autoridades nacionais competentes não puderem encarregar-se disso, deve a potência ocupante tomar, quando possível, as medidas de conservação mais prementes em estreita colaboração com as autoridades.

3 – Qualquer Alta Parte Contratante cujo governo seja considerado pelos membros de um movimento de resistência como o seu governo legítimo, chamará, se possível, a atenção desses membros para a obrigação de observar aquelas disposições da Convenção referentes ao respeito pelos bens culturais.

ARTIGO 6.º – **Sinalização dos bens culturais**

Em conformidade com as disposições do artigo 16.º, os bens culturais podem ser munidos de um sinal distintivo de modo a facilitar a sua identificação.

ARTIGO 7.º – **Medidas de ordem militar**

1 – As Altas Partes Contratantes comprometem-se a introduzir em tempo de paz nos regulamentos ou instituições destinados à utilização pelas suas tropas disposições próprias para assegurar a observação da presente Convenção. Comprometem-se ainda a incutir ao pessoal das suas forças armadas em tempo de paz um espírito de respeito pelas culturas e pelos bens culturais de todos os povos.

2 – As Partes comprometem-se a preparar ou a estabelecer, desde o tempo de paz, no seio das suas forças armadas, serviços ou um pessoal especializado cuja missão será velar pelo respeito dos bens culturais e colaborar com as autoridades civis encarregadas da salvaguarda desses bens.

CAPÍTULO II
Da protecção especial

ARTIGO 8.º – **Atribuição de protecção especial**

1 – Pode ser posto sob protecção especial um número restrito de refúgios destinados a abrigar os bens culturais móveis de grande importância desde que:

a) Eles se encontrem a uma distância suficiente de um grande centro industrial ou de qualquer objectivo militar importante que constitua um ponto sensível, como por exemplo um aeródromo, uma estação de radiofusão, um estabelecimento ao serviço da defesa nacional, um porto ou uma gare de caminhos de ferro com uma certa importância, ou uma grande via de comunicação;

b) Eles não sejam utilizados para fins militares.

2 – Um refúgio para bens culturais móveis pode também ser colocado sob protecção especial, qualquer que seja a sua localização, se tiver sido construído de modo que, segundo todas as probabilidades, não seja afectado por bombardeamentos.

3 – Um centro monumental é considerado como utilizado para fins militares quando seja empregue para deslocações de pessoal ou material militar, mesmo em trânsito. O mesmo se passará quando aí se desenvolvam actividades que tenham uma relação directa com operações militares, com o alojamento do pessoal militar ou com a produção de material bélico.

4 – Não é considerada como utilidade para fins militares a vigilância de um dos bens culturais enumerados no primeiro parágrafo por guardas armados e especialmente equipados para esse efeito, ou a presença, próxima desse bem cultural, de forças de polícia normalmente encarregues de assegurar a ordem pública.

5 – Se um dos bens culturais enumerados no primeiro parágrafo do presente artigo estiver situado próximo de um objectivo militar importante, de acordo com o sentido deste parágrafo, ele pode, todavia, ser colocado sob protecção especial desde que a Alta Parte Contratante, que no presente pede essa protecção, se comprometa a não fazer uso do objectivo em causa em caso de conflito armado. Se o objectivo se tratar de um posto, de uma gare ou de um aeródromo, todo o tráfego deve ser desviado. Neste caso o desvio de tráfego deve ser organizado ainda em tempo de paz.

6 – A protecção especial é concedida aos bens culturais através da sua inscrição no Registo Internacional dos Bens Culturais sob Protecção Especial. Esta inscrição só poderá ser efectuada em conformidade com as disposições da presente Convenção e nas condições previstas no Regulamento de Execução.

ARTIGO 9.º – **Imunidade dos bens culturais**

As Altas Partes Contratantes comprometem-se a assegurar a imunidade dos bens culturais sob protecção especial através de interdição, a partir da inscrição no Registo Internacional, de todo o acto de hostilidade em relação a esses bens e de qualquer utilização dos mesmos ou dos seus acessos para fins militares, exceptuando-se os casos previstos no quinto parágrafo do artigo 8.º

ARTIGO 10.º – **Sinalização e controlo**

No decurso de um conflito armado os bens culturais sob protecção especial devem ser munidos de um sinal distintivo definido pelo artigo 16.º e ser abertos a um controlo de carácter internacional, como está previsto no Regulamento de Execução.

ARTIGO 11.º – **Levantamento de imunidade**

1 – Se uma das Altas Partes Contratantes cometer, relativamente a um bem cultural sob protecção especial, uma violação dos compromissos assumidos em virtude do artigo 9.º, no período de tempo em que a violação subsistir, a outra Parte fica desobrigada de assegurar a imunidade do bem em causa. Porém, cada vez que esta o possa, deve tomar previamente as diligências de modo a pôr fim a esta violação dentro de um prazo razoável.

2 – Em exclusão do caso previsto no primeiro parágrafo do presente artigo, a imunidade de um bem cultural sob protecção especial não pode ser levantada a não ser em casos excepcionais de necessidade militar inelutável e apenas naquele tempo em que essa necessidade subsiste. Esta só poderá ser constatada por um chefe de uma formação igual ou superior em importância a uma divisão. Em todos os casos que as circunstâncias o permitam, a decisão de levantar a imunidade é notificada com uma antecedência suficiente à Parte contrária.

3 – A Parte que levanta a imunidade deve informar no mais curto prazo possível, por escrito, e com indicação dos seus motivos, o comissário-geral para os bens culturais, tal como previsto no Regulamento de Execução.

CAPÍTULO III
Dos transportes de bens culturais

ARTIGO 12.º – **Transporte sob protecção especial**

1 – Um transporte exclusivamente afectado à transferência de bens culturais, seja para o interior de um território, seja com destino a outro território, pode, a pedido da Alta Parte Contratante interessada, ser efectuado sob protecção especial, nas condições previstas no Regulamento de Execução.

2 – O transporte sob protecção especial é realizado sob uma vigilância de carácter internacional prevista no Regulamento de Execução e deve estar munido de um sinal distintivo definido no artigo 16.º

3 – As Altas Partes Contratantes proíbem qualquer acto de hostilidade contra um transporte sob protecção especial.

ARTIGO 13.º – **Transporte em caso de urgência**

1 – Se uma Alta Parte Contratante julgar que a segurança de certos bens culturais exige a sua transferência, e que há uma urgência tal que o procedimento previsto no artigo 12.º não pode ser seguido, nomeadamente no início de um conflito armado, o transporte pode ser munido de um sinal distintivo definido no artigo 16.º, a menos que ele não tenha sido objecto de um pedido de imunidade no sentido do artigo 12.º e que o dito pedido não tenha sido recusado. Sempre que possível a notificação do transporte deve ser feita às Partes contrárias. O transporte para o território de um outro país não pode em caso algum ser munido de um sinal distintivo, se a imunidade não lhe tiver sido concedida expressamente.

2 – As Altas Partes Contratantes tomarão, na medida do possível, as precauções necessárias para que os transportes previstos no primeiro parágrafo do presente artigo e munidos de um sinal distintivo sejam protegidos contra actos de hostilidade contra elas dirigidos.

ARTIGO 14.º – **Imunidade de embargo, captura e apreensão**

1 – Gozam de imunidade de embargo, captura e apreensão:

a) Os bens culturais que beneficiem da protecção prevista no artigo 12.º ou da prevista no artigo 13.º;

Convenção para a Protecção dos Bens Culturais 31

b) Os meios de transporte afectados exclusivamente à transferência destes bens.

2 – Nada do presente artigo limita o direito de visita e de controlo.

CAPÍTULO IV
Do pessoal

ARTIGO 15.º – **Pessoal**

O pessoal afecto à protecção aos bens culturais deve, na medida do compatível com as exigências de segurança, ser respeitado no interesse destes bens e, se ele cair nas mãos de uma Parte contrária, deve poder continuar a exercer as suas funções desde que os bens a seu cargo caiam também nas mãos de Parte contrária.

CAPÍTULO V
Do sinal distintivo

ARTIGO 16.º – **Sinal da Convenção**

1 – O sinal distintivo da Convenção consiste num escudo, pontiagudo em baixo, esquartelado em aspa em azul-real e em branco (um escudete formado por um quadrado azul-real tendo um dos ângulos inscritos na ponta do escudete e de um triângulo azul-real por cima do quadrado, os dois delimitando um triângulo branco de cada lado).

2 – O sinal é utilizado isolado ou repetido três vezes em formação triangular (um sinal em baixo), nas condições previstas no artigo 17.º.

ARTIGO 17.º – **Utilização do sinal**

1 – O sinal distintivo repetido três vezes só pode ser utilizado para:

a) Os bens imóveis sob protecção especial;

b) Os transportes de bens culturais, nas condições previstas nos artigos 12.º e 13.º;

c) Os refúgios improvisados, nas condições previstas no Regulamento de Execução.

32   *Direito do Património Cultural*

2 – O sinal distintivo só pode ser utilizado isoladamente para:

a) Os bens culturais que não estejam sob protecção especial;

b) As pessoas encarregadas de funções de controlo em conformidade com o Regulamento de Execução;

c) O pessoal afecto à protecção dos bens culturais;

d) Os cartões de identidade previstos no Regulamento de Execução.

3 – Durante um conflito armado é proibida a utilização de um sinal semelhante ao sinal distintivo para qualquer efeito.

4 – O sinal distintivo não pode ser colocado sobre um bem cultural imóvel sem que ao mesmo tempo seja afixada uma autorização devidamente datada e assinada pela autoridade competente da Alta Parte Contratante.

CAPÍTULO VI
Do campo de aplicação da Convenção

ARTIGO 18.º – **Aplicação da Convenção**

1 – Além das disposições que devem entrar em vigor desde o tempo de paz, a presente Convenção será aplicada em caso de guerra declarada ou de qualquer outro conflito armado que surja entre duas ou mais das Altas Partes Contratantes, mesmo se o estado de guerra não for reconhecido por uma ou mais Partes.

2 – A Convenção será igualmente aplicada em todos os casos de ocupação total ou parcial do território de uma Alta Parte Contratante, mesmo se essa ocupação não encontrar nenhuma resistência militar.

3 – Se uma das potências em conflito não for Parte na presente Convenção, as potências que façam parte dela ficarão contudo ligadas por esta nas suas relações recíprocas. Elas estarão ligadas ainda pela Convenção relativamente à potência que não seja Parte, se esta tiver declarado aceitar as disposições e desde que as aplique.

ARTIGO 19.º – **Conflitos de carácter não internacional**

1 – Em caso de conflito armado que não apresente um carácter internacional e surja no território de uma Alta Parte Contratante, cada uma das Partes no conflito deverá aplicar pelo menos as disposições da presente Convenção que obrigam ao respeito dos bens culturais.

Convenção para a Protecção dos Bens Culturais   33

2 – As Partes no conflito procederão no sentido de pôr em vigor, por via de acordos especiais, todas (ou parte) das outras disposições da presente Convenção.

3 – A Organização das Nações Unidas para a Educação, a Ciência e a Cultura pode oferecer os seus serviços às Partes em conflito.

4 – A aplicação das disposições precedentes não produzirá efeitos sobre o estatuto jurídico das Partes em conflito.

CAPÍTULO VII
Da execução da Convenção

ARTIGO 20.º – **Regulamento de Execução**

As modalidades de aplicação da presente Convenção são determinadas pelo Regulamento de Execução da qual é parte integrante.

ARTIGO 21.º – **Potências protectoras**

A presente Convenção e o seu Regulamento de Execução são aplicados com a concordância das potências protectoras encarregadas da salvaguarda dos interesses das Partes no conflito.

ARTIGO 22.º – **Processo de conciliação**

1 – As potências protectoras prestam os seus bons serviços em todos os casos nos quais julguem ser útil e no interesse dos bens culturais, nomeadamente se houver algum desacordo entre as Partes em conflito sobre a aplicação ou a interpretação das disposições da presente Convenção ou do seu Regulamento de Execução.

2 – Para este efeito, cada uma das potências protectoras pode, a convite de uma Parte, do Director-Geral da Organização das Nações Unidas para a Educação, a Ciência e a Cultura ou espontaneamente, propor às Partes no conflito uma reunião dos seus representantes e, em particular, das autoridades encarregues da protecção dos bens culturais, eventualmente em território neutro escolhido convenientemente. As Partes em conflito devem dar seguimento às propostas da reunião que lhe sejam feitas.

As potências protectoras propõem, de acordo com as Partes do conflito, uma personalidade pertencente a uma potência neutra, ou apresentada pelo Director-Geral da Organização das Nações Unidas para a Educação, a Ciência e a Cultura, que é chamada a participar nesta reunião na qualidade de presidente.

ARTIGO 23.º – **Cooperação da UNESCO**

1 – As Altas Partes Contratantes podem fazer apelo à cooperação tecnológica da Organização das Nações Unidas para a Educação, a Ciência e a Cultura tendo em vista a organização da protecção dos seus bens culturais, ou a propósito de qualquer outro problema derivado da aplicação da presente Convenção ou seu Regulamento de Execução. A Organização acorda esta cooperação nos limites do seu programa e das suas possibilidades.

2 – A Organização está habilitada a apresentar, por sua própria iniciativa, propostas sobre esta questão às Altas Partes Contratantes.

ARTIGO 24.º – **Acordos especiais**

1 – As Altas Partes Contratantes podem concluir acordos especiais sobre qualquer questão que lhes pareça oportuno regular separadamente.

2 – Não pode ser concluído nenhum acordo especial que diminua a protecção assegurada pela presente Convenção aos bens culturais e ao pessoal que lhes está afecto.

ARTIGO 25.º – **Difusão da Convenção**

As Altas Partes Contratantes obrigam-se a difundir o mais largamente possível, em tempo de paz e em tempo de conflito armado, o texto da presente Convenção e o seu Regulamento de Execução nos respectivos países. Elas obrigam-se a incorporar o estudo nos programas de instruções militares e, se possível, civis, de tal maneira que os princípios possam ser conhecidos do conjunto de população, em particular das forças armadas e do pessoal afecto à protecção dos bens culturais.

ARTIGO 26.º – **Traduções e relatórios**

1 – As Altas Partes Contratantes comunicam entre elas, por intermédio do Director-Geral da Organização das Nações Unidas

Convenção para a Protecção dos Bens Culturais 35

para a Educação, a Ciência e a Cultura, as traduções oficiais da presente Convenção e do seu Regulamento de Execução.

2 – Além do mais, uma vez cada quatro anos elas dirigem ao Director-Geral um relatório dando as sugestões que elas julguem oportunas sobre as medidas tomadas, preparadas e verificadas pela sua respectiva administração em aplicação da presente Convenção e do seu Regulamento de Execução.

ARTIGO 27.º – **Reuniões**

1 – O Director-Geral da Organização das Nações Unidas para a Educação, a Ciência e a Cultura pode, com a aprovação do Conselho Executivo, convocar reuniões de representantes das Altas Partes Contratantes. Ele é obrigado a fazê-lo se pelo menos um quinto das Altas Partes Contratantes o requisitarem.

2 – Sem prejuízo de todas as outras funções que lhe são conferidas pela presente Convenção e seu Regulamento de Execução, a reunião tem como propósito estudar os problemas relativos à aplicação da Convenção e do seu Regulamento de Execução e de formular recomendações a este propósito.

3 – A reunião pode, além do mais, proceder à revisão da Convenção e do seu Regulamento de Execução se a maioria das Altas Partes Contratantes se encontrar representada, em conformidade com as disposições do artigo 39.º.

ARTIGO 28.º – **Sanções**

As Altas Partes Contratantes obrigam-se a tomar, no quadro do seu sistema de direito penal, todas as medidas necessárias para que sejam encontradas e aplicadas as sanções penais e disciplinares às pessoas, qualquer que seja a sua nacionalidade, que cometeram ou deram ordem para cometer uma infracção à presente Convenção.

Disposições finais

ARTIGO 29.º – **Línguas**

1 – A presente Convenção é redigida em inglês, espanhol, francês e russo, tendo os quatro textos o mesmo valor.

2 – A Organização das Nações Unidas para a Educação, a Ciência e a Cultura providenciará traduções nas outras línguas oficiais da sua Conferência Geral.

ARTIGO 30.º – Assinatura

A presente Convenção terá a data de 14 de Maio de 1954 e ficará aberta até à data de 31 de Dezembro de 1954 para a assinatura de todos os Estados convidados à Conferência que se reuniu na Haia entre 21 de Abril e 14 de Maio de 1954.

ARTIGO 31.º – Ratificação

1 – A presente Convenção será submetida à ratificação dos Estados signatários em conformidade com os seus procedimentos constitucionais respectivos.

2 – Os instrumentos de ratificação serão depositados junto do Director-Geral da Organização das Nações Unidas para a Educação, a Ciência e a Cultura.

ARTIGO 32.º – Adesão

A contar do dia da sua entrada em vigor a presente Convenção estará aberta à adesão de todos os Estados visados no artigo 30.º não signatários, assim como de todos os Estados convidados a aderir pelo Conselho Executivo da Organização das Nações Unidas para a Educação, a Ciência e a Cultura.

A adesão far-se-á pelo depósito de um instrumento de adesão junto do Director-Geral da Organização das Nações Unidas para a Educação, a Ciência e a Cultura.

ARTIGO 33.º – Entrada em vigor

1 – A presente Convenção entrará em vigor três meses após o depósito de cinco instrumentos de ratificação.

2 – Posteriormente, ela entrará em vigor, por cada Alta Parte Contratante, três meses após o depósito do seu instrumento de ratificação ou adesão.

3 – As situações previstas nos artigos 18.º e 19.º darão efeitos imediatos às ratificações e às adesões depositadas pelas Partes no conflito antes ou depois do início das hostilidades ou da ocupação.

Nestes casos o Director-Geral da Organização das Nações Unidas para a Educação, a Ciência e a Cultura fará, pela via mais rápida, as comunicações previstas no artigo 38.º.

ARTIGO 34.º – **Aplicação efectiva**

1 – Os Estados Partes na Convenção à data da sua entrada em vigor tomarão, cada um no que lhe diga respeito, todas as medidas requeridas para a sua aplicação efectiva num prazo de seis meses.

2 – Este prazo será de seis meses a contar do depósito do instrumento de ratificação ou de adesão para todos os Estados que depositem o seu instrumento de ratificação ou adesão após a data de entrada em vigor da Convenção.

ARTIGO 35.º – **Extensão territorial da Convenção**

Qualquer Alta Parte Contratante poderá, no momento da ratificação ou adesão, ou em qualquer momento posterior, declarar através de uma notificação dirigida ao Director-Geral da Organização das Nações Unidas para a Educação, a Ciência e a Cultura, que a presente Convenção poderá estender-se a um conjunto ou a qualquer um dos territórios onde ela assegure as relações internacionais. A referida notificação produzirá efeitos passados três meses da data da sua recepção.

ARTIGO 36.º – **Relação com as Convenções anteriores**

1 – Nas relações entre potências que estejam ligadas pelas Convenções da Haia respeitantes às leis e costumes da guerra em terra (IV) e respeitantes ao bombardeamento por forças navais em tempo de guerra (IX), quer se trate das de 29 de Julho de 1899 ou das de 18 de Outubro de 1907, e que são Partes na presente Convenção, esta última completará a acima referida Convenção (IX) e o regulamento anexo à acima mencionada Convenção (IV) e substituirá o sinal definido no artigo 5.º da acima referida Convenção (IX) pelo sinal definido no artigo 16.º da presente Convenção para os casos em que esta e o seu Regulamento de Execução prevejam a utilização deste sinal distintivo.

2 – Nas relações entre potências ligadas pelo Pacto de Washington de 15 de Abril de 1935, para a protecção de instituições artísticas

e científicas e de monumentos históricos (Pacto Roerich), e que sejam Partes na presente Convenção, esta última completará o Pacto Roerich e substituirá a bandeira distintiva definida no artigo III do Pacto pelo sinal definido no artigo 16.º da presente Convenção, para os casos em que esta e o seu Regulamento de Execução prevejam o emprego deste sinal distintivo.

ARTIGO 37.º – **Denúncia**

1 – A cada uma das Altas Partes Contratantes será concedida a faculdade de denunciar a presente Convenção em seu próprio nome ou em nome de qualquer território onde ela garanta as relações internacionais.

2 – A denúncia será notificada mediante um instrumento escrito depositado junto do Director-Geral da Organização das Nações Unidas para a Educação, a Ciência e a Cultura.

3 – A denúncia produzirá efeitos um ano após a recepção do instrumento de denúncia. Se, todavia, no final desse ano, a Parte denunciante se encontrar envolvida num conflito armado, o efeito da denúncia ficará suspenso até ao fim das hostilidades e em todos os casos durante o período de tempo em que se processem as operações de repatriamento dos bens culturais.

ARTIGO 38.º – **Notificação**

O Director-Geral da Organização das Nações Unidas para a Educação, a Ciência e a Cultura informará os Estados visados nos artigos 30.º e 32.º, assim como a Organização das Nações Unidas, do depósito de qualquer instrumento de ratificação, de adesão ou de aceitação mencionado nos artigos 31.º, 32.º e 39.º, e ainda das notificações e denúncias respectivamente previstas nos artigos 35.º, 37.º e 39.º.

ARTIGO 39.º – **Revisão da Convenção e do seu Regulamento de Execução**

1 – Cada uma das Altas Partes Contratantes pode propor aditamentos à presente Convenção e ao seu Regulamento de Execução. Qualquer proposta de aditamento será comunicada ao Director-Geral da Organização das Nações Unidas para a Educação, a Ciência e a

Cultura, que transmitirá o texto da proposta a todas as Altas Partes Contratantes solicitando-lhes ao mesmo tempo que dêem a conhecer num prazo de quatro meses:

a) Se desejam que seja convocada uma conferência para estudar o aditamento proposto;

b) Ou se elas são da opinião que se aceite o aditamento proposto sem a convocação de uma conferência;

c) Ou se elas são da opinião que se registe o aditamento proposto sem a convocação de uma conferência.

2 – O Director-Geral transmitirá as respostas recebidas, em aplicação do primeiro parágrafo do presente artigo, a todas as Altas Partes Contratantes.

3 – Se todas as Altas Partes Contratantes que tenham, no prazo previsto, dado a conhecer os seus pontos de vista ao Director-Geral da Organização das Nações Unidas para a Educação, a Ciência e a Cultura, em conformidade com a alínea b) do primeiro parágrafo do presente artigo, informarem o Director-Geral que elas são da opinião que se deve adoptar o aditamento sem que uma conferência seja realizada, a notificação da sua decisão será feita pelo Director-Geral em conformidade com o artigo 38.º. O aditamento produzirá efeitos em relação a todas as Altas Partes Contratantes num prazo de 90 dias a partir desta notificação.

4 – O Director-Geral convocará uma conferência das Altas Partes Contratantes, tendo em vista o estudo do aditamento proposto se o pedido lhe for feito por mais de um terço das Altas Partes Contratantes.

5 – Os aditamentos à Convenção ou ao seu Regulamento de Execução submetidos ao procedimento previsto no parágrafo precedente só entrarão em vigor após terem sido adoptados por unanimidade pelas Altas Partes Contratantes representadas na conferência e após terem sido aceites por cada uma das Altas Partes Contratantes.

6 – A aceitação pelas Altas Partes Contratantes dos aditamentos à Convenção ou ao seu Regulamento de Execução que tiverem sido adoptados pela conferência referida nos parágrafos 4 e 5 realizar-se-á mediante o depósito de um instrumento formal junto do Director-Geral da Organização das Nações Unidas para a Educação, a Ciência e a Cultura.

7 – Após a entrada em vigor dos aditamentos à presente Convenção ou ao seu Regulamento de Execução, somente o texto da

40 Direito do Património Cultural

referida Convenção ou do seu Regulamento de Execução desta forma modificado ficará aberto à ratificação ou à adesão.

ARTIGO 40.º – **Registo**

Em conformidade com o artigo 102.º da Carta das Nações Unidas, a presente Convenção será registada no Secretariado das Nações Unidas a requerimento do Director-Geral da Organização das Nações Unidas para a Educação, a Ciência e a Cultura.

2.1.1. *Regulamento de Execução da Convenção para a Protecção de Bens Culturais em Caso de Conflito Armado* [2]

CAPÍTULO I
Do controlo

ARTIGO 1.º – **Lista internacional de personalidades**

Desde a entrada em vigor da Convenção, o Director-Geral da Organização das Nações Unidas para a Educação, a Ciência e a Cultura elaborou uma lista internacional composta por todas as personalidades designadas pelas Altas Partes Contratantes como estando aptas a desempenhar as funções de comissário-geral para os bens culturais. Essa lista será objecto de revisões periódicas, por iniciativa do Director-Geral da Organização das Nações Unidas para a Educação, a Ciência e a Cultura, com base em pedidos formulados pelas Altas Partes Contratantes.

ARTIGO 2.º – **Organização do controlo**

Quando uma Alta Parte Contratante participa num conflito armado ao qual é aplicável o artigo 18.º da Convenção:

a) Esta nomeia um representante para os bens culturais situados no seu território; se esta ocupar um outro território, deverá nomear um representante especial para os bens culturais que aí se encontram;

---

[2] Aviso n.º 66/2001, do D.R. I.ª Série, de 16 de Julho de 2001.

b) A potência protectora de cada Parte adversária dessa Alta Parte Contratante nomeia delegados junto desta última, em conformidade com o artigo 3.º;

c) Um comissário-geral para os bens culturais é nomeado junto dessa Alta Parte Contratante, em conformidade com o artigo 4.º.

ARTIGO 3.º – **Designação de delegados de potências protectoras**

A potência protectora nomeia os seus delegados de entre os membros do seu pessoal diplomático ou consular ou, com o acordo da Parte junto da qual a sua missão será exercida, de entre outras pessoas.

ARTIGO 4.º – **Designação do comissário-geral**

1 – O comissário-geral para os bens culturais é escolhido por mútuo acordo, da lista internacional de personalidades, pela Parte junto da qual exercerá a sua missão e pelas potências protectoras das Partes contrárias.

2 – Se as Partes não conseguirem chegar a acordo nas três semanas seguintes à abertura das conversações sobre este ponto, solicitarão ao Presidente do Tribunal Internacional de Justiça que nomeie o comissário-geral, o qual só assumirá funções após a obtenção do acordo da Parte junto da qual ele deverá exercer a sua missão.

ARTIGO 5.º – **Atribuições dos delegados**

Os delegados das potências protectoras tomam nota das violações à Convenção, investigam, com o consentimento da Parte junto da qual exercem a sua missão, as circunstâncias nas quais estas ocorreram, procedem a diligências no local a fim de as fazer cessar e, caso necessário, notificam tais violações ao comissário-geral. Eles mantêm-no ao corrente das suas actividades.

ARTIGO 6.º – **Atribuições do comissário-geral**

1 – O comissário-geral para os bens culturais trata juntamente com o representante da Parte junto da qual ele exerce a sua missão e com os delegados interessados, as questões respeitantes à Convenção que lhe são dadas a conhecer.

2 – Tem, nos casos previstos no presente Regulamento, o poder de decisão e de nomeação.

3 – Tem, com o acordo da Parte junto da qual ele exerce a sua missão, o direito de ordenar uma investigação ou de conduzi-la ele mesmo.

4 – Toma todas as diligências, junto das Partes no conflito ou das suas potências protectoras, que julga úteis para a aplicação da Convenção.

5 – Elabora os relatórios necessários sobre a aplicação da Convenção e comunica-os às Partes interessadas, bem como às suas potências protectoras. Remete cópias ao Director-Geral da Organização das Nações Unidas para a Educação, a Ciência e a Cultura, o qual só poderá utilizar os seus dados técnicos.

6 – Quando não existir potência protectora, o comissário-geral exerce as funções atribuídas à potência protectora, nos termos dos artigos 21.º e 22.º da Convenção.

ARTIGO 7.º – **Inspectores e peritos**

1 – Sempre que o comissário-geral para os bens culturais, a pedido dos delegados interessados ou após consulta com os mesmos, o julgar necessário, propõe, de acordo com a Parte junto da qual exerce a sua missão, uma pessoa que, na qualidade de inspector de bens culturais, fica encarregada de uma missão específica. Um inspector será apenas responsável perante o comissário-geral.

2 – O comissário-geral, os delegados e os inspectores podem recorrer aos serviços de peritos, que serão igualmente propostos de acordo com a Parte mencionada no parágrafo precedente.

ARTIGO 8.º – **Exercício da missão de controlo**

Os comissários-gerais para os bens culturais, os delegados das potências protectoras, os inspectores e os peritos não devem em caso algum exceder os limites da sua missão. Devem, nomeadamente, ter em conta as necessidades de segurança da Alta Parte Contratante junto da qual exercem a sua missão e ter presentes, em todas as circunstâncias, as exigências da situação militar tais como lhes sejam comunicadas pela referida Alta Parte Contratante.

ARTIGO 9.º – **Substitutos das potências protectoras**

Se uma Parte no conflito não beneficia ou deixa de beneficiar da actividade de uma potência protectora, um Estado neutro pode ser solicitado a assumir as funções de potência protectora tendo em vista a nomeação de um comissário-geral para os bens culturais em conformidade com o procedimento previsto no artigo 4.º acima referido. O comissário-geral assim nomeado confia eventualmente a inspectores as funções de delegados das potências previstas pelo presente Regulamento.

ARTIGO 10.º – **Despesas**

A remuneração e as despesas do comissário-geral para os bens culturais, dos inspectores e dos peritos serão da responsabilidade da Parte junto da qual a sua missão é exercida; as dos delegados das potências protectoras são objecto de um entendimento entre estas potências e os Estados cujos interesses elas salvaguardam.

CAPÍTULO II
Da protecção especial

ARTIGO 11.º – **Refúgios improvisados**

1 – Se uma Alta Parte Contratante, no decurso de um conflito armado, vir-se obrigada por circunstâncias imprevistas a construir um refúgio improvisado e se ela desejar que este seja colocado sob protecção especial deve comunicá-lo imediatamente ao comissário--geral que exerce a sua função junto dela.

2 – Se o comissário-geral for da opinião que as circunstâncias e a importância dos bens culturais abrigados nesse refúgio improvisado justificam tal medida, pode autorizar a Alta Parte Contratante a afixar nele o sinal distintivo definido pelo artigo 6.º da Convenção. Deve comunicar a sua decisão imediatamente aos delegados interessados das potências protectoras podendo cada um deles, no prazo de 30 dias, ordenar a retirada imediata do sinal distintivo.

3 – A partir do momento em que os delegados notificam o seu acordo ou se o prazo de 30 dias expirar sem que qualquer dos delegados interessados tenha formulado qualquer objecção e se o refúgio

44   *Direito do Património Cultural*

improvisado preencher, segundo a opinião do comissário-geral, as condições previstas no artigo 8.º da Convenção, o comissário-geral solicita ao Director-Geral da Organização das Nações Unidas para a Educação, a Ciência e a Cultura a inscrição do refúgio no Registo dos Bens Culturais sob Protecção Especial.

ARTIGO 12.º – **Registo Internacional dos Bens Culturais sob Protecção Especial**

1 – É criado um Registo Internacional dos Bens Culturais sob Protecção Especial.

2 – O Director-Geral da Organização das Nações Unidas para a Educação, a Ciência e a Cultura fica na posse desse Registo. Ele remete cópias do Registo ao Secretário-Geral da Organização das Nações Unidas, bem como às Altas Partes Contratantes.

3 – O Registo encontra-se dividido em capítulos, cada um deles em nome de uma Alta Parte Contratante. Cada capítulo está dividido em três parágrafos intitulados de refúgios, centros monumentais e outros bens culturais imóveis, respectivamente. O Director-Geral determina quais as menções que devem constar de cada capítulo.

ARTIGO 13.º – **Pedidos de inscrição**

1 – Cada uma das Altas Partes Contratantes pode submeter ao Director-Geral da Organização das Nações Unidas para a Educação, a Ciência e a Cultura pedidos de inscrição no Registo de determinados refúgios, centros monumentais ou outros bens culturais imóveis situados no seu território. Nos pedidos deve indicar a localização desses bens e certificar que estes preenchem os requisitos previstos no artigo 8.º da Convenção.

2 – Em caso de ocupação, a potência ocupante tem a faculdade de formular pedidos de inscrição.

3 – O Director-Geral da Organização das Nações Unidas para a Educação, a Ciência e a Cultura remete, sem demora, uma cópia dos pedidos de inscrição a cada uma das Altas Partes Contratantes.

ARTIGO 14.º – **Objecções**

1 – Cada uma das Altas Partes Contratantes pode submeter uma objecção à inscrição de um bem cultural através de carta dirigida ao

Director-Geral da Organização das Nações Unidas para a Educação, a Ciência e a Cultura. Essa carta deve ser recebida por ele num prazo de quatro meses a contar do dia em que foi remetida cópia do pedido de inscrição.

2 – Tal objecção deve ser fundamentada. Os únicos motivos válidos podem ser:

a) Que o bem não é um bem cultural;
b) Que as condições mencionadas no artigo 8.º da Convenção não se encontram preenchidas.

3 – O Director-Geral remete, sem demora, uma cópia da carta contendo a objecção às Altas Partes Contratantes. Pede, se necessário, a opinião do Comité Internacional para os Monumentos, os Sítios de Arte e de História e os Sítios de Escavação Arqueológica e, para além disso, se o julgar útil, pede a opinião de qualquer outro organismo ou personalidade competente.

4 – O Director-Geral ou a Alta Parte Contratante que solicitou a inscrição pode tomar todas as diligências oportunas junto das Altas Partes Contratantes que formularam a objecção de modo que esta seja retirada.

5 – Se uma Alta Parte Contratante, após ter solicitado em tempo de paz a inscrição de um bem cultural no Registo, participar num conflito armado antes que a inscrição tenha sido efectuada, o bem cultural em causa será imediatamente inscrito no Registo pelo Director-Geral, a título provisório, até que seja confirmada, retirada ou anulada qualquer objecção que poderá ter sido ou que terá podido ser formulada.

6 – Se, num prazo de seis meses a partir da data de recepção da carta contendo a objecção, o Director-Geral não receber por parte da Alta Parte Contratante que formulou a objecção uma comunicação declarando que esta é retirada, a Alta Parte Contratante que solicitou a inscrição pode recorrer ao procedimento de arbitragem previsto no parágrafo seguinte.

7 – O pedido de arbitragem deve ser formulado no mais tardar até um ano após a data em que o Director-Geral recebeu a carta contendo a objecção. Cada uma das Partes no litígio nomeia um árbitro. No caso de um pedido de inscrição ter sido objecto de mais de uma objecção, as Altas Partes Contratantes que formularam a objecção nomeiam, por mútuo acordo, um árbitro. Os dois árbitros elegem um árbitro presidente da lista internacional prevista no artigo 1.º do pre-

46   *Direito do Património Cultural*

sente Regulamento; se não conseguirem chegar a acordo de modo a efectuar essa eleição, solicitam ao Presidente do Tribunal Internacional de Justiça que nomeie um árbitro presidente que não necessita ser necessariamente escolhido da lista internacional. O Tribunal arbitral assim constituído adopta o seu próprio regimento; não cabe recurso das suas decisões.

8 – Cada uma das Altas Partes Contratantes pode declarar, quando surgir um litígio do qual é Parte, que não deseja aplicar o procedimento de arbitragem previsto no parágrafo precedente. Nesse caso, a objecção a um pedido de inscrição é submetida pelo Director-Geral às Altas Partes Contratantes. A objecção só será confirmada se as Altas Partes Contratantes assim o decidirem por uma maioria de dois terços dos votantes. O voto será feito por correspondência a menos que o Director-Geral da Organização das Nações Unidas para a Educação, a Ciência e a Cultura, julgando indispensável a convocação de uma reunião em virtude dos poderes que lhe são conferidos pelo artigo 27.º da Convenção, proceda a essa convocação. Se o Director--Geral decidir recorrer ao voto por correspondência convidará as Altas Partes Contratantes a remeterem-lhe os seus votos mediante carta selada num prazo de seis meses a contar do dia em que o convite para esse efeito terá sido feito.

ARTIGO 15.º – **Inscrição**

1 – O Director-Geral da Organização das Nações Unidas para a Educação, a Ciência e a Cultura inscreve no Registo, sob um número de série, qualquer bem cultural em relação ao qual um pedido de inscrição foi formulado, desde que esse pedido não tenha sido, no prazo previsto no parágrafo 1 do artigo 14.º, objecto de uma objecção.

2 – Nos casos em que uma objecção tenha sido formulada e, sem prejuízo do disposto no parágrafo 5 do artigo 14.º, o Director--Geral não inscreverá o bem no Registo a menos que a objecção tenha sido retirada ou se esta não tiver sido confirmada na sequência do procedimento referido no parágrafo 7 do artigo 14.º, ou do procedimento referido no parágrafo 8 do mesmo artigo.

3 – No caso referido no parágrafo 3 do artigo 11.º, o Director--Geral procede à inscrição a pedido do comissário-geral para os bens culturais.

4 – O Director-Geral remete, sem demora, ao Secretário-Geral da Organização das Nações Unidas, às Altas Partes Contratantes e, a

pedido da Parte que solicitou a inscrição, a todos os outros Estados visados nos artigos 30.º e 32.º da Convenção uma cópia autenticada de qualquer inscrição no Registo. A inscrição produzirá efeitos 30 dias após esse envio.

ARTIGO 16.º – **Cancelamento**

1 – O Director-Geral da Organização das Nações Unidas para a Educação, a Ciência e a Cultura cancela a inscrição de um bem cultural no Registo:

    a) A pedido da Alta Parte Contratante em cujo território o bem se encontra;

    b) Se a Alta Parte Contratante que solicitou a inscrição denunciou a Convenção e a partir do momento em que essa denúncia entrou em vigor;

    c) No caso previsto no parágrafo 5 do artigo 14.º, quando uma objecção tenha sido confirmada na sequência do procedimento referido no parágrafo 7 do artigo 14.º ou do procedimento previsto no parágrafo 8 do mesmo artigo.

2 – O Director-Geral remete, sem demora, ao Secretário-Geral da Organização das Nações Unidas e a todos os Estados que receberam cópia da inscrição uma cópia autenticada de qualquer cancelamento no Registo. O cancelamento produzirá efeitos 30 dias após esse envio.

CAPÍTULO III
Dos transportes de bens culturais

ARTIGO 17.º – **Procedimento para obtenção de imunidade**

1 – O pedido referido no parágrafo 1 do artigo 12.º da Convenção é dirigido ao comissário-geral para os bens culturais. O pedido deve mencionar as razões que o motivam e especificar o número aproximado e a importância dos bens a transferir, a presente localização desses bens, a nova localização prevista, os meios de transporte, o trajecto a seguir, a data prevista para o transporte e qualquer outra informação útil.

48   *Direito do Património Cultural*

2 – Se o comissário-geral, após pedir as opiniões que julga oportunas, considerar que essa transferência é justificada, consulta os delegados interessados das potências protectoras sobre as modalidades de execução previstas. Na sequência dessa consulta informa as Partes no conflito interessadas sobre o transporte e anexa a essa notificação todas as informações úteis.

3 – O comissário-geral nomeia um ou mais inspectores que se asseguram que o transporte contém apenas os bens descritos no pedido, que o transporte é efectuado de acordo com as modalidades aprovadas e que é munido do sinal distintivo; esse ou esses inspectores acompanham o transporte até ao seu destino.

ARTIGO 18.º – **Transporte para o estrangeiro**

Se a transferência sob protecção especial se fizer para o território de um outro país, esta rege-se não só pelo artigo 12.º da Convenção e pelo artigo 17.º do presente Regulamento mas também pelas seguintes disposições:

    a) Enquanto os bens culturais permanecerem no território de um outro Estado, este será o depositário desses bens. Assegurará a esses bens os cuidados pelo menos equivalentes aos que tem para com os seus próprios bens culturais de importância comparável;

    b) O Estado depositário só restituirá esses bens após o fim do conflito; essa restituição terá lugar num prazo de seis meses após a formulação do pedido;

    c) Durante os transportes sucessivos e enquanto os bens culturais permanecerem no território de um outro Estado, estes ficarão isentos de qualquer medida de embargo e quer o depositante quer o depositário não poderão dispor dos mesmos. Todavia, quando a salvaguarda dos bens o exigir, o depositário poderá, com o consentimento do depositante, fazer transportar os bens para o território de um terceiro país, nos termos das condições previstas no presente artigo;

    d) O pedido de colocação sob protecção especial deve referir que o Estado para cujo território o transporte será efectuado aceita as disposições do presente artigo.

Regulamento de execução 49

ARTIGO 19.º – **Território ocupado**

Sempre que uma Alta Parte Contratante que ocupa o território de uma outra Alta Parte Contratante transportar bens culturais para um refúgio situado num outro ponto desse território, sem poder seguir o procedimento previsto no artigo 17.º do Regulamento, o referido transporte não será considerado como um desvio de tráfego nos termos do artigo 4.º da Convenção, se o comissário-geral para os bens culturais certificar por escrito, após ter consultado o pessoal normal de protecção, que as circunstâncias tornaram esse transporte necessário.

CAPÍTULO IV
Do sinal distintivo

ARTIGO 20.º – **Afixação do sinal**

1 – A colocação do sinal distintivo e o seu grau de visibilidade são deixados ao critério das autoridades competentes de cada Alta Parte Contratante. O sinal pode constar nas bandeiras ou nas faixas. Pode ser pintado sobre um objecto ou constar nele de qualquer outra maneira útil.

2 – Contudo, em caso de conflito armado, o sinal deve, sem prejuízo de uma sinalização eventualmente mais completa, ser afixado aos transportes de forma a ficar bem visível durante o dia, tanto do ar como da terra, nos casos previstos nos artigos 12.º e 13.º da Convenção. O sinal distintivo deve ficar bem visível da terra:

a) A distâncias regulares suficientes à marcação nítida do perímetro de um centro monumental sob protecção especial;

b) À entrada de outros bens culturais imóveis sob protecção especial.

ARTIGO 21.º – **Identificação de pessoas**

1 – As pessoas visadas no artigo 17.º da Convenção, parágrafo 2, alíneas b) e c), podem utilizar uma faixa munida do sinal distintivo, emitida e timbrada pelas autoridades competentes.

2 – Essas pessoas são portadoras de um cartão de identidade especial munido do sinal distintivo. Esse cartão refere, pelo menos, o

apelido e os nomes próprios, a data de nascimento, o título ou categoria e a qualidade da pessoa em causa. O cartão contém a fotografia do titular bem como a sua assinatura, as suas impressões digitais ou ambas. O cartão tem aposto o selo branco das autoridades competentes.

3 – Cada Alta Parte Contratante adopta o seu modelo de cartão de identidade inspirando-se, a título de exemplo, no modelo anexo ao presente Regulamento. As Altas Partes Contratantes transmitem entre si o modelo por elas adoptado. Cada cartão de identidade será, se possível, feito, pelo menos, em duplicado, ficando uma cópia com a potência emitente.

4 – As pessoas acima mencionadas não podem ser privadas, sem motivo justificado, nem do seu cartão de identidade nem do direito a utilizar a sua faixa.

Convenção de Paris de 1970

2.2. Convenção Relativa às medidas a Adoptar para Proibir e Impedir a Importação, a Exportação e a Transferência Ilícitas da propriedade de Bens Culturais, adoptada em Paris a 14 de Novembro de 1970 [3] [4]

A Conferência Geral da Organização das Nações Unidas para a Educação, Ciência e Cultura, na sua 16.ª sessão, realizada em Paris de 12 a 14 de Novembro de 1970:

Recordando a importância das disposições da declaração dos princípios da cooperação cultural internacional adoptada pela Conferência Geral na sua 14.ª sessão;

Considerando que o intercâmbio de bens culturais entre as nações para fins científicos, culturais e educativos aumenta os conhecimentos sobre a civilização humana, enriquece a vida cultural de todos os povos e inspira o respeito e a estima entre as nações;

Considerando que os bens culturais são um dos elementos fundamentais da civilização e da cultura dos povos e que só adquirem o seu verdadeiro valor quando se conhece com maior precisão a sua origem, a sua história e o seu meio tradicional;

Considerando que todo o Estado tem o dever de proteger o património constituído pelos bens culturais existentes no seu território contra os perigos de roubo, escavação clandestina e exportação ilícita;

Considerando que, para evitar esses perigos, é indispensável que todo o Estado tenha cada vez mais consciência das obrigações morais inerentes ao respeito pelo seu património cultural e pelo de todas as nações;

Considerando que os museus, as bibliotecas e os arquivos, assim como as instituições culturais, devem zelar por que a constituição das suas colecções se baseie nos princípios morais universalmente reconhecidos;

---

[3] Aprovada para ratificação pelo Decreto do Governo n.º 26/85, de 26 de Julho. Pelo Aviso n.º 78/2002, de 2 de Agosto, foi tornado público que Portugal depositou, em 9 de Dezembro de 1985, junto do director-geral da UNESCO, o instrumento de ratificação.

[4] Saliente-se que Portugal foi pioneiro, numa época em que os ventos do nacionalismo sopravam justamente em sentido oposto, no domínio da criação de um regime jurídico de combate eficaz ao tráfico ilícito internacional de bens culturais. Com efeito, o Decreto-Lei n.º 27.633, de 3 de Abril de 1937 (v. legislação nacional), veio sancionar com a nulidade as transacções feitas em território português relativas a objectos de valor cultural ilicitamente exportados do seu país de origem, instituindo assim um regime de reconhecimento do direito estrangeiro apenas limitado pela regra da reciprocidade.

Considerando que a importação, a exportação e a transferência ilícitas da propriedade dos bens culturais dificultam a compreensão mútua das nações que a UNESCO tem o dever de promover, entre outras formas, recomendando aos Estados interessados as convenções internacionais para este efeito;

Considerando que, para ser eficaz, a protecção do património cultural deve organizar-se tanto no plano nacional como internacional o que exige uma estreita colaboração entre os Estados;

Considerando que a Conferência Geral da UNESCO aprovou já em 1964 uma recomendação com este objectivo;

Tendo examinado as novas propostas relativas às medidas destinadas a proibir e impedir a importação, a exportação e a transferência ilícitas da propriedade de bens culturais, questão que constitui o ponto 19 da ordem do dia da reunião;

Depois de ter decidido, na sua 15.ª sessão, que esta questão seria objecto de uma convenção internacional, adopta a 14 de Novembro de 1970 a presente Convenção.

ARTIGO 1.º

Para os efeitos da presente Convenção, são considerados bens culturais os bens que, por razões religiosas ou profanas, são considerados por cada Estado como tendo importância arqueológica, pré-histórica, histórica, literária, artística ou científica e que pertencem às categorias seguintes:

a) Colecções e exemplares raros de zoologia, botânica, mineralogia e anatomia; objectos de interesse paleontológico;

b) Bens relacionados com a história, incluindo a história das ciências e das técnicas, a história militar e social, e com a vida dos governantes, pensadores, sábios e artistas nacionais ou ainda com os acontecimentos de importância nacional;

c) O produto de escavações (tanto as autorizadas como as clandestinas) ou de descobertas arqueológicas;

d) Os elementos provenientes do desmembramento de monumentos artísticos ou históricos e de lugares de interesse arqueológico;

e) Antiguidades que tenham mais de 100 anos, tais como inscrições, moedas e selos gravados;

f) Material etnológico;

Convenção de Paris de 1970 53

g) Bens de interesse artístico, tais como:
   i) Quadros, pinturas e desenhos feitos inteiramente à mão, sobre qualquer suporte e em qualquer material (com exclusão dos desenhos industriais e dos artigos manufacturados decorados à mão);
   ii) Produções originais de estatuária e de escultura em qualquer material;
   iii) Gravuras, estampas e litografias originais;
   iv) Conjuntos e montagens artísticas originais, em qualquer material;
h) Manuscritos raros e incunábulos, livros, documentos e publicações antigas de interesse especial (histórico, artístico, científico, literário, etc.), separados ou em colecções;
i) Selos de correio, selos fiscais e análogos, separados ou em colecções;
j) Arquivos, incluindo os fonográficos, fotográficos e cinematográficos;
k) Objectos de mobiliário que tenham mais de 100 anos e instrumentos de música antigos.

ARTIGO 2.º

1 – Os Estados partes na presente Convenção reconhecem que a importação, a exportação e a transferência ilícitas da propriedade dos bens culturais constituem uma das causas principais do empobrecimento do património cultural dos países de origem dos referidos bens e que a colaboração internacional constitui um dos meios mais eficazes para proteger os respectivos bens culturais contra todos os perigos provenientes daqueles actos.

2 – Com este objectivo, os Estados partes comprometem-se a combater essas práticas com os meios de que dispõem, sobretudo suprimindo as suas causas, detendo o seu curso e ajudando a efectuar as reparações que se imponham.

ARTIGO 3.º

São ilícitas a importação, a exportação e a transferência de propriedade dos bens culturais que se efectuem infringindo as disposições adoptadas pelos Estados partes em virtude da presente Convenção.

ARTIGO 4.º

Os Estados partes na presente Convenção reconhecem que, para os efeitos da mesma, fazem parte do património cultural de cada Estado os bens que pertençam às categorias enumeradas a seguir:

a) Bens culturais criados pelo génio individual colectivo de nacionais do Estado em causa e bens culturais importantes para esse mesmo Estado e que tenham sido criados no seu território por nacionais doutros países ou por apátridas que nele residam;

b) Bens culturais encontrados no território nacional;

c) Bens culturais adquiridos por missões arqueológicas, etnológicas ou de ciências naturais, com o consentimento das autoridades competentes do país de origem desses bens;

d) Bens culturais que tenham sido objecto de trocas livremente autorizadas;

e) Bens culturais recebidos a título gratuito ou adquiridos legalmente com o consentimento das autoridades competentes do país de origem desses bens.

ARTIGO 5.º

Para assegurar a protecção dos seus bens culturais contra a importação, a exportação e a transferência ilícitas da propriedade, os Estados Partes na presente Convenção comprometem-se a estabelecer no seu território, nas condições apropriadas a cada país, um ou vários serviços de protecção do património cultural, caso esses ainda não existam, dotados de pessoal competente e em número suficiente para garantir de maneira eficaz as funções abaixo indicadas:

a) Contribuir para a preparação de projectos de textos legislativos e regulamentares que permitam a protecção do património cultural e, em especial, a repressão das importações, exportações e transferências ilícitas da propriedade dos bens culturais importantes;

b) Estabelecer e manter em dia, a partir de um inventário nacional de protecção, a lista dos bens culturais importantes, públicos e privados, cuja exportação constitua um empobrecimento considerável do património cultural nacional;

c) Promover o desenvolvimento ou a criação de instituições científicas e técnicas (museus, bibliotecas, arquivos, laboratórios, *ateliers*, etc.) necessárias à conservação e valorização dos bens culturais;

d) Organizar o controle de escavações arqueológicas, garantir a conservação *in situ* de determinados bens culturais e proteger certas zonas reservadas a futuras investigações arqueológicas;

e) Estabelecer, em benefício das pessoas interessadas (directores de museus, coleccionadores, antiquários, etc.), normas que se ajustem aos princípios éticos formulados na presente Convenção e zelar pelo cumprimento das mesmas;

f) Exercer uma acção educativa no sentido de estimular e desenvolver o respeito pelo património cultural de todos os Estados e difundir amplamente as disposições da presente Convenção;

g) Garantir que seja convenientemente publicitado qualquer caso de desaparecimento de um bem cultural.

ARTIGO 6.º

Os Estados Partes na presente Convenção comprometem-se a:

a) Criar um certificado apropriado no qual o Estado exportador justifique a autorização por ele concedida para a exportação do bem ou dos bens culturais em referência e que deverá acompanhar todos os bens culturais regularmente exportados;

b) Proibir a saída do seu território dos bens culturais não acompanhados do certificado de exportação anteriormente referido;

c) Publicitar esta proibição pelos meios considerados convenientes, especialmente entre as pessoas que possam exportar ou importar bens culturais.

ARTIGO 7.º

Os Estados Partes na presente Convenção comprometem-se a:

a) Tomar todas as medidas necessárias, de acordo com a legislação nacional, para impedir a aquisição, pelos museus e outras instituições similares situadas no seu território, de bens culturais procedentes de outro Estado Parte na Convenção que tenham sido exportados ilicitamente após a entrada em vigor da presente Convenção e, na medida do possível, informar o Estado de origem, Parte na Convenção, de todas as ofertas de bens culturais exportados ilicitamente desse Estado após a entrada em vigor da presente Convenção em ambos os Estados;

56 *Direito do Património Cultural*

b):

i) Proibir a importação de bens culturais roubados de um museu, de um monumento público civil ou religioso ou de uma instituição similiar, situados no território de outro Estado Parte na presente Convenção, após a entrada em vigor da mesma nos Estados em questão, sempre que se prove que tais bens figuram no inventário daquelas instituições;

ii) Tomar medidas apropriadas para confiscar e restituir, a pedido do Estado de origem Parte na Convenção, todo o bem roubado e importado após a entrada em vigor da presente Convenção nos dois Estados interessados, com a condição de o Estado requerente abonar uma indemnização equitativa à pessoa que o adquiriu de boa fé ou que seja possuidora legal desse bem. Os pedidos de confiscação e restituição devem ser dirigidos ao Estado requerente por via diplomática. O Estado requerente deverá possibilitar, à sua custa, todos os meios de prova necessários para justificar a sua petição de confiscação e restituição. Os Estados Partes não deverão impor direitos alfandegários ou outros encargos sobre os bens culturais restituídos de acordo com o presente artigo. Todas as despesas correspondentes à restituição do ou dos bens culturais em questão ficarão a cargo do Estado requerente.

ARTIGO 8.º

Os Estados Partes na presente Convenção comprometem-se a impor sanções penais ou administrativas a toda a pessoa responsável por infracção às proibições previstas nos artigos 6.º, alínea b), e 7.º, alínea b), atrás referidos.

ARTIGO 9.º

Todo o Estado Parte na presente Convenção cujo património cultural se encontre em perigo devido a pilhagens arqueológicas ou etnológicas poderá dirigir um apelo aos Estados interessados. Os Estados Partes na presente Convenção comprometem-se a participar em qualquer operação internacional deliberada nestas circunstâncias para determinar e aplicar as medidas concretas necessárias, incluindo o controle da exportação, da importação e do comércio internacional dos bens culturais específicos em causa. Enquanto aguardarem o estabelecimento de um acordo, os Estados interessados tomarão, na medida do possível, disposições provisórias para se evitar que o património cultural do Estado requerente sofra danos irreparáveis.

ARTIGO 10.º

Os Estados Partes na presente Convenção comprometem-se:

a) A restringir, por meio de métodos educativos, informativos e de vigilância, a transferência de bens culturais ilegalmente retirados de qualquer Estado Parte na presente Convenção e a obrigar os antiquários, de acordo com as condições adequadas a cada país, e sob pena de sanções penais ou administrativas, a manter um registo que mencione a procedência de cada bem cultural, o nome e morada do fornecedor, a descrição e o preço de cada bem vendido e a informar o comprador do bem cultural da proibição de exportação de que esse bem possa ser objecto;

b) A envidar todos os esforços, através de meios educativos, para criar e desenvolver no público o sentimento do valor dos bens culturais e do perigo que o roubo, as escavações clandestinas e as exportações ilícitas representam para o património cultural.

ARTIGO 11.º

Consideram-se ilícitas a exportação e a transferência forçadas da propriedade de bens culturais resultantes directa ou indirectamente da ocupação de um país por uma potência estrangeira.

ARTIGO 12.º

Os Estados Partes na presente Convenção respeitarão o património cultural nos territórios por cujas relações internacionais se responsabilizem e tomarão as medidas adequadas para proibir e impedir a importação, a exportação e a transferência ilícitas da propriedade dos bens culturais nesses territórios.

58   *Direito do Património Cultural*

ARTIGO 13.º

Os Estados Partes na presente Convenção comprometem-se, por outro lado, no âmbito da legislação de cada Estado:

a) A impedir, por todos os meios adequados, as transferências de propriedade de bens culturais que tendam a favorecer a importação ou a exportação ilícitas desses bens;

b) A garantir a colaboração dos seus serviços competentes no sentido de se efectuar a restituição, o mais rapidamente possível, a quem de direito, dos bens culturais exportados ilicitamente;

c) A admitir uma acção reivindicativa de bens culturais perdidos ou roubados apresentada pelos seus legítimos proprietários ou em nome dos mesmos;

d) A reconhecer, além disso, o direito imprescritível de cada Estado Parte na presente Convenção de classificar e declarar inalienáveis determinados bens culturais que, por esse facto, não devem ser exportados e a facilitar a sua recuperação pelo Estado interessado no caso de terem sido exportados.

ARTIGO 14.º

Para evitar as exportações ilícitas e para fazer face às obrigações resultantes do cumprimento desta Convenção, cada Estado Parte, na medida das suas possibilidades, deverá dotar os serviços nacionais de protecção do seu património cultural com um orçamento suficiente e poderá criar, sempre que seja necessário, um fundo para este fim.

ARTIGO 15.º

Nenhuma disposição da presente Convenção impede que os Estados Partes concluam entre si acordos particulares ou prossigam a aplicação de acordos já concluídos relacionados com a restituição dos bens culturais saídos do seu território de origem, por qualquer razão, antes de haver entrado em vigor a presente Convenção para os Estados interessados.

ARTIGO 16.º

Os Estados Partes na presente Convenção indicarão, nos relatórios periódicos a apresentar à Conferência Geral da Organização das Nações Unidas para a Educação, Ciência e Cultura, nas datas e pela forma que aquela determinar, as disposições legislativas e regulamentares, bem como outras medidas que tenham adoptado para aplicar a presente Convenção, com pormenores sobre a experiência adquirida neste campo.

ARTIGO 17.º

Os Estados Partes na presente Convenção poderão recorrer à assistência técnica da Organização das Nações Unidas para a Educação, Ciência e Cultura. especialmente no que se refere a:

a) Informação e educação;

b) Consulta e parecer dos peritos;

c) Coordenação e bons ofícios.

2 – A Organização das Nações Unidas para a Educação, Ciência e Cultura poderá, por sua própria iniciativa, proceder a investigações e publicar estudos sobre problemas relacionados com a circulação ilícita de bens culturais.

3 – Com este objectivo, a Organização das Nações Unidas para a Educação, Ciência e Cultura poderá também recorrer à cooperação de qualquer organização competente não governamental.

4 – A Organização das Nações Unidas para a Educação, Ciência e Cultura poderá, por sua própria iniciativa, apresentar propostas aos Estados Partes com vista ao cumprimento da presente Convenção.

5 – A pedido de pelo menos dois Estados Partes na presente Convenção envolvidos num diferendo sobre a aplicação da mesma, a Organização das Nações Unidas para a Educação, Ciência e Cultura poderá oferecer os seus bons ofícios no sentido de ser conseguido um acordo entre eles.

ARTIGO 18.º

A presente Convenção está redigida em inglês, espanhol, francês e russo, fazendo os quatro textos igualmente fé.

ARTIGO 19.º

1 – A presente Convenção será submetida à ratificação ou aceitação dos Estados membros da Organização das Nações Unidas para a Educação, Ciência e Cultura de acordo com os respectivos procedimentos constitucionais.

2 – Os instrumentos de ratificação ou aceitação serão depositados junto do director-geral da Organização das Nações Unidas para a Educação, Ciência e Cultura.

ARTIGO 20.º

1 – A presente Convenção está aberta à adesão de qualquer Estado não membro da Organização das Nações Unidas para a Educação, Ciência e Cultura, convidado a aderir à mesma pelo Conselho Executivo da Organização.

2 – A adesão será feita mediante o depósito do instrumento de adesão junto do director-geral da Organização das Nações Unidas para a Educação, Ciência e Cultura.

ARTIGO 21.º

A presente Convenção entrará em vigor 3 meses após a data do depósito, do terceiro instrumento de ratificação, aceitação ou adesão, mas unicamente para os Estados que tiverem depositado os respectivos instrumentos de ratificação, aceitação ou adesão nesta data ou anteriormente. Para cada um dos outros Estados, entrará em vigor 3 meses após o depósito do respectivo instrumento de ratificação, aceitação ou adesão.

ARTIGO 22.º

Os Estados Partes na presente Convenção reconhecem que esta é aplicável não só aos seus territórios metropolitanos mas também àqueles por cujas relações internacionais se responsabilizem; comprometem-se a consultar, caso necessário, os governos ou outras autoridades competentes dos territórios mencionados, no momento ou antes da ratificação, aceitação ou adesão, no sentido de se conseguir a aplicação da Convenção a esses territórios e a comunicar ao director-geral da Organização das Nações Unidas para a Educação, Ciência e Cultura os territórios a que a mesma se aplicará. Esta ratificação deverá ter efeito 3 meses após a data da sua recepção.

ARTIGO 23.º

1 – Cada, um dos Estados Partes na presente Convenção poderá denunciá-la em seu próprio nome ou em nome de qualquer território por cujas relações internacionais se responsabilize.

2 – A denúncia será notificada mediante um instrumento escrito depositado junto do director-geral da Organização das Nações Unidas para a Educação, Ciência e Cultura.

3 – A denúncia terá efeito 12 meses após, a recepção do instrumento de denúncia.

ARTIGO 24.º

O director-geral da Organização das Nações Unidas para a Educação, Ciência e Cultura informará os Estados membros da Organização, os Estados não membros a que se refere o artigo 20.º, bem como a Organização das Nações Unidas, sobre o depósito de todos os instrumentos de ratificação, de aceitação ou de adesão mencionados nos artigos 19.º e 20.º e também sobre as notificações e denúncias previstas, respectivamente, nos artigos 22.º e 23.º.

ARTIGO 25.º

1 – A Conferência Geral da Organização das Nações Unidas para a Educação, Ciência e Cultura poderá rever a presente Convenção Contudo, a revisão só vinculará os Estados que venham a ser partes na convenção revista.

2 – No caso de a Conferência Geral adoptar uma nova convenção que constitua uma revisão total ou parcial da presente, a menos que a nova convenção preveja de modo diferente, a presente Convenção deixará de estar aberta à ratificação, aceitação ou adesão a partir da data da entrada em vigor da nova convenção revista.

ARTIGO 26.º

Conforme o disposto no artigo 102.º da Carta das Nações Unidas, a presente Convenção será registada no Secretariado das Nações Unidas a pedido do director-geral da Organização das Nações Unidas para a Educação, Ciência e Cultura.

62 Direito do Património Cultural

2.3. Convenção para a Protecção do Património Mundial, Cultural e Natural, concluída em Paris a 16 de Novembro de 1972. [5] [6]

A Conferência Geral da Organização das Nações Unidas para a Educação, Ciência e Cultura, reunida em Paris de 17 de Outubro a 21 de Novembro de 1972, na sua décima sétima sessão:

Constatando que o património cultural e o património natural estão cada vez mais ameaçados de destruição, não apenas pelas causas tradicionais de degradação, mas também pela evolução da vida social e económica que as agrava através de fenómenos de alteração ou de destruição ainda mais importantes;

Considerando que a degradação ou o desaparecimento de um bem do património cultural e natural constitui um empobrecimento efectivo do património de todos os povos do mundo;

Considerando que a protecção de tal património à escala nacional é a maior parte das vezes insuficiente devido à vastidão dos meios que são necessários para o efeito e da insuficiência de recursos económicos, científicos e técnicos do país no território do qual se encontra o bem a salvaguardar;

Relembrando que o Acto Constitutivo da Organização prevê a ajuda à conservação, progresso e difusão do saber, promovendo a conservação e protecção do património universal e recomendando aos povos interessados convenções internacionais concluídas para tal efeito;

Considerando que as convenções, recomendações e resoluções internacionais existentes no interesse dos bens culturais e naturais

---

[5] Aprovada para adesão pelo Decreto n.º 49/79, de 6 de Junho. Pelo Aviso n.º 264/ /80, de 14 de Novembro, foi tornado público que o representante de Portugal junto da UNESCO depositou junto do Secretário-Geral desta organização, em 2 de Outubro de 1980, o instrumento de ratificação.

[6] Pelo Aviso n.º 76/99, de 18 de Junho, foi tornado público que por intermédio do representante permanente de Portugal junto da Organização das Nações Unidas para a Educação, Ciência e Cultura, foi notificado o Director-Geral da UNESCO, na sua qualidade de depositário da Convenção para a Protecção do Património Mundial, Cultural e Natural, adoptada em Paris em 16 de Novembro de 1972, que a aplicação desta Convenção foi estendida ao território de Macau. Este aviso vem no seguimento do Decreto do Presidente da República n.º 28/98, de 18 de Junho, que decretou a extensão ao território de Macau da referida Convenção.

Convenção para a Protecção do Património Mundial 63

demonstram a importância que constitui, para todos os povos do mundo, a salvaguarda de tais bens, únicos e insubstituíveis, qualquer que seja o povo a que pertençam;

Considerando que determinados bens do património cultural e natural se revestem de excepcional interesse que necessita a sua preservação como elemento do património mundial da humanidade no seu todo;

Considerando que, perante a extensão e a gravidade dos novos perigos que os ameaçam, incumbe à colectividade internacional, no seu todo, participar na protecção do património cultural e natural, de valor universal excepcional, mediante a concessão de uma assistência colectiva que sem se substituir à acção do Estado interessado a complete de forma eficaz;

Considerando que se torna indispensável a adopção, para tal efeito, de novas disposições convencionais que estabeleçam um sistema eficaz de protecção colectiva do património cultural e natural de valor universal excepcional, organizado de modo permanente e segundo métodos científicos e modernos;

Após ter decidido aquando da sua décima sexta sessão que tal questão seria objecto de uma convenção internacional;

adopta no presente dia 16 de Novembro de 1972 a presente Convenção.

I – Definições do património cultural e natural

ARTIGO 1.º

Para fins da presente Convenção serão considerados como património cultural:

Os *monumentos*. – Obras arquitectónicas, de escultura ou de pintura monumentais, elementos ou estruturas de carácter arqueológico, inscrições, grutas e grupos de elementos com valor universal excepcional do ponto de vista da história, da arte ou da ciência;

Os *conjuntos*. – Grupos de construções isolados ou reunidos que, em virtude da sua arquitectura, unidade ou integração na paisagem, têm valor universal excepcional do ponto de vista da história, da arte ou da ciência;

Os *locais de interesse*. – Obras do homem, ou obras conjugadas do homem e da natureza, e as zonas, incluindo os locais de interesse arqueológico, com um valor universal excepcional do ponto de vista histórico, estético, etnológico ou antropológico.

ARTIGO 2.º

Para fins da presente Convenção serão considerados como património natural:

Os monumentos naturais constituídos por formações físicas e biológicas ou por grupos de tais formações com valor universal excepcional do ponto de vista estético ou científico;

As formações geológicas e fisiográficas e as zonas estritamente delimitadas que constituem *habitat* de espécies animais e vegetais ameaçadas, com valor universal excepcional do ponto de vista da ciência ou da conservação;

Os locais de interesse naturais ou zonas naturais estritamente delimitadas, com valor universal excepcional do ponto de vista da ciência, conservação ou beleza natural.

ARTIGO 3.º

Competirá a cada Estado parte na presente Convenção identificar e delimitar os diferentes bens situados no seu território e referidos nos artigos 1 e 2 acima.

II – Protecção nacional e protecção internacional do património cultural e natural

ARTIGO 4.º

Cada um dos Estados parte na presente Convenção deverá reconhecer que a obrigação de assegurar a identificação, protecção, conservação, valorização e transmissão às gerações futuras do património cultural e natural referido nos artigos 1.º e 2.º e situado no seu território constitui obrigação primordial. Para tal, deverá esforçar-se, quer por esforço próprio, utilizando no máximo os seus recursos disponíveis, quer, se necessário, mediante a assistência e a cooperação internacionais de que possa beneficiar, nomeadamente no plano financeiro, artístico, científico e técnico.

ARTIGO 5.º

Com o fim de assegurar uma protecção e conservação tão eficazes e uma valorização tão activa quanto possível do património cultural e natural situado no seu território e nas condições apropriadas a cada país, os Estados parte na presente Convenção esforçar-se-ão na medida do possível por:

a) Adoptar uma política geral que vise determinar uma função ao património cultural e natural na vida colectiva e integrar a protecção do referido património nos programas de planificação geral;

b) Instituir no seu território, caso não existam, um ou mais serviços de protecção, conservação e valorização do património cultural e natural, com pessoal apropriado, e dispondo dos meios que lhe permitam cumprir as tarefas que lhe sejam atribuídas;

c) Desenvolver os estudos e as pesquisas científicas e técnicas e aperfeiçoar os métodos de intervenção que permitem a um Estado enfrentar os perigos que ameaçam o seu património cultural ou natural;

d) Tomar as medidas jurídicas, científicas, técnicas, administrativas e financeiras adequadas para a identificação, protecção, conservação, valorização e restauro do referido património; e

e) Favorecer a criação ou o desenvolvimento de centros nacionais ou regionais de formação nos domínios da protecção, conservação e valorização do património cultural e natural e encorajar a pesquisa científica neste domínio.

ARTIGO 6.º

1 – Com pleno respeito pela soberania dos Estados no território dos quais está situado o património cultural e natural referido nos artigos 1.º e 2.º, e sem prejuízo dos direitos reais previstos na legislação nacional sobre o referido património, os Estados parte na presente Convenção reconhecem que o referido património constitui um património universal para a protecção do qual a comunidade internacional no seu todo tem o dever de cooperar.

2 – Em consequência, os Estados parte comprometem-se, em conformidade com as disposições da presente Convenção, a contribuir para a identificação, protecção, conservação e valorização do património cultural e natural referido nos parágrafos 2 e 4 do artigo

11.º se o Estado no território do qual tal património se encontra o solicitar.

3 – Cada um dos Estados parte na presente Convenção compromete-se a não tomar deliberadamente qualquer medida susceptível de danificar directa ou indirectamente o património cultural e natural referido nos artigos 1.º e 2.º situado no território de outros Estados parte na presente Convenção.

ARTIGO 7.º

Para fins da presente Convenção, deverá entender-se por protecção internacional do património mundial cultural e natural a criação de um sistema de cooperação e de assistência internacionais que vise auxiliar os Estados parte na Convenção nos esforços que despendem para preservar e identificar o referido património.

III – Comité intergovernamental para a protecção do património mundial, cultural e natural

ARTIGO 8.º

1 – É criado junto da Organização das Nações Unidas para a Educação, Ciência e Cultura um comité intergovernamental para a protecção do património cultural e natural de valor universal excepcional denominado Comité do Património Mundial. Será composto por quinze Estados parte na Convenção, eleitos pelos Estados parte na Convenção reunidos em assembleia geral no decurso de sessões ordinárias da Conferência Geral da Organização das Nações Unidas para a Educação, Ciência e Cultura. O número dos Estados membros do Comité será elevado até vinte e um, a contar da sessão ordinária da conferência geral que se siga à entrada em vigor da presente Convenção para, pelo menos, quarenta Estados.

2 – A eleição dos membros do Comité deverá assegurar uma representação equitativa das diferentes regiões e culturas do Mundo.

3 – Assistirão às sessões do Comité com voto consultivo um representante do Centro Internacional de Estudos para a Conservação e Restauro dos Bens Culturais (Centro de Roma), um representante do Conselho Internacional dos Monumentos e Locais de Interesse (ICOMOS) e um representante da União Internacional para a Conservação da Natureza e Seus Recursos (UICN), aos quais poderão ser

Convenção para a Protecção do Património Mundial 67

acrescentados, a pedido dos Estados parte reunidos em assembleia geral no decurso das sessões ordinárias da Conferência Geral da Organização das Nações Unidas para a Educação, Ciência e Cultura, representantes de outras organizações intergovernamentais ou não governamentais com objectivos idênticos.

ARTIGO 9.º

1 – Os Estados membros do Comité do Património Mundial exercerão o seu mandato desde o termo da sessão ordinária da Conferência Geral no decurso da qual tiverem sido eleitos e até ao final da terceira sessão ordinária subsequente.

2 – No entanto, o mandato de um terço dos membros designados na primeira eleição terminará no final da primeira sessão ordinária da Conferência Geral que se siga à sessão no decurso da qual tenham sido eleitos, e o mandato de um segundo terço dos membros designados simultaneamente terminará no final da segunda sessão ordinária da Conferência Geral que se siga à sessão no decurso da qual tenham sido eleitos. Os nomes de tais membros serão sorteados pelo presidente da Conferência Geral após a primeira eleição.

3 – Os Estados membros do Comité deverão escolher para os representar pessoas qualificadas no domínio do património cultural ou do património natural.

ARTIGO 10.º

1 – O Comité do Património Mundial adoptará o seu regulamento interno.

2 – O Comité poderá a qualquer momento convidar para as suas reuniões organismos públicos ou privados, assim como pessoas privadas, para proceder a consultas sobre questões específicas.

3 – O Comité poderá criar os órgãos consultivos que julgue necessários à execução das suas funções.

ARTIGO 11.º

1 – Cada um dos Estados parte na presente Convenção deverá submeter, em toda a medida do possível, ao Comité do Património Mundial um inventário dos bens do património cultural e natural situados no seu território e susceptíveis de serem inscritos na lista prevista no parágrafo 2 do presente artigo. Tal inventário, que não será consi-

derado exaustivo, deverá comportar uma documentação sobre o local dos bens em questão e sobre o interesse que apresentam.

2 – Com base nos inventários submetidos pelos Estados em aplicação do parágrafo 1 acima, o Comité deverá estabelecer, actualizar e difundir, sob o nome de «lista do património mundial», uma lista dos bens do património cultural e do património natural tal como definidos nos artigos 1.º e 2.º da presente Convenção, que considere como tendo um valor universal excepcional em aplicação dos critérios que tiver estabelecido. De dois em dois anos deverá ser difundida uma actualização da lista.

3 – A inscrição de um bem na lista do património mundial apenas poderá ser feita com o consentimento do Estado interessado. A inscrição de um bem situado num território que seja objecto de reivindicação de soberania ou de jurisdição por vários Estados não prejudicará em nada os direitos das partes no diferendo.

4 – O Comité deverá estabelecer, actualizar e difundir, sempre que as circunstâncias o exijam, sob o nome de «lista do património mundial em perigo», uma lista dos bens que figurem na lista do património mundial para a salvaguarda dos quais sejam necessários grandes trabalhos e para os quais tenha sido pedida assistência, nos termos da presente Convenção. Tal lista deverá conter uma estimativa do custo das operações. Apenas poderão figurar nesta lista os bens do património cultural e natural ameaçados de perigos graves e precisos, tais como ameaça de desaparecimento devido a uma degradação acelerada, projectos de grandes trabalhos públicos ou privados, rápido desenvolvimento urbano e turístico, destruição devida a mudanças de utilização ou de propriedade da terra, alterações profundas devidas a uma causa desconhecida, abandono por um qualquer motivo, conflito armado surgido ou ameaçando surgir, calamidades e cataclismos, grandes incêndios, sismos, deslocações de terras, erupções vulcânicas, modificações do nível das águas, inundações e maremotos. O Comité poderá, em qualquer momento e em caso de urgência, proceder a nova inscrição na lista do património mundial em perigo e dar a tal inscrição difusão imediata.

5 – O Comité definirá os critérios com base nos quais um bem do património cultural e natural poderá ser inscrito em qualquer das listas referidas nos parágrafos 2 e 4 do presente artigo.

6 – Antes de recusar um pedido de inscrição numa das duas listas referidas nos parágrafos 2 e 4 do presente artigo, o Comité deverá

Convenção para a Protecção do Património Mundial   69

consultar o Estado parte no território do qual esteja situado o bem do património cultural ou natural em causa.

7 – O Comité, com o consentimento dos Estados interessados, coordenará e encorajará os estudos e as pesquisas necessárias à constituição das listas referidas nos parágrafos 2 e 4 do presente artigo.

ARTIGO 12.º

O facto de um bem do património cultural e natural não ter sido inscrito em qualquer das duas listas referidas nos parágrafos 2 e 4 do artigo 11.º não poderá de qualquer modo significar que tal bem não tenha um valor universal excepcional para fins diferentes dos resultantes da inscrição nas referidas listas.

ARTIGO 13.º

1 – O Comité do Património Mundial deverá aceitar e estudar os pedidos de assistência internacional formulados pelos Estados parte na presente Convenção no que respeita aos bens do património cultural e natural situados nos seus territórios, que figurem ou sejam susceptíveis de figurar nas listas referidas nos parágrafos 2 e 4 do artigo 11.º. Tais pedidos poderão ter por objecto a protecção, conservação, valorização ou restauro de tais bens.

2 – Os pedidos de assistência internacional em aplicação do parágrafo 1 do presente artigo poderão igualmente ter por objecto a identificação de bens do património cultural e natural definido nos artigos 1.º e 2.º, sempre que pesquisas preliminares tenham permitido estabelecer que as mesmas merecem ser prosseguidas.

3 – O Comité deverá decidir do andamento a dar a tais pedidos, determinar, se necessário, a natureza e importância da sua ajuda e autorizar a conclusão, em seu nome, de acordos necessários com o governo interessado.

4 – O Comité deverá determinar uma ordem de prioridade para as suas intervenções. Fá-lo-á tendo em conta a importância respectiva dos bens a salvaguardar para o património mundial, cultural e natural, a necessidade em assegurar assistência internacional aos bens mais representativos da natureza ou do génio e da história dos povos do mundo e da urgência dos trabalhos a empreender, a importância dos recursos dos Estados no território dos quais se encontrem os bens ameaçados e principalmente a medida em que tais Estados poderiam assegurar a salvaguarda de tais bens pelos seus próprios meios.

70   *Direito do Património Cultural*

5 – O Comité deverá estabelecer, actualizar e difundir uma lista dos bens para os quais tenha sido dada assistência internacional.

6 – O Comité deverá decidir da utilização dos recursos do fundo criado nos termos do artigo 15.º da presente Convenção. Procurará os meios de aumentar tais recursos e tomará todas as medidas úteis para o efeito.

7 – O Comité deverá cooperar com as organizações internacionais e nacionais, governamentais e não governamentais, com objectivos idênticos aos da presente Convenção. Para a aplicação dos seus programas e execução dos seus projectos, o Comité poderá recorrer a tais organizações, especialmente do Centro Internacional de Estudos para a Conservação e Restauro dos Bens Culturais (Centro de Roma), ao Conselho Internacional dos Monumentos e Locais de Interesse (ICOMOS) e à União Internacional para a Conservação da Natureza e Seus Recursos (UICN), assim como a outros organismos públicos ou privados e a pessoas privadas.

8 – As decisões do Comité serão tomadas por maioria de dois terços dos membros presentes e votantes. O quórum será constituído pela maioria dos membros do Comité.

ARTIGO 14.º

1 – O Comité do Património Mundial será assistido por um secretariado nomeado pelo director-geral da Organização das Nações Unidas para a Educação, Ciência e Cultura.

2 – O director-geral da Organização das Nações Unidas para a Educação, Ciência e Cultura, utilizando o mais possível os serviços do Centro Internacional de Estudos para a Conservação e Restauro dos Bens Culturais (Centro de Roma), do Conselho Internacional dos Monumentos e Locais de Interesse (ICOMOS) e da União Internacional para a Conservação da Natureza e Seus Recursos (UICN), nos domínios das suas competências e das suas respectivas possibilidades, deverá preparar a documentação do Comité, a ordem do dia das suas reuniões e deverá assegurar a execução das suas decisões.

Convenção para a Protecção do Património Mundial   71

IV – Fundo para a protecção do património mundial, cultural a natural

ARTIGO 15.º

1 – É constituído um fundo para a protecção do património mundial, cultural e natural de valor universal excepcional, denominado Fundo do Património Mundial.

2 – O Fundo será constituído com fundos de depósito, em conformidade com as disposições do regulamento financeiro da Organização das Nações Unidas para a Educação, Ciência e Cultura.

3 – Os recursos do Fundo serão constituídos por:

a) Contribuições obrigatórias e contribuições voluntárias dos Estados parte na presente Convenção;

b) Pagamentos, doações ou legados que poderão fazer:

i) Outros Estados;

ii) A Organização das Nações Unidas para a Educação, Ciência e Cultura, as demais organizações do sistema das Nações Unidas, nomeadamente o Programa de Desenvolvimento das Nações Unidas e outras organizações intergovernamentais;

iii) Organismos públicos ou privados, ou as pessoas privadas;

c) Qualquer juro devido pelos recursos do Fundo;

d) Produto das colectas e receitas das manifestações organizadas em proveito do Fundo; e

e) Quaisquer outros recursos autorizados pelo regulamento que o Comité do Património Mundial elaborará.

4 – O destino das contribuições feitas ao Fundo e das demais formas de assistência prestadas ao Comité será estabelecido por este. O Comité poderá aceitar contribuições destinadas apenas a um certo programa ou a um determinado projecto desde que a aplicação de tal programa ou a execução de tal projecto tenha sido decidida pelo Comité. As contribuições ao Fundo não poderão estar sujeitas a qualquer condição política.

ARTIGO 16.º

1 – Sem prejuízo de qualquer contribuição voluntária complementar, os Estados parte na presente Convenção comprometem-se a pagar regularmente, de dois em dois anos, ao Fundo do Património

Mundial, contribuições, cujo montante, calculado segundo uma percentagem uniforme aplicável a todos os Estados, será decidido pela assembleia geral dos Estados parte na Convenção, reunidos no decurso de sessões da Conferência Geral da Organização das Nações Unidas para a Educação, Ciência e Cultura. Tal decisão da assembleia geral requer a maioria dos Estados parte, presentes e votantes, que não tenham formulado a declaração referida no parágrafo 2 do presente artigo. A contribuição obrigatória dos Estados parte na Convenção não poderá, em caso algum, ultrapassar 1% da sua contribuição para o orçamento ordinário da Organização das Nações Unidas para a Educação, Ciência e Cultura.

2 – Qualquer Estado referido no artigo 31.º ou no artigo 32.º da presente Convenção poderá, no entanto, no momento do depósito do seu instrumento de ratificação, aceitação ou adesão, declarar que não ficará vinculado pelas disposições do parágrafo 1 do presente artigo.

3 – Qualquer Estado parte na Convenção que tenha formulado a declaração referida no parágrafo 2 do presente artigo poderá, em qualquer momento, retirar a referida declaração mediante notificação do director-geral da Organização das Nações Unidas para a Educação, Ciência e Cultura. No entanto, a retirada da declaração apenas terá efeito, no que se refere à contribuição obrigatória devida por tal Estado, a partir da data da assembleia geral seguinte dos Estados parte.

4 – A fim de que o Comité possa prever as suas operações de forma eficaz, as contribuições dos Estados parte na presente Convenção que tenham formulado a declaração referida no parágrafo 2 do presente artigo deverão ser pagas de forma regular, pelo menos de dois em dois anos, e não deverão ser inferiores às contribuições que tais Estados deveriam pagar caso se encontrassem vinculados pelas disposições do parágrafo 1 do presente artigo,

5 – Qualquer Estado parte na Convenção que se encontre atrasado no pagamento da sua contribuição obrigatória ou voluntária, relativamente ao ano em curso e ao ano civil imediatamente anterior, não poderá ser eleito para o Comité do Património Mundial; tal disposição não se aplica aquando da primeira eleição. O mandato de um tal Estado, já membro do Comité, terminará no momento de qualquer eleição referida no parágrafo 1 do artigo 8.º da presente Convenção.

ARTIGO 17.º

Os Estados parte na presente Convenção deverão estabelecer ou promover a criação de fundações ou de associações nacionais, públicas

Convenção para a Protecção do Património Mundial 73

e privadas, cujo objectivo seja o encorajamento da protecção do património cultural e natural, conforme definido pelos artigos 1.º e 2.º da presente Convenção.

ARTIGO 18.º

Os Estados parte na presente Convenção deverão contribuir nas campanhas internacionais de colecta, organizadas em favor do Fundo do Património Mundial, sob os auspícios da Organização das Nações Unidas para a Educação, Ciência e Cultura. Deverão facilitar as colectas feitas com tais objectivos pelos organismos mencionados no parágrafo 3 do artigo 15.º

V – Condições e modalidades de assistência internacional

ARTIGO 19.º

Qualquer Estado parte na presente Convenção poderá solicitar assistência internacional em favor dos bens do património cultural ou natural de valor universal excepcional situados no seu território. Deverá anexar ao pedido de assistência os elementos informativos e os documentos mencionados no artigo 21.º, de que dispõe, e de que o Comité necessitar para tomar a sua decisão.

ARTIGO 20.º

Sob reserva das disposições do parágrafo 2 do artigo 13.º, da alínea c) do artigo 22.º e do artigo 23.º, a assistência internacional prevista pela presente Convenção apenas poderá ser concedida a bens do património cultural e natural que o Comité do Património Mundial tenha decidido ou decida fazer figurar numa das listas referidas nos parágrafos 2 e 4 do artigo 11.º

ARTIGO 21.º

1 – O Comité do Património Mundial deverá estabelecer as normas para o exame dos pedidos de assistência internacional que lhe sejam dirigidos e deverá precisar, nomeadamente, os elementos a figurar no pedido, o qual deverá descrever a operação a executar, os trabalhos necessários, uma estimativa do custo dos mesmos, urgência e os motivos pelos quais os recursos do Estado que tenha formulado

74 *Direito do Património Cultural*

o pedido não lhe permitem fazer face à totalidade das despesas. Os pedidos deverão, sempre que possível, basear-se na opinião de peritos.

2 – Em virtude dos trabalhos que poderão eventualmente vir a ser necessários sem demora, os pedidos fundados em calamidades naturais ou em catástrofes deverão ser urgente e prioritariamente examinados pelo Comité, o qual deverá dispor de um fundo de reserva destinado a tais eventualidades.

3 – Antes de tomar qualquer decisão, o Comité deverá proceder aos estudos e consultas que julgue necessários.

ARTIGO 22.º

A assistência concedida pelo Comité do Património Mundial poderá assumir as seguintes formas:

a) Estudos sobre os problemas artísticos, científicos e técnicos resultantes da protecção, conservação, valorização e restauro do património cultural e natural, conforme definido pelos parágrafos 2 e 4 do artigo 11.º da presente Convenção;

b) Fornecimento de peritos, técnicos e de mão-de-obra qualificada para supervisar a boa execução do projecto aprovado;

c) Formação de especialistas, a todos os níveis, nos domínios da identificação, protecção, conservação, valorização e restauro do património cultural e natural;

d) Fornecimento de equipamento de que o Estado interessado não disponha ou não esteja em condições de adquirir;

e) Empréstimos a juro reduzido, isentos de juros ou que possam ser reembolsados a longo prazo;

f) Concessão, em casos excepcionais e especialmente motivados, de subvenções não reembolsáveis.

ARTIGO 23.º

O Comité do Património Mundial poderá igualmente fornecer assistência internacional a centros nacionais ou regionais de formação de especialistas, a todos os níveis, nos domínios da identificação, protecção, conservação, valorização e restauro do património cultural e natural.

ARTIGO 24.º

Uma assistência internacional de elevada importância apenas poderá ser concedida após estudo científico, económico e técnico

Convenção para a Protecção do Património Mundial 75

detalhado. Tal estudo deverá recorrer às mais avançadas técnicas de protecção, conservação, valorização e restauro do património cultural e natural e corresponder aos objectivos da presente Convenção. Deverá ainda pesquisar os meios para a utilização racional dos recursos disponíveis no Estado interessado.

ARTIGO 25.º

O financiamento dos trabalhos necessários apenas deverá, em princípio, incumbir parcialmente à comunidade internacional. A participação do Estado que beneficie da assistência internacional deverá constituir parte substancial dos recursos atribuídos a cada programa ou projecto, excepto se os seus recursos não lho permitam.

ARTIGO 26.º

O Comité do Património Mundial e o Estado beneficiário deverão definir, em acordo a concluir, as condições para a execução do programa ou projecto ao qual é concedida assistência internacional, nos termos da presente Convenção. Competirá ao Estado que receba tal assistência internacional continuar a proteger, conservar e valorizar os bens assim salvaguardados, em conformidade com as condições definidas no acordo.

VI – Programas educativos

ARTIGO 27.º

1 – Os Estados parte na presente Convenção esforçar-se-ão, por todos os meios apropriados, nomeadamente mediante programas de educação e de informação, por reforçar o respeito e o apego dos seus povos ao património cultural e natural definido nos artigos 1.º e 2.º da Convenção.

2 – Comprometem-se a informar largamente o público das ameaças a que está sujeito tal património e das actividades levadas a cabo em aplicação da presente Convenção.

ARTIGO 28.º

Os Estados parte na presente Convenção que recebam assistência internacional, em aplicação da Convenção, deverão tomar as medidas necessárias no sentido de dar a conhecer a importância dos bens que constituem o objecto de tal assistência e o papel desempenhado por esta.

VII – Relatórios

ARTIGO 29.º

1 – Os Estados parte na presente Convenção deverão indicar nos relatórios a apresentar à Conferência Geral da Organização das Nações Unidas para a Educação, Ciência e Cultura, às datas e sob as formas que entender, as disposições legais e regulamentares e as demais medidas que tenham sido adoptadas para aplicação da Convenção, bem como a experiência que tenham adquirido na matéria.

2 – Tais relatórios deverão ser levados ao conhecimento do Comité do Património Mundial.

3 – O Comité deverá apresentar um relatório sobre as suas actividades a cada uma das sessões ordinárias da Conferência Geral da Organização das Nações Unidas para a Educação, Ciência e Cultura.

VIII – Cláusulas finais

ARTIGO 30.º

A presente Convenção foi redigida em inglês, árabe, espanhol, francês e russo, fazendo os cinco textos igualmente fé.

ARTIGO 31.º

1 – A presente Convenção será submetida à ratificação ou aceitação dos Estados membros da Organização das Nações Unidas para a Educação, Ciência e Cultura, em conformidade com as suas respectivas normas constitucionais.

2 – Os instrumentos de ratificação ou aceitação serão depositados junto do director-geral da Organização das Nações Unidas para a Educação, Ciência e Cultura.

ARTIGO 32.º

1 – A presente Convenção fica aberta à adesão de qualquer Estado não membro da Organização das Nações Unidas para a Educação, Ciência e Cultura convidado a ela aderir pela Conferência Geral da Organização.

2 – A adesão terá lugar mediante o depósito de um instrumento de adesão junto do director-geral da Organização das Nações Unidas para a Educação, Ciência e Cultura.

ARTIGO 33.º

A presente Convenção entrará em vigor três meses após a data do depósito do vigésimo instrumento de ratificação, aceitação ou adesão, mas unicamente para os Estados que tenham depositado os seus respectivos instrumentos de ratificação, aceitação ou adesão em tal data, ou anteriormente. Para qualquer outro Estado, entrará em vigor três meses após o depósito do respectivo instrumento de ratificação, aceitação ou adesão.

ARTIGO 34.º

As disposições abaixo aplicar-se-ão aos Estados parte na presente Convenção com sistema constitucional federativo ou não unitário:

a) No que se refere às disposições da presente Convenção cuja aplicação seja da competência da acção legislativa do poder legislativo federal ou central, as obrigações do Governo federal ou central serão idênticas às dos Estados parte não federativos;

b) No que se refere às disposições da presente Convenção cuja aplicação seja da competência da acção legislativa de cada um dos Estados, regiões, províncias ou cantões que constituem o Estado federal, que não sejam obrigados, em virtude do sistema constitucional da Federação, a tomar medidas legislativas, o Governo federal levará as referidas disposições, acompanhadas do seu parecer favorável, ao conhecimento das autoridades competentes dos referidos Estados, regiões, províncias ou cantões.

ARTIGO 35.º

1 – Cada um dos Estados parte na presente Convenção terá a faculdade de denunciar a Convenção.

2 – A denúncia deverá ser notificada mediante instrumento escrito depositado junto do director-geral da Organização das Nações Unidas para a Educação, Ciência e Cultura.

3 – A denúncia tomará efeito doze meses após a data da recepção do instrumento da denúncia. Em nada alterará as obrigações financeiras a assumir pelo Estado que a tenha efectuado, até à data em que a retirada tome efeito.

ARTIGO 36.º

O director-geral da Organização das Nações Unidas para a Educação, Ciência e Cultura informará os Estados membros da Organização e os Estados não membros referidos no artigo 32.º, bem como a Organização das Nações Unidas, do depósito de todos os instrumentos de ratificação, aceitação ou adesão mencionados nos artigos 31.º e 32.º, e das denúncias previstas pelo artigo 35.º

ARTIGO 37.º

1 – A presente Convenção poderá ser revista pela Conferência Geral da Organização das Nações Unidas para a Educação, Ciência e Cultura. A revisão apenas vinculará, no entanto, os Estados que se tornem parte na Convenção revista.

2 – Caso a Conferência Geral adopte uma nova convenção que constitua revisão total ou parcial da presente Convenção, e salvo disposições em contrário da nova convenção, a presente Convenção deixará de estar aberta a ratificação, aceitação ou adesão a partir da data da entrada em vigor da nova convenção.

ARTIGO 38.º

Em conformidade com o artigo 102.º da Carta das Nações Unidas, a presente Convenção será registada no Secretariado das Nações Unidas, a pedido do director-geral da Organização das Nações Unidas para a Educação, Ciência e Cultura.

Convenção para a Protecção do Património Cultural Subaquático 79

2.4. Convenção para a Protecção do Património Cultural Subaquático, aprovada em Paris em 2001 [7].

A Conferência Geral da Organização das Nações Unidas para a Educação, a Ciência e a Cultura, reunida em Paris de 15 de Outubro a 3 de Novembro de 2001, na sua trigésima primeira sessão,

Reconhecendo a importância do património cultural subaquático enquanto parte integrante do património cultural da humanidade e elemento particularmente importante na história dos povos, das nações e das suas relações mútuas no que concerne ao seu património comum,

Ciente da importância de proteger e preservar o património cultural subaquático e que tal responsabilidade recai sobre todos os Estados,

Constatando o crescente interesse e apreço do público pelo património cultural subaquático,

Convicta da importância de que a pesquisa, a informação e a educação se revestem para a protecção e a preservação do património cultural subaquático,

Convicta do direito do público de beneficiar das vantagens educativas e recreativas decorrentes de um acesso responsável e não intrusivo ao património cultural subaquático *in situ* e da importância da educação do público para uma maior consciencialização, valorização e protecção desse património,

Consciente de que as intervenções não autorizadas representam uma ameaça para o patromínio cultural subaquático e que é necessário tomar medidas mais rigorosas para prevenir tais intervenções,

Consciente da necessidade de responder adequadamente ao eventual impacto negativo que certas actividades legítimas causar, fortuitamente, sobre o património cultural subaquático,

Profundamente preocupada com a crescente exploração comercial do património cultural subaquático e, em particular, com certas

---

[7] De acordo com o seu art. 27º, a Convenção entrará em vigor após terem sido depositados 20 instrumentos de ratificação, aceitação ou aprovação junto do Director-Geral da UNESCO. Em Portugal, foi apresentada, em 28 de Novembro de 2005, a proposta de aprovação para ratificação (Proposta de Resolução 27/X/1), na qual se inclui a tradução portuguesa da Convenção sobre a Protecção do Património Cultural Subaquático que aqui publicamos.

actividades que visam a venda, aquisição e troca de elementos do património cultural subaquático,

Ciente de que os avanços tecnológicos facilitam a descoberta do património cultural subaquático e o respectivo acesso,

Convencida de que a cooperação entre Estados, organizações internacionais, instituições científicas, organizações profissionais, arqueólogos, mergulhadores, outras partes interessadas e o público em geral, é essencial para a protecção do património cultural subaquático,

Considerando que a prospecção, a escavação e a protecção do património cultural subaquático requerem a disponibilização e o recurso a métodos científicos específicos, bem como o uso de técnicas e equipamentos apropriados e um alto grau de especialização profissional, tornando-se necessário aplicar critérios uniformes,

Consciente da necessidade de codificar e desenvolver progressivamente regras relativas à protecção e preservação do património cultural subaquático, em conformidade com o direito e a prática internacionais, nomeadamente a Convenção da UNESCO relativa às Medidas a Adoptar para Proibir e Impedir a Importação, a Exportação e a Transferência Ilícita da Propriedade de Bens Culturais, assinada a 14 de Novembro de 1970, a Convenção da UNESCO relativa à Protecção do Património Mundial, Cultural e Natural, assinada a 16 de Novembro de 1972 e a Convenção das Nações Unidas sobre o Direito do Mar, assinada a 10 de Dezembro de 1982,

Empenhada em melhorar a eficácia de medidas de âmbito internacional, regional e nacional com vista à preservação *in situ* de elementos do património cultural subaquático ou à sua recuperação cuidada, se tal se mostrar necessário, para fins científicos ou de protecção,

Tendo decidido, na sua vigésima nona sessão, que tal questão deveria ser objecto de uma convenção internacional,

Adopta a presente Convenção neste segundo dia de Novembro de 2001.

ARTIGO 1.º – **Definições**

Para os fins da presente Convenção:

1. *a)* "Património cultural subaquático" significa todos os vestígios da existência do homem de carácter cultural, histórico

Convenção para a Protecção do Património Cultural Subaquático 81

ou arqueológico, que se encontrem parcial ou totalmente, periódica ou continuamente, submersos há, pelo menos, 100 anos, nomeadamente:

i) Sítios, estruturas, edifícios, artefactos e restos humanos, bem como o respectivo contexto arqueológico natural;

ii) Navios, aeronaves e outros veículos, ou parte deles, a respectiva carga ou outro conteúdo, bem como o respectivo contexto arqueológico e natural; e

iii) Artefactos de carácter pré-histórico.

b) Os oleodutos e cabos colocados no leito do mar não serão considerados parte integrante do património cultural subaquático.

c) As instalações diferentes de oleodutos ou cabos colocados no leito do mar e ainda em uso, não serão considerados parte integrante do património cultural subaquático.

2.*a*) "Estados Partes" significa os Estados que tenham consentido em ficar obrigados pela presente Convenção e relativamente aos quais a presente Convenção esteja em vigor.

b) A presente Convenção aplica-se *mutatis mutandis* aos territórios mencionados na alínea b) do n.º 2 do artigo 26.º que se tornem Partes na presente Convenção em conformidade com os requisitos previstos nesse número que lhes sejam aplicáveis; nessa medida, a expressão "Estados Partes" é extensível a tais territórios.

3. "UNESCO" significa a Organização das Nações Unidas para a Educação, a Ciência e a Cultura.

4. "Director-Geral" significa o Director-Geral da UNESCO.

5. "Área" significa o leito do mar, os fundos marinhos e o seu subsolo além dos limites da jurisdicção nacional.

6. "Intervenção sobre o património cultural subaquático" significa uma actividade principalmente direccionada para o património cultural subaquático e que possa, directa ou indirectamente, prejudicar materialmente ou danificar de outro modo o património cultural subaquático.

7. "Intervenção com incidência potencial sobre o património cultural subaquático" significa qualquer actividade que, não tendo o património cultural subaquático como seu objectivo principal ou parcial, possa prejudicar materialmente ou danificar de outro modo o património cultural subaquático.

82   *Direito do Património Cultural*

8. "Navios e aeronaves de Estado " significa os navios de guerra e outros navios ou aeronaves pertencentes a um Estado ou por ele operados e utilizados, aquando do seu afundamento, exclusivamente para fins públicos não comerciais, que se se encontrem devidamente identificados como tal e estejam incluídos na definição de património cultural subaquático.

9. "Regras" significa as Regras relativas a intervenções sobre o património cultural subaquático, conforme estabelecido no artigo 33.º da presente Convenção.

ARTIGO 2.º – **Objectivos e princípios gerais**

1. A presente Convenção visa garantir e reforçar a protecção do património cultural subaquático.

2. Os Estados Partes cooperarão entre si no tocante à protecção do património cultural subaquático.

3. Os Estados Partes preservarão o património cultural subaquático em benefício da humanidade, em conformidade com as disposições da presente Convenção.

4. Os Estados Partes adoptarão, individualmente ou, se for caso disso, conjuntamente, todas as medidas apropriadas, em conformidade com a presente Convenção e com o direito internacional, necessárias para proteger o património cultural subaquático usando, para esse efeito, os meios mais adequados de que disponham e que estejam de acordo com as suas capacidades.

5. A preservação *in situ* do património cultural será considerada opção prioritária antes de ser autorizada ou iniciada qualquer intervenção sobre o património.

6. Os elementos do património cultural subquático recuperado serão depositados, conservados e geridos por forma a assegurar a sua preservação a longo prazo.

7. O património cultural subaquático não será objecto de exploração comercial.

8. De acordo com a prática dos Estados e o direito internacional, incluindo a Convenção das Nações Unidas sobre o Direito do Mar, nada na presente Convenção será interpretado como modificando as regras do direito internacional e a prática dos Estados relativa às imunidades ou quaisquer direitos de um Estado sobre os seus navios e aeronaves.

9. Os Estados Partes garantem que todos os restos humanos submersos em águas marítimas serão tratados com o devido respeito.

Convenção para a Protecção do Património Cultural Subaquático   83

10. O acesso responsável e não intrusivo do público ao património cultural subaquático *in situ* para fins de observação e documentação deverá ser encorajado, de modo a promover quer a sensibilização do público para esse património, quer a valorização e a protecção deste, excepto se tal acesso se mostrar incompatível com a protecção e a gestão do referido património.

11. Nenhuma actividade ou acto realizado com base na presente Convenção constituirá fundamento para fazer valer, sustentar ou contestar qualquer pretensão de soberania ou jurisdição nacional.

ARTIGO 3.º – **Relação entre a presente Convenção e a Convenção das Nações Unidas sobre o Direito do Mar**

Nada na presente Convenção afectará os direitos, a jurisdição e os deveres dos Estados decorrentes do direito internacional, incluindo a Convenção das Nações Unidas sobre o Direito do Mar. A presente Convenção será interpretada e aplicada no contexto e em conformidade com o direito internacional, incluindo a Convenção das Nações Unidas sobre o Direito do Mar.

ARTIGO 4.º – **Relação com as leis dos salvados e dos achados**

Nenhuma actividade referente ao património cultural subaquático a que seja aplicável a presente Convenção **será submetida** às leis em matéria de salvados ou achados, a menos que:

a) Seja autorizada pelas competentes autoridades,
b) Esteja em plena conformidade com a presente Convenção, e
c) Garanta a protecção máxima do património cultural subaquático durante qualquer operação de recuperação.

ARTIGO 5.º – **Actividades com incidência potencial sobre o património cultural subaquático**

Cada Estado Parte usará os meios mais adequados de que disponha para prevenir ou mitigar qualquer efeito adverso que possa resultar de actividades levadas a efeito sob a sua jurisdição susceptíveis de afectar, de modo fortuito, o património cultural subaquático.

84 *Direito do Património Cultural*

ARTIGO 6.º – **Acordos bilaterais e regionais ou outros acordos multilaterais**

1. Os Estados Partes são encorajados a celebrar acordos bilaterais e regionais, ou outros acordos multilaterais, ou a aprofundar os acordos já existentes para fins de preservação do património cultural subaquático. Todos estes acordos deverão estar em plena conformidade com a presente Convenção, não lhe retirando o carácter universal. Os Estados poderão, no âmbito de tais acordos, adoptar regras e regulamentos que garantam melhor protecção do património cultural subaquático do que os previstos na presente Convenção.

2. As Partes nos referidos acordos bilaterais, regionais ou noutros acordos multilaterais podem convidar os Estados com interesse legítimo, especialmente de natureza cultural, histórica ou arqueológica, no património cultural subaquático em questão a aderir a tais acordos.

3. A presente Convenção não altera os direitos e obrigações dos Estados Partes relativamente à protecção de navios afundados, decorrentes de acordos bilaterais, regionais ou outros acordos multilaterais celebrados antes da adopção da presente Convenção, caso se mostrem conformes aos objectivos da presente Convenção.

ARTIGO 7.º – **Património Cultural subaquático em águas interiores e arquipelágicas e no mar territorial**

1. No exercício da sua soberania, os Estados Partes gozam do direito exclusivo de regulamentar e autorizar as intervenções sobre o património cultural subaquático nas suas águas interiores e arquipelágicas e no seu mar territorial.

2. Sem prejuízo de outros acordos internacionais e regras do direito internacional aplicáveis ao património cultural subaquático, os Estados Partes farão respeitar a aplicação das Regras nas intervenções sobre o património cultural subaquático que se encontre nas suas águas interiores e arquipelágicas e no seu mar territorial.

3. No exercício da sua soberania e de acordo com a prática geral observada entre Estados, os Estados Partes, tendo em vista cooperar no sentido da adopção dos melhores métodos de protecção dos navios e das aeronaves de Estado, deverão informar o Estado de pavilhão Parte na presente Convenção e, sendo caso disso, os outros Estados com interesse legítimo, especialmente de natureza cultural, histórica ou arqueológica, se ocorrer a descoberta de tais navios ou areonaves nas suas águas arquipelágicos ou no seu mar territorial.

ARTIGO 8.º – **Património cultural subaquático na zona contígua**

Sem prejuízo e em complemento dos artigos 9.º e 10.º, e em conformidade com o n.º 2 do artigo 303.º da Convenção das Nações Unidas sobre o Direito do Mar, os Estados Partes poderão regulamentar e autorizar intervenções sobre o património cultural subaquático na sua zona contígua, desde que façam respeitar a aplicação das Regras.

ARTIGO 9.º – **Declaração e notificação na zona económica exclusiva e na plataforma continental**

1. Compete aos Estados Partes proteger o património cultural subaquático na zona económica exclusiva e na plataforma continental, em conformidade com a presente Convenção.
Consequentemente:

a) Sempre que um seu nacional ou um navio arvorando a sua bandeira descobrir ou tencionar intervir sobre o património cultural subaquático situado na sua zona económica exclusiva ou na sua plataforma continental, o Estado Parte deverá exigir que o referido nacional ou o comandante do navio lhe declare tal descoberta ou intervenção;

b) Na zona económica exclusiva ou na plataforma continental de outro Estado Parte:

  i) Os Estados Partes exigirão que o nacional ou o comandante do navio lhes declare tal descoberta ou intervenção, bem como a esse outro Estado Parte;

  ii) Em alternativa, o Estado Parte exigirá ao nacional ou ao comandante do navio que tal descoberta ou intervenção lhe seja declarada e assegurará a rápida e efectiva transmissão dessa declaração a todos os outros Estados Partes.

2. Ao depositar os respectivos instrumentos de ratificação, aceitação, aprovação ou adesão, os Estados Partes especificarão a forma pela qual serão transmitidas as informações previstas na alínea b) do n.º 1 do presente artigo.

3. Os Estados Partes notificarão o Director-Geral de qualquer descoberta ou intervenção que lhes seja comunicada ao abrigo do disposto no n.º 1 do presente artigo.

4. O Director-Geral facultará prontamente a todos os Estados Partes qualquer informação que lhe seja notificada ao abrigo do disposto no n.º 3 do presente artigo.

86   *Direito do Património Cultural*

5. Qualquer Estado Parte poderá declarar ao Estado Parte em cuja zona económica exclusiva ou plataforma continental o património subaquático estiver situado o seu interesse em ser consultado sobre a forma de garantir a efectiva protecção desse património cultural subaquático. Tal declaração deverá ter por base um interesse legítimo, especialmente de natureza cultural, histórica ou arqueológica, no património cultural subaquático em questão.

ARTIGO 10.º – **Protecção do património cultural subaquático na zona económica exclusiva e na plataforma continental**

1. Qualquer autorização para uma intervenção sobre o património cultural subaquático situado na zona económica exclusiva ou na plataforma continental só poderá ser emitida em conformidade com o presente artigo.

2. Qualquer Estado Parte em cuja zona económica exclusiva ou plataforma continental esteja situado o património cultural subaquático tem o direito de interditar ou autorizar qualquer intervenção sobre o património em causa, a fim de prevenir qualquer interferência nos seus direitos soberanos ou na sua jurisdição em conformidade com o direito internacional, incluindo a Convenção das Nações Unidas sobre o Direito do Mar.

3. Sempre que ocorrer uma descoberta de património cultural subaquático ou houver intenção de realizar uma intervenção sobre o património cultural subaquático na zona económica exclusiva ou na plataforma continental de um Estado Parte, esse Estado deverá:

    a) Consultar todos os outros Estados Partes que tenham declarado o seu interesse nos termos do n.º 5 do artigo 9.º sobre a melhor forma de proteger o património cultural subaquático;

    b) Coordenar tais consultas na qualidade de "Estado coordenador", a menos que declare expressamente não deseja assumir essa função, caso em que os Estados Partes que se tenham declarado interessados nos termos do n.º 5 do artigo 9.º designarão um Estado coordenador.

4. Sem prejuizo do dever de todos os Estados Partes protegerem o património cultural subaquático mediante a adopção de todas as medidas consideradas oportunas em conformidade com o direito internacional que visem obstar a qualquer perigo imediato para o

patrimonio cultural subaquático, nomeadamente a pilhagem, o Estado coordenador poderá tomar todas as medidas adequadas e/ou emitir todas as autorizações necessárias em conformidade com a presente Convenção, antes mesmo de qualquer consulta, se for caso disso, a fim de obstar a qualquer perigo imediato para o património cultural subaquático resultante de actividades humanas ou outra causa, nomeadamente a pilhagem. Aquando da adopção de tais medidas, poderá ser solicitado o apoio de outros Estados Partes.

5. O Estado coordenador:

a) Implementará as medidas de protecção que tenham sido acordadas entre os Estados consultados, incluindo o Estado coordenador, a menos que os Estados consultados, incluindo o Estado coordenador, acordem em que estas medidas sejam implementadas por um outro Estado Parte;

b) Emitirá todas as autorizações que se mostrem necessárias relativamente às medidas acordadas em conformidade com as Regras, salvo se os Estados consultados, incluindo o Estado coordenador, acordarem em que tais autorizações sejam emitidas por um outro Estado Parte;

c) Poderá conduzir qualquer pesquisa preliminar sobre o património cultural subaquático e emitir todas as autorizações que, em consequência, se mostrem necessárias, transmitindo prontamente os resultados de tal pesquisa ao Director-Geral, o qual, por sua vez, facultará prontamente tais informações aos outros Estados Partes.

6. Ao coordenar consultas, tomar medidas, realizar pesquisas preliminares e/ou emitir autorizações de acordo com o presente artigo, o Estado coordenador estará a agir em nome dos Estados Partes no seu conjunto e não no seu próprio interesse. Nenhuma destas acções poderá, por si só, constituir fundamento para a reivindicação de quaisquer direitos preferenciais ou jurisdicionais não previstos no direito internacional, incluindo a Convenção das Nações Unidas sobre o Direito do Mar.

7. Sob reserva do disposto nos n.ºs 2 e 4 do presente artigo, nenhuma intervenção sobre navios ou aeronaves de Estado será realizada sem o acordo do Estado de pavilhão ou a colaboração do Estado Coordenador.

88   *Direito do Património Cultural*

ARTIGO 11.º – **Declaração e Notificação na Área**

1. Os Estados Partes têm a responsabilidade de proteger o património cultural subaquático na Área, em conformidade com a presente Convenção e o artigo 149.º da Convenção das Nações Unidas sobre o Direito do Mar. Consequentemente, sempre que um nacional ou um navio arvorando o pavilhão de um Estado Parte descobrir ou tencionar realizar uma intervenção sobre o património cultural subaquático situado na Área, esse Estado Parte exigirá que o seu nacional ou o comandante do navio lhe declare a descoberta ou a intervenção pretendida.

2. Os Estados Partes notificarão o Director-Geral e o Secretário--Geral da Autoridade Internacional dos Fundos Marinhos das descobertas ou intervenções sobre o património cultural subaquático que lhe foram declaradas.

3. O Director-Geral facultará, prontamente, a todos os Estados Partes quaisquer informações que lhe sejam notificadas.

4. Qualquer Estado Parte poderá comunicar ao Director-Geral o seu interesse em ser consultado sobre a forma de garantir a efectiva protecção do património cultural subaquático. Tal declaração deverá ter por fundamento um interesse legítimo no património cultural subaquático em questão, merecendo particular consideração os direitos preferenciais dos Estados de origem cultural, histórica ou arqueológica.

ARTIGO 12.º – **Protecção do património cultural subaquático**

1. Qualquer autorização para uma intervenção sobre o património cultural subaquático situado na Área só poderá ser emitida em conformidade com o presente artigo.

2. O Director-Geral convidará todos os Estados Partes que tenham manifestado o seu interesse nos termos do n.º 4 do artigo 11.º a procederem a consultas mútuas sobre a melhor forma de proteger o património cultural subaquático e a designarem um Estado Parte para coordenar tais consultas na qualidade de "Estado coordenador". O Director-Geral convidará, igualmente, a Autoridade Internacional dos Fundos Marinhos a participar nessas consultas.

3. Todos os Estados Partes poderão tomar as medidas que se mostrem adequadas em conformidade com a presente Convenção, se necessário antes de qualquer consulta, para prevenir qualquer perigo

Convenção para a Protecção do Património Cultural Subaquático 89

imediato para o património cultural subaquático decorrente de actividades humanas ou de qualquer outra causa, incluindo pilhagens.

4. O Estado coordenador deverá:

a) Implementar medidas de protecção que tenham sido acordadas pelos Estados consultados, incluindo o Estado coordenador, excepto se os Estados consultados, incluindo o Estado coordenador, acordarem em que deverá ser outro Estado Parte a implementar tais medidas;

b) Emitir todas as autorizações necessárias relativamente às medidas assim acordadas em conformidade com a presente Convenção, salvo se os Estados consultados, incluindo o Estado coordenador, acordarem em que deverá ser outro Estado Parte a emitir tais autorizações.

5. O Estado coordenador poderá realizar qualquer pesquisa preliminar que entenda necessária sobre o património cultural subaquático e emitir as autorizações competentes, transmitindo prontamente os resultados ao Director-Geral, o qual, por sua vez, facultará essas informações aos restantes Estados.

6. Ao coordenar consultas, tomar medidas, proceder a pesquisas preliminares e/ou emitir autorizações em conformidade com o presente artigo, o Estado coordenador estará a agir em benefício da humanidade, em nome de todos os Estados Partes. Será concedida especial atenção aos direitos preferenciais dos Estados de origem cultural, histórica ou arqueológica no que respeita ao património cultural subaquático em questão.

7. Nenhum Estado Parte empreenderá ou autorizará intervenções sobre navios ou aeronaves de Estado na Área sem o consentimento do Estado de pavilhão.

ARTIGO 13.º – **Imunidades**

Os navios de guerra e outros navios de Estado ou aeronaves militares com imunidade de jurisdição que operem com fins não comerciais, no decurso normal das suas operações e não estando envolvidos em intervenções sobre o património cultural subaquático, não serão obrigados a declarar descobertas de património cultural subaquático nos termos dos artigos 9.º, 10.º, 11.º e 12.º da presente Convenção. Contudo, os Estados Partes providenciarão no sentido de que os seus navios de guerra ou outros navios de Estado ou as suas

90 *Direito do Património Cultural*

aeronaves militares com imunidade de jurisdição que operem com fins não comerciais observem, tanto quanto possível e razoável, o disposto nos artigos 9.º, 10.º, 11.º e 12.º da presente Convenção, através da adopção de medidas apropriadas que não prejudiquem as operações ou a capacidade operacional de tais navios ou aeronaves.

ARTIGO 14.º – **Controlo de entrada no território, comércio e posse**

Os Estados Partes tomarão medidas que visem impedir a entrada nos respectivos territórios, o comércio/ e a posse de património cultural subaquático exportado ilicitamente e/ou recuperado, sempre que tal recuperação viole as disposições da presente Convenção.

ARTIGO 15.º – **Não utilização das zonas sob jurisdição dos Estados Partes**

Os Estados Partes tomarão medidas com vista a proibir a utilização do seu território, incluindo os portos marítimos e ilhas artificiais, instalações ou estruturas sob o seu exclusivo controlo ou jurisdição, para apoio de intervenções sobre o património cultural subaquático não conformes com a presente Convenção.

ARTIGO 16.º – **Medidas relativas a nacionais e a navios**

Os Estados Partes tomarão todas as medidas apropriadas para garantir que os seus nacionais e os navios que arvorem o seu pavilhão não procederão a quaisquer intervenções sobre o património cultural subaquático que violem a presente Convenção.

ARTIGO 17.º – **Sanções**

1. Cada Estado Parte imporá sanções pela violação das medidas por si tomadas com vista à implementação da presente Convenção.

2. As sanções aplicadas por qualquer violação deverão ser suficientemente severas por forma a garantir a observância da presente Convenção e a desencorajar a prática de infracções, onde quer que elas ocorram, e deverão privar os infractores do produto das suas actividades ilegais.

3. Os Estados Partes cooperarão entre si por forma a garantir a aplicação das sanções previstas no presente Artigo.

Convenção para a Protecção do Património Cultural Subaquático 91

ARTIGO 18.º – **Apreensão e tratamento de elementos do património cultural subaquático**

1. Cada Estado Parte tomará medidas que visem a apreensão, no seu território, de elementos do património cultural subaquático que tenham sido recuperados com violação da presente Convenção.

2. O Estado Parte que tenha procedido à apreensão de elementos do património cultural subaquático em aplicação da presente Convenção, procederá ao respectivo registo e protecção e tomará todas as medidas apropriadas para garantir a estabilização desse património.

3. Cada Estado Parte notificará o Director-Geral e qualquer outro Estado com um interesse legítimo, especialmente de natureza cultural, histórica ou arqueológica, no património cultural subaquático em questão, de qualquer apreensão de elementos do património cultural subaquático a que tenha procedido ao abrigo da presente Convenção.

4. O Estado Parte que tiver procedido à apreensão de elementos do património cultural arqueológico zelará pela sua disponibilização em benefício do público, tendo em consideração as necessidades de preservação e de pesquisa, a necessidade de reconstituir uma colecção dispersa, a necessidade de acesso do público, de exposição e de educação, bem como os interesses de qualquer Estado com interesse legítimo, especialmente de natureza cultural, histórica ou arqueológica, no património cultural subaquático em questão.

ARTIGO 19.º – **Cooperação e troca de informação**

1. Os Estados Partes cooperação entre si e procederão a consultas mútuas com vista à protecção e à gestão do património cultural subaquático nos termos da presente Convenção, incluindo, se possível, a colaboração na pesquisa, na escavação, na documentação, na preservação, no estudo e na valorização desse património.

2. Na medida em que os objectivos da presente Convenção o permitam, cada Estado Parte procederá à troca, com outros Estados Partes, da informação de que disponha sobre o património cultural subaquático, nomeadamente a que se prende com a descoberta e a localização de património, com a escavação ou a recuperação de património em violação da presente Convenção ou de outras disposições do direito internacional, com a metodologia e a tecnologia científica apropriada e com a evolução do direito aplicável a tal património.

92   *Direito do Património Cultural*

3. A informação trocada entre os Estados Partes, ou entre a UNESCO e os Estados Partes, relativa à descoberta ou localização de elementos do património cultural subaquático deverá ser mantida confidencial e reservada às entidades competentes dos Estados Partes, em conformidade com os respectivos direitos internos, enquanto a divulgação de tal informação fizer perigar ou colocar em risco a preservação dos elementos do património cultural subaquático em questão.

4. Cada Estado Parte tomará todas as medidas que considere oportunas, incluindo, se possível, a utilização de bases de dados internacionais apropriadas, para divulgar informações sobre os elementos do património cultural subaquático escavados ou recuperados em violação da presente Convenção ou do direito internacional.

ARTIGO 20.º – Sensibilização do público

Cada Estado Parte tomará todas as medidas que considere oportunas com vista a sensibilizar o público para o valor e o significado do património cultural subaquático e para a importância da sua protecção nos termos da presente Convenção.

ARTIGO 21.º – Formação em arqueologia subaquática

Os Estados Partes cooperarão entre si a fim de providenciarem formação em arqueologia subaquática e em técnicas de preservação do património cultural subaquático, e de procederem, nos termos acordados, à transferência de tecnologia relacionada com o património cultural subaquático.

ARTIGO 22.º – Serviços competentes

1. Com vista a garantir a adequada implementação da presente Convenção, os Estados Partes criarão serviços competentes ou reforçarão os já existentes, se for caso disso, com o objectivo de criar, manter e actualizar um inventário do património cultural subaquático, garantir de forma eficaz a protecção, a preservação, a valorização e a gestão de tal património, assim como a investigação científica e o ensino pertinentes.

2. Os Estados Partes comunicarão ao Director-Geral o nome e o endereço dos serviços competentes em matéria de património cultural subaquático.

Convenção para a Protecção do Património Cultural Subaquático 93

ARTIGO 23.º – **Conferência dos Estados Partes**

1. O Director-Geral convocará uma Conferência dos Estados Partes no prazo de um ano após a entrada em vigor da presente Convenção e, posteriormente, pelo menos uma vez de dois em dois anos. A pedido da maioria dos Estados Partes, o Director-Geral convocará uma Conferência Extraordinária de Estados Partes.

2. A Conferência dos Estados Partes definirá as suas funções e responsabilidades.

3. A Conferência dos Estados Partes adoptará o seu próprio Regulamento Interno.

4. A Conferência dos Estados Partes poderá criar um Conselho Consultivo Científico e Técnico composto por peritos nomeados pelos Estados Partes que respeite os princípios de uma equitativa distribuição geográfica e de um desejável equilíbrio entre sexos.

5. O Conselho Consultivo Científico e Técnico dará o apoio necessário à Conferência dos Estados Partes em questões de natureza científica ou técnica relativos à implementação das Regras.

ARTIGO 24.º – **Secretariado da presente Convenção**

1. O Secretariado da presente Convenção será assegurado pelo Director-Geral.

2. O Secretariado terá as seguintes funções:

a) Organizar as Conferências dos Estados Partes conforme previsto no n.º.1 do artigo 23.º;

b) Apoiar os Estados Partes na execução das decisões tomadas pelas Conferências dos Estados Partes.

ARTIGO 25.º – **Resolução pacífica de diferendos**

1. Qualquer diferendo entre dois ou mais Estados relativo à interpretação ou aplicação da presente Convenção será objecto de negociações efectuadas de boa fé ou mediante qualquer outro meio pacífico de resolução da escolha dos Estados intervenientes.

2. Se o diferendo não for resolvido através de negociações num período razoável de tempo, poderá ser submetido à UNESCO para efeitos de mediação, por acordo entre os Estados intervenientes.

3. Se não houver lugar a mediação ou não for possível obter a resolução por mediação, as disposições relativas à resolução de diferendos enunciadas na Parte XV da Convenção das Nações Unidas sobre o Direito do Mar serão aplicáveis *mutatis mutandis* a qualquer

94 *Direito do Património Cultural*

diferendo entre Estados Partes na presente Convenção relativo à interpretação ou aplicação desta, indepedentemente de serem ou não Partes na Convenção das Nações Unidas sobre o Direito do Mar.

4. Qualquer procedimento escolhido por um Estado Parte na presente Convenção e na Convenção das Nações Unidas sobre o Direito do Mar em conformidade com o artigo 287.º desta, será aplicado à resolução de diferendos nos termos do presente artigo, salvo se tal Estado Parte, aquando da sua ratificação, aceitação, aprovação ou adesão à presente Convenção, ou em qualquer momento posterior, escolher qualquer outro procedimento em conformidade com o n.º 1 do artigo 287.º, da Convenção das Nações Unidas sobre o Direito do Mar para fins de resolução de diferendos resultantes da aplicação da presente Convenção.

5. Aquando da ratificação, aceitação, aprovação ou adesão à presente Convenção, ou em qualquer momento posterior, qualquer Estado Parte na presente Convenção que não seja parte na Convenção das Nações Unidas sobre o Direito do Mar poderá escolher, através de declaração escrita, um ou vários dos meios enunciados no n.º 1 do artigo 287.º da Convenção das Nações Unidas sobre o Direito do Mar com o propósito de resolver diferendos nos termos do presente artigo. O artigo 287.º será aplicável a tal declaração, assim como a qualquer diferendo em que esse Estado seja parte e que não esteja abrangido por uma declaração em vigor. Para efeitos de conciliação e arbitragem, de acordo com os Anexos V e VII à Convenção das Nações Unidas sobre o Direito do Mar, tal Estado poderá nomear conciliadores e árbitros a serem incluídos nas listas referidas no artigo 2.º do Anexo V e no artigo 2.º do Anexo VII para efeitos de resolução de diferendos resultantes da aplicação da presente Convenção.

ARTIGO 26.º – **Ratificação, aceitação, aprovação e adesão**

1. A presente Convenção ficará sujeita à ratificação, aceitação e aprovação dos Estados Membros da UNESCO.

2. A presente Convenção ficará sujeita à adesão:

a) Dos Estados que não sejam membros da UNESCO mas sejam membros da Organização das Nações Unidas ou de uma instituição especializada do sistema da Organização das Nações Unidas ou da Agência Internacional de Energia Atómica, assim como dos Estados Partes no Estatuto do Tribunal Penal Internacional, e de qualquer outro Estado convidado a aderir à presente Convenção pela Conferência Geral da UNESCO;

Convenção para a Protecção do Património Cultural Subaquático 95

b) Dos territórios que gozem de total autonomia interna, reconhecida como tal pela Organização das Nações Unidas, mas que não acederam à plena independência em conformidade com a Resolução 1514 (XV) da Assembleia Geral e que tenham competência relativamente às matérias tratadas pela presente Convenção, incluindo a competência para celebrar tratados sobre tais matérias.

3. Os instrumentos de ratificação, aceitação, aprovação ou adesão serão depositados junto do Director-Geral.

ARTIGO 27.º – **Entrada em vigor**

A presente Convenção entrará em vigor três meses após a data de depósito do vigésimo instrumento conforme previsto no artigo 26.º, mas somente no que concerne os vinte Estados ou territórios que, desse modo, tenham depositado os seus instrumentos. Relativamente a qualquer outro Estado ou território, a Convenção entrará em vigor três meses após a data em que esse Estado depositou o respectivo instrumento.

ARTIGO 28.º – **Declaração relativa a águas interiores**

Ao ratificar, aceitar, aprovar ou aderir à presente Convenção, ou em qualquer momento posterior, qualquer Estado ou território poderá declarar que as Regras se aplicarão às suas águas interiores de natureza não marítima.

ARTIGO 29.º – **Limitação de âmbito geográfico**

Aquando da ratificação, aceitação, aprovação ou adesão à presente Convenção, um Estado ou território poderá, declarar ao depositário que a presente Convenção não será aplicável a determinadas partes do seu território, às suas águas interiores, às suas águas arquipélagicas ou ao seu mar territorial, explicitando as razões de tal declaração. Tal Estado deverá, se e logo que possível, reunir as condições necessárias à aplicação da presente Convenção às zonas especificadas na sua declaração, devendo retirar a sua declaração, no todo ou em parte, logo que as referidas condições estiverem reunidas.

ARTIGO 30.º – **Reservas**

Exceptuando-se o disposto no artigo 29.º, nenhuma reserva poderá ser feita relativamente à presente Convenção.

ARTIGO 31.º – **Emendas**

1. Qualquer Estado Parte poderá, através de comunicação escrita dirigida ao Director-geral, propor emendas à presente Convenção. O Director-Geral transmitirá essa comunicação a todos os outros Estados Partes. Se, no prazo de seis meses a contar da data da transmissão da comunicação, pelo menos metade dos Estados responder favoravelmente, o Director-Geral submeterá tal proposta à próxima Conferência dos Estados Partes para discussão e possível adopção.

2. As emendas serão adoptadas por uma maioria de dois terços dos Estados Partes presentes e votantes.

3. Uma vez adoptadas, as emendas à presente Convenção serão objecto de ratificação, aceitação, aprovação ou adesão pelos Estados Partes.

4. Somente em relação aos Estados Partes que as tenham ratificado, aceite, aprovado, ou a elas tenham aderido, as emendas entrarão em vigor três meses após o depósito dos instrumentos referidos no n.º 3 do presente artigo por dois terços sos Estados Partes. Subsequentemente, em relação a cada Estado ou território que ratifique, aceite ou aprove qualquer emenda, ou a ela adira, tal emenda entrará em vigor três meses após o depósito, por essa Parte, do seu instrumento de ratificação, aceitação, aprovação ou adesão.

5. Qualquer Estado ou território que se torne Parte na presente Convenção após a entrada em vigor de emendas feitas em conformidade com o n.º 4 do presente artigo, e que não manifeste uma intenção diferente, será considerado:

a) Parte na presente Convenção, conforme emendada;

b) Parte na presente Convenção não emendada relativamente aos Estados Partes que não estiverem vinculados por tal emenda.

ARTIGO 32.º – **Denúncia**

1. Qualquer Estado Parte poderá, mediante notificação escrita dirigida ao Director-Geral, denunciar a presente Convenção.

2. A denúncia produzirá efeitos doze meses após a data de recepção da notificação, a menos que nela se especifique uma data posterior.

Convenção para a Protecção do Património Cultural Subaquático 97

3. A denúncia não afectará, por qualquer forma, o dever de qualquer Estado Parte cumprir todas as obrigações previstas na presente Convenção às quais estaria sujeito pelo direito internacional independentemente da presente Convenção.

ARTIGO 33.º – **As Regras**

As Regras anexas fazem parte integrante da presente Convenção e, salvo disposição expressa em contrário, a referência à presente Convenção abrange as Regras.

ARTIGO 34.º – **Registo junto da Organização das Nações Unidas**

Em conformidade com o artigo 102.º da Carta das Nações Unidas, a presente Convenção ficará registada no Secretariado da Organização das Nações Unidas.

ARTIGO 35.º – **Textos fazendo fé**

A presente Convenção foi redigida em árabe, chinês, inglês, francês, russo e espanhol, fazendo os seis textos igualmente fé.

ANEXO

**Regras relativas a intervenções
sobre o património cultural subaquático**

I – Princípios gerais

Regra 1. A preservação *in situ*, como forma de preservação do património cultural subaquático, deverá ser considerada uma opção prioritária. Consequentemente, as intervenções sobre o património cultural subaquático só deverão ser autorizadas se o procedimento for compatível com a protecção desse património e só poderão ser autorizadas se, sujeitas a tal requisito, contribuírem igualmente, de forma significativa, para a protecção, o conhecimento ou a valorização desse património.

Regra 2. A exploração comercial do património cultural subaquático para fins de transação ou especulação, ou a sua irreversível dispersão, é incompatível com a sua protecção e adequada gestão. Os elementos do património cultural subaquático não deverão ser negociados, comprados ou trocados como se se tratassem de bens de natureza comercial.

A presente Regra não pode ser interpretada como proibindo:

a) A prestação de serviços de arqueologia profissionais ou de serviços conexos necessários, cuja natureza e fim estejam em plena conformidade com a presente Convenção, sob reserva da autorização dos serviços competentes;

b) O depósito de elementos do património cultural subaquático recuperados no âmbito de um projecto de investigação em conformidade com a presente Convenção, desde que tal depósito não seja contrário ao interesse científico ou cultural ou à integridade do material recuperado nem resulte na sua irreversível dispersão, esteja conforme com as Regras 33 e 34 e fique sujeito a autorização pelos serviços competentes.

Regra 3. As intervenções sobre o património cultural subaquático não deverão afectá-lo negativamente mais do que o necessário para a consecução dos objectivos do projecto.

Regra 4. As intervenções sobre o património cultural subaquático devem recorrer a métodos e técnicas de prospecção não destrutivas, devendo dar-se preferência à recuperação de objectos. Se a escavação ou a recuperação se revelarem necessárias para o estudo científico ou para a protecção definitiva do património cultural subaquático, as técnicas e os métodos a usar devem ser o menos destrutivos possível e contribuir para a preservação dos vestígios.

Regra 5. As intervenções sobre o património cultural subaquático não devem perturbar desnecessariamente os restos humanos ou sítios venerados.

Regra 6. As intervenções sobre o património cultural subaquático devem ser estritamente regulamentadas por forma a que o registo da informação cultural, histórica e arqueológica seja devidamente efectuado.

Regra 7. Deve ser promovido o acesso do público ao património cultural subaquático *in situ*, excepto se tal se mostrar incompatível com a protecção e a gestão do sítio.

Regra 8. A cooperação internacional em matéria de intervenção sobre o património cultural subaquático deve ser encorajada, de modo a favorecer intercâmbios profícuos entre arqueólogos e especialistas de outras profissões conexas, bem como um melhor aproveitamento das suas competências.

II. Plano do projecto

Regra 9. Antes de qualquer intervenção sobre o património cultural subaquático deve ser elaborado um plano do projecto, a submeter às autoridades competentes, com vista à necessária apreciação e autorização.

Regra 10. O Plano do projecto deve incluir:

a) Um resumo dos estudos prévios ou preliminares;

b) O enunciado do projecto e seus objectivos;

c) A metodologia a seguir e as técnicas a empregar;

d) O plano de financiamento;

Convenção para a Protecção do Património Cultural Subaquático 99

e) A calendarização da execução do projecto;

f) A composição da equipa e as qualificações, funções e experiência de cada membro da equipa;

g) O programa de análises e outras actividades a efectuar após o trabalho de campo;

h) Um programa de preservação do material arqueológico e do sítio, a executar em estreita cooperação com as autoridades competentes;

i) A política de gestão e de manutenção do sítio durante a execução do projecto;

j) Um programa de documentação;

k) Um plano de segurança;

l) Um plano de incidência ambiental;

m) As modalidades de colaboração com museus e outras instituições, em particular instituições científicas;

n) Um plano de preparação de relatórios;

o) As modalidades de depósito dos arquivos, incluindo os elementos do património cultural subaquático recuperados; e

p) O programa de divulgação.

Regra 11. As intervenções sobre o património cultural subaquático devem ser conduzidas de acordo com o plano do projecto aprovado pelas autoridades competentes.

Regra 12. Em caso de descobertas imprevistas ou de alteração de circunstâncias, o plano do projecto deve ser revisto e rectificado, com a aprovação das autoridades competentes.

Regra 13. Em caso de urgência ou de descobertas imprevistas, as intervenções sobre o património cultural subaquático, incluindo as medidas ou actividades de preservação de curta duração, em particular a estabilização do sítio, podem ser autorizadas na ausência de um plano de projecto, para efeitos de protecção do património cultural subaquático.

III. Trabalhos preliminares

Regra 14. Os trabalhos preliminares referidos na alínea a) da Regra 10 devem incluir uma avaliação do significado do património cultural subaquático e do meio natural envolvente, bem como dos danos que possam resultar do projecto proposto, e ainda quanto à possibilidade de serem recolhidos dados tendentes à consecução dos objectivos do projecto.

Regra 15. A avaliação deve também incluir estudos de base sobre a informação histórica e arqueológica disponível, as características arqueológicas e ambientais do sítio, e as consequências de qualquer potencial intrusão para a estabilidade, a longo prazo, do património cultural subaquático objecto das intervenções.

IV. Objectivo, metodologia e técnicas do projecto

Regra 16. A metodologia deve adequar-se aos objectivos do projecto e as técnicas empregues devem ser o menos intrusivas possível.

V. Financiamento

Regra 17. Antes do início de qualquer intervenção, excepto em casos de urgência para proteger o património cultural subaquático, deve ser garantida uma base de financiamento adequada, suficiente para completar todas as fases do plano do projecto, incluindo a preservação, a documentação e a preservação do material arqueológico, assim como a preparação e a divulgação dos relatórios.

Regra 18. O Plano do projecto deve garantir a capacidade de financiamento deste até à sua conclusão, através, por exemplo, da prestação de uma garantia.

Regra 19. O Plano do projecto deve incluir um plano de contingência que garanta a preservação do património cultural subaquático e da documentação correlativa em caso de interrupção do financiamento.

VI. Duração do projecto – calendarização

Regra 20. Antes do início de qualquer intervenção, deve ser estabelecida uma adequada calendarização de modo a garantir o cumprimento de todas as fases do plano do projecto, incluindo a preservação, a documentação e a preservação dos elementos do património cultural subaquático recuperados, assim como a preparação e a difusão dos relatórios.

Regra 21. O Plano do projecto deve incluir um plano de contingência que garanta a preservação do património cultural subaquático e da documentação correlativa em caso de qualquer interrupção ou conclusão antecipada do projecto.

VII. Competência e qualificações

Regra 22. As intervenções sobre o património cultural subaquático só podem ser realizadas sob a direcção e o controlo, e com a presença regular, de um arqueólogo subaquático qualificado, com competência científica adequada ao projecto.

Regra 23. Todos os elementos da equipa do projecto devem possuir qualificações e competência adequadas às suas funções no projecto.

VIII. Preservação e gestão do sítio

Regra 24. O programa de preservação prevê o tratamento dos vestígios arqueológicos durante as intervenções sobre o património cultural subaquático,

Convenção para a Protecção do Património Cultural Subaquático   101

o seu transporte e a longo prazo. A preservação deve ser efectuada em conformidade com as normas profissionais vigentes.

Regra 25. O programa de gestão do sítio prevê a protecção e a gestão *in situ* do património cultural subaquático, no decurso e após a conclusão do trabalho de campo. O programa inclui a informação ao público, a implementação de meios razoáveis para a estabilização, a monitorização e a protecção do sítio contra interferências.

IX. Documentação

Regra 26. Do programa de documentação deve constar a documentação pormenorizada das intervenções sobre o património cultural subaquático, incluindo relatórios de progresso, em conformidade com as normas profissionais vigentes relativas à documentação arqueológica.

Regra 27. A documentação deve incluir, pelo menos, um inventário pormenorizado do sítio, incluindo a indicação da proveniência dos elementos do património cultural subaquático deslocados ou removidos no decurso das intervenções, notas de campo, planos, desenhos, secções e fotografias ou registos noutros suportes.

X. Segurança

Regra 28. Deve ser elaborado um plano de segurança adequado que garanta a segurança e a saúde dos membros da equipa encarregue da execução do projecto e de outros participantes, em conformidade com os requisitos legais e profissionais vigentes.

XI. Meio ambiente

Regra 29. Deve ser preparado um plano de incidência ambiental adequado que obste a qualquer perturbação indevida dos fundos marinhos e da vida marinha.

XII. Relatórios

Regra 30. Os relatórios de progresso e o relatório final devem ficar disponíveis na data prevista no plano do projecto e são depositados em arquivos públicos apropriados.

Regra 31. Os relatórios devem incluir:
a) Um enunciado dos objectivos;
b) Um enunciado dos métodos e das técnicas empregues;
c) Um enunciado dos resultados obtidos;
d A documentação gráfica e fotográfica essencial de todas as fases da intervenção;

102 *Direito do Património Cultural*

e) As recomendações relativas à preservação e preservação do sítio e dos elementos do património cultural subaquático removidos;

f) Recomendações para futuras intervenções.

XIII. Conservação dos arquivos do projecto

Regra 32. As modalidades de conservação dos arquivos do projecto devem ser acordadas antes do início de qualquer intervenção e devem constar do plano do projecto.

Regra 33. Os arquivos do projecto, incluindo qualquer elemento do património cultural subaquático removido e uma cópia de toda a documentação conexa devem, se possível, manter-se intactos e em conjunto, sob a forma de colecção, de modo a ficarem acessíveis aos profissionais e ao público, garantindo-se, igualmente, a respectiva conservação. Este procedimento deve ser concretizado tão rapidamente quanto possível, o mais tardar, no prazo de dez anos após a conclusão do projecto, desde que tal se mostre compatível com a preservação do património cultural subaquático.

Regra 34. Os arquivos do projecto devem ser geridos em conformidade com as normas profissionais internacionais e sujeitos à autorização das autoridades competentes.

XIV. Divulgação

Regra 35. O projecto deve prever, sempre que possível, a realização de acções educativas e a apresentação dos seus resultados ao grande público.

Regra 36. O relatório final de qualquer projecto deve ser:

a) Tornado público logo que possível, tendo em conta a complexidade do projecto e a natureza confidencial ou sensível da informação nele contida; e

b) Depositado em arquivos públicos apropriados.

O texto que antecede é o texto autêntico da Convenção, devidamente adoptado pela Conferência Geral da Organização das Nações Unidas para a Educação, a Ciência e a Cultura, durante a sua trigésima primeira sessão, que decorreu em Paris e foi encerrada ao terceiro dia do mês de Novembro de 2001.

Convenção para a Protecção do Património Cultural Imaterial   103

2.5. Convention for the safeguarding of the intangible cultural heritage [8]

The General Conference of the United Nations Educational, Scientific and Cultural

Organization hereinafter referred to as UNESCO, meeting in Paris, from 29 September to 17 October 2003, at its 32nd session,

Referring to existing international human rights instruments, in particular to the Universal Declaration on Human Rights of 1948, the International Covenant on Economic, Social and Cultural Rights of 1966, and the International Covenant on Civil and Political Rights of 1966,

Considering the importance of the intangible cultural heritage as a mainspring of cultural diversity and a guarantee of sustainable development, as underscored in the UNESCO Recommendation on the Safeguarding of Traditional Culture and Folklore of 1989, in the UNESCO Universal Declaration on Cultural Diversity of 2001, and in the Istanbul Declaration of 2002 adopted by the Third Round Table of Ministers of Culture,

Considering the deep-seated interdependence between the intangible cultural heritage and the tangible cultural and natural heritage,

Recognizing that the processes of globalization and social transformation, alongside the conditions they create for renewed dialogue among communities, also give rise, as does the phenomenon of intolerance, to grave threats of deterioration, disappearance and destruction of the intangible cultural heritage, in particular owing to a lack of resources for safeguarding such heritage,

Being aware of the universal will and the common concern to safeguard the intangible cultural heritage of humanity,

Recognizing that communities, in particular indigenous communities, groups and, in some cases, individuals, play an important role in the production, safeguarding, maintenance and re-creation of the intangible cultural heritage, thus helping to enrich cultural diversity and human creativity,

---

[7] De Acordo com o seu art. 34º, a Convenção entrará em vigor três meses depois da data do depósito do trigésimo instrumento de ratificação, aceitação, aprovação ou adesão e apenas para os Estados que tenham feito o depósito do respectivo instrumento nessa data ou em data anterior.

Noting the far-reaching impact of the activities of UNESCO in establishing normative instruments for the protection of the cultural heritage, in particular the Convention for the Protection of the World Cultural and Natural Heritage of 1972,

Noting further that no binding multilateral instrument as yet exists for the safeguarding of the intangible cultural heritage,

Considering that existing international agreements, recommendations and resolutions concerning the cultural and natural heritage need to be effectively enriched and supplemented by means of new provisions relating to the intangible cultural heritage,

Considering the need to build greater awareness, especially among the younger generations, of the importance of the intangible cultural heritage and of its safeguarding,

Considering that the international community should contribute, together with the States Parties to this Convention, to the safeguarding of such heritage in a spirit of cooperation and mutual assistance,.

Recalling UNESCO's programmes relating to the intangible cultural heritage, in particular the Proclamation of Masterpieces of the Oral and Intangible Heritage of Humanity,

Considering the invaluable role of the intangible cultural heritage as a factor in bringing human beings closer together and ensuring exchange and understanding among them,

Adopts this Convention on this seventeenth day of October 2003.

ARTICLE 1 – **Purposes of the Convention**

The purposes of this Convention are:
a) to safeguard the intangible cultural heritage;
b) to ensure respect for the intangible cultural heritage of the communities, groups and individuals concerned;
c) to raise awareness at the local, national and international levels of the importance of the intangible cultural heritage, and of ensuring mutual appreciation thereof;
d) to provide for international cooperation and assistance.

ARTICLE 2 – **Definitions**

For the purposes of this Convention,
1. The "intangible cultural heritage" means the practices, representations, expressions, knowledge, skills – as well as the instru-

Convenção para a Protecção do Património Cultural Imaterial   105

ments, objects, artefacts and cultural spaces associated therewith – that communities, groups and, in some cases, individuals recognize as part of their cultural heritage. This intangible cultural heritage, transmitted from generation to generation, is constantly recreated by communities and groups in response to their environment, their interaction with nature and their history, and provides them with a sense of identity and continuity, thus promoting respect for cultural diversity and human creativity. For the purposes of this Convention, consideration will be given solely to such intangible cultural heritage as is compatible with existing international human rights instruments, as well as with the requirements of mutual respect among communities, groups and individuals, and of sustainable development.

2. The "intangible cultural heritage", as defined in paragraph 1 above, is manifested inter alia in the following domains:

> *a*) oral traditions and expressions, including language as a vehicle of the intangible cultural heritage;
> *b*) performing arts;
> *c*) social practices, rituals and festive events;
> *d*) knowledge and practices concerning nature and the universe;
> *e*) traditional craftsmanship.

3. "Safeguarding" means measures aimed at ensuring the viability of the intangible cultural heritage, including the identification, documentation, research, preservation, protection, promotion, enhancement, transmission, particularly through formal and non-formal education, as well as the revitalization of the various aspects of such heritage.

4. "States Parties" means States which are bound by this Convention and among which this Convention is in force.

5. This Convention applies mutatis mutandis to the territories referred to in Article 33 which become Parties to this Convention in accordance with the conditions set out in that Article. To that extent the expression "States Parties" also refers to such territories.

ARTICLE 3 – **Relationship to other international instruments**

Nothing in this Convention may be interpreted as:

> *a*) altering the status or diminishing the level of protection under the 1972 Convention concerning the Protection of the World Cultural and Natural Heritage of World Heritage properties

with which an item of the intangible cultural heritage is direc-
tly associated; or

b) affecting the rights and obligations of States Parties deriving
from any international instrument relating to intellectual property rights or to the use of biological and ecological resources to which they are parties.

II. Organs of the Convention

ARTICLE 4 – General Assembly of the States Parties

1. A General Assembly of the States Parties is hereby established, hereinafter referred to as "the General Assembly". The General
Assembly is the sovereign body of this Convention.

2. The General Assembly shall meet in ordinary session every
two years. It may meet in extraordinary session if it so decides or at
the request either of the Intergovernmental Committee for the Safeguarding of the Intangible Cultural Heritage or of at least one-third of
the States Parties.

3. The General Assembly shall adopt its own Rules of Procedure.

ARTICLE 5 – Intergovernmental Committee for the Safeguarding of the Intangible Cultural Heritage

1. An Intergovernmental Committee for the Safeguarding of the
Intangible Cultural Heritage, hereinafter referred to as "the Committee", is hereby established within UNESCO. It shall be composed of
representatives of 18 States Parties, elected by the States Parties meeting in General Assembly, once this Convention enters into force in
accordance with Article 34.

2. The number of States Members of the Committee shall be
increased to 24 once the number of the States Parties to the Convention reaches 50.

ARTICLE 6 – Election and terms of office of States Members of the Committee

1. The election of States Members of the Committee shall obey
the principles of equitable geographical representation and rotation.

2. States Members of the Committee shall be elected for a term
of four years by States Parties to the Convention meeting in General
Assembly.

Convenção para a Protecção do Património Cultural Imaterial 107

3. However, the term of office of half of the States Members of the Committee elected at the first election is limited to two years. These States shall be chosen by lot at the first election.

4. Every two years, the General Assembly shall renew half of the States Members of the Committee.

5. It shall also elect as many States Members of the Committee as required to fill vacancies.

6. A State Member of the Committee may not be elected for two consecutive terms.

7. States Members of the Committee shall choose as their representatives persons who are qualified in the various fields of the intangible cultural heritage.

ARTICLE 7 – **Functions of the Committee**

Without prejudice to other prerogatives granted to it by this Convention, the functions of the Committee shall be to:

a) promote the objectives of the Convention, and to encourage and monitor the implementation thereof;

b) provide guidance on best practices and make recommendations on measures for the safeguarding of the intangible cultural heritage;

c) prepare and submit to the General Assembly for approval a draft plan for the use of the resources of the Fund, in accordance with Article 25;

d) seek means of increasing its resources, and to take the necessary measures to this end, in accordance with Article 25;

e) prepare and submit to the General Assembly for approval operational directives for the implementation of this Convention;

f) examine, in accordance with Article 29, the reports submitted by States Parties, and to summarize them for the General Assembly;

g) examine requests submitted by States Parties, and to decide thereon, in accordance with objective selection criteria to be established by the Committee and approved by the General Assembly for:

    i) inscription on the lists and proposals mentioned under Articles 16, 17 and 18;

    ii) the granting of international assistance in accordance with Article 22.

ARTICLE 8 – **Working methods of the Committee**

1. The Committee shall be answerable to the General Assembly. It shall report to it on all its activities and decisions.
2. The Committee shall adopt its own Rules of Procedure by a two-thirds majority of its Members.
3. The Committee may establish, on a temporary basis, whatever ad hoc consultative bodies it deems necessary to carry out its task.
4. The Committee may invite to its meetings any public or private bodies, as well as private persons, with recognized competence in the various fields of the intangible cultural heritage, in order to consult them on specific matters.

ARTICLE 9 – **Accreditation of advisory organizations**

1. The Committee shall propose to the General Assembly the accreditation of non-governmental organizations with recognized competence in the field of the intangible cultural heritage to act in an advisory capacity to the Committee.
2. The Committee shall also propose to the General Assembly the criteria for and modalities of such accreditation.

ARTICLE 10 – **The Secretariat**

1. The Committee shall be assisted by the UNESCO Secretariat.
2. The Secretariat shall prepare the documentation of the General Assembly and of the Committee, as well as the draft agenda of their meetings, and shall ensure the implementation of their decisions.

III. Safeguarding of the intangible cultural heritage at the national level

ARTICLE 11 – **Role of States Parties**

Each State Party shall:
a) take the necessary measures to ensure the safeguarding of the intangible cultural heritage present in its territory;
b) among the safeguarding measures referred to in Article 2, paragraph 3, identify and define the various elements of the intangible cultural heritage present in its territory, with the participation of communities, groups and relevant non-governmental organizations.

ARTICLE 12 – **Inventories**

1. To ensure identification with a view to safeguarding, each State Party shall draw up, in a manner geared to its own situation, one or more inventories of the intangible cultural heritage present in its territory. These inventories shall be regularly updated.

2. When each State Party periodically submits its report to the Committee, in accordance with Article 29, it shall provide relevant information on such inventories.

ARTICLE 13 – **Other measures for safeguarding**

To ensure the safeguarding, development and promotion of the intangible cultural heritage present in its territory, each State Party shall endeavour to:

a) adopt a general policy aimed at promoting the function of the intangible cultural heritage in society, and at integrating the safeguarding of such heritage into planning programmes;

b) designate or establish one or more competent bodies for the safeguarding of the intangible cultural heritage present in its territory;

c) foster scientific, technical and artistic studies, as well as research methodologies, with a view to effective safeguarding of the intangible cultural heritage, in particular the intangible cultural heritage in danger;

d) adopt appropriate legal, technical, administrative and financial measures aimed at:

　　i) fostering the creation or strengthening of institutions for training in the management of the intangible cultural heritage and the transmission of such heritage through forums and spaces intended for the performance or expression thereof;

　　ii) ensuring access to the intangible cultural heritage while respecting customary practices governing access to specific aspects of such heritage;

　　iii) establishing documentation institutions for the intangible cultural heritage and facilitating access to them.

110   *Direito do Património Cultural*

ARTICLE 14 – **Education, awareness-raising and capacity-building**

Each State Party shall endeavour, by all appropriate means, to:
a) ensure recognition of, respect for, and enhancement of the intangible cultural heritage in society, in particular through:
- i) educational, awareness-raising and information programmes, aimed at the general public, in particular young people;
- ii) specific educational and training programmes within the communities and groups concerned;
- iii) capacity-building activities for the safeguarding of the intangible cultural heritage, in particular management and scientific research; and
- iv) non-formal means of transmitting knowledge;

b) keep the public informed of the dangers threatening such heritage, and of the activities carried out in pursuance of this Convention;
c) promote education for the protection of natural spaces and places of memory whose existence is necessary for expressing the intangible cultural heritage.

ARTICLE 15 – **Participation of communities, groups and individuals**

Within the framework of its safeguarding activities of the intangible cultural heritage, each State Party shall endeavour to ensure the widest possible participation of communities, groups and, where appropriate, individuals that create, maintain and transmit such heritage, and to involve them actively in its management.

IV. Safeguarding of the intangible cultural heritage at the international level

ARTICLE 16 – **Representative List of the Intangible Cultural Heritage of Humanity**

1. In order to ensure better visibility of the intangible cultural heritage and awareness of its significance, and to encourage dialogue which respects cultural diversity, the Committee, upon the proposal of the States Parties concerned, shall establish, keep up to date and publish a Representative List of the Intangible Cultural Heritage of Humanity.

2. The Committee shall draw up and submit to the General Assembly for approval the criteria for the establishment, updating and publication of this Representative List.

ARTICLE 17 – **List of Intangible Cultural Heritage in Need of Urgent Safeguarding**

1. With a view to taking appropriate safeguarding measures, the Committee shall establish, keep up to date and publish a List of Intangible Cultural Heritage in Need of Urgent

Safeguarding, and shall inscribe such heritage on the List at the request of the State Party concerned.

2. The Committee shall draw up and submit to the General Assembly for approval the criteria for the establishment, updating and publication of this List.

3. In cases of extreme urgency – the objective criteria of which shall be approved by the General Assembly upon the proposal of the Committee – the Committee may inscribe an item of the heritage concerned on the List mentioned in paragraph 1, in consultation with the State Party concerned.

ARTICLE 18 – **Programmes, projects and activities for the safe-guarding of the intangible cultural heritage**

1. On the basis of proposals submitted by States Parties, and in accordance with criteria to be defined by the Committee and approved by the General Assembly, the Committee shall periodically select and promote national, subregional and regional programmes, projects and activities for the safeguarding of the heritage which it considers best reflect the principles and objectives of this Convention, taking into account the special needs of developing countries.

2. To this end, it shall receive, examine and approve requests for international assistance from States Parties for the preparation of such proposals.

3. The Committee shall accompany the implementation of such projects, programmes and activities by disseminating best practices using means to be determined by it.

V. International cooperation and assistance

ARTICLE 19 – Cooperation

1. For the purposes of this Convention, international cooperation includes, inter alia, the exchange of information and experience, joint initiatives, and the establishment of a mechanism of assistance to States Parties in their efforts to safeguard the intangible cultural heritage.

2. Without prejudice to the provisions of their national legislation and customary law and practices, the States Parties recognize that the safeguarding of intangible cultural heritage is of general interest to humanity, and to that end undertake to cooperate at the bilateral, subregional, regional and international levels.

ARTICLE 20 – Purposes of international assistance

International assistance may be granted for the following purposes:

a) the safeguarding of the heritage inscribed on the List of Intangible Cultural Heritage in Need of Urgent Safeguarding;

b) the preparation of inventories in the sense of Articles 11 and 12;

c) support for programmes, projects and activities carried out at the national, subregional and regional levels aimed at the safeguarding of the intangible cultural heritage;

d) any other purpose the Committee may deem necessary.

ARTICLE 21 – Forms of international assistance

The assistance granted by the Committee to a State Party shall be governed by the operational directives foreseen in Article 7 and by the agreement referred to in Article 24, and may take the following forms:

a) studies concerning various aspects of safeguarding;

b) the provision of experts and practitioners;

c) the training of all necessary staff;

d) the elaboration of standard-setting and other measures;

e) the creation and operation of infrastructures;

f) the supply of equipment and know-how;

g) other forms of financial and technical assistance, including, where appropriate, the granting of low-interest loans and donations.

Convenção para a Protecção do Património Cultural Imaterial   113

ARTICLE 22 – **Conditions governing international assistance**

1. The Committee shall establish the procedure for examining requests for international assistance, and shall specify what information shall be included in the requests, such as the measures envisaged and the interventions required, together with an assessment of their cost.

2. In emergencies, requests for assistance shall be examined by the Committee as a matter of priority.

3. In order to reach a decision, the Committee shall undertake such studies and consultations as it deems necessary.

ARTICLE 23 – **Requests for international assistance**

1. Each State Party may submit to the Committee a request for international assistance for the safeguarding of the intangible cultural heritage present in its territory.

2. Such a request may also be jointly submitted by two or more States Parties.

3. The request shall include the information stipulated in Article 22, paragraph 1, together with the necessary documentation.

ARTICLE 24 – **Role of beneficiary States Parties**

1. In conformity with the provisions of this Convention, the international assistance granted shall be regulated by means of an agreement between the beneficiary State Party and the Committee.

2. As a general rule, the beneficiary State Party shall, within the limits of its resources, share the cost of the safeguarding measures for which international assistance is provided.

3. The beneficiary State Party shall submit to the Committee a report on the use made of the assistance provided for the safeguarding of the intangible cultural heritage.

VI. Intangible Cultural Heritage Fund

ARTICLE 25 – **Nature and resources of the Fund**

1. A "Fund for the Safeguarding of the Intangible Cultural Heritage", hereinafter referred to as "the Fund", is hereby established.

2. The Fund shall consist of funds-in-trust established in accordance with the Financial Regulations of UNESCO.

114   *Direito do Património Cultural*

3. The resources of the Fund shall consist of:

a) contributions made by States Parties;

b) funds appropriated for this purpose by the General Conference of UNESCO;

c) contributions, gifts or bequests which may be made by:

i) other States;

    ii) organizations and programmes of the United Nations system, particularly the United Nations Development Programme, as well as other international organizations;

    iii) public or private bodies or individuals;

d) any interest due on the resources of the Fund;

e) funds raised through collections, and receipts from events organized for the benefit of the Fund;

f) any other resources authorized by the Fund's regulations, to be drawn up by the Committee.

4. The use of resources by the Committee shall be decided on the basis of guidelines laid down by the General Assembly.

5. The Committee may accept contributions and other forms of assistance for general and specific purposes relating to specific projects, provided that those projects have been approved by the Committee.

6. No political, economic or other conditions which are incompatible with the objectives of this Convention may be attached to contributions made to the Fund.

ARTICLE 26 – **Contributions of States Parties to the Fund**

1. Without prejudice to any supplementary voluntary contribution, the States Parties to this Convention undertake to pay into the Fund, at least every two years, a contribution, the amount of which, in the form of a uniform percentage applicable to all States, shall be determined by the General Assembly. This decision of the General Assembly shall be taken by a majority of the States Parties present and voting which have not made the declaration referred to in paragraph 2 of this Article. In no case shall the contribution of the State Party exceed 1% of its contribution to the regular budget of UNESCO.

2. However, each State referred to in Article 32 or in Article 33 of this Convention may declare, at the time of the deposit of its instruments of ratification, acceptance, approval or accession, that it shall not be bound by the provisions of paragraph 1 of this Article.

Convenção para a Protecção do Património Cultural Imaterial

3. A State Party to this Convention which has made the declaration referred to in paragraph 2 of this Article shall endeavour to withdraw the said declaration by notifying the Director-General of UNESCO. However, the withdrawal of the declaration shall not take effect in regard to the contribution due by the State until the date on which the subsequent session of the General Assembly opens.

4. In order to enable the Committee to plan its operations effectively, the contributions of States Parties to this Convention which have made the declaration referred to in paragraph 2 of this Article shall be paid on a regular basis, at least every two years, and should be as close as possible to the contributions they would have owed if they had been bound by the provisions of paragraph 1 of this Article.

5. Any State Party to this Convention which is in arrears with the payment of its compulsory or voluntary contribution for the current year and the calendar year immediately preceding it shall not be eligible as a Member of the Committee; this provision shall not apply to the first election. The term of office of any such State which is already a Member of the Committee shall come to an end at the time of the elections provided for in Article 6 of this Convention.

ARTICLE 27 – **Voluntary supplementary contributions to the Fund**

States Parties wishing to provide voluntary contributions in addition to those foreseen under Article 26 shall inform the Committee, as soon as possible, so as to enable it to plan its operations accordingly.

ARTICLE 28 – **International fund-raising campaigns**

The States Parties shall, insofar as is possible, lend their support to international fund-raising campaigns organized for the benefit of the Fund under the auspices of UNESCO.

VII. Reports

ARTICLE 29 – **Reports by the States Parties**

The States Parties shall submit to the Committee, observing the forms and periodicity to be defined by the Committee, reports on the legislative, regulatory and other measures taken for the implementation of this Convention.

ARTICLE 30 – **Reports by the Committee**

1. On the basis of its activities and the reports by States Parties referred to in Article 29, the Committee shall submit a report to the General Assembly at each of its sessions.

2. The report shall be brought to the attention of the General Conference of UNESCO.

VIII. Transitional clause

Article 31 – **Relationship to the Proclamation of Masterpieces of the Oral and Intangible Heritage of Humanity**

1. The Committee shall incorporate in the Representative List of the Intangible Cultural Heritage of Humanity the items proclaimed "Masterpieces of the Oral and Intangible Heritage of Humanity" before the entry into force of this Convention.

2. The incorporation of these items in the Representative List of the Intangible Cultural Heritage of Humanity shall in no way prejudge the criteria for future inscriptions decided upon in accordance with Article 16, paragraph 2.

3. No further Proclamation will be made after the entry into force of this Convention.

IX. Final clauses

ARTICLE 32 – **Ratification, acceptance or approval**

1. This Convention shall be subject to ratification, acceptance or approval by States Members of UNESCO in accordance with their respective constitutional procedures.

2. The instruments of ratification, acceptance or approval shall be deposited with the Director-General of UNESCO.

ARTICLE 33 – **Accession**

1. This Convention shall be open to accession by all States not Members of UNESCO that are invited by the General Conference of UNESCO to accede to it.

2. This Convention shall also be open to accession by territories which enjoy full internal self-government recognized as such by the United Nations, but have not attained full independence in accordance with General Assembly resolution 1514 (XV), and which have com-

Convenção para a Protecção do Património Cultural Imaterial 117

petence over the matters governed by this Convention, including the competence to enter into treaties in respect of such matters.

3. The instrument of accession shall be deposited with the Director-General of UNESCO.

ARTICLE 34 – **Entry into force**

This Convention shall enter into force three months after the date of the deposit of the thirtieth instrument of ratification, acceptance, approval or accession, but only with respect to those States that have deposited their respective instruments of ratification, acceptance, approval, or accession on or before that date. It shall enter into force with respect to any other State Party three months after the deposit of its instrument of ratification, acceptance, approval or accession.

ARTICLE 35 – **Federal or non-unitary constitutional systems**

The following provisions shall apply to States Parties which have a federal or non-unitary constitutional system:

a) with regard to the provisions of this Convention, the implementation of which comes under the legal jurisdiction of the federal or central legislative power, the obligations of the federal or central government shall be the same as for those States Parties which are not federal States;

b) with regard to the provisions of this Convention, the implementation of which comes under the jurisdiction of individual constituent States, countries, provinces or cantons which are not obliged by the constitutional system of the federation to take legislative measures, the federal government shall inform the competent authorities of such States, countries, provinces or cantons of the said provisions, with its recommendation for their adoption.

ARTICLE 36 – **Denunciation**

1. Each State Party may denounce this Convention.

2. The denunciation shall be notified by an instrument in writing, deposited with the Director-General of UNESCO.

3. The denunciation shall take effect twelve months after the receipt of the instrument of denunciation. It shall in no way affect the financial obligations of the denouncing State Party until the date on which the withdrawal takes effect.

ARTICLE 37 – **Depositary functions**

The Director-General of UNESCO, as the Depositary of this Convention, shall inform the States Members of the Organization, the States not Members of the Organization referred to in Article 33, as well as the United Nations, of the deposit of all the instruments of ratification, acceptance, approval or accession provided for in Articles 32 and 33, and of the denunciations provided for in Article 36.

ARTICLE 38 – **Amendments**

1. A State Party may, by written communication addressed to the Director-General, propose amendments to this Convention. The Director-General shall circulate such communication to all States Parties. If, within six months from the date of the circulation of the communication, not less than one half of the States Parties reply favourably to the request, the Director-General shall present such proposal to the next session of the General Assembly for discussion and possible adoption.

2. Amendments shall be adopted by a two-thirds majority of States Parties present and voting.

3. Once adopted, amendments to this Convention shall be submitted for ratification, acceptance, approval or accession to the States Parties.

4. Amendments shall enter into force, but solely with respect to the States Parties that have ratified, accepted, approved or acceded to them, three months after the deposit of the instruments referred to in paragraph 3 of this Article by two-thirds of the States Parties. Thereafter, for each State Party that ratifies, accepts, approves or accedes to an amendment, the said amendment shall enter into force three months after the date of deposit by that State Party of its instrument of ratification, acceptance, approval or accession.

5. The procedure set out in paragraphs 3 and 4 shall not apply to amendments to Article 5 concerning the number of States Members of the Committee. These amendments shall enter into force at the time they are adopted.

6. A State which becomes a Party to this Convention after the entry into force of amendments in conformity with paragraph 4 of this Article shall, failing an expression of different intention, be considered:

Convenção para a Protecção do Património Cultural Imaterial   119

a) as a Party to this Convention as so amended; and

b) as a Party to the unamended Convention in relation to any State Party not bound by the amendments.

ARTICLE 39 – **Authoritative texts**

This Convention has been drawn up in Arabic, Chinese, English, French, Russian and Spanish, the six texts being equally authoritative.

ARTICLE 40 – **Registration**

In conformity with Article 102 of the Charter of the United Nations, this Convention shall be registered with the Secretariat of the United Nations at the request of the Director-General of UNESCO.

3

Convenção do UNIDROIT sobre Bens Culturais Roubados ou Ilicitamente Exportados, aprovada em Roma em 1995 [1][2]

Os Estados partes na presente Convenção:

Reunidos em Roma, entre 7 e 24 de Junho de 1995, a convite do Governo da República Italiana, para a realização de uma Conferência Diplomática destinada à aprovação do projecto de Convenção do Unidroit sobre o Retorno Internacional de Bens Culturais Roubados ou Ilicitamente Exportados;

Convictos da importância fundamental de que se reveste a protecção do património cultural e das trocas culturais para a promoção do entendimento entre os povos, bem como a difusão da cultura para o bem-estar da humanidade e o progresso da civilização;

Profundamente preocupados com o tráfico ilícito de bens culturais e com os danos irreparáveis por este frequentemente causados aos próprios bens, ao património cultural das comunidades nacionais, tribais, autóctones ou outras e ao património comum de todos os povos, e lamentando em particular a pilhagem de sítios arqueológicos e a consequente perda de informações únicas de natureza arqueológica, histórica ou científica;

---

[1] Aprovada para ratificação pela Resolução da Assembleia da República n.º 34/2000 e ratificada pelo Decreto do Presidente da República n.º 22/2000, ambos de 4 de Abril. Pelo Aviso n.º 80/2002, de 13 de Agosto, foi tornado público ter Portugal depositado, em 19 de Julho de 2002, o instrumento de ratificação.

[2] Assinale-se que esta Convenção foi encomendada pela UNESCO ao Instituto para a Unificação do Direito Internacional Privado (UNIDROIT) com o objectivo de superar a relativa ineficácia da Convenção de Paris de 1970. Um ineficácia que se ficou a dever, fundamentalmente, ao carácter excessivamente ambicioso do texto, traduzido no seu âmbito de aplicação quase ilimitado, e à inexistência na prática de uma obrigação clara e incondicional de restituição de bens ilicitamente exportados, uma vez que uma tal obrigação estava subordinada em cada Estado às regras próprias do respectivo ordenamento jurídico nacional.

122 *Direito do Património Cultural*

Empenhados em dar uma contribuição eficaz para a luta contra o tráfico ilícito de bens culturais, estabelecendo um conjunto de regras mínimas comuns de natureza jurídica destinadas a regular a restituição e o retorno de bens culturais entre os Estados Contratantes, com a finalidade de incentivar, no interesse geral, a preservação e a protecção do património cultural;

Salientando que o objectivo da presente Convenção é o de facilitar a restituição e o retorno de bens culturais e que o estabelecimento, em alguns Estados, dos mecanismos necessários para assegurar a realização desse objectivo, designadamente o pagamento de indemnizações, não implica que as mesmas medidas devam ser tomadas noutros Estados;

Afirmando que a aprovação da presente Convenção para o futuro não significa, de forma alguma, a aprovação ou legitimação de qualquer tráfico ilícito que tenha ocorrido anteriormente à sua entrada em vigor;

Conscientes de que a presente Convenção, não constituindo por si só uma solução para os problemas suscitados pelo tráfico ilícito, dá início, em todo o caso, a um processo que visa reforçar a cooperação internacional no domínio cultural e garantir um lugar próprio ao comércio lícito e aos acordos sobre trocas culturais celebrados entre os Estados;

Reconhecendo que a aplicação da presente Convenção deveria ser acompanhada por outras medidas capazes de assegurar a efectiva protecção dos bens culturais, nomeadamente a elaboração e utilização de registos, a protecção física dos sítios arqueológicos e a cooperação técnica;

Exprimindo o seu apreço pelo trabalho realizado por diversos organismos no domínio da protecção dos bens culturais, em especial a Convenção da UNESCO de 1970 relativa ao tráfico ilícito, e a elaboração de códigos de conduta ao nível do sector privado;

acordam no seguinte:

CAPÍTULO I
Âmbito de aplicação e definição

ARTIGO 1.º

A presente Convenção aplica-se aos pedidos de carácter internacional:

a) Relativos à restituição de bens culturais roubados;

Convenção do UNIDROIT 123

b) Relativos ao retorno de bens culturais retirados do território de um Estado Contratante com violação do direito interno que, destinando-se a proteger o património cultural, regulamenta a respectiva exportação (adiante designados «bens culturais ilicitamente exportados»).

ARTIGO 2.º

Para os fins da presente Convenção, entende-se por «bens culturais» os bens que, por motivos religiosos ou profanos, possuem importante valor arqueológico, pré-histórico, histórico, literário, artístico ou científico e que integram uma das categorias enumeradas em anexo à presente Convenção.

CAPÍTULO II
Restituição de bens culturais roubados

ARTIGO 3.º

1 – O possuidor de um bem cultural roubado deve restituí-lo.

2 – Para os fins da presente Convenção, considera-se roubado qualquer bem cultural obtido através de escavações ilícitas – ou, tratando-se de escavações lícitas, ilicitamente retido –, desde que assim o determine o direito do Estado onde as referidas escavações tiveram lugar.

3 – A acção de restituição deve ser proposta no prazo de três anos a contar do momento em que o autor teve conhecimento, quer do lugar onde se encontra o bem cultural, quer da identidade do seu possuidor, e, em qualquer caso, num prazo máximo de 50 anos a partir do momento do roubo.

4 – Todavia, a acção de restituição respeitante a um bem cultural que seja parte integrante de um monumento ou sítio arqueológico devidamente identificados, ou que pertença a uma colecção pública, está apenas subordinada ao prazo de prescrição de três anos a contar do momento em que o autor teve conhecimento do lugar onde se encontra o bem cultural e da identidade do possuidor.

5 – Não obstante o disposto no número anterior, qualquer Estado Contratante pode, mediante declaração, fixar um prazo de prescrição de 75 anos ou um prazo mais longo, segundo o seu direito interno.

124   *Direito do Património Cultural*

Prescreve igualmente num destes prazos a acção intentada noutro Estado Contratante com vista à restituição de um bem cultural retirado de um monumento, sítio arqueológico ou colecção pública, situados no Estado Contratante que formule tal declaração.

6 – A declaração referida no n.º 5 é feita no momento da assinatura, ratificação, aceitação ou aprovação da presente Convenção ou da adesão à mesma.

7 – Para os fins da presente Convenção, entende-se por «colecção pública» qualquer conjunto de bens culturais inventariados, ou identificados por qualquer outra forma, pertencente:

a) A um Estado Contratante;

b) A uma autarquia, regional ou local, de um Estado Contratante;

c) A uma instituição religiosa situada num Estado Contratante;

d) A uma instituição estabelecida num Estado Contratante com fins essencialmente culturais, pedagógicos ou científicos e aí reconhecida como sendo de interesse público.

8 – As acções intentadas com vista à restituição de um bem cultural sacro ou de um bem cultural que se revista de importância colectiva, pertencente a uma comunidade autóctone ou tribal de um Estado Contratante e por esta utilizado segundo as suas tradições ou os seus ritos, estão subordinadas ao prazo de prescrição previsto para as acções relativas às colecções públicas.

ARTIGO 4.º

1 – O possuidor de um bem cultural roubado e que o deva restituir tem direito, no momento da restituição, a uma indemnização equitativa, desde que não soubesse, ou não devesse razoavelmente saber, que o bem era roubado e que prove ter agido com a diligência devida no momento da aquisição.

2 – Sem prejuízo do direito do possuidor à indemnização referido no n.º 1, devem ser envidados esforços para que a pessoa que lhe transmitiu o bem cultural, ou um anterior transmitente, pague a indemnização, desde que assim o determine o direito do Estado em que a acção é proposta.

3 – O pagamento, pelo autor da acção, da indemnização devida ao possuidor, nos casos em que tal for exigido, não prejudica o direito daquele de exigir de um terceiro o respectivo reembolso.

4 – Para determinar se o possuidor agiu com a diligência devida, serão consideradas todas as circunstâncias da aquisição, nomeada-

Convenção do UNIDROIT 125

mente o título a que as partes nela intervieram, o preço, a consulta – pelo possuidor – de registos, normalmente acessíveis, relativos aos bens culturais roubados, ou de quaisquer outras informações e documentos que tivesse podido razoavelmente obter, a consulta de organismos aos quais pudesse ter acesso, ou qualquer outra iniciativa que uma pessoa razoável tivesse levado a cabo em circunstâncias idênticas.

5 – O possuidor de um bem cultural não pode beneficiar de um estatuto mais favorável do que o da pessoa de quem o adquiriu por herança ou por qualquer outro título gratuito.

CAPÍTULO III
Retorno de bens culturais ilicitamente exportados

ARTIGO 5.º

1 – Um Estado Contratante pode pedir a um tribunal ou a outra autoridade competente de outro Estado Contratante que ordene o retorno de um bem cultural ilicitamente exportado do seu território.

2 – Considera-se objecto de exportação ilícita o bem cultural que, tendo sido temporariamente exportado do território do Estado requerente, nomeadamente para fins de exposição, investigação ou restauração, mediante autorização emitida nos termos do direito interno que, destinando-se a assegurar a protecção do património cultural, regulamenta tal exportação, não foi devolvido em conformidade com aquela autorização.

3 – O tribunal ou outra autoridade competente do Estado requerido deve ordenar o retorno do bem cultural, logo que o Estado requerente determine que a sua exportação lesa significativamente um dos seguintes interesses:

    a) A conservação material do bem ou do contexto em que está inserido;

    b) A integridade de um bem complexo;

    c) A preservação da informação relativa ao bem, designadamente de natureza científica ou histórica;

    d) A utilização do bem por uma comunidade autóctone ou tribal, segundo as suas tradições e os seus ritos;

126 *Direito do Património Cultural*

ou que o referido bem reveste uma importância cultural significativa para esse Estado.

4 – Qualquer pedido deduzido nos termos do n.º 1 do presente artigo deve ser acompanhado de todas as informações, de facto ou de direito, que possibilitem ao tribunal ou à autoridade competente do Estado requerido determinar se estão preenchidos os requisitos previstos nos n.os 1 e 3.

5 – Os pedidos de retorno devem ser apresentados no prazo de três anos a contar do momento em que o Estado requerente teve conhecimento do local em que se encontra o bem cultural e da identidade do seu possuidor e, em qualquer caso, num prazo máximo de 50 anos a contar da data da exportação, ou da data em que o bem deveria ter regressado por força da autorização prevista no n.º 2 do presente artigo.

ARTIGO 6.º

1 – O possuidor de um bem cultural que o tenha adquirido após exportação ilícita tem direito, no momento do retorno, ao pagamento de uma indemnização equitativa pelo Estado requerente, desde que, no momento da aquisição, não soubesse ou não devesse razoavelmente saber que o bem havia sido ilicitamente exportado.

2 – Para determinar se o possuidor soube, ou se razoavelmente deveria ter sabido, que o bem cultural havia sido ilicitamente exportado, serão consideradas todas as circunstâncias da aquisição, designadamente a eventual falta do certificado de exportação exigido pelo direito do Estado requerente.

3 – O possuidor obrigado a devolver o bem cultural ao Estado requerente pode, em vez da indemnização e de acordo com o Estado requerente:

a) Manter a propriedade do bem; ou
b) Transferir a propriedade do bem, a título oneroso ou gratuito, para uma pessoa por si designada que resida no Estado requerente e que preste as garantias julgadas necessárias.

4 – As despesas ocasionadas pelo retorno do bem cultural, nos termos do presente artigo, constituem encargo do Estado requerente, sem prejuízo do direito deste último de obter de terceiro o respectivo reembolso.

5 – O possuidor de um bem cultural não pode beneficiar de um estatuto mais favorável do que o da pessoa de quem o adquiriu por herança ou por qualquer outro título gratuito.

ARTIGO 7.º

1 – As disposições do presente capítulo não se aplicam quando:
a) A exportação do bem cultural já deixou de ser ilícita no momento em que o retorno é pedido; ou
b) O bem foi exportado em vida da pessoa que o criou ou no decurso de um período de 50 anos após a sua morte.

2 – Não obstante o disposto na alínea b) do número anterior, as regras do presente capítulo aplicam-se quando o bem cultural haja sido criado por um membro ou membros de uma comunidade autóctone ou tribal a fim de ser utilizado segundo as suas tradições e os seus ritos e deva ser devolvido à mesma comunidade.

CAPÍTULO IV
Disposições gerais

ARTIGO 8.º

1 – O pedido fundado nas disposições dos capítulos II e III pode ser deduzido perante um tribunal ou outra autoridade competente do Estado Contratante onde se encontra o bem cultural, ou perante um tribunal ou outra autoridade com competência para conhecer do litígio por força das normas em vigor nos Estados Contratantes.
2 – As Partes podem convencionar submeter o litígio quer a um tribunal ou outra autoridade competente, quer à arbitragem.
3 – Podem ser aplicadas as medidas provisórias ou cautelares previstas pelo direito do Estado Contratante onde se encontra o bem cultural, ainda que o pedido de restituição ou de retorno seja deduzido perante um tribunal ou outra autoridade competente de outro Estado Contratante.

ARTIGO 9.º

1 – Nenhuma disposição da presente Convenção prejudica a aplicação por um Estado Contratante de outras disposições mais favoráveis em matéria de restituição ou de retorno de bens culturais roubados ou ilicitamente exportados.
2 – O disposto no presente artigo não deve ser interpretado de forma a criar uma obrigação de reconhecer ou de conferir força executária a uma decisão, proferida por um tribunal ou por outra autori-

128   *Direito do Património Cultural*

dade competente de outro Estado Contratante, que não esteja em conformidade com as disposições da presente Convenção.

ARTIGO 10.º

1 – As disposições do capítulo II aplicam-se a um bem cultural roubado após a entrada em vigor da presente Convenção para o Estado requerido, desde que:
   a) O bem tenha sido roubado no território de um Estado Contratante após a entrada em vigor da presente Convenção para esse Estado; ou
   b) O bem se encontre no território de um Estado Contratante após a entrada em vigor da presente Convenção para esse Estado.

2 – As disposições do capítulo III apenas se aplicam a um bem cultural ilicitamente exportado após a entrada em vigor da presente Convenção, quer para o Estado que formula o pedido, quer para o Estado requerido.

3 – A Convenção não legitima, de modo algum, qualquer acto ilícito, independentemente da sua natureza, que tenha ocorrido anteriormente à sua entrada em vigor ou à qual ela não seja aplicável, por força dos n.os 1 e 2 do presente artigo, nem limita o direito de um Estado, ou de outra pessoa, a formular um pedido, fora do âmbito da Convenção, relativo à restituição ou ao retorno de um bem cultural roubado ou ilicitamente exportado anteriormente à entrada em vigor da presente Convenção.

CAPÍTULO V
Disposições finais

ARTIGO 11.º

1 – A presente Convenção está aberta à assinatura na sessão de encerramento da Conferência Diplomática convocada para a aprovação do projecto de Convenção do Unidroit sobre o retorno internacional de bens culturais roubados ou ilicitamente exportados, continuando aberta à assinatura dos Estados até 30 de Junho de 1996, em Roma.

2 – A presente Convenção está sujeita a ratificação, aceitação ou aprovação pelos Estados que a hajam assinado.

Convenção do UNIDROIT

3 – A presente Convenção está aberta à adesão dos Estados não signatários a partir da data em que esteja aberta à assinatura.

4 – A ratificação, aceitação, aprovação ou adesão far-se-á pelo depósito, junto do depositário, de um instrumento que revista a devida forma para este efeito.

ARTIGO 12.º

1 – A presente Convenção entra em vigor no 1.º dia do 6.º mês após a data do depósito do 5.º instrumento de ratificação, de aceitação, de aprovação ou de adesão.

2 – Para cada um dos Estados que ratificarem, aceitarem ou aprovarem a presente Convenção ou que a ela aderirem após a data do depósito do 5.º instrumento de ratificação, aceitação, aprovação ou adesão, a Convenção entrará em vigor no 1.º dia do 6.º mês após a data do depósito, por parte desse Estado, do respectivo instrumento.

ARTIGO 13.º

1 – A presente Convenção não derroga os instrumentos internacionais que vinculem um Estado Contratante e que contenham disposições respeitantes às matérias por ela reguladas, salvo declaração em contrário dos Estados vinculados por tais instrumentos.

2 – Qualquer Estado Contratante pode celebrar, com um ou vários Estados Contratantes, acordos tendentes a facilitar a aplicação da presente Convenção nas suas relações mútuas. Os Estados que assim procederem devem enviar cópia do referido acordo ao depositário.

3 – Os Estados Contratantes que sejam membros de organizações de integração económica ou de entidades regionais podem declarar que aplicam, nas suas relações mútuas, as normas internas que regem essas organizações ou entidades e que não aplicam, por conseguinte, as disposições da presente Convenção cujo âmbito de aplicação seja coincidente com o dessas normas.

ARTIGO 14.º

1 – Qualquer Estado Contratante composto por duas ou mais unidades territoriais, quer possuam ou não diferentes sistemas jurídicos aplicáveis às matérias reguladas pela presente Convenção, pode, mediante declaração feita no momento da assinatura ou do depósito do respectivo instrumento de ratificação, aceitação, aprovação ou

130   *Direito do Património Cultural*

adesão, tornar extensiva a aplicação da presente Convenção a todas ou só a uma ou a algumas unidades territoriais e pode, em qualquer momento, substituir aquela declaração por outra.

2 – O depositário é notificado de tais declarações, que devem designar, expressamente, as unidades territoriais às quais se aplica a presente Convenção.

3 – Se, por força de uma declaração emitida nos termos deste artigo, a aplicação da presente Convenção for extensiva a uma ou a algumas unidades territoriais de um Estado Contratante, mas não a todas, a referência:

a) Ao território de um Estado Contratante, constante do artigo 1.º, tem em vista o território de uma unidade territorial desse Estado;

b) Ao tribunal ou a outra autoridade competente do Estado Contratante ou do Estado requerido tem em vista as mesmas autoridades de uma unidade territorial desse Estado;

c) Ao Estado Contratante onde se encontra o bem cultural, constante do n.º 1 do artigo 8.º, tem em vista a unidade territorial desse Estado onde o bem se encontrar;

d) À lei do Estado Contratante onde se encontra o bem cultural, constante do n.º 3 do artigo 8.º, tem em vista a lei da unidade territorial desse Estado onde o bem se encontrar;

e) A um Estado Contratante, constante do artigo 9.º, tem em vista uma unidade territorial desse Estado.

4 – Se um Estado Contratante não emitir a declaração prevista no n.º 1 do presente artigo, a Convenção aplicar-se-á a todo o seu território.

ARTIGO 15.º

1 – Uma declaração emitida nos termos da presente Convenção, quando da assinatura, deve ser confirmada no momento da ratificação, da aceitação ou da aprovação.

2 – As declarações e as respectivas confirmações são emitidas por escrito e formalmente notificadas ao depositário.

3 – As declarações produzem efeitos a partir da data da entrada em vigor da presente Convenção para o Estado declarante. No entanto, uma declaração cuja notificação formal tenha sido recebida pelo depositário ulteriormente produz efeitos no 1.º dia do 6.º mês após a data do respectivo depósito.

Convenção do UNIDROIT 131

4 – Qualquer Estado que tenha emitido uma declaração nos termos da presente Convenção pode, em qualquer momento, retirá-la mediante notificação formal dirigida por escrito ao depositário. A notificação produz efeitos a partir do 1.º dia do 6.º mês seguinte à data do respectivo depósito.

ARTIGO 16.º

1 – Os Estados Contratantes devem declarar, no momento da assinatura, da ratificação, da aceitação ou da adesão, que os pedidos de restituição ou de retorno de bens culturais, formulados por um Estado nos termos do artigo 8.º, lhes podem ser apresentados segundo um ou vários dos seguintes procedimentos:

a) Directamente, a um tribunal ou outra autoridade competente do Estado declarante;

b) Por intermédio de uma ou de várias autoridades designadas por esse Estado para receber e transmitir tais pedidos aos tribunais ou a outras autoridades competentes desse Estado;

c) Por via diplomática ou consular.

2 – Os Estados Contratantes podem, igualmente, designar os tribunais ou outras autoridades com competência para ordenar a restituição ou o retorno de bens culturais, nos termos do disposto nos capítulos II e III.

3 – Uma declaração emitida nos termos dos n.os 1 e 2 do presente artigo pode, em qualquer momento, ser modificada por uma nova declaração.

4 – O disposto nos n.os 1 a 3 do presente artigo não derroga o disposto nos acordos bilaterais e multilaterais de auxílio judiciário em matéria civil e comercial que porventura vigorem entre os Estados Contratantes.

ARTIGO 17.º

Os Estados Contratantes devem, no prazo de seis meses após a data do depósito do respectivo instrumento de ratificação, aceitação, aprovação ou adesão, enviar ao depositário uma informação escrita sobre a legislação relativa à exportação de bens culturais, redigida numa das línguas oficiais da Convenção. Essa informação será periodicamente actualizada, se for caso disso.

ARTIGO 18.º

Não é admitida qualquer outra reserva, para além das que são expressamente autorizadas pela presente Convenção.

ARTIGO 19.º

1 – A presente Convenção pode, em qualquer momento, ser denunciada por um Estado Parte, a partir da data da sua entrada em vigor para esse Estado, mediante o depósito do respectivo instrumento junto do depositário.

2 – A denúncia produz efeitos no 1.º dia do 6.º mês subsequente à data do depósito do respectivo instrumento junto do depositário. Quando o instrumento de denúncia especificar um período mais longo para a sua eficácia, esta ocorrerá no termo do período fixado, após o depósito do referido instrumento.

3 – Não obstante a denúncia, a presente Convenção continua a ser aplicável a todos os pedidos de restituição ou de retorno de um bem cultural que tenham sido formulados antes da data em que o respectivo instrumento produzir efeito.

ARTIGO 20.º

O Presidente do Instituto Internacional para a Unificação do Direito Privado (Unidroit) pode convocar, periodicamente ou a pedido de cinco Estados Contratantes, uma comissão especial para analisar a aplicação da presente Convenção.

ARTIGO 21.º

1 – A presente Convenção será depositada junto do Governo da República Italiana.

2 – O Governo da República Italiana:

a) Informa todos os Estados signatários da presente Convenção ou que a ela aderirem, bem como o Presidente do Instituto Internacional para a Unificação do Direito Privado (Unidroit):

　i) Das novas assinaturas ou do depósito de instrumentos de ratificação, de aceitação, de aprovação e de adesão, bem como das respectivas datas;

　ii) Das declarações emitidas nos termos da presente Convenção;

　iii) Da retirada de tais declarações;

Convenção do UNIDROIT 133

iv) Da data de entrada em vigor da presente Convenção;

v) Dos acordos previstos no artigo 13.º;

vi) Do depósito dos instrumentos de denúncia da presente Convenção, bem como da data do depósito e da data em que a denúncia produz efeitos;

b) Envia cópia autenticada da presente Convenção a cada um dos Estados signatários e aos Estados que a ela aderirem, bem como ao Presidente do Instituto Internacional para a Unificação do Direito Privado (Unidroit);

c) Desempenha quaisquer outras funções que habitualmente incumbem ao depositário.

ANEXO

a) Colecções e exemplares raros de zoologia, botânica, mineralogia e anatomia; objectos de interesse paleontológico.

b) Bens relacionados com a história, incluindo a história das ciências e das técnicas, a história militar e social, e com a vida dos governantes, pensadores, sábios e artistas nacionais ou ainda com os acontecimentos de importância nacional.

c) O produto de escavações (tanto as autorizadas como as clandestinas) ou de descobertas arqueológicas.

d) Os elementos provenientes do desmembramento de monumentos artísticos ou históricos e de lugares de interesse arqueológico.

e) Antiguidades que tenham mais de 100 anos, tais como inscrições, moedas e selos gravados.

f) Material etnológico.

g) Bens de interesse artístico, tais como:

i) Quadros, pinturas e desenhos feitos inteiramente à mão, sobre qualquer suporte e em qualquer material (com exclusão dos desenhos industriais e dos artigos manufacturados decorados à mão);

ii) Produções originais de estatuária e de escultura em qualquer material;

iii) Gravuras, estampas e litografias originais;

iv) Conjuntos e montagens artísticas originais, em qualquer material.

h) Manuscritos raros e incunábulos, livros, documentos e publicações antigas de interesse especial (histórico, artístico, científico, literário, etc.), separados ou em colecções.

i) Selos de correio, selos fiscais e análogos, separados ou em colecções.

j) Arquivos, incluindo os fonográficos, fotográficos e cinematográficos.

k) Objectos de mobiliário que tenham mais de 100 anos e instrumentos de música antigos.

4

Convenções do Conselho da Europa

4.1. Convenção Cultural Europeia, assinada em Paris aos 19 de Dezembro de 1954[1].

Os Governos signatários da presente Convenção, membros do Conselho da Europa;

Considerando que o objectivo do Conselho da Europa é realizar uma união mais estreita entre os seus membros, especialmente com o intuito de salvaguardar e promover os ideais e os princípios que constituem o seu património comum;

Considerando que uma compreensão mútua mais ampla entre os povos da Europa permitiria alcançar mais rapidamente esse objectivo;

Considerando que para esses fins é desejável não só a celebração de convenções culturais bilaterais entre os membros do Conselho, mas também a adopção de uma política comum visando salvaguardar e fomentar o desenvolvimento da cultura europeia;

Tendo decidido celebrar uma convenção cultural europeia geral com vista a incrementar entre os nacionais de todos os membros do Conselho e dos outros Estados europeus que venham a aderir a esta Convenção o estudo das línguas, da história e da civilização das outras Partes Contratantes e, bem assim, da sua civilização comum;

Acordaram no seguinte:

ARTIGO 1.º

Cada uma das Partes Contratantes tomará as medidas adequadas para salvaguardar e fomentar o desenvolvimento da sua contribuição para o património cultural comum da Europa.

---

[1] Aprovada para adesão pelo Decreto n.º 717/75, de 20 de Dezembro.

136   *Direito do Património Cultural*

ARTIGO 2.º

Cada uma das Partes Contratantes procurará, na medida do possível:

a) Promover entre os seus nacionais o estudo das línguas, da história e da civilização das outras Partes Contratantes e conceder-lhes no seu território facilidades com vista ao desenvolvimento de tais estudos;

b) Envidar esforços para desenvolver o estudo da sua língua ou línguas, da sua história e da sua civilização no território das outras Partes Contratantes e facultar aos respectivos nacionais a possibilidade de continuar tais estudos no seu território.

ARTIGO 3.º

As Partes Contratantes efectuarão consultas recíprocas no âmbito do Conselho da Europa, a fim de concertarem a sua acção com vista ao desenvolvimento das actividades culturais de interesse europeu.

ARTIGO 4.º

Cada uma das Partes Contratantes deverá, na medida do possível, facilitar a circulação e intercâmbio de pessoas, assim como de objectos de valor cultural, para os fins do disposto nos artigos 2.º e 3.º.

ARTIGO 5.º

Cada uma das Partes Contratantes considerará os objectos que tenham valor cultural europeu e se encontrem sob sua custódia como fazendo parte integrante do património cultural comum da Europa, tomará as medidas necessárias para a sua salvaguarda e facilitará o acesso aos mesmos.

ARTIGO 6.º

1. As propostas relativas à aplicação das disposições da presente Convenção e as questões resultantes da sua interpretação serão examinadas durante as reuniões do Comité dos Peritos Culturais do Conselho da Europa.

2. Qualquer Estado não membro do Conselho da Europa que tenha aderido à presente Convenção, em conformidade com o disposto no § 4.º do artigo 9.º, poderá designar um ou mais representantes às reuniões previstas no parágrafo anterior.

Convenção Cultural Europeia 137

3. As conclusões adoptadas no decurso das reuniões previstas no § 1.º do presente artigo serão submetidas, sob a forma de recomendações, ao Comité dos Ministros do Conselho da Europa, a menos que se trate de decisões da competência do Comité dos Peritos Culturais em assuntos de natureza administrativa que não envolvam despesas suplementares.

4. O Secretário-Geral do Conselho da Europa comunicará aos membros do Conselho e, bem assim, aos Governos dos outros Estados que tenham aderido à presente Convenção qualquer decisão que venha a ser tomada a esse respeito pelo Comité dos Ministros ou pelo Comité dos Peritos Culturais.

5. Cada uma das Partes Contratantes notificará em tempo oportuno o Secretário-Geral do Conselho da Europa de todas as medidas relativas à aplicação das disposições da presente Convenção que por ela tenham sido tomadas em consequência das decisões do Comité dos Ministros ou do Comité dos Peritos Culturais.

6. Se certas propostas relativas à aplicação da presente Convenção interessarem apenas a um número restrito de Partes Contratantes, poderá o exame dessas propostas ser empreendido em conformidade com o disposto no artigo 7.º, desde que a sua concretização não envolva despesas para o Conselho da Europa.

ARTIGO 7.º

Se para a realização dos fins da presente Convenção duas ou mais Partes Contratantes desejarem organizar encontros na sede do Conselho da Europa para além dos previstos no § 1.º do artigo 6.º, o Secretário-Geral do Conselho prestar-lhes-á todo o auxílio administrativo necessário.

ARTIGO 8.º

Nenhuma disposição da presente Convenção poderá ser interpretada de modo a afectar:

a) As disposições de qualquer convenção cultural bilateral que tenha sido assinada por uma das Partes Contratantes ou tornar menos conveniente a ulterior assinatura de uma tal convenção por uma das Partes Contratantes; ou

b) A obrigação de qualquer pessoa de se submeter às leis e regulamentos em vigor no território de uma das Partes Contratantes relativos à entrada, residência e saída de estrangeiros.

138 *Direito do Património Cultural*

ARTIGO 9.º

1. A presente Convenção está aberta à assinatura dos membros do Conselho da Europa. Ela deverá ser ratificada e os instrumentos de ratificação depositados junto do Secretário-Geral do Conselho da Europa.

2. Após o depósito dos respectivos instrumentos de ratificação por parte de três Governos signatários, a presente Convenção entrará em vigor em relação àqueles Governos.

3. Quanto aos Governos signatários que a tenham ratificado ulteriormente, a presente Convenção entrará em vigor a partir do depósito do respectivo instrumento de ratificação.

4. O Comité dos Ministros do Conselho da Europa poderá decidir, por unanimidade, convidar qualquer Estado europeu não membro do Conselho a aderir à presente Convenção segundo as modalidades que forem julgadas apropriadas. O Estado que tenha recebido esse convite poderá aderir à Convenção mediante o depósito do seu instrumento de adesão junto do Secretário-Geral do Conselho da Europa; a adesão produzirá efeitos a partir da recepção do referido instrumento.

5. O Secretário-Geral do Conselho da Europa notificará todos os membros do Conselho e, bem assim, os Estados que tenham aderido do depósito de todos os instrumentos de ratificação ou de adesão.

ARTIGO 10.º

Qualquer Parte Contratante poderá especificar os territórios em relação aos quais se aplicarão as disposições da presente Convenção, dirigindo ao Secretário-Geral do Conselho da Europa uma declaração que será por ele comunicada a todas as outras Partes Contratantes.

ARTIGO 11.º

1. Decorrido o prazo de cinco anos a partir da sua entrada em vigor, a presente Convenção poderá ser denunciada em qualquer momento por qualquer das Partes Contratantes, mediante notificação por escrito dirigida ao Secretário-Geral do Conselho, que a levará ao conhecimento das outras Partes Contratantes.

2. Tal denúncia produzirá efeitos para a respectiva Parte Contratante seis meses após a data da sua recepção pelo Secretário-Geral do Conselho da Europa.

4.2. Convenção Europeia para a Protecção do Património Arqueológico (revista), assinada em Londres a 6 de Maio de 1969 [2] e revista em La Valetta, Malta, em 16 de Janeiro de 1992 [3]

PREÂMBULO

Os Estados membros do Conselho da Europa, bem como os restantes Estados Partes na Convenção Cultural Europeia, signatários da presente Convenção (revista):

Considerando que o objectivo do Conselho da Europa é o de realizar uma união mais estreita entre os seus membros, nomeadamente para salvaguardar e promover os ideais e os princípios que constituem o seu património comum;

Tendo em conta a Convenção Cultural Europeia, assinada em Paris a 19 de Dezembro de 1954, nomeadamente os seus artigos 1.º e 5.º;

Tendo em conta a Convenção para a Salvaguarda do Património Arquitectónico da Europa, assinada em Granada a 3 de Outubro de 1985;

Tendo em conta a Convenção Europeia sobre Infracções Relativas a Bens Culturais, assinada em Delfos a 23 de Junho de 1985;

Tendo em conta as recomendações da Assembleia Parlamentar relativas à arqueologia e, nomeadamente, as Recomendações n.ºs 848 (1978), 921 (1981) e 1072 (1988);

Tendo em conta a Recomendação R (89)5, relativa à protecção e à valorização do património arqueológico no âmbito dos processos de ordenamento urbano e rural;

Recordando que o património arqueológico é um elemento essencial para o conhecimento da história da cultura dos povos;

Reconhecendo que o património arqueológico europeu, testemunha da história antiga, se encontra gravemente ameaçado de destruição em consequência tanto da multiplicação de grandes planos de

---

[2] A versão original desta Convenção foi aprovada para ratificação pelo Despacho Normativo n.º 39/82, de 2 de Abril. Pelo Aviso n.º 180/82, de 6 de Agosto, foi tornado público ter Portugal depositado, em 6 de Julho de 1982, junto do Secretário-Geral do Conselho da Europa, o instrumento de ratificação.

[3] Aprovada para ratificação pela Resolução da Assembleia da República n.º 71/97 e ratificada pelo Decreto do Presidente da República n.º 74/97, ambos de 16 de Dezembro. Pelo Aviso n.º 279/98, de 5 de Dezembro, foi tornado público ter Portugal depositado, em 5 de Agosto de 1998, junto da sede do Conselho da Europa, o instrumento de ratificação.

ordenamento como dos riscos naturais, de escavações clandestinas ou desprovidas de carácter científico e da deficiente informação do público;

Afirmando que se torna necessário desenvolver, onde ainda sejam inexistentes, procedimentos adequados de supervisão administrativa e científica e que a necessidade de proteger o património arqueológico se deveria reflectir nas políticas de ordenamento urbano e rural e de desenvolvimento cultural;

Sublinhando que a responsabilidade pela protecção do património arqueológico é da competência não só do Estado directamente interessado mas também de todos os países europeus, de modo a reduzirem os riscos de degradação e a promoverem a conservação, favorecendo as trocas de peritos e de experiências;

Constatando a necessidade de completar os princípios formulados pela Convenção Europeia para a Protecção do Património Arqueológico, assinada em Londres a 6 de Maio de 1969, na sequência da evolução das políticas de ordenamento do território nos países europeus;

acordam no seguinte:

Definição de património arqueológico

ARTIGO 1.º

1 – A presente Convenção (revista) tem por objectivo a protecção do património arqueológico enquanto fonte da memória colectiva europeia e instrumento de estudo histórico e científico.

2 – Para este fim, são considerados elementos do património arqueológico todos os vestígios, bens e outros indícios da existência do homem no passado:

    i) Cuja preservação e estudo permitam traçar a história da humanidade e a sua relação com o ambiente;

    ii) Cuja principal fonte de informação é constituída por escavações ou descobertas e ainda outros métodos de pesquisa relacionados com o homem e o ambiente que o rodeia; e

    iii) Localizados numa área sob jurisdição das Partes.

3 – O património arqueológico integra estruturas, construções, agrupamentos arquitectónicos, sítios valorizados, bens móveis e monumentos de outra natureza, bem como o respectivo contexto, quer estejam localizados no solo ou em meio submerso.

Identificação do património e medidas de protecção

ARTIGO 2.º

As Partes comprometem-se a desenvolver, mediante modalidades adequadas a cada Estado, um regime legal de protecção do património cultural que preveja:

    i) A manutenção de um inventário do seu património arqueológico e classificação de monumentos e de zonas de protecção;

    ii) A criação de reservas arqueológicas, mesmo em locais onde os vestígios existentes no solo ou submersos não sejam visíveis, com o objectivo de preservar testemunhos materiais objecto de estudo das gerações futuras;

    iii) A obrigação do achador de participar às autoridades competentes a descoberta fortuita de património arqueológico e de os disponibilizar para estudo.

ARTIGO 3.º

Por forma a preservar o património arqueológico e de modo a garantir o carácter científico do trabalho de pesquisa arqueológica, as Partes comprometem-se:

1) A adoptar procedimentos de autorização e de controlo das escavações e outras actividades arqueológicas para:

    i) Impedir a realização de quaisquer escavações ou remoções ilícitas do património arqueológico;

    ii) Garantir que as escavações e as prospecções arqueológicas são efectuadas de forma científica e sob a condição de que:

      – Sempre que possível, sejam empregues métodos de investigação não destrutivos;

      – Os testemunhos do património arqueológico não sejam removidos fora de escavações científicas nem permaneçam abandonados durante ou depois das escavações sem que se tomem medidas que visem a sua preservação, conservação e gestão adequadas;

2) Garantir que as escavações e outras técnicas potencialmente destrutivas sejam efectuadas apenas por pessoal qualificado e especialmente autorizado para o efeito;

3) Submeter a autorização prévia específica, sempre que previsto pelo direito interno do Estado, o uso de detectores de metais e qual-

142 *Direito do Património Cultural*

quer outro equipamento de detecção ou processo destinado à investigação arqueológica.

ARTIGO 4.º

As Partes comprometem-se a desenvolver medidas que visem a protecção física do património arqueológico, prevendo, conforme as circunstâncias:
  i) A aquisição pelas entidades públicas de espaços destinados à criação de áreas de reserva arqueológica;
  ii) A conservação e a manutenção do património arqueológico, de preferência no seu local de origem;
  iii) A criação de armazéns adequados para os vestígios arqueológicos removidos do seu local de origem.

Conservação integrada do património arqueológico

ARTIGO 5.º

As Partes comprometem-se:
  1) A procurar conciliar e articular as necessidades respectivamente da arqueologia e do ordenamento do território, garantindo, assim, aos arqueólogos a possibilidade de participarem:
  i) Nas políticas de planeamento que visem estabelecer estratégias equilibradas de protecção, de conservação e valorização dos locais que apresentem interesse arqueológico;
  ii) No desenvolvimento das diferentes fases dos programas de ordenamento;

  2) A assegurar uma consulta sistemática entre arqueólogos, urbanistas e técnicos do ordenamento do território, de modo a permitir:
  i) A modificação dos planos de ordenamento susceptíveis de alterarem o património arqueológico;
  ii) A atribuição de tempo e de meios suficientes para efectuar um estudo científico conveniente do sítio arqueológico, com publicação dos resultados;
  3) A garantir que os estudos de impacte ambiental e as decisões deles resultantes tenham em conta os sítios arqueológicos e o respectivo contexto;
  4) Prever, se exequível, a conservação in situ de elementos do património arqueológico que tenham sido encontrados na sequência de obras;

Convenção Europeia para a Protecção do Património Arqueológico 143

5) Proceder de forma que a abertura ao público dos sítios arqueológicos, nomeadamente as estruturas de apoio necessárias ao acolhimento de um grande número de visitantes, não prejudique o carácter arqueológico e científico desses sítios e da respectiva envolvente.

Financiamento da pesquisa arqueológica e da conservação

ARTIGO 6.º

As Partes comprometem-se:

1) A obter dos poderes públicos nacionais, regionais ou locais, em função das competências respectivas, apoio financeiro para a pesquisa arqueológica;

2) A aumentar os recursos materiais para a arqueologia preventiva:

   i) Mediante a aplicação de medidas adequadas que garantam que as intervenções arqueológicas motivadas por importantes empreendimentos públicos ou privados sejam integralmente financiados pelo orçamento previsto para esses trabalhos;

   ii) Prevendo no orçamento daqueles trabalhos, do mesmo modo que para os estudos de impacte, impostos por preocupações com o ambiente e com o ordenamento do território, e os estudos e as prospecções arqueológicas prévias, os documentos científicos de síntese, as comunicações e as publicações finais das descobertas.

Recolha e difusão de informação de carácter científico

ARTIGO 7.º

De modo a facilitar o estudo e a difusão de conhecimento sobre as descobertas arqueológicas, cada Parte compromete-se:

1) A efectuar ou actualizar levantamentos, inventários e mapas dos sítios arqueológicos nas áreas da sua jurisdição;

2) A tomar todas as medidas práticas que visem a elaboração, na sequência de operações arqueológicas, de um registo científico de síntese publicável antes da difusão integral necessária de estudos especializados.

144 *Direito do Património Cultural*

ARTIGO 8.º

As Partes comprometem-se:

1) A facilitar a troca, a nível nacional e internacional, de testemunhos pertencentes ao património arqueológico para fins profissionais científicos, tomando desde logo as medidas adequadas que garantam que essa circulação não prejudique de modo algum o valor cultural e científico de tais elementos;

2) A promover as trocas de informação sobre pesquisa arqueológica e escavações em curso e a contribuir para a organização de programas de pesquisa internacional.

Promoção da consciência pública

ARTIGO 9.º

As Partes comprometem-se:

1) A empreeender acções educativas com o objectivo de despertar e desenvolver junto da opinião pública a consciência do valor do património arqueológico para uma melhor compreensão do passado e dos perigos que ameaçam este património;

2) A promover o acesso do público a testemunhos importantes do seu património arqueológico, nomeadamente dos sítios, e a encorajar a exposição pública de objectos arqueológicos seleccionados.

Prevenção da circulação ilícita de elementos do património arqueológico

Prevenção da circulação ilícita de elementos do património arqueológico

ARTIGO 10.º

As Partes comprometem-se:

1) A organizar a troca de informações entre os poderes públicos competentes e as instituições científicas relativamente a escavações ilícitas detectadas;

2) A trazer ao conhecimento das instâncias competentes do Estado de origem Parte na presente Convenção (revista) qualquer oferta suspeita proveniente de escavações ilícitas ou de subtracção fraudulenta de escavações oficiais, bem como prestar todos os esclarecimentos necessários sobre este assunto;

Convenção Europeia para a Protecção do Património Arqueológico 145

3) No que respeita a museus e outras instituições similares, cuja política de aquisição está sujeita ao controlo do Estado, a tomar as medidas necessárias para evitar que aquelas entidades adquiram testemunhos do património arqueológico que se suspeitem provenientes de descobertas não controladas, de escavações ilícitas ou de subtracção fraudulenta de escavações oficiais;

4) No que respeita a museus e outras instituições similares situados no território de uma Parte cuja política de aquisição não está sujeita ao controlo do Estado:

i) A transmitir-lhe o texto da presente Convenção (revista);
ii) A não poupar esforços que visem garantir o respeito dos referidos museus e instituições pelos princípios formulados no ponto anterior;

5) A restringir, tanto quanto possível, por meio de acções educativas, de informação, de vigilância e de cooperação, a circulação de bens pertencentes ao património arqueológico provenientes de descobertas não controladas, de escavações ilícitas ou de subtracção fraudulenta de escavações oficiais.

ARTIGO 11.º

Nenhuma disposição contida na presente Convenção (revista) prejudica os tratados bilaterais ou multilaterais existentes ou a serem celebrados entre as Partes, visando a circulação ilícita de testemunhos do património arqueológico ou a respectiva restituição ao proprietário legítimo.

Assistência técnica e científica mútua

ARTIGO 12.º

As Partes comprometem-se:
– A prestar assistência técnica e a científica sob a forma de troca de experiências e de peritos em matérias relativas ao património arqueológico;
– A promover, nos termos do respectivo direito interno ou de acordos internacionais pelos quais se encontrem vinculados, trocas de especialistas no âmbito da conservação do património arqueológico, incluindo os responsáveis pela formação contínua.

146 *Direito do Património Cultural*

Controlo da aplicação da Convenção (revista)

ARTIGO 13.º

Para os fins da presente Convenção (revista), um *comité* de peritos, criado pela Comissão de Ministros do Conselho da Europa nos termos do artigo 17.º do Estatuto do Conselho da Europa, é encarregado de acompanhar a Convenção (revista) e, especificamente:

1) De submeter periodicamente à Comissão de Ministros do Conselho da Europa um relatório sobre a situação das políticas de protecção do património arqueológico nos Estados Partes na Convenção (revista), bem como sobre a aplicação dos princípios contidos na Convenção (revista);

2) De propor à Comissão de Ministros do Conselho da Europa qualquer medida conducente ao desenvolvimento das disposições da Convenção (revista), inclusive no âmbito das actividades multilaterais e no domínio da revisão ou modificação da Convenção (revista), bem como de informações ao público sobre os objectivos da Convenção (revista);

3) De formular recomendações à Comissão de Ministros do Conselho da Europa relativamente ao convite a Estados não membros do Conselho da Europa para aderirem à Convenção (revista).

Disposições finais

ARTIGO 14.º

1 – A presente Convenção (revista) está aberta à assinatura pelos Estados membros do Conselho da Europa e dos outros Estados Partes na Convenção Cultural Europeia.

É submetida a ratificação, aceitação ou aprovação. Os instrumentos de ratificação, aceitação ou aprovação serão depositados junto do Secretário-Geral do Conselho da Europa.

2 – Nenhum Estado Parte integrante na Convenção Europeia para a Salvaguarda do Património Arqueológico, assinada em Londres a 6 de Maio de 1969, poderá depositar o seu instrumento de ratificação, aceitação ou aprovação sem que tenha denunciado a referida Convenção ou a denuncie simultaneamente.

3 – A presente Convenção (revista) entra em vigor seis meses após a data em que quatro Estados, incluindo pelo menos três Estados membros do Conselho da Europa, tenham expresso o seu con-

Convenção Europeia para a Protecção do Património Arqueológico   147

sentimento em ficarem vinculados pela Convenção (revista), nos termos do disposto nos números precedentes.

4 – Sempre que, em aplicação dos dois números anteriores, os efeitos da denúncia da Convenção de 6 de Maio de 1969 e a entrada em vigor da presente Convenção (revista) não sejam simultâneos, qualquer Estado Contratante poderá declarar, ao depositar o seu instrumento de ratificação, aceitação ou aprovação, que continuará a aplicar a Convenção de 6 de Maio de 1969 até à entrada em vigor da presente Convenção (revista).

5 – Relativamente a qualquer Estado signatário que expresse, subsequentemente, o seu consentimento em ficar vinculado pela presente Convenção (revista), esta entrará em vigor seis meses após a data de depósito do instrumento de ratificação, aceitação ou aprovação.

ARTIGO 15.º

1 – Após a entrada em vigor da presente Convenção (revista), a Comissão de Ministros do Conselho da Europa poderá convidar qualquer outro Estado não membro do Conselho, assim como a Comunidade Económica Europeia, a aderir à presente Convenção (revista), por decisão tomada pela maioria prevista na alínea d) do artigo 20.º do Estatuto do Conselho da Europa e por unanimidade dos representantes dos Estados Contratantes com direito a assento na Comissão.

2 – Para os Estados aderentes ou para a Comunidade Económica Europeia, em caso de adesão, a presente Convenção (revista) entra em vigor seis meses após a data de depósito do instrumento de adesão junto do Secretário-Geral do Conselho da Europa.

ARTIGO 16.º

1 – Qualquer Estado pode, no momento da assinatura ou do depósito do seu instrumento de ratificação, aceitação, aprovação ou adesão, designar o território ou os territórios a que se aplica a presente Convenção (revista).

2 – Qualquer Estado pode, em qualquer momento ulterior, mediante declaração dirigida ao Secretário-Geral do Conselho da Europa, tornar extensiva a aplicação da presente Convenção (revista) a qualquer outro território designado na declaração. A Convenção (revista) entra em vigor, para esse território, seis meses após a data de recepção de tal declaração pelo Secretário-Geral.

148 *Direito do Património Cultural*

3 – Qualquer declaração formulada nos termos dos dois números anteriores pode ser retirada, no que respeita a qualquer território especificado nessa declaração, mediante notificação dirigida ao Secretário-Geral. Tal retirada só produz efeitos seis meses após a data de recepção da notificação pelo Secretário-Geral.

ARTIGO 17.º

1 – Qualquer Parte poderá, em qualquer momento, denunciar a presente Convenção (revista), mediante notificação dirigida ao Secretário-Geral do Conselho da Europa.

2 – A denúncia produz efeitos seis meses após a data de recepção da notificação pelo Secretário-Geral.

ARTIGO 18.º

O Secretário-Geral do Conselho da Europa notifica os Estados membros do Conselho da Europa, os outros Estados Partes na Convenção Cultural Europeia, bem como qualquer Estado, ou a Comunidade Económica Europeia, que tenha aderido ou tenha sido convidado a aderir à presente Convenção (revista), de:

a) Qualquer assinatura;

b) Depósito de qualquer instrumento de ratificação, aceitação, aprovação ou adesão;

c) Qualquer data de entrada em vigor da presente Convenção (revista), nos termos dos artigos 14.º, 15.º e 16.º;

d) Qualquer outro acto, notificação ou comunicação relativo à presente Convenção (revista).

4.3. Convenção para a Salvaguarda do Património Arquitectónico da Europa, assinada em Granada a 3 de Outubro de 1985 [4]

Os Estados membros do Conselho da Europa, signatários da presente Convenção:

Considerando que o objectivo do Conselho da Europa é realizar uma união mais estreita entre os seus membros, nomeadamente a fim de salvaguardar e promover os ideais e princípios que constituem o seu património comum;

Reconhecendo que o património arquitectónico constitui uma expressão insubstituível da riqueza e da diversidade do património cultural da Europa, um testemunho inestimável do nosso passado e um bem comum a todos os europeus;

Tendo em conta a Convenção Cultural Europeia, assinada em Paris em 19 de Dezembro de 1954, e nomeadamente o seu artigo 1.º;

Tendo em conta a Carta Europeia do Património Arquitectónico, adoptada pelo Comité de Ministros do Conselho da Europa em 26 de Setembro de 1975, e a Resolução (76) 28, adoptada em 14 de Abril de 1976, relativa à adaptação dos sistemas legislativos e regulamentares nacionais às exigências da conservação integrada do património arquitectónico;

Tendo em conta a Recomendação n.º 880 (1979) da Assembleia Parlamentar do Conselho da Europa, relativa à conservação do património arquitectónico;

Tendo em conta a Recomendação n.º R (80) 16 do Comité de Ministros aos Estados membros sobre a formação especializada de arquitectos, urbanistas, engenheiros civis e paisagistas, assim como a Recomendação n.º R (81) 13 do Comité de Ministros, adoptada no dia 1 de Julho de 1981, sobre as acções a empreender em benefício de certas profissões, ameaçadas de desaparecimento, no âmbito da actividade artesanal;

Recordando que é necessário transmitir um sistema de referências culturais às gerações futuras, melhorar a qualidade de vida urbana e rural e incentivar, ao mesmo tempo, o desenvolvimento económico, social e cultural dos Estados e das regiões;

---

[4] Aprovada para ratificação pela Resolução da Assembleia da República n.º 5/91 e ratificada pelo Decreto do Presidente da República n.º 5/91, ambos de 23 de Janeiro. Pelo Aviso n.º 74/91, de 29 de Maio, foi tornado público ter Portugal depositado, em 27 de Março de 1991, junto da Secretaria-Geral do Conselho da Europa, o instrumento de ratificação.

150 *Direito do Património Cultural*

Afirmando que é necessário concluir acordos sobre as orientações essenciais de uma política comum, que garanta a salvaguarda e o engrandecimento do património arquitectónico;

acordam no seguinte:

Definição do património arquitectónico

ARTIGO 1.º

Para os fins da presente Convenção, a expressão «património arquitectónico» é considerada como integrando os seguintes bens imóveis:

1) Os monumentos: todas as construções particularmente notáveis pelo seu interesse histórico, arqueológico, artístico, científico, social ou técnico, incluindo as instalações ou os elementos decorativos que fazem parte integrante de tais construções;

2) Os conjuntos arquitectónicos: agrupamentos homogéneos de construções urbanas ou rurais, notáveis pelo seu interesse histórico, arqueológico, artístico, científico, social ou técnico, e suficientemente coerentes para serem objecto de uma delimitação topográfica;

3) Os sítios: obras combinadas do homem e da natureza, parcialmente construídas e constituindo espaços suficientemente característicos e homogéneos para serem objecto de uma delimitação topográfica, notáveis pelo seu interesse histórico, arqueológico, artístico, científico, social ou técnico.

Identificação dos bens a proteger

ARTIGO 2.º

A fim de identificar com precisão os monumentos, conjuntos arquitectónicos e sítios susceptíveis de serem protegidos, as Partes comprometem-se a manter o respectivo inventário e, em caso de ameaça dos referidos bens, a preparar, com a possível brevidade, documentação adequada.

Processos legais de protecção

ARTIGO 3.º

As Partes comprometem-se:

Convenção para a Salvaguarda do Património Arquitectónico da Europa   151

1) A implementar um regime legal de protecção do património arquitectónico;

2) A assegurar, no âmbito desse regime e de acordo com modalidades próprias de cada Estado ou região, a protecção dos monumentos, conjuntos arquitectónicos e sítios.

ARTIGO 4.º

As Partes comprometem-se:

1) A aplicar, tendo em vista a protecção jurídica dos bens em causa, os processos de controlo e autorização adequados;

2) A impedir que bens protegidos sejam desfigurados, degradados ou demolidos. Nesta perspectiva, as Partes comprometem-se, caso não o tenham já feito, a introduzir nas respectivas legislações disposições que prevejam:

a) A submissão a uma autoridade competente de projectos de demolição ou de alteração de monumentos já protegidos ou em relação aos quais esteja pendente uma acção de protecção, assim como de qualquer projecto que afecte o respectivo meio ambiente;

b) A submissão a uma autoridade competente de projectos que afectem, total ou parcialmente, um conjunto arquitectónico ou um sítio, relativos a obras:

De demolição de edifícios;

De construção de novos edifícios;

De alterações consideráveis que prejudiquem as características do conjunto arquitectónico ou do sítio;

c) A possibilidade de os poderes públicos intimarem o proprietário de um bem protegido a realizar obras ou de se lhe substituírem, caso este as não faça;

d) A possibilidade de expropriar um bem protegido.

ARTIGO 5.º

As Partes comprometem-se a não permitir a remoção, total ou parcial, de um monumento protegido, salvo na hipótese de a protecção física desse monumento o exigir de forma imperativa. Em tal caso, a autoridade competente toma as precauções necessárias à respectiva desmontagem, transferência e remontagem em local adequado.

Medidas complementares

ARTIGO 6.º

As Partes comprometem-se a:

1) Prever, em função das competências nacionais, regionais e locais, e dentro dos limites dos orçamentos disponíveis, um apoio financeiro dos poderes públicos às obras de manutenção e restauro do património cultural situado no respectivo território;

2) Recorrer, se necessário, a medidas fiscais susceptíveis de facilitar a conservação desse património;

3) Apoiar as iniciativas privadas no domínio da manutenção e restauro desse património.

ARTIGO 7.º

Nas áreas circundantes dos monumentos, no interior dos conjuntos arquitectónicos e dos sítios, as Partes comprometem-se a adoptar medidas que visem melhorar a qualidade do ambiente.

ARTIGO 8.º

As Partes comprometem-se, a fim de limitar os riscos de degradação física do património arquitectónico:

1) A apoiar a investigação científica, com vista a identificar e a analisar os efeitos nocivos da poluição e a definir os meios de deduzir ou eliminar tais efeitos;

2) A tomar em consideração os problemas específicos da conservação do património arquitectónico, na formulação de políticas de luta contra a poluição.

Sanções

ARTIGO 9.º

As Partes comprometem-se, no âmbito dos respectivos poderes, a garantir que as infracções à legislação de protecção do património arquitectónico sejam objecto das medidas adequadas e suficientes por parte da autoridade competente. Tais medidas podem implicar, se necessário, a obrigação de os autores demolirem um edifício novo, construído de modo irregular, ou de reporem o bem protegido no seu estado anterior.

Políticas de conservação

ARTIGO 10.º

As Partes comprometem-se a adoptar políticas da conservação integrada que:

1) Incluam a protecção do património arquitectónico nos objectivos essenciais do ordenamento do território e do urbanismo, e que garantam que tal imperativo seja tomado em consideração nas diversas fases da elaboração de planos de ordenamento e dos processos de autorização de obras;

2) Adoptem programas de restauro e de manutenção do património arquitectónico;

3) Façam da conservação, promoção e realização do património arquitectónico um elemento fundamental das políticas em matéria de cultura, ambiente e ordenamento do território;

4) Promovam, sempre que possível, no âmbito dos processos de ordenamento do território e de urbanismo, a conservação e a utilização de edifícios, cuja importância intrínseca não justifique uma protecção no sentido do artigo 3.º, n.º 1, da presente Convenção, mas que revistam interesse do ponto de vista do ambiente urbano ou rural, ou da qualidade de vida;

5) Promovam a aplicação e o desenvolvimento, indispensáveis ao futuro do património, de técnicas e materiais tradicionais.

ARTIGO 11.º

As Partes comprometem-se a promover, respeitando as características arquitectónica e histórica do património:

a) A utilização de bens protegidos, atendendo às necessidades da vida contemporânea;

b) A adaptação, quando tal se mostre adequado, de edifícios antigos a novas utilizações.

ARTIGO 12 º

Sem prejuízo de reconhecerem o interesse em permitir a visita, por parte do público, dos bens protegidos, as Partes comprometem-se a garantir que as consequências de tal abertura ao público, nomeadamente as adaptações de estrutura para isso necessárias, não prejudiquem as características arquitectónicas e históricas desses bens e do respectivo meio ambiente.

154 *Direito do Património Cultural*

ARTIGO 13.º

Com vista a facilitar a execução de tais políticas, as Partes comprometem-se a desenvolver, no contexto próprio da sua organização política e administrativa, a cooperação efectiva, aos diversos níveis, dos serviços responsáveis pela conservação, acção cultural, meio ambiente e ordenamento do território.

Participação e associações

ARTIGO 14.º

Em ordem a secundar a acção dos poderes públicos em benefício do conhecimento, protecção, restauro, manutenção, gestão e promoção do património arquitectónico, as Partes comprometem-se:

1) A criar, nas diversas fases do processo de decisão, estruturas de informação, consulta e colaboração entre o Estado, as autoridades locais, as instituições e associações culturais e o público;

2) A incentivar o desenvolvimento do mecenato e das associações com fins não lucrativos, que actuam nesta área.

Informação e formação

ARTIGO 15.º

As Partes comprometem-se:

1) A valorizar a conservação do património arquitectónico junto da opinião pública, quer como elemento de identidade cultural, quer como fonte de inspiração e de criatividade das gerações presentes e futuras;

2) A promover, nesse sentido, políticas de informação e de sensibilização, nomeadamente com auxílio de técnicas modernas de difusão e de promoção, tendo, especificamente, como objectivo:

a) Despertar ou desenvolver a sensibilidade do público, a partir da idade escolar, para a protecção do património, qualidade do ambiente edificado e expressão arquitectónica;

b) Realçar a unidade do património cultural e dos laços existentes entre a arquitectura, as artes, as tradições populares e modos de vida, à escala europeia, nacional ou regional.

Convenção para a Salvaguarda do Património Arquitectónico da Europa 155

ARTIGO 16.º

As Partes comprometem-se a promover a formação das diversas profissões e ofícios com intervenção na conservação do património arquitectónico.

Coordenação europeia das políticas de conservação

ARTIGO 17.º

As Partes comprometem-se a trocar informações sobre as respectivas políticas de conservação no que respeita:

1) Aos métodos a adoptar em matéria de inventário, protecção e conservação de bens, atendendo à evolução histórica e ao aumento progressivo do património arquitectónico;

2) Aos meios de conciliar da melhor forma o imperativo de protecção do património arquitectónico e as necessidades actuais da vida económica, social e cultural;

3) Às possibilidades oferecidas pelas novas tecnologias, no domínio da identificação e registo, da luta contra a degradação de materiais, da investigação científica, das obras de restauro e das formas de gestão e promoção do património arquitectónico;

4) Aos meios de promover a criação arquitectónica, como forma de assegurarem a contribuição da nossa época para o património da Europa.

ARTIGO 18.º

As Partes comprometem-se a conceder-se, sempre que necessário, uma assistência técnica recíproca, sob a forma de troca de experiências e de peritos, no domínio da conservação do património arquitectónico.

ARTIGO 19.º

As Partes comprometem-se a promover, no âmbito das legislações nacionais pertinentes ou dos acordos internacionais pelos quais se encontrem vinculadas, as trocas europeias de especialistas em matéria de conservação do património arquitectónico, incluindo na área da formação contínua.

156 *Direito do Património Cultural*

ARTIGO 20.º

Para os fins da presente Convenção, um Comité de peritos, criado pelo Comité de Ministros do Conselho da Europa, ao abrigo do artigo 17.º do Estatuto do Conselho da Europa, é encarregado de acompanhar a aplicação da Convenção e especificamente:

1) De submeter periodicamente ao Comité de Ministros do Conselho da Europa um relatório sobre a situação das políticas de conservação do património arquitectónico nos Estados partes na Convenção, sobre a aplicação dos princípios nela enunciados e sobre as suas próprias actividades;

2) De propor ao Comité de Ministros do Conselho da Europa qualquer medida conducente à implementação das disposições da Convenção, inclusive no âmbito das actividades multilaterais e no domínio da revisão ou modificação da Convenção, bem como de informação do público sobre os objectivos da Convenção;

3) De formular recomendações ao Comité de Ministros do Conselho da Europa, relativamente ao convite a Estados não membros do Conselho da Europa para aderirem à Convenção.

ARTIGO 21.º

As disposições da presente Convenção não prejudicam a aplicação de disposições específicas mais favoráveis à protecção dos bens previstos no artigo 1.º, constantes de:

Convenção relativa à Protecção do Património Mundial, Cultural e Natural, de 16 de Novembro de 1972;

Convenção Europeia para a Protecção do Património Arqueológico, de 6 de Maio de 1969.

Cláusulas finais

ARTIGO 22.º

1 – A presente Convenção está aberta à assinatura dos Estados membros do Conselho da Europa.

É submetida a ratificação, aceitação ou aprovação. Os instrumentos de ratificação, aceitação ou aprovação, são depositados junto do Secretário-Geral do Conselho da Europa.

2 – A presente Convenção entra em vigor no primeiro dia do mês seguinte ao decurso de um período de três meses após a data em que três Estados membros do Conselho da Europa tenham manifestado

Convenção para a Salvaguarda do Património Arquitectónico da Europa 157

o seu consentimento a vincular-se pela Convenção, nos termos do disposto no número anterior.

3 – Para os Estados membros que venham ulteriormente a manifestar o seu consentimento a vincular-se pela Convenção, a Convenção entra em vigor no primeiro dia do mês seguinte ao decurso de um período de três meses após a data do depósito do instrumento de ratificação, aceitação ou aprovação.

ARTIGO 23.º

1 – Após a entrada em vigor da presente Convenção, o Comité de Ministros do Conselho da Europa pode convidar qualquer Estado não membro do Conselho, assim como a Comunidade Económica Europeia, a aderir à presente Convenção, por decisão tomada pela maioria prevista no artigo 20.º, alínea d) do Estatuto do Conselho da Europa e por unanimidade dos representantes dos Estados contratantes com direito de assento no Comité.

2 – Para os Estados aderentes ou para a Comunidade Económica Europeia, em caso de adesão, a Convenção entra em vigor no primeiro dia do mês seguinte ao decurso de um período de três meses após a data do depósito do instrumento de adesão junto do Secretário-Geral do Conselho da Europa.

ARTIGO 24.º

1 – Qualquer Estado pode, no momento da assinatura ou do depósito do respectivo instrumento de ratificação, aceitação, aprovação ou adesão, designar o território ou territórios a que se aplica a presente Convenção.

2 – Qualquer Estado pode, em qualquer momento ulterior, mediante declaração dirigida ao Secretário-Geral do Conselho da Europa, tornar extensiva a aplicação da presente Convenção a qualquer outro território designado na declaração. A Convenção entra em vigor, para esse território, no primeiro dia do mês seguinte ao decurso de um período de três meses após a data da recepção da declaração pelo Secretário-Geral.

3 – Qualquer declaração formulada nos termos dos dois números anteriores pode ser retirada, no que respeita a qualquer território designado naquela declaração, mediante notificação dirigida ao Secretário-Geral. Tal retirada produz efeito no primeiro dia do mês seguinte do decurso de um período de seis meses após a data da recepção da notificação pelo Secretário-Geral.

158 *Direito do Património Cultural*

ARTIGO 25.º

1 – Qualquer Estado pode, no momento da assinatura ou do depósito do respectivo instrumento de ratificação, aceitação, aprovação ou adesão, declarar que se reserva o direito de não se conformar, total ou parcialmente, com as disposições do artigo 4.º, alíneas *c*) e *d*). Não é admitida qualquer outra reserva.

2 – Qualquer Estado contratante que tenha formulado uma reserva nos termos do número anterior pode retirá-la, total ou parcialmente, mediante notificação dirigida ao Secretário-Geral do Conselho da Europa. A retirada produz efeito na data da recepção da notificação pelo Secretário-Geral.

3 – A Parte que tenha formulado a reserva ao abrigo do disposto no n.º 1 supracitado não pode exigir a aplicação de tal disposição por uma outra Parte; pode, todavia, se a reserva for parcial ou condicional, exigir a aplicação de tal disposição na medida em que a tenha aceite.

ARTIGO 26.º

1 – Qualquer Parte pode, em qualquer momento, denunciar a presente Convenção mediante notificação dirigida ao Secretário-Geral do Conselho da Europa.

2 – A denúncia produz efeito no primeiro dia do mês seguinte ao decurso de um período de seis meses após a data da recepção da notificação pelo Secretário-Geral.

ARTIGO 27.º

O Secretário-Geral do Conselho da Europa notifica os Estados membros do Conselho da Europa e qualquer Estado que tenha aderido à presente Convenção e a Comunidade Europeia, em caso de adesão, de:

a) Qualquer assinatura;

b) Depósito de qualquer instrumento de ratificação, aceitação, aprovação ou adesão;

c) Qualquer data de entrada em vigor da presente Convenção, nos termos do disposto nos artigos 22.º, 23.º e 24.º;

d) Qualquer outro acto, notificação ou comunicação, relativos à presente Convenção.

Convenção Europeia sobre Infracções relativas a Bens Culturais   159

4.4. Convenção Europeia sobre Infracções relativas a Bens Culturais, assinada em Delfos a 23 de Junho de 1985 [5].

The member States of the Council of Europe, signatory hereto,

Considering that the aim of the Council of Europe is to achieve a greater unity between its members;

Believing that such unity is founded to a considerable extent in the existence of a European cultural heritage;

Conscious of the social and economic value of that common heritage;

Desirous of putting an end to the offences that too often affect that heritage and urgently adopting international standards to this end;

Recognising their common responsibility and solidarity in the protection of the European cultural heritage;

Having regard to the European Conventions in the criminal and cultural fields,

Have agreed as follows:

PART I
Definitions

ARTICLE 1

For the purposes of this Convention:

a. "offence" comprises acts dealt with under the criminal law and those dealt with under the legal provisions listed in Appendix I to this Convention on condition that where an administrative authority is competent to deal with the offence it must be possible for the person concerned to have the case tried by a court;

b. "proceedings" means any procedure instituted in respect of an offence;

---

[5] De acordo com o seu art. 21.º, a Convenção apenas entrará em vigor após terem sido depositados três instrumentos de ratificação junto do Secretárior-Geral do Conselho da Europa, o que ainda não aconteceu, razão pela qual não entrou em vigor na ordem jurídica internacional. Como não foi ainda ratificada pelo Estado português, apesar de ter sido assinada em 23 de Junho de 1985, não dispomos de uma tradução da mesma.

c. "judgment" means any final decision delivered by a criminal court or by an administrative body as a result of a procedure instituted in pursuance of one of the legal provisions listed in Appendix I;

d. "sanction" means any punishment or measure incurred or pronounced in respect of an offence.

PART II
Scope

ARTICLE 2

1. This Convention shall apply to the cultural property listed in Appendix II, paragraph 1.

2. Any Contracting State may, at any time, declare that for the purposes of this Convention it also considers any one or more of the categories of property listed in Appendix II, paragraph 2, as cultural property.

3. Any Contracting State may, at any time, declare that for the purposes of this Convention it also considers as cultural property any category of movable or immovable property, presenting an artistic, historical, archaeological, scientific or other cultural interest, that is not included in Appendix II.

ARTICLE 3

1. For the purposes of this Convention, the acts and omissions listed in Appendix III, paragraph 1, are offences relating to cultural property.

2. Any Contracting State may, at any time, declare that, for the purposes of this Convention, it also deems to be offences relating to cultural property the acts and omissions listed in any one or more sub-paragraphs of Appendix III, paragraph 2.

3. Any Contracting State may, at any time, declare that, for the purposes of this Convention, it also deems to be offences relating to cultural property any one or more acts and omissions that affect cultural property and are not listed in Appendix III.

Convenção Europeia sobre Infracções relativas a Bens Culturais 161

PART III
Protection of cultural property

ARTICLE 4

Each Party shall take appropriate measures to enhance public awareness of the need to protect cultural property.

ARTICLE 5

The Parties shall take appropriate measures with a view to co-operating in the prevention of offences relating to cultural property and the discovery of cultural property removed subsequent to such offences.

PART IV
Restitution of cultural property

ARTICLE 6

The Parties undertake to co-operate with a view to the restitution of cultural property found on their territory, which has been removed from the territory of another Party subsequent to an offence relating to cultural property committed in the territory of a Party, notably in conformity with the provisions that follow.

ARTICLE 7

1. Any Party that is competent under Article 13 shall, if it thinks fit, notify as soon as possible the Party or Parties to whose territory cultural property has been removed, or is believed to have been removed, subsequent to an offence relating to cultural property.

2. Any Party from whose territory cultural property has been removed, or is believed to have been removed, subsequent to an offence relating to cultural property, shall notify as soon as possible the Party that is competent in accordance with Article 13, paragraph 1, sub-paragraph e.

3. If such cultural property is found on the territory of a Party which has been duly notified, that Party shall immediately inform the Party or Parties concerned.

4. If cultural property is found on the territory of a Party and if that Party has reasonable grounds to believe that the property in question has been removed from the territory of another Party subsequent to an offence relating to cultural property, it shall immediately inform the other Party or Parties presumed to be concerned.

5. The communications referred to in the preceding paragraphs shall contain all information concerning the identification of the property in question, the offence subsequent to which it was removed and the circumstances concerning the discovery.

6. The Parties shall ensure the fullest possible distribution of the notifications which they receive pursuant to the provisions of paragraph 1.

ARTICLE 8

1. Each Party shall execute in the manner provided for by its law any letters rogatory relating to proceedings addressed to it by the competent authorities of a Party that is competent in accordance with Article 13 for the purpose of procuring evidence or transmitting articles to be produced in evidence, records or documents.

2. Each Party shall execute in the manner provided for by its law any letters rogatory relating to proceedings addressed to it by the competent authorities of a Party that is competent in accordance with Article 13 for the purpose of seizure and restitution of cultural property which has been removed to the territory of the requested Party subsequent to an offence relating to cultural property. Restitution of the property in question is however subject to the conditions laid down in the law of the requested Party.

3. Each Party shall likewise execute any letters rogatory relating to the enforcement of judgments delivered by the competent authorities of the requesting Party in respect of an offence relating to cultural property for the purpose of seizure and restitution of cultural property found on the territory of the requested Party to the person designated by the judgment or that person's successors in title. To this end the Parties shall take such legislative measures as they may consider necessary and shall determine the conditions under which such letters rogatory are executed.

4. Where there is a request for extradition, the return of the cultural property mentioned in paragraphs 2 and 3 shall take place even if extradition, having been agreed to, cannot be carried out owing to the death or escape of the person claimed or to other reasons of fact.

Convenção Europeia sobre Infracções relativas a Bens Culturais   163

5. The requested Party may not refuse to return the cultural property on the grounds that it has seized, confiscated or otherwise acquired rights to the property in question as the result of a fiscal or customs offence committed in respect of that property.

ARTICLE 9

1. Unless the Parties otherwise agree, letters rogatory shall be in the language of the requested Party, or in the official language of the Council of Europe that is indicated by the requested Party in a declaration addressed to the Secretary General of the Council of Europe, or where no such declaration has been made in either of the official languages of the Council of Europe.

2. They shall indicate:

a. the authority making the request,
b. the object of and the reason for the request,
c. the identity of the person concerned,
d. the detailed identification of the cultural property in question,
e. a summary of the facts as well as the offence they constitute and shall be accompanied by an authenticated or certified copy of the judgment whose enforcement is requested, in the cases covered by Article 8, paragraph 3.

ARTICLE 10

Evidence or documents transmitted pursuant to this Convention shall not require any form of authentication.

ARTICLE 11

Execution of requests under this Convention shall not entail refunding of expenses except those incurred by the attendance of experts and the return of cultural property.

PART V

Proceedings

SECTION I
Sanctioning

ARTICLE 12

The Parties acknowledge the gravity of any act or omission that affects cultural property; they shall accordingly take the necessary measures for adequate sanctioning.

SECTION II
Jurisdiction

ARTICLE 13

1. Each Party shall take the necessary measures in order to establish its competence to prosecute any offence relating to cultural property:
   a. committed on its territory, including its internal and territorial waters, or in its airspace;
   b. committed on board a ship or an aircraft registered in it;
   c. committed outside its territory by one of its nationals;
   d. committed outside its territory by a person having his/her habitual residence on its territory;
   e. committed outside its territory when the cultural property against which that offence was directed belongs to the said Party or one of its nationals;
   f. committed outside its territory when it was directed against cultural property originally found within its territory.

2. In the cases referred to in paragraph 1, sub-paragraphs d and f, a Party shall not be competent to institute proceedings in respect of an offence relating to cultural property committed outside its territory unless the suspected person is on its territory.

Convenção Europeia sobre Infracções relativas a Bens Culturais 165

SECTION III
Plurality of proceedings

ARTICLE 14

1. Any Party which, before the institution or in the course of proceedings for an offence relating to cultural property, is aware of proceedings pending in another Party against the same person in respect of the same offence shall consider whether it can either waive or suspend its own proceedings.

2. If such Party considers it opportune in the circumstances not to waive or suspend its own proceedings it shall so notify the other Party in good time and in any event before judgment is given on the substance of the case.

ARTICLE 15

1. In the eventuality referred to in Article 14, paragraph 2, the Parties concerned shall through consultation endeavour as far as possible to determine, after evaluation of the circumstances of each case notably with a view to facilitating the restitution of the cultural property, which of them alone shall continue to conduct proceedings. During this consultation the Parties concerned shall stay judgment on the substance without however being obliged to extend that stay beyond a period of 30 days as from the despatch of the notification provided for in Article 14, paragraph 2.

2. The provisions of paragraph 1 shall not be binding:

a. on a Party which despatches the notification provided for in Article 14, paragraph 2, if the main trial has been declared open there in the presence of the accused before despatch of the notification;

b. on a Party to which the notification is addressed, if the main trial has been declared open there in the presence of the accused before receipt of the notification.

ARTICLE 16

In the interests of arriving at the truth, the restitution of the cultural property and the application of an adequate sanction, the Parties concerned shall examine whether it is expedient that one of them alone shall conduct proceedings and, if so, endeavour to determine which one, when:

a. several offences relating to cultural property which are materially distinct are ascribed either to a single person or to several persons having acted in unison;
b. a single offence relating to cultural property is ascribed to several persons having acted in unison.

SECTION IV
Ne bis in idem

ARTICLE 17

1. A person in respect of whom a final and enforceable judgment has been rendered may for the same act neither be prosecuted nor sentenced nor subjected to enforcement of a sanction in another Party:
a. if he was acquitted;
b. if the sanction imposed:
  i. has been completely enforced or is being enforced, or
  ii. has been wholly, or with respect to the part not enforced, the subject of a pardon or an amnesty, or
  iii. can no longer be enforced owing to the expiry of a limitation period;
c. if the court found the offender guilty without imposing a sanction.

2. Nevertheless, a Party shall not, unless it has itself requested the proceedings, be obliged to recognise the *ne bis in idem* rule if the act which gave rise to judgment as directed against either a person or an institution or any thing having public status in that Party, or if the subject of the judgment had itself a public status in that Party.

3. Furthermore, a Party in whose territory the act was committed or considered to have been committed under the law of that Party shall not be obliged to recognise the *ne bis in idem* rule unless that Party has itself requested the proceedings.

ARTICLE 18

If new proceedings are instituted against a person who has been sentenced in another Party for the same act, then any period of deprivation of liberty imposed in the execution of that sentence shall be deducted from any sanction which may be imposed.

ARTICLE 19

This section shall not prevent the application of wider domestic provisions relating to the *ne bis in idem* rule attached to judicial decisions.

PART VI
Final clauses

ARTICLE 20

This Convention shall be open for signature by the member States of the Council of Europe. It is subject to ratification, acceptance or approval. Instruments of ratification, acceptance or approval shall be deposited with the Secretary General of the Council of Europe.

ARTICLE 21

1. This Convention shall enter into force on the first day of the month following the expiration of a period of one month after the date on which three member States of the Council of Europe have expressed their consent to be bound by the Convention in accordance with the provisions of Article 20.

2. In respect of any member State which subsequently expresses its consent to be bound by it the Convention shall enter into force on the first day of the month following the expiration of a period of one month after the date of deposit of the instrument of ratification, acceptance or approval.

ARTICLE 22

1. After the entry into force of this Convention, the Committee of Ministers of the Council of Europe may invite any State not a member of the Council to accede to this Convention, by a decision taken by the majority provided for in Article 20.d of the Statute of the Council of Europe and by the unanimous vote of the representatives of the Contracting States entitled to sit on the Committee.

2. In respect of any acceding State, the Convention shall enter into force on the first day of the month following the expiration of a period of one month after the date of deposit of the instrument of accession with the Secretary General of the Council of Europe.

ARTICLE 23

No Party is bound to apply this Convention to the offences relating to cultural property committed before the date of entry into force of the Convention in respect of that Party.

ARTICLE 24

1. Any State may at the time of signature or when depositing its instrument of ratification, acceptance, approval or accession, specify the territory or territories to which this Convention shall apply.

2. Any State may at any later date, by a declaration addressed to the Secretary General of the Council of Europe, extend the application of this Convention to any other territory specified in the declaration. In respect of such territory the Convention shall enter into force on the first day of the month following the expiration of a period of one month after the date of receipt of such declaration by the Secretary General.

3. Any declaration made under the two preceding paragraphs may, in respect of any territory specified in such declaration, be withdrawn by a notification addressed to the Secretary General. The withdrawal shall become effective on the first day of the month following the expiration of a period of six months after the date of receipt of such notification by the Secretary General.

ARTICLE 25

The following provisions shall apply to those States Parties to this Convention which have a federal or non-unitary constitutional system:

a. with regard to the provisions of this Convention, the implementation of which comes under the legal jurisdiction of the federal or central legislative power, the obligations of the federal or central government shall be the same as for those States Parties which are not federal or non-unitary States;

b. with regard to the provisions of this Convention, the implementation of which comes under the legal jurisdiction of individual constituent States, countries, provinces or cantons that are not obliged by the constitutional system of the federation to take legislative measures, the federal government shall inform the competent authorities of such States, countries, provinces or cantons of the said provisions with its favourable opinion.

ARTICLE 26

In no case may a Party claim application of this Convention by another Party save in so far as it would itself apply this Convention in similar cases.

ARTICLE 27

Any Party may decide not to apply the provisions of Articles 7 and 8 either where the request is in respect of offences that it regards as political or where it considers that the application is likely to prejudice its sovereignty, security or "ordre public".

ARTICLE 28

1. Any State may, at the time of signature or when depositing its instrument of ratification, acceptance, approval or accession, declare that it avails itself of the right not to apply any one or more provisions of Articles 8, paragraph 3, 10, 13 and 18. No other reservation may be made.

2. Any State which has made a reservation shall withdraw it as soon as circumstances permit. Such withdrawal shall be made by notification to the Secretary General of the Council of Europe.

ARTICLE 29

1. Any Contracting State may, at any time, by declaration addressed to the Secretary General of the Council of Europe, set out the legal provisions to be included in Appendix I to this Convention.

2. Any change of the national provisions listed in Appendix I shall be notified to the Secretary General of the Council of Europe if such a change renders the information in this appendix incorrect.

3. Any changes made in Appendix I in application of the preceding paragraphs shall take effect in each Party on the first day of the month following the expiration of a period of one month after the date of their notification by the Secretary General of the Council of Europe.

ARTICLE 30

The declarations provided for in Articles 2 and 3 shall be addressed to the Secretary General of the Council of Europe. They

170 Direito do Património Cultural

shall become effective in respect of each Party on the first day of the month following the expiration of a period of one month after the date of their notification by the Secretary General of the Council of Europe.

ARTICLE 31

The European Committee on Crime Problems of the Council of Europe shall follow the application of this Convention and shall do whatever is needed to facilitate a friendly settlement of any difficulty which may arise out of its execution.

ARTICLE 32

1. The European Committee on Crime Problems may formulate and submit to the Committee of Ministers of the Council of Europe proposals designed to alter the contents of Appendices II and III or their paragraphs.

2. Any proposal submitted in accordance with the provisions of the preceding paragraph shall be examined by the Committee of Ministers which, by a decision taken by the majority provided for in Article 20.d of the Statute of the Council of Europe and by the unanimous vote of the representatives of the Contracting States entitled to sit on the Committee, may approve it and instruct the Secretary General of the Council of Europe to notify the Contracting States thereof.

3. Any alteration approved in accordance with the provisions of the preceding paragraph shall enter into force on the first day of the month following the expiration of a period of six months after the date of despatch of the notification provided for in that paragraph unless a Contracting State notifies an objection to the entry into force. In the event of such an objection being made, the alteration will only enter force if the objection is subsequently lifted.

ARTICLE 33

1. The notifications and information provided for in Article 7 shall be exchanged between the competent authorities of the Parties. However, they may be sent through the International Criminal Police Organisation – Interpol.

2. The requests provided for in this Convention and any communication made under the provisions of Part V, Section III, shall be

Convenção Europeia sobre Infracções relativas a Bens Culturais 171

addressed by the competent authority of a Party to the competent authority of another Party.

3. Any Contracting State may, by a declaration addressed to the Secretary General of the Council of Europe, designate which authorities will be its competent authorities within the meaning of this article. Where such declaration is not made the Ministry of Justice of the State in question will be deemed to be its competent authority.

ARTICLE 34

1. Nothing in this Convention shall prejudice the application of the provisions of any other international treaties or conventions in force between two or more Parties on the matters dealt with in this Convention provided that the said provisions are more compelling with respect to the duty to restitute cultural property affected by an offence.

2. The Parties may not conclude bilateral or multilateral agreements with one another on the matters dealt with in this Convention, except in order to supplement its provisions or facilitate the application of the principles embodied in it.

3. However, if two or more Parties have already established their relations in this matter on the basis of uniform legislation, or instituted a special system of their own, or should they in the future do so, they shall be entitled to regulate those relations accordingly, notwithstanding the terms of this Convention.

4. Parties ceasing to apply the terms of this Convention to their mutual relations in accordance with the provisions of the preceding paragraph shall notify the Secretary General of the Council of Europe to that effect.

ARTICLE 35

1. Any Party may at any time denounce this Convention by means of a notification addressed to the Secretary General of the Council of Europe.

2. Such denunciation shall become effective on the first day of the month following the expiration of a period of six months after the date of receipt of the notification by the Secretary General.

ARTICLE 36

The Secretary General of the Council of Europe shall notify the member States of the Council and any State which has acceded to this Convention of:

a. any signature;
b. the deposit of any instrument of ratification, acceptance, approval or accession;
c. any date of entry into force of this Convention in accordance with Articles 21 and 22;
d. any other act, notification or communication relating to this Convention.

APPENDIX I

List of legal provisions that provide for offences other than offences dealt with under criminal law
No declaration has been received pursuant to Article 29.

APPENDIX II

1.
a. products of archaeological exploration and excavations (including regular and clandestine) conducted on land and underwater;
b. elements of artistic or historical monuments or archaeological sites which have been dismembered;
c. pictures, paintings and drawings produced entirely by hand on any support and in any material which are of great importance from an artistic, historical, archaeological, scientific or otherwise cultural point of view;
d. original works of statuary art and sculpture in any material which are of great importance from an artistic, historical, archaeological, scientific or otherwise cultural point of view and items resulting from the dismemberment of such works;
e. original engravings, prints, lithographs and photographs which are of great importance from an artistic, historical, archaeological, scientific or otherwise cultural point of view;
f. tools, pottery, inscriptions, coins, seals, jewellery, weapons and funerary remains, including mummies, more than one hundred years old;
g. articles of furniture, tapestries, carpets and dress more than one hundred years old;
h. musical instruments more than one hundred years old;
i. rare manuscripts and incunabula, singly or in collections.

Convenção Europeia sobre Infracções relativas a Bens Culturais   173

2.
a. original artistic assemblages and montages in any material which are of great importance from an artistic, historical, archaeological, scientific or otherwise cultural point of view;
b. works of applied art in such materials as glass, ceramics, metal, wood, etc. which are of great importance from an artistic, historical, archaeological, scientific or otherwise cultural point of view;
c. old books, documents and publications of special interest (historical, artistic, scientific, literary, etc.) singly or in collections;
d. archives, including textual records, maps and other cartographic materials, photographs, cinematographic films, sound recordings and machine-readable records which are of great importance from an artistic, historical, archaeological, scientific or otherwise cultural point of view;
e. property relating to history, including the history of science and technology and military and social history;
f. property relating to life of national leaders, thinkers, scientists and artists;
g. property relating to events of national importance;
h. rare collections and specimens of fauna;
i. rare collections and specimens of flora;
j. rare collections and specimens of minerals;
k. rare collections and specimens of anatomy;
l. property of paleontological interest;
m. material of anthropological interest;
n. property of ethnological interest;
o. property of philatelic interest;
p. rare property of numismatic interest (medals and coins);
q. all remains and objects, or any other traces of human existence, which bear witness to epochs and civilisations for which excavations or discoveries are the main source or one of the main sources of scientific information;
r. monuments of architecture, art or history;
s. archaeological and historic or scientific sites of importance, structures or other features of important historic, scientific, artistic or architectural value, whether religious or secular, including groups of traditional structures, historic quarters in urban or rural built-up areas and the ethnological structures of previous cultures still existent in valid form.

APPENDIX III

1.
a. Thefts of cultural property.
b. Appropriating cultural property with violence or menace.
c. Receiving of cultural property where the original offence is listed in this paragraph and regardless of the place where the latter was committed.
2.
a. Acts which consist of illegally appropriating the cultural property of another person, whether such acts be classed by national law as misappropriation, fraud, breach of trust or otherwise.

174   *Direito do Património Cultural*

b. Handling cultural property obtained as the result of an offence against property other than theft.

c. The acquisition in a grossly negligent manner of cultural property obtained as the result of theft or of an offence against property other than theft.

d. Destruction or damaging of cultural property of another person.

e. Any understanding followed by overt acts, between two or more persons, with a view to committing any of the offences referred to in paragraph 1 of this appendix.

f.

   i. alienation of cultural property which is inalienable according to the law of a Party;

   ii. acquisition of such property as referred to under i, if the person who acquires it acts knowing that the property is inalienable;

   iii. alienation of cultural property in violation of the legal provisions of a Party which make alienation of such property conditional on prior authorisation by the competent authorities;

   iv. acquisition of such property as referred to under iii, if the person who acquires it acts knowing that the property is alienated in violation of the legal provisions referred to under iii;

   v. violation of the legal provisions of a Party according to which the person who alienates or acquires cultural property is held to notify the competent authorities of such alienation or acquisition.

g.

   i. violation of the legal provisions of a Party according to which the person who fortuitously discovers archaeological property is held to declare such property to the competent authorities;

   ii. concealment or alienation of such property as referred to under i;

   iii. acquisition of such property as referred to under i, if the person who acquires it acts knowing that the property was obtained in violation of the legal provisions referred to under i;

   iv. violation of the legal provisions of a Party according to which archaeological excavations may only be carried out with the authorisation of the competent authorities;

   v. concealment or alienation of archaeological property discovered as a result of excavations carried out in violation of the legal provisions referred to under iv;

   vi. acquisition of archaeological property discovered as a result of excavations carried out in violation of the legal provisions referred to under iv, if the person who acquires it acts knowing that the property was obtained as a result of such excavations;

   vii. violation of the legal provisions of a Party, or of an excavation licence issued by the competent authorities, according to which the person who discovers archaeological property as a result of duly authorised excavations is held to declare such property to the competent authorities;

   viii. concealment or alienation of such property as referred to under vii;

ix. acquisition of such property as referred to under vii, if the person who acquires it acts knowing that the property was obtained in violation of the legal provisions referred to under vii;

x. violation of the legal provisions of a Party according to which the use of metal detectors in archaeological contexts is either prohibited or subject to conditions.

h.

i. actual or attempted exportation of cultural property the exportation of which is prohibited by the law of a Party;

ii. exportation or attempted exportation, without authorisation of the competent authorities, of cultural property the exportation of which is made conditional on such an authorisation by the law of a Party.

i. Violation of the legal provisions of a Party:

i. which make modifications to a protected monument of architecture, a protected movable monument, a protected monumental ensemble or a protected site, conditional on prior authorisation by the competent authorities, or

ii. according to which the owner or the possessor of a protected monument of architecture, a protected movable monument, a protected monumental ensemble or a protected site, is held to preserve it in adequate condition or to give notice of defects which endanger its preservation.

j. Receiving of cultural property where the original offence is listed in this paragraph and regardless of the place where the latter was committed.

176 *Direito do Património Cultural*

4.5. Convenção Europeia da Paisagem, assinalada em Florença a 20 de Outubro de 2000 [6]

Os membros do Conselho da Europa signatários da presente Convenção:

Considerando que o objectivo do Conselho da Europa é alcançar uma maior unidade entre os seus membros a fim de salvaguardar e promover os ideais e princípios que constituem o seu património comum, e que este objectivo é prosseguido em particular através da conclusão de acordos nos domínios económico e social;

Preocupados em alcançar o desenvolvimento sustentável estabelecendo uma relação equilibrada e harmoniosa entre as necessidades sociais, as actividades económicas e o ambiente;

Constatando que a paisagem desempenha importantes funções de interesse público, nos campos cultural, ecológico, ambiental e social, e constitui um recurso favorável à actividade económica, cuja protecção, gestão e ordenamento adequados podem contribuir para a criação de emprego;

Conscientes de que a paisagem contribui para a formação de culturas locais e representa uma componente fundamental do património cultural e natural europeu, contribuindo para o bem-estar humano e para a consolidação da identidade europeia;

Reconhecendo que a paisagem é em toda a parte um elemento importante da qualidade de vida das populações: nas áreas urbanas e rurais, nas áreas degradadas bem como nas de grande qualidade, em áreas consideradas notáveis, assim como nas áreas da vida quotidiana;

Constatando que as evoluções das técnicas de produção agrícola, florestal, industrial e mineira e das técnicas nos domínios do ordenamento do território, do urbanismo, dos transportes, das infra-estruturas, do turismo, do lazer e, de modo mais geral, as alterações na economia mundial estão em muitos casos a acelerar a transformação das paisagens;

---

[6] A Convenção foi aprovada pelo Decreto n.º 4/2005, publicado no Diário da República, 1.ª série-A, n.º 31, de 14 de Fevereiro de 2005. A República Portuguesa depositou, em 29 de Março de 2005, junto do Conselho da Europa, a carta de aprovação. Conforme se estipula o artigo 13.º da Convenção, a mesma entrará em vigor no 1.º dia do mês seguinte ao termo de um período de três meses após a data na qual dez Estados membros do Conselho da Europa tenham expressado o seu consentimento em vincular-se à Convenção.

Desejando responder à vontade das populações de usufruir de paisagens de grande qualidade e de desempenhar uma parte activa na sua transformação;

Persuadidos de que a paisagem constitui um elemento-chave do bem-estar individual e social e que a sua protecção, gestão e ordenamento implicam direitos e responsabilidades para cada cidadão;

Tendo presente os textos jurídicos existentes ao nível internacional nos domínios da protecção e gestão do património natural e cultural, no ordenamento do território, na autonomia local e cooperação transfronteiriça, nomeadamente a Convenção Relativa à Conservação da Vida Selvagem e dos Habitats Naturais da Europa (Berna, 19 de Setembro de 1979), a Convenção para a Salvaguarda do Património Arquitectónico da Europa (Granada, 3 de Outubro de 1985), a Convenção para a Protecção do Património Arqueológico da Europa (revista) (Valletta, 16 de Janeiro de 1992), a Convenção Quadro Europeia para a Cooperação Transfronteiriça entre Comunidades e Autoridades Territoriais (Madrid, 21 de Maio de 1980) e seus protocolos adicionais, a Carta Europeia da Autonomia Local (Estrasburgo, 15 de Outubro de 1985), a Convenção sobre Diversidade Biológica (Rio, 5 de Junho de 1992), a Convenção Relativa à Protecção do Património Mundial Cultural e Natural (Paris, 16 de Novembro de 1972), e a Convenção sobre o Acesso à Informação, Participação do Público no Processo de Tomada de Decisão e Acesso à Justiça em Matéria de Ambiente (Äarhus, 25 de Junho de 1998);

Reconhecendo que as paisagens europeias, pela sua qualidade e diversidade, constituem um recurso comum, e que é importante cooperar para a sua protecção, gestão e ordenamento;

Desejando estabelecer um novo instrumento dedicado exclusivamente à protecção, gestão e ordenamento de todas as paisagens europeias;

acordam no seguinte:

CAPÍTULO I
Disposições gerais

ARTIGO 1.º – **Definições**

Para os efeitos da presente Convenção:

a) «Paisagem» designa uma parte do território, tal como é apreendida pelas populações, cujo carácter resulta da acção e da interacção de factores naturais e ou humanos;

b) «Política da paisagem» designa a formulação pelas autoridades públicas competentes de princípios gerais, estratégias e linhas orientadoras que permitam a adopção de medidas específicas tendo em vista a protecção, a gestão e o ordenamento da paisagem;

c) «Objectivo de qualidade paisagística» designa a formulação pelas autoridades públicas competentes, para uma paisagem específica, das aspirações das populações relativamente às características paisagísticas do seu quadro de vida;

d) «Protecção da paisagem» designa as acções de conservação ou manutenção dos traços significativos ou característicos de uma paisagem, justificadas pelo seu valor patrimonial resultante da sua configuração natural e ou da intervenção humana;

e) «Gestão da paisagem» designa a acção visando assegurar a manutenção de uma paisagem, numa perspectiva de desenvolvimento sustentável, no sentido de orientar e harmonizar as alterações resultantes dos processos sociais, económicos e ambientais;

f) «Ordenamento da paisagem» designa as acções com forte carácter prospectivo visando a valorização, a recuperação ou a criação de paisagens.

ARTIGO 2.º – **Âmbito**

Sem prejuízo das disposições constantes do artigo 15.º, a presente Convenção aplica-se a todo o território das Partes e incide sobre as áreas naturais, rurais, urbanas e periurbanas. Abrange as áreas terrestres, as águas interiores e as águas marítimas. Aplica-se tanto a paisagens que possam ser consideradas excepcionais como a paisagens da vida quotidiana e a paisagens degradadas.

ARTIGO 3.º – **Objectivos**

A presente Convenção tem por objectivo promover a protecção, a gestão e o ordenamento da paisagem e organizar a cooperação europeia neste domínio.

CAPÍTULO II
Medidas nacionais

ARTIGO 4.º – **Repartição de competências**

Cada uma das Partes aplica a presente Convenção, em especial os artigos 5.º e 6.º, de acordo com a sua própria repartição de competências em conformidade com os seus princípios constitucionais e organização administrativa, respeitando o princípio da subsidiariedade, e tendo em consideração a Carta Europeia da Autonomia Local. Sem derrogar as disposições da presente Convenção, cada uma das Partes deve harmonizar a implementação da presente Convenção de acordo com as suas próprias políticas.

ARTIGO 5.º – **Medidas gerais**

Cada Parte compromete-se a:
a) Reconhecer juridicamente a paisagem como uma componente essencial do ambiente humano, uma expressão da diversidade do seu património comum cultural e natural e base da sua identidade;
b) Estabelecer e aplicar políticas da paisagem visando a protecção, a gestão e o ordenamento da paisagem através da adopção das medidas específicas estabelecidas no artigo 6.º;
c) Estabelecer procedimentos para a participação do público, das autoridades locais e das autoridades regionais e de outros intervenientes interessados na definição e implementação das políticas da paisagem mencionadas na alínea b) anterior;
d) Integrar a paisagem nas suas políticas de ordenamento do território e de urbanismo, e nas suas políticas cultural, ambiental, agrícola, social e económica, bem como em quaisquer outras políticas com eventual impacte directo ou indirecto na paisagem.

180 *Direito do Património Cultural*

ARTIGO 6.º – **Medidas específicas**

A) *Sensibilização*

Cada uma das Partes compromete-se a incrementar a sensibilização da sociedade civil, das organizações privadas e das autoridades públicas para o valor da paisagem, o seu papel e as suas transformações.

B) *Formação e educação*

Cada uma das Partes compromete-se a promover:

a) A formação de especialistas nos domínios do conhecimento e da intervenção na paisagem;

b) Programas de formação pluridisciplinar em política, protecção, gestão e ordenamento da paisagem, destinados a profissionais dos sectores público e privado e a associações interessadas;

c) Cursos escolares e universitários que, nas áreas temáticas relevantes, abordem os valores ligados às paisagens e as questões relativas à sua protecção, gestão e ordenamento.

C) *Identificação e avaliação*

1 – Com a participação activa dos intervenientes, tal como estipulado no artigo 5.º, alínea c), e tendo em vista melhorar o conhecimento das paisagens, cada Parte compromete-se a:

a):

    i) Identificar as paisagens no conjunto do seu território;

    ii) Analisar as suas características bem como as dinâmicas e as pressões que as modificam;

    iii) Acompanhar as suas transformações;

b) Avaliar as paisagens assim identificadas, tomando em consideração os valores específicos que lhes são atribuídos pelos intervenientes e pela população interessada.

2 – Os procedimentos de identificação e avaliação serão orientados por trocas de experiências e de metodologias, organizadas entre as Partes ao nível europeu, em conformidade com o artigo 8.º

Convenção Europeia da Paisagem

D) *Objectivos de qualidade paisagística*

Cada uma das Partes compromete-se a definir objectivos de qualidade paisagística para as paisagens identificadas e avaliadas, após consulta pública, em conformidade com o artigo 5.º, alínea c).

E) *Aplicação*

Tendo em vista a aplicação das políticas da paisagem, cada Parte compromete-se a estabelecer os instrumentos que visem a protecção, a gestão e ou o ordenamento da paisagem.

CAPÍTULO III
Cooperação europeia

ARTIGO 7.º – **Políticas e programas internacionais**

As Partes comprometem-se a cooperar para que a dimensão paisagística seja tida em conta nas políticas e nos programas internacionais e a recomendar, quando relevante, que estes incluam a temática da paisagem.

ARTIGO 8.º – **Assistência mútua e troca de informações**

As Partes comprometem-se a cooperar no sentido de melhorar a eficácia das medidas tomadas ao abrigo das disposições da presente Convenção e especificamente a:

a) Prestar assistência técnica e científica mútua através da recolha e da troca de experiências e de resultados de investigação no domínio da paisagem;

b) Promover a permuta de especialistas no domínio da paisagem, em especial para fins de formação e informação;

c) Trocar informações sobre todas as matérias abrangidas pelas disposições da Convenção.

ARTIGO 9.º – **Paisagens transfronteiriças**

As Partes comprometem-se a encorajar a cooperação transfronteiriça ao nível local e regional e, sempre que necessário, a elaborar e implementar programas comuns de valorização da paisagem.

182   *Direito do Património Cultural*

ARTIGO 10.º – **Monitorização da aplicação da Convenção**

1 – Os competentes comités de peritos existentes, estabelecidos ao abrigo do artigo 17.º do Estatuto do Conselho da Europa, são incumbidos pelo Comité de Ministros do Conselho da Europa de acompanharem a aplicação da presente Convenção.

2 – Após a realização de cada reunião dos comités de peritos, o Secretário-Geral do Conselho da Europa apresenta um relatório sobre o trabalho desenvolvido e sobre o funcionamento da Convenção ao Comité de Ministros.

3 – Os comités de peritos propõem ao Comité de Ministros os critérios de atribuição e o regulamento de um Prémio da Paisagem do Conselho da Europa.

ARTIGO 11.º – **Prémio da Paisagem do Conselho da Europa**

1 – O Prémio da Paisagem do Conselho da Europa pode ser atribuído às autoridades locais e regionais e às associações por elas constituídas que, no quadro da política da paisagem de uma Parte signatária da presente Convenção, estabeleceram uma política ou medidas de protecção, gestão e ou ordenamento das suas paisagens, demonstrando ser eficazes do ponto de vista da sustentabilidade, podendo assim constituir um exemplo para as outras autoridades territoriais europeias. A distinção também pode ser atribuída a organizações não governamentais que tenham demonstrado contribuir de forma notável para a protecção, a gestão e ou o ordenamento da paisagem.

2 – As candidaturas ao Prémio da Paisagem do Conselho da Europa devem ser submetidas pelas Partes aos comités de peritos previstos no artigo 10.º As colectividades locais e regionais transfronteiriças e respectivas associações interessadas podem candidatar-se desde que administrem conjuntamente a paisagem em questão.

3 – Mediante proposta dos comités de peritos mencionados no artigo 10.º, o Comité de Ministros define e publica os critérios para a atribuição do Prémio da Paisagem do Conselho da Europa, adopta o seu regulamento e atribui o Prémio.

4 – A atribuição do Prémio da Paisagem do Conselho da Europa deve incentivar as entidades que dele são titulares a garantir a protecção, a gestão e ou o ordenamento sustentável das paisagens em causa.

CAPÍTULO IV
Disposições finais

ARTIGO 12.º – **Relação com outros instrumentos**

As disposições da presente Convenção não prejudicam a aplicação de disposições mais rigorosas relativas à protecção, à gestão e ou ao ordenamento da paisagem estabelecidas noutros instrumentos nacionais ou internacionais vinculativos, em vigor ou que entrem em vigor.

ARTIGO 13.º – **Assinatura, ratificação e entrada em vigor**

1 – A presente Convenção será aberta para assinatura por parte dos Estados membros do Conselho da Europa. Será submetida a ratificação, aceitação ou aprovação. Os instrumentos de ratificação, aceitação ou aprovação serão depositados junto do Secretário-Geral do Conselho da Europa.

2 – A Convenção entrará em vigor no 1.º dia do mês seguinte ao termo de um período de três meses após a data na qual 10 Estados membros do Conselho da Europa tenham expressado o seu consentimento em vincular-se à Convenção em conformidade com as disposições do parágrafo anterior.

3 – Para qualquer Estado signatário que exprima posteriormente o seu consentimento em vincular-se à Convenção, esta entrará em vigor no 1.º dia do mês seguinte ao termo de um período de três meses após a data do depósito do instrumento de ratificação, aceitação ou aprovação.

ARTIGO 14.º – **Adesão**

1 – Após a entrada em vigor da presente Convenção, o Comité de Ministros do Conselho da Europa pode convidar a Comunidade Europeia e qualquer outro Estado europeu que não seja membro do Conselho da Europa a aderir à Convenção por decisão tomada por maioria, como disposto no artigo 20.º, alínea d), do Estatuto do Conselho da Europa, e por voto unânime dos Estados Parte com assento no Comité de Ministros.

2 – Em relação a qualquer Estado aderente, ou em caso de adesão pela Comunidade Europeia, a Convenção entrará em vigor no 1.º dia do mês seguinte ao termo de um período de três meses após a data do depósito do instrumento de adesão junto do Secretário-Geral do Conselho da Europa.

184 *Direito do Património Cultural*

ARTIGO 15.º – **Aplicação territorial**

1 – Qualquer Estado ou a Comunidade Europeia pode, no momento da assinatura ou quando do depósito do seu instrumento de ratificação, aceitação, aprovação ou adesão, designar o território ou os territórios aos quais será aplicável a presente Convenção.

2 – Qualquer Parte pode, a qualquer momento, através de declaração dirigida ao Secretário-Geral do Conselho da Europa, alargar a aplicação da presente Convenção a qualquer outro território designado na declaração. A Convenção entrará em vigor relativamente a esse território no 1.º dia do mês seguinte ao termo de um período de três meses após a data da recepção da declaração pelo Secretário-Geral.

3 – Qualquer declaração realizada ao abrigo dos dois parágrafos anteriores pode ser retirada, relativamente a qualquer território designado nesta declaração, por meio de notificação dirigida ao Secretário-Geral do Conselho da Europa. A desvinculação produz efeitos no 1.º dia do mês seguinte ao termo de um período de três meses após a data da recepção da notificação pelo Secretário-Geral.

ARTIGO 16.º – **Denúncia**

1 – Qualquer parte pode, a qualquer momento, denunciar a presente Convenção através de notificação dirigida ao Secretário-Geral do Conselho da Europa.

2 – A denúncia produz efeitos a partir do 1.º dia do mês seguinte ao termo de um período de três meses após a data da recepção da notificação pelo Secretário-Geral.

ARTIGO 17.º – **Emendas**

1 – Qualquer Parte ou os comités de peritos mencionados no artigo 10.º podem propor emendas à presente Convenção.

2 – Qualquer proposta de emenda deve ser notificada ao Secretário-Geral do Conselho da Europa, que a comunicará aos Estados membros do Conselho da Europa, às outras Partes e a cada Estado europeu não membro que tenha sido convidado a aderir à presente Convenção de acordo com o disposto no artigo 14.º

3 – Todas as propostas de emenda são examinadas pelos comités de peritos referidos no artigo 10.º, que submetem o texto adoptado por maioria de três quartos dos representantes das Partes ao Comité de Ministros para adopção. Após a sua adopção pelo Comité de Ministros pela maioria prevista no artigo 20.º, alínea d), do Estatuto do

Conselho da Europa e por unanimidade dos representantes dos Estados Parte com assento no Comité de Ministros, o texto é transmitido às Partes para aceitação.

4 – Qualquer emenda entra em vigor para as Partes que a tenham aceite no 1.º dia do mês seguinte ao termo de um período de três meses após a data em que três Estados membros do Conselho da Europa tenham informado o Secretário-Geral da sua aceitação. Relativamente a qualquer Parte que a aceite posteriormente, tal emenda entra em vigor no 1.º dia do mês seguinte ao termo de um período de três meses após a data em que a referida Parte tenha informado o Secretário-Geral da sua aceitação.

ARTIGO 18.º – **Notificações**

O Secretário-Geral do Conselho da Europa notificará os Estados membros do Conselho da Europa, qualquer Estado ou a Comunidade Europeia, caso tenham aderido à presente Convenção:

a) De qualquer assinatura;

b) Do depósito de qualquer instrumento de ratificação, aceitação, aprovação ou adesão;

c) De qualquer data de entrada em vigor da presente Convenção nos termos dos artigos 13.º, 14.º e 15.º;

d) De qualquer declaração efectuada ao abrigo do artigo 15.º;

e) De qualquer denúncia efectuada ao abrigo do artigo 16.º;

f) De qualquer proposta de emenda, qualquer emenda adoptada em conformidade com o artigo 17.º e da data em que entrou em vigor;

g) De qualquer outro acto, notificação, informação ou comunicação relativos à presente Convenção.

Em fé do que os abaixo assinados, devidamente autorizados para esse fim, assinaram a presente Convenção.

Feito em Florença no dia 20 de Outubro de 2000, em francês e inglês, fazendo ambos os textos igualmente fé, num único exemplar, o qual deve ser depositado nos arquivos do Conselho da Europa. O Secretário-Geral do Conselho da Europa transmitirá cópias certificadas a cada um dos Estados membros do Conselho da Europa, bem como a qualquer Estado ou à Comunidade Europeia convidados a aderir à presente Convenção.

5

Convenção das Nacões Unidas
sobre o Direito do Mar [1]

(...)

ARTIGO 33.º – **Zona contígua**

1. Numa zona contígua ao seu mar territorial, denominada zona contígua, o Estado costeiro pode tomar as medidas de fiscalização necessárias a:
   a) evitar as infracções às leis e regulamentos aduaneiros, fiscais, de imigração ou sanitários no seu território ou no seu mar territorial;
   b) reprimir as infracções às leis e regulamentos no seu território ou no seu mar territorial.

2. A zona contígua não pode estender-se além de 24 milhas marítimas, contadas a partir das linhas de base que servem para medir a largura do mar territorial.

ARTIGO 303.º – **Objectos arqueológicos e históricos achados no mar**

1. Os Estados têm o dever de proteger os objectos de carácter arqueológico e histórico achados no mar e devem cooperar para esse fim.

2. A fim de controlar o tráfico de tais objectos, o Estado costeiro pode presumir, ao aplicar o artigo 33, que a sua remoção dos fundos marinhos, na área referida nesse artigo, sem a sua autorização consti-

---

[1] Assinada em Montego Bay, em 10 de Dezembro de 1982, aprovada para ratificação pela Resolução da Assembleia da República n.º 60-B/97 e ratificada pelo Decreto do Presidente da República n.º 67-A/97, ambos de 14 de Outubro de 1997.

188 *Direito do Património Cultural*

tui uma infracção, cometida no seu território ou no seu mar territorial, das leis e regulamentos mencionados no referido artigo.

3. Nada no presente artigo afecta os direitos dos proprietários identificáveis, as normas de salvamento ou outras normas do direito marítimo bem como leis e práticas em matéria de intercâmbios culturais.

4. O presente artigo deve aplicar-se sem prejuízo de outros acordos internacionais e normas de direito internacional relativos à protecção de objectos de carácter arqueológico e histórico.

(...)

III

DIREITO COMUNITÁRIO

1

Regulamento (CEE) n.º 3911/92, de 9 de Dezembro, relativo à exportação de bens culturais [1]

O CONSELHO DAS COMUNIDADES EUROPEIAS,

Tendo em conta o Tratado que institui a Comunidade Económica Europeia e, nomeadamente, o seu artigo 113.º,

Tendo em conta a proposta da Comissão,

Tendo em conta o parecer do Parlamento Europeu,

Tendo em conta o parecer do Comité Económico e Social,

Considerando que, para a realização do mercado interno convém estabelecer uma regulamentação das trocas comerciais com os países terceiros de modo a assegurar a protecção dos bens culturais;

Considerando que, na sequência das conclusões do Conselho de 19 de Novembro de 1990, é necessário prever medidas destinadas a assegurar, nas fronteiras externas da Comunidade, um controlo uniforme da exportação de bens culturais;

Considerando que um sistema desse tipo impõe a apresentação de uma licença emitida pelo Estado-membro competente, antes da exportação de bens culturais abrangida pelo presente regulamento; que isso implica uma definição precisa do âmbito dessas medidas e das respectivas regras de excecução; que a implementação desse sistema deve ser tão simples e eficaz quanto possível; que, a fim de assistir a Comissão no exercício da competência que lhe é conferida pelo presente regulamento, é conveniente instituir um comité;

Considerando que, perante a significativa experiência adquirida pelas autoridades dos Estados-membros na aplicação do Regulamento

---

[1] Publicado no *JO* L 395, de 31 de Dezembro de 1992, foi alterado pelo Regulamento (CE) n.º 2469/96 do Conselho, de 16 de Dezembro, publicado no *JO* L 335, de 24 de Dezembro de 1996 e pelo Regulamento (CE) n.º 974/2001 do Conselho, de 14 de Maio, publicado no *JO* L 137, de 19 de Maio de 2001.

(CEE) n.º 1468/81 do Conselho, de 19 de Maio de 1981, relativo à assistência mútua entre as autoridades administrativas dos Estados--membros e à colaboração entre estas e a Comissão, tendo em vista assegurar a boa aplicação das regulamentações aduaneira ou agrícola, o referido regulamento deve ser aplicável nesta matéria;

Considerando que o anexo ao presente regulamento tem em vista precisar as categorias de bens culturais que devem ser objecto de uma protecção especial nas trocas comerciais com países terceiros, sem prejuízo da definição pelos Estados-membros de bens considerados como património nacional na acepção do artigo 36.º do Tratado,

ADOPTOU O PRESENTE REGULAMENTO

ARTIGO 1.º

Sem prejuízo dos poderes dos Estados-membros nos termos do artigo 36.º do Tratado, entende-se por «bens culturais», na acepção do presente regulamento, os bens incluídos na lista em anexo.

TÍTULO I
Licença de exportação

ARTIGO 2.º

1. A exportação de bens culturais para fora do território aduaneiro da Comunidade está sujeita à apresentação de uma licença de exportação.

2. A licença de exportação será emitida, a pedido do interessado:
– por uma autoridade competente do Estado-membro em cujo território se encontrava, legal e definitivamente, o bem cultural em causa em 1 de Janeiro de 1993,
– ou, após essa data, por uma autoridade competente do Estado--membro em cujo território se encontra após expedição legal e definitiva de outro Estado-membro, ou importação de um país terceiro ou reimportação de um país terceiro depois de expedição legal de um Estado-membro para esse país.

No entanto, sem prejuízo do n.º 4, o Estado-membro competente nos termos dos dois travessões do primeiro parágrafo não pode requerer licenças de exportação para os bens culturais enunciados no

Direito Comunitário

primeiro e segundo travessões da categoria A 1 do anexo com um valor arqueológico ou científico reduzido que não sejam produto directo de escavações, descobertas e estações arqueológicas de um Estado-membro e cuja presença no mercado seja legal.

A licença de exportação pode ser recusada, para efeitos do disposto no presente regulamento, sempre que os bens culturais em causa sejam abrangidos por legislação de protecção do património nacional de valor artístico, histórico ou arqueológico no Estado-membro em causa.

Se necessário, a autoridade referida no segundo travessão do primeiro parágrafo entrará em contacto com as autoridades competentes do Estado-membro de proveniência do bem cultural em questão, sobretudo com as autoridades competentes na acepção da Directiva 93/7/CEE do Conselho, de 15 de Março de 1993, relativa à restituição de bens culturais que tenham saído ilicitamente do território de um Estado-membro.

3. A licença de exportação é válida em toda a Comunidade.

4. Sem prejuízo do disposto no presente artigo, a exportação directa do território aduaneiro da Comunidade de bens do património nacional de valor artístico, histórico ou arqueológico que não sejam bens culturais na acepção do presente regulamento está sujeita à legislação nacional do Estado-membro de exportação.

ARTIGO 3.º

1. Os Estados-membros transmitirão à Comissão a lista das autoridades competentes para a emissão das licenças de exportação de bens culturais.

2. A Comissão publicará a lista dessas autoridades, bem como quaisquer alterações nela introduzidas, no Jornal Oficial das Comunidades Europeias, série C.

ARTIGO 4.º

A licença de exportação será apresentada, para corroborar a declaração de exportação, no momento do cumprimento das formalidades aduaneiras de exportação, à autoridade aduaneira competente para aceitar essa declaração.

194   *Direito do Património Cultural*

ARTIGO 5.º

1. Os Estados-membros podem limitar o número de estâncias aduaneiras habilitadas a proceder ao cumprimento das formalidades de exportação de bens culturais.

2. Quando recorram à possibilidade prevista no n.º 1, os Estados-membros comunicarão à Comissão quais as estâncias aduaneiras habilitadas.

A Comissão publicará essas informações no Jornal Oficial das Comunidades Europeias, série C.

TÍTULO II
Cooperação administrativa

ARTIGO 6.º

Para efeitos do presente regulamento, é aplicável, mutatis mutandis, o Regulamento (CEE) n.º 1468/81, nomeadamente no que se refere à confidencialidade das informações.

Além da cooperação prevista no primeiro parágrafo, os Estados-membros adoptarão todas as disposições necessárias para estabelecer, no plano das suas relações mútuas, uma cooperação directa entre as administrações aduaneiras e as autoridades competentes referidas no artigo 4.º da Direciva 93/7/CEE, relativa à restituição de bens culturais que tenham saído ilicitamente do território de um Estado-membro.

TÍTULO III
Disposições gerais e finais

ARTIGO 7.º

As disposições necessárias à aplicação do presente regulamento, nomeadamente as disposições relativas ao formulário a utilizar (por exemplo, o modelo e as características técnicas), serão adoptadas em conformidade com o procedimento estipulado no n.º 2 do artigo 8.º.

ARTIGO 8.º

1. A Comissão será assistida por um comité composto por representantes dos Estados-membros e presidido pelo representante da Comissão.

O comité examinará quaisquer questões relacionadas com a aplicação do presente regulamento suscitadas pelo seu presidente, quer por iniciativa própria quer a pedido do representante de um Estado-membro.

2. O representante da Comissão submeterá à apreciação do comité um projecto das medidas a tomar. O comité emitirá o seu parecer sobre esse projecto num prazo que o presidente pode fixar em função da urgência da questão em causa, se necessário procedendo a uma votação.

Esse parecer deve ser exarado em acta; além disso, cada Estado--membro tem o direito de solicitar que a sua posição também seja exarada em acta.

A Comissão tomará na melhor conta o parecer emitido pelo comité. O comité será por ela informado do modo como esse parecer foi tomado em consideração.

ARTIGO 9.º

Cada Estado-membro determinará as sanções a aplicar às infracções ao presente regulamento. Essas sanções devem ser suficientes para fomentar o cumprimento dessas disposições.

ARTIGO 10.º

Cada Estado-membro informará a Comissão das medidas que tomar nos termos do presente regulamento.

A Comissão transmitirá essas informações aos outros Estados--membros.

A Comissão apresentará trienalmente ao Parlamento Europeu, ao Conselho e ao Comité Económico e Social um relatório sobre a aplicação do presente regulamento.

No termo de um período de aplicação de três anos, o Conselho avaliará a eficácia do presente regulamento e, sob proposta da Comissão, procederá às adaptações necessárias.

Em qualquer caso, o Conselho, sob proposta da Comissão, procederá trienalmente à análise e, se necessário, à actualização dos montantes mencionados no anexo em função dos índices económicos e monetários da Comunidade.

ARTIGO 11.º

O presente regulamento entra em vigor no terceiro dia seguinte ao da publicação da Directiva 93/7/CEE no Jornal Oficial das Comunidades Europeias.

O presente regulamento é obrigatório em todos os seus elementos e directamente aplicável em todos os Estados-membros.

ANEXO

Categorias de bens culturais abrangidos pelo artigo 1.º

A.
1. Objectos arqueológicos com mais de 100 anos, provenientes de:
   - escavações ou descobertas terrestres e submarinas
   9705 00 00
   - estações arqueológicas
   9706 00 00
   - colecções arqueológicas
2. Elementos que façam parte integrante de monumentos artísticos, históricos ou religiosos, provenientes do seu desmembramento, com mais de 100 anos
   9705 00 00
   9706 00 00
3. Quadros e pinturas, para além dos abrangidos pelas categorias 3A e 4, feitos inteiramente à mão sobre qualquer suporte e em qualquer material (1)
   9701
   3A. Aguarelas, guaches e pastéis feitos inteiramente à mão sobre qualquer suporte (1)
4. Mosaicos, para além dos classificados nas categorias 1 ou 2, realizados inteiramente à mão sobre qualquer suporte e em qualquer material (1)
   9701 69 14
5. Gravuras, estampas, serigrafias e litografias originais e respectivas matrizes, bem como os cartazes originais (1)
   Capítulo 49
   9702 00 00
   8442 50 99
6. Produções originais de estatuária ou de escultura e cópias obtidas pelo mesmo processo que o original (1), para além das abrangidas pela categoria A1
   9703 00 00

Direito Comunitário

7. Fotografias, filmes e respectivos negativos (1)
3704
3705
3706
4911 91 80
8. Incunábulos e manuscritos, incluindo cartas geográficas e partituras musicais, isolados ou em colecção (1)
9702 00 00
9706 00 00
4901 10 00
4901 99 00
4904 00 00
4905 91 00
4905 99 00
4906 00 00
9. Livros com mais de 100 anos, isolados ou em colecção
9705 00 00
9706 00 00
10. Cartas geográficas impressas com mais de 200 anos
9706 00 00
11. Arquivos, e respectivos elementos, de qualquer tipo, e independentemente do respectivo suporte, com mais de 50 anos
3704
3705
3706
4901
4906
9705 00 00
9706 00 00
12. a) Colecções (2) e espécimes provenientes de colecções de zoologia, de botânica, de mineralogia e de anatomia
9705 00 00
b) Colecções (2) de interesse histórico, paleontológico, etnográfico ou numismático
9705 00 00
13. Meios de transporte com mais de 75 anos
9705 00 00
Capítulos
86 a 89
14. Qualquer outra antiguidade não mencionada nas categorias A1 a A13
a) Com idade compreendida entre 50 e 100 anos:

- brinquedos, jogos
Capítulo 95
- vidros e cristais
7013
- artigos de ourivesaria
7114
- móveis e objectos de mobiliário
Capítulo 94
- instrumentos de óptica, fotografia ou cinematografia
Capítulo 90
- instrumentos musicais
Capítulo 92
- relojoaria
Capítulo 91
- obras de madeira
Capítulo 44
- produtos cerâmicos
Capítulo 69
- tapeçarias
5805 00 00
- tapetes
Capítulo 57
- papéis de parede
4814
- armas
Capítulo 93
b) Com mais de 100 anos
9706 00 00
Os bens culturais referidos nas categorias A1 a A14 só são abrangidos pelo presente regulamento se o seu valor corresponder ou exceder os limiares financeiros apresentados em B.
B. Limiares financeiros aplicáveis a certas categorias referidas em A
Valores: independentemente do seu valor
- 1 (objectos arqueológicos)
- 2 (desmembramento de monumentos)
- 8 (incunábulos e manuscritos)
- 11 (arquivos)
15 000
- 4 (mosaicos e desenhos)
- 5 (gravuras)
- 7 (fotografias)
- 10 (cartas geográficas impressas)

30 000
– 3A (aguarelas, guaches e pastéis)
50 000
– 6 (estatuária)
– 9 (livros)
– 12 (colecções)
– 13 (meios de transporte)
– 14 (quaisquer outros objectos)
150 000
– 3 (quadros)

O respeito pelas condições relativas aos valores financeiros deve ser julgado no momento da introdução do pedido da licença de exportação. O valor financeiro é o do bem cultural no Estado-membro referido no n.º 2 do artigo 2.º do presente regulamento.

No caso dos Estados-Membros cuja moeda não seja o euro, os valores expressos em euros no anexo são convertidos e expressos em moedas nacionais à taxa de câmbio de 31 de Dezembro de 2001 publicada no Jornal Oficial das Comunidades Europeias. Esse contravalor em moedas nacionais é revisto de dois em dois anos a partir de 31 de Dezembro de 2001. O cálculo desse contravalor basear-se-á no valor diário médio dessas moedas, expresso em euros, durante o período de 24 meses que termine no último dia do mês de Agosto anterior à revisão que produzirá efeitos em 31 de Dezembro. Esse método de cálculo é reexaminado, mediante proposta da Comissão, pelo Comité Consultivo para os bens culturais, em princípio, dois anos após a primeira aplicação. A cada revisão, os valores expressos em euros e nos seus contravalores em moedas nacionais serão publicados no Jornal Oficial das Comunidades Europeias periodicamente nos primeiros dias do mês de Novembro anterior à data em que a revisão produz efeitos.

---

(1) Que tenham mais de 50 anos e não sejam propriedade dos respectivos autores.

(2) Com a seguinte definição que lhes foi dada pelo Tribunal de Justiça no seu acórdão no processo 252/84: «Os objectos a que se refere a posição 97.05 da Pauta Aduaneira Comum devem ser entendidos como aqueles que se revestem das qualidades necessárias para pertencer a uma colecção, isto é, objectos relativamente raros que normalmente já não são utilizados para o fim a que foram inicialmente destinados, sendo susceptíveis de transacção à margem do comércio usual de objectos similares utilizáveis e possuindo elevado valor».

2

Regulamento (CEE) n.º 752/93, de 30 de Março, que estabelece normas de execução do Regulamento (CEE) n.º 3911/92 do Conselho, relativo à exportação de bens culturais [1]

A COMISSÃO DAS COMUNIDADES EUROPEIAS,

Tendo em conta o Tratado que institui a Comunidade Económica Europeia,

Tendo em conta o Regulamento (CEE) no 3911/92 do Conselho, de 9 de Dezembro de 1992, relativo à exportação de bens culturais (1), e, nomeadamente, o seu artigo 7.º,

Após consulta do Comité consultivo dos bens culturais,

Considerando que importa adoptar as normas de execução do Regulamento (CEE) n.º 3911/92, que prevê, nomeadamente, a criação de um sistema de autorização de exportação aplicável a determinadas categorias de bens culturais definidas no anexo ao citado regulamento;

Considerando que, a fim de assegurar que o formulário em que é emitida a autorização de exportação prevista no citado regulamento seja uniforme, é necessário determinar as condições de estabelecimento, de emissão e de utilização que aquele deve satisfazer; que é conveniente, para este efeito, estabelecer o modelo a que deve corresponder a referida autorização;

---

[1] Publicado no *JO* L 077, de 31 de Março de 1993, foi alterado pelo Regulamento (CE) n.º 1526/98 da Comissão, de 16 de Julho, publicado no *JO* L 201, de 17 de Julho de 1998 e pelo Regulamento (CE) n.º 656/2004 da Comissão, de 7 de Abril, publicado no *JO* L 104, de 8 de Abril de 2004. Sublinhe-se que se acordo com o artigo 2º do Regulamento n.º 656/2004, as autorizações de exportação emitidas até 30 de Junho de 2004 permaneciam válidas até 30 de Junho de 2005.

202 *Direito do Património Cultural*

Considerando que a autorização de exportação deve ser emitida numa das línguas oficiais da Comunidade,

ADOPTOU O PRESENTE REGULAMENTO:

SECÇÃO I
Formulário

ARTIGO 1.º

A exportação de bens culturais está sujeita a três tipos de autorizações de exportação que serão emitidas e utilizadas em conformidade com o Regulamento (CEE) n.º 3911/92 do Conselho, a seguir designado "regulamento de base", e com o seu regulamento de aplicação:
– a autorização normal,
– a autorização aberta específica,
– a autorização aberta geral.
2. A utilização destas autorizações de exportação em nada prejudicará as obrigações relativas às formalidades de exportação, nem as que dizem respeito aos documentos a estas relativos.
3. O formulário de autorização de exportação será fornecido, mediante pedido, pela(s) autoridade(s) competente(s) referida(s) no no 2 do artigo 2.º do regulamento de base.

ARTIGO 2.º

1. Será utilizada, regulamente, uma autorização normal para cada exportação objecto do regulamento de base. Todavia, cada Estado-membro em causa pode decidir se deseja ou não emitir autorizações abertas específicas ou gerais que podem ser utilizadas em sua substituição se as condições específicas que lhes dizem respeito estiverem preenchidas, tal como previsto nos artigos 10.º e 13.º.
2. A autorização aberta específica cobre a exportação temporária repetida de um bem cultural específico por uma determinada pessoa ou por um determinado organismo, em conformidade com o artigo 10.º.
3. A autorização aberta geral cobre qualquer exportação temporária de qualquer bem cultural que faça parte de uma colecção permanente de um museu ou de uma instituição, em conformidade com o artigo 13.º.

Direito Comunitário

4. Os Estados-membros podem revogar em qualquer altura uma autorização aberta específica ou geral, quando as condições nos termos das quais foram emitidas deixarem de estar preenchidas. Os Estados-membros informarão de imediato a Comissão, se a autorização emitida não tiver sido recuperada e puder ser utilizada indevidamente. A Comissão informará do facto imediatamente os outros Estados--membros.

5. Os Estados-membros podem introduzir quaisquer medidas razoáveis que considerem necessárias para controlar, no respectivo território, a utilização das autorizações abertas que emitirem.

SECÇÃO II
Autorização normal

ARTIGO 3.º

1. As autorizações normais são emitidas no formulário cujo modelo consta do anexo I. O papel a utilizar para o formulário é de cor branca, sem pastas mecânicas, colado para escrita e pesando, pelo menos, 55 gramas por metro quadrado.

2. O formato do formulário é de 210 por 297 milímetros.

3. Os formulários serão impressos ou apresentados por via electrónica e preenchidos na língua oficial da Comunidade designada pelas autoridades competentes do Estado-membro de emissão. As autoridades competentes do Estado-membro. Neste caso, as eventuais despesas de tradução são suportadas pelo titular da autorização.

4. Cabe aos Estados-membros:

– proceder, ou mandar proceder, à impressão do formulário, que deve conter uma menção indicando o nome e o endereço da tipografia ou um sinal que permita identificá-la,

– tomar todas as medidas necessárias para evitar as falsificações do formulário. Os meios de identificação utilizados pelos Estados--membros para este fim são comunicados aos serviços da Comissão com vista à sua transmissão às autoridades competentes dos outros Estados-membros.

5. O formulário deve ser preenchido, de preferência, por um processo mecânico ou electrónico, mas pode ser preenchido à mão, de forma legível; neste último caso, deve ser preenchido a tinta e em letra de imprensa. Independentemente do processo utilizado, o formulário não deve conter rasuras, emendas nem outras alterações.

ARTIGO 4.º

1. Sem prejuízo do no 3, será emitida uma autorização de exportação distinta para cada remessa de bens culturais.

2. Na acepção do disposto no no 1, uma «remessa» pode referir-se quer a um bem cultural isolado quer a vários bens culturais.

3. Quando uma remessa é composta de vários bens culturais, compete às autoridades competentes determinar se é conveniente emitir uma ou várias autorizações de exportação para essa remessa.

ARTIGO 5.º

O formulário é composto por três exemplares:
- um exemplar que constitui o pedido, numerado com o algarismo 1,
- um exemplar destinado ao titular, numerado com o algarismo 2,
- um exemplar destinado a ser devolvido à autoridade emissora, numerado com o algarismo 3.

ARTIGO 6.º

1. O requerente preencherá as casas 1, 3 a 21, 24 e, se for caso disso, 25 do pedido e de todos os exemplares, excepto a ou as casas cuja impressão prévia tenha sido autorizada. Todavia, os Estados-membros podem determinar que apenas o pedido seja preenchido.

2. Ao pedido deve ser junto:
- uma documentação de que constem todas as informações úteis sobre o(s) bem(bens) cultural(culturais) e a situação jurídica do(s) mesmo(s), através de documentos comprovativos (facturas, peritagens, etc.),
- uma fotografia ou, consoante o caso e a contento das autoridades competentes, várias fotografias, devidamente autenticadas, a preto e branco ou a cores, do(s) bem(bens) cultural (culturais) em causa (formato mínimo 8 cm × 12 cm).

Este requisito pode ser substituído, consoante o caso e a contento das autoridades competentes, por uma lista pormenorizada dos bens culturais.

3. As autoridades competentes podem, para a concessão da autorização, exigir a apresentação física do(s) bem(bens) cultural (culturais) a exportar.

Direito Comunitário

4. As despesas decorrentes da aplicação dos nos 2 e 3 serão suportadas pelo requerente da autorização de exportação.

5. O formulário devidamente preenchido será apresentado, para concessão da autorização de exportação, às autoridades competentes designadas pelos Estados-membros nos termos do no 2 do artigo 2.º do regulamento de base. Quando estas autoridades concederem a autorização conservarão o exemplar no 1 e entregarão os outros exemplares ao requerente, que passa a titular da autorização, ou ao seu representante habilitado.

ARTIGO 7.º

Os exemplares da autorização de exportação apresentados em apoio da declaração de exportação são:
– o exemplar destinado ao titular,
– o exemplar a devolver à autoridade emissora.

ARTIGO 8.º

1. A estância aduaneira competente para a admissão da declaração de exportação verificará que os elementos constantes da declaração de exportação correspondem aos que constam da autorização de exportação e que uma referência a esta última é feita na casa 44 da declaração de exportação ou no talão do livrete ATA.

Tomará as medidas de identificação apropriadas.

Estas podem consistir numa aposição de selos ou de um carimbo da estância aduaneira. O exemplar da autorização de exportação a enviar à autoridade emissora é junto ao exemplar no 3 do documento administrativo único.

2. Após ter preenchido a casa 23 dos exemplares 2 e 3, a estância aduaneira competente para a aceitação da declaração de exportação entrega ao declarante ou ao seu representante o exemplar destinado ao titular.

3. O exemplar da autorização a enviar à autoridade emissora deve acompanhar a remessa até à estância aduaneira de saída do território aduaneiro da Comunidade. A estância aporá o seu carimbo na casa 26 e enviá-lo-á à autoridade emissora.

ARTIGO 9.º

1. O prazo de eficácia de uma autorização de exportação não pode ser superior a doze meses, a contar da data da sua emissão.

206   *Direito do Património Cultural*

2. No caso de um pedido de exportação temporária, as autoridades competentes podem fixar o prazo no qual o(s) bem(bens) cultural(culturais) deve(m) ser reimportado(s) no Estado-membro de emissão.

3. Quando uma autorização de exportação tenha caducado ou não tenha sido utilizada, os exemplares em posse do titular serão por este devolvidos de imediato à autoridade emissora.

SECÇÃO III

Autorizações abertas

CAPÍTULO 1

Autorizações abertas específicas

ARTIGO 10.º

1. As autorizações abertas específicas podem ser emitidas para bens culturais específicos que possam ser exportados temporariamente da Comunidade numa base regular para serem utilizados e/ou exibidos num país terceiro. O bem cultural deve ser propriedade ou estar na posse legítima de um particular ou de um organismo que utilize ou exiba esse bem.

2. A autorização só pode ser emitida se as autoridades competentes tiverem a certeza de que o particular ou o organismo em causa oferecem todas as garantias consideradas necessárias para assegurar que o bem seja reimportado para a Comunidade em boas condições, e possa ser descrito ou marcado de forma a que, quando da exportação temporária, não hajam dúvidas de que o bem a exportar é o bem descrito na autorização aberta específica.

3. O prazo de validade da autorização não pode exceder cinco anos.

ARTIGO 11.º

A autorização será apresentada em apoio de uma declaração de exportação escrita ou estará disponível, nos outros casos, para ser apresentada conjuntamente com os bens culturais para exame mediante pedido.

As autoridades competentes do Estado-membro em que a autorização é apresentada podem exigir a sua tradução na ou numa das lín-

Direito Comunitário

guas oficiais desse Estado-membro. Nesse caso, as despesas de tradução serão suportadas pelo titular da autorização.

ARTIGO 12.º

1. A estância aduaneira habilitada para aceitar a declaração de exportação assegurar-se-á de que as mercadorias apresentadas são as descritas na autorização de exportação e que é feita referência a essa autorização na casa n.º 44 da declaração de exportação, quando for exigida uma declaração escrita.

2. Quando for exigida uma declaração escrita, a autorização deve ser apensa ao exemplar n.º 3 do documento administrativo único e acompanhar o bem até à estância aduaneira de saída do território aduaneiro da Comunidade. Quando o exemplar n.º 3 do documento administrativo único for colocado à disposição do exportador ou do seu representante, a autorização deve igualmente ser colocada à disposição destes últimos para poder ser posteriormente utilizada.

CAPÍTULO 2
Autorizações abertas gerais

ARTIGO 13.º

1. Podem ser emitidas a museus ou a outras instituições autorizações abertas gerais para cobrir a exportação temporária de qualquer bem da pertença das suas colecções permanentes que possa ser exportado temporariamente da Comunidade numa base regular para exibição num país terceiro.

2. A autorização só pode ser emitida se as autoridades competentes tiverem a certeza de que a instituição oferece todas as garantias consideradas necessárias para assegurar que o bem seja reimportado para a Comunidade em boas condições. A autorização pode ser utilizada para cobrir qualquer combinação de bens de uma colecção permanente em qualquer operação de exportação temporária. Pode ser utilizada para abranger uma série de combinações diferentes de bens, quer consecutiva quer simultaneamente.

3. O prazo de validade da autorização não pode exceder cinco anos.

208 *Direito do Património Cultural*

ARTIGO 14.º

A autorização é apresentada em apoio da declaração de exportação.

As autoridades competentes do Estado-membro em que a autorização é apresentada podem exigir a sua tradução na ou numa das línguas oficiais desse Estado-membro. Nesse caso, as despesas de tradução serão suportadas pelo titular da autorização.

ARTIGO 15.º

1. A estância aduaneira habilitada para aceitar a declaração de exportação assegurar-se-á de que a autorização é apresentada conjuntamente com uma lista dos bens a exportar que se encontram igualmente descritos na declaração de exportação. A lista será elaborada em papel timbrado da instituição, devendo cada página ser assinada por uma pessoa vinculada à instituição e cujo nome figura na autorização. Cada página será igualmente revestida do cunho do carimbo da instituição que figura na autorização. Deve ser feita uma referência à autorização na casa n.º 44 da declaração de exportação.

2. A autorização deve ser apensa ao exemplar n.º 3 do documento administrativo único e acompanhar a remessa até à estância aduaneira de saída do território aduaneiro da Comunidade. Quando o exemplar n.º 3 do documento administrativo único for colocado à disposição do exportador ou do seu representante, a autorização deve igualmente ser colocada à disposição destes últimos para poder ser posteriormente utilizada.

CAPÍTULO 3
Formulários de autorização

ARTIGO 16.º

1. As autorizações abertas específicas serão emitidas no formulário cujo modelo figura no anexo II.

2. As autorizações abertas gerais serão emitidas no formulário cujo modelo figura no anexo III.

3. O formulário de autorização será impresso ou apresentado em formato electrónico numa das línguas oficiais da Comunidade.

4. O formato do formulário de autorização é de 210 × 297 mm, sendo autorizada uma tolerância de 5 mm para menos e de 8 mm

Direito Comunitário

para mais no que respeita ao comprimento. O papel a utilizar é papel de cor branca, sem pastas mecânicas, colado para escrita e pesando, no mínimo, 55 g/m2. O papel é revestido de uma impressão de fundo guilhochado de cor azul clara que torna visível qualquer falsificação por meios mecânicos ou químicos.

5. A segundo folha da autorização, desprovida de uma impressão de fundo guilhochado, está exclusivamente reservada ao uso ou às escritas do exportador.

O formulário de pedido a utilizar deve ser prescrito pelo Estado-membro em causa.

6. Os Estados-membros podem reservar-se o direito de imprimir os formulários de autorização ou de os mandar imprimir por tipografias por si autorizadas. Neste último caso, cada formulário deve conter uma referência a essa autorização. Os formulários devem conter o nome e endereço da tipografia ou um sinal que permita a sua identificação. Devem igualmente conter um número de ordem, impresso ou aposto por meio de um carimbo, destinado a identificá-los.

7. Compete aos Estados-membros adoptarem as medidas necessárias, a fim de acautelar a falsificação de autorizações. Os meios de identificação adoptados para esse efeito pelos Estados-membros serão notificados à Comissão com vista à sua transmissão às autoridades competentes dos outros Estados-membros.

8. As autorizações são preenchidas por meios mecânicos ou electrónicos. Em circunstâncias excepcionais, podem ser preenchidas à mão, em letra de imprensa e em maiúsculas, utilizando uma esferográfica de cor negra. Não devem conter rasuras, emendas nem outras alterações.

SECÇÃO IV

Disposições gerais

ARTIGO 17.º

O presente regulamento entra em vigor em 1 de Abril de 1993,

O presente regulamento é obrigatório em todos os seus elementos e directamente aplicável em todos os Estados-membros.

3

Directiva 93/7/CEE do Conselho, de 15 de Março, relativa à restituição de bens culturais que tenham saído ilicitamente do território de um Estado-membro [1]

O CONSELHO DAS COMUNIDADES EUROPEIAS,

Tendo em conta o Tratado que institui a Comunidade Económica Europeia e, nomeadamente, o seu artigo 100.°-A,

Tendo em conta a proposta da Comissão,

Em cooperação com o Parlamento Europeu,

Tendo em conta o parecer do Comité Económico e Social,

Considerando que o artigo 8.°-A do Tratado prevê o estabelecimento do mercado interno o mais tardar até 1 de Janeiro de 1993 e que esse mercado compreende um espaço sem fronteiras internas no qual a livre circulação das mercadorias, das pessoas, dos serviços e dos capitais é assegurada de acordo com as disposições do Tratado;

Considerando que, nos termos do artigo 36.° do Tratado e dentro dos limites nele definidos, os Estados-membros continuarão a ter, após 1992, o direito de definir o seu património nacional e de adoptar as disposições necessárias para garantir a sua protecção nesta área sem fronteiras internas;

Considerando ser conveniente, portanto, criar um sistema de restituição que permita aos Estados-membros obterem o retorno ao seu território dos bens culturais classificados como património nacional, na acepção do citado artigo 36.°, e que tenham saído do seu território em violação das disposições nacionais acima referidas ou do

---

[1] Publicada no *JO* L 074, de 27 de Março de 1993, foi alterada pela Directiva 96/100/ CE do Parlamento Europeu e do Conselho, de 17 de Fevereiro de 1997, publicada no *JO* L 060, de 1 de Janeiro de 1997 e pela Directiva 2001/38/CE do Parlamento Europeu e do Conselho, de 5 de Junho, publicada no *JO* L 187, de 10 de Julho de 2001.

Regulamento (CEE) n.º 3911/92, de 9 de Dezembro de 1992, relativo à exportação de bens culturais (4); que a aplicação desse sistema deverá ser o mais simples e eficaz possível; que para facilitar a cooperação em matéria de restituição, é necessário limitar o âmbito de aplicação do actual sistema a objectos que pertençam a categorias comuns de bens culturais; que, assim, o anexo da presente directiva não tem por objecto a definição dos bens classificados como «património nacional», na acepção do referido artigo 36.º, mas unicamente as categorias de bens susceptíveis de serem classificados como tal e que podem, a esse título, ser objecto de um processo de restituição nos termos da presente directiva;

Considerando que os objectos culturais classificados como património nacional e que formem parte integrante de colecções oficiais ou de inventários de instituições religiosas, mas não se incluem nestas categorias comuns, devem igualmente ser abrangidos pela presente directiva;

Considerando que convém estabelecer um mecanismo de cooperação administrativa entre os Estados-membros em matéria de património nacional, em estreita articulação com a sua cooperação no domínio das obras de arte roubadas e que comporte, nomeadamente, o registo, junto da Interpol e de outros organismos qualificados emissores de listas similares, de objectos culturais perdidos, roubados ou alegadamente removidos, pertencentes aos respectivos patrimónios nacionais e colecções oficiais;

Considerando que se trata de um primeiro passo na via da cooperação entre Estados-membros neste domínio no quadro do mercado interno; que o objectivo reside num reconhecimento mútuo das legislações nacionais nesta matéria; que, sendo assim, é conveniente prever, nomeadamente, que a Comissão seja assistida por um comité consultivo;

Considerando que o Regulamento (CEE) n.º 3911/92, que institui o controlo de bens culturais nas fronteiras externas da Comunidade, em conjunto com a presente directiva, introduz um sistema comunitário de protecção dos bens culturais dos Estados-membros; que a data em que os Estados-membros têm de se adaptar à presente directiva tem de ser o mais próxima possível da data de entrada em vigor daquele regulamento; que, dada a natureza dos seus sistemas legislativos, e a amplitude das alterações a efecturar nas suas legislações, necessárias para aplicar a presente directiva, alguns Estados-membros necessitam de um período mais longo,

ADOPTOU A PRESENTE DIRECTIVA:

ARTIGO 1.º

Para efeitos da presente directiva, entende-se por:

1. «Bem cultural», um bem:

– classificado, antes ou depois de ter saído ilicitamente do território de um Estado-membro, como «património nacional de valor artístico, histórico ou arqueológico», de harmonia com a respectiva legislação nacional ou os processos administrativos nacionais, na acepção do artigo 36.º do Tratado,
e

– que pertença a uma das categorias previstas no anexo da presente directiva ou que, não pertencendo a uma destas categorias, faça parte integrante:

– das colecções públicas repertoriadas nos inventários dos museus, arquivos e fundos de conservação das bibliotecas.

Para efeitos de presente directiva, entende-se por «colecções públicas» as colecções que sejam propriedade de um Estado-membro, de uma autoridade local ou regional de um Estado-membro ou de uma instituição pública situada no território de um Estado-membro e como tal definida na legislação desse Estado-membro, sendo esta instituição propriedade desse Estado-membro, ou de uma autoridade local ou regional, ou por eles financiada de forma significativa,

– dos inventários das instituições religiosas.

2. «Bem que tenha saído ilicitamente do território de um Estado-membro»:

– a saída do território de um Estado-membro em violação da legislação desse Estado-membro em matéria de protecção do património nacional ou em violação do Regulamento (CEE) n.º 3911/92, bem como

– o não regresso decorrido o prazo de uma expedição temporária lícita, ou qualquer violação de uma das outras condições dessa expedição temporária.

3. «Estado-membro requerente», o Estado-membro de cujo território o bem cultural saiu ilicitamente.

4. «Estado-membro requerido», o Estado-membro em cujo território se encontra o bem cultural saído ilicitamente do território de outro Estado-membro.

5. «Restituição», o regresso material do bem cultural ao território do Estado-membro requerente.

6. «Possuidor», a pressoa que detém materialmente o bem cultural por conta própria.

7. «Detentor», a pessoa que detém materialmente o bem cultural por conta de outrem.

ARTIGO 2.º

Os bens culturais que tenham saído ilicitamente do território de um Estado-membro serão restituídos segundo os trâmites e nas condições previstas na presente directiva.

ARTIGO 3.º

Cada Estado-membro designará uma ou mais autoridades centrais que exercerão as funções previstas na presente directiva.

Qualquer designação efectuada nos termos do presente artigo deve ser comunicada pelo Estado-membro em causa à Comissão.

A Comissão publicará a lista das referidas autoridades centrais, bem como quaisquer alterações nela introduzidas, no Jornal Oficial das Comunidades Europeias, série C.

ARTIGO 4.º

As autoridades centrais dos Estados-membros cooperarão e promoverão a concertação entre as autoridades competentes dos Estados-membros. A estas são nomeadamente cometidas as seguintes funções:

1. Procurar, a pedido do Estado-membro requerente, um dado bem cultural que tenha saído ilicitamente do território e a identificação do possuidor e/ou detentor. Esse pedido deve ser acompanhado de todas as informações úteis que possam facilitar esta procura, nomeadamente no que diz respeito à localização efectiva ou presumível do objecto.

2. Notificar os Estados-membros envolvidos, em caso de descoberta de bens culturais no seu território, se houver motivos razoáveis para presumir que tais bens saíram ilicitamente do território de outros Estados-membros.

3. Facilitar a verificação pelas autoridades competentes do Estado-membro requerente de que o bem em questão constitui um bem cultural na condição de a verificação ser efectuada no prazo de dois meses após a notificação prevista no no 2. Se esta verificação não for efectuada no prazo estipulado, os nos 4 e 5 infra deixarão de ser aplicáveis.

Direito Comunitário

4. Tomar, em caso de necessidade e em cooperação com o Estado-membro interessado, as medidas necessárias à conservação material do bem cultural.

5. Evitar, através de adopção das medidas cautelares necessárias, que o bem cultural seja subtraído ao processo de restituição.

6. Desempenhar a função de intermediário entre o possuidor e/ou o detentor e o Estado-membro requerente da restituição. Neste sentido, sem prejuízo do artigo 5.º, as autoridades competentes do Estado-membro requerido poderão facilitar a realização de um processo de arbitragem, em conformidade com o disposto na legislação nacional do Estado requerido e sob a condição de o Estado-membro requerente e o possuidor ou detentor darem formalmente o seu acordo para a respectiva realização.

ARTIGO 5.º

O Estado-membro requerente pode intentar, no tribunal competente do Estado-membro requerido, uma acção judicial contra o possuidor e, na falta deste, contra o detentor para a restituição de um bem cultural que tenha saído ilicitamente do seu território.

Para ser admissível, o requerimento inicial da acção de restituição deve ser instruído com:
- um documento que descreva o bem que é objecto de pedido e que ateste a sua qualidade de bem cultural,
- uma declaração das autoridades competentes do Estado-membro requerente segundo a qual o bem cultural saiu ilicitamente do seu território.

ARTIGO 6.º

A autoridade central do Estado-membro requerente deve informar sem demora a autoridade central do Estado-membro requerido da propositura da acção de restituição.

A autoridade central do Estado-membro requerido deve informar sem demora a autoridade central dos outros Estados-membros.

ARTIGO 7.º

1. Os Estados-membros estipulam na sua legislação que a acção de restituição prevista na presente directiva prescreve no prazo de um ano a contar da data em que o Estado-membro requerente teve

216 *Direito do Património Cultural*

conhecimento do local em que se encontrava o bem cultural e da identidade do seu possuidor ou detentor.

Em qualquer caso, a acção de restituição prescreve no prazo de trinta anos a contar da data em que o bem cultural saiu ilicitamete do território do Estado-membro requerente. Todavia, no caso dos bens que façam parte das colecções públicas referidas no ponto 1 do artigo 1.º e de bens religiosos no Estado-membro em que sejam sujeitos a acordos de protecção especial segundo a lei nacional, as acções de restituição prescrevem num prazo de setenta e cinco anos, excepto nos Estados-membros em que a acção seja imprescritível ou caso o prazo estabelecido em acordos bilaterais entre Estados-membros seja superior a sententa e cinco anos.

2. A acção de restituição não procede se a saída do território do Estado-membro requerente tiver deixado de ser ilícita à data da propositura da acção.

ARTIGO 8.º

Sem prejuízo no disposto nos artigos 7.º e 13.º, a restituição do bem cultural será ordenada pelo tribunal competente caso tenha sido determinada a sua qualidade de bem cultural, na acepção do ponto 1 do artigo 1.º, e o carácter ilícito da sua saída do território.

ARTIGO 9.º

Caso seja ordenada a restituição, o tribunal competente do Estado-membro requerido concede ao possuidor a indemnização que considere equitativa em função das circunstâncias do caso em apreço, desde que esteja convencido de que o possuidor agiu com a diligência exigida aquando da aquisição.

O ónus da prova rege-se pela legislação do Estado-membro requerido.

Em caso de doação ou sucessão, o possuidor não pode beneficiar de um estatuto mais favorável do que o da pessoa a quem adquiriu, a esse título, o bem.

O Estado-membro requerente é obrigado a pagar a referida indemnização aquando da restituição.

ARTIGO 10.º

As despesas incorridas na execução da decisão que ordena a restituição do bem cultural serão suportadas pelo Estado-membro requerente. O mesmo se verifica para as despesas relativas às medidas referidas no 4 do artigo 4.º.

ARTIGO 11.º

O pagamento da indemnização equitativa referida no artigo 9.º e das despesas referidas no artigo 10.º em nada prejudica o direito de o Estado-membro requerente reclamar o reembolso dessas quantias aos responsáveis pela saída ilícita do bem cultural do seu território.

ARTIGO 12.º

Após a restituição, a propriedade do bem cultural rege-se pela legislação do Estado-membro requerente.

ARTIGO 13.º

A presente directiva é aplicável apenas às saídas ilícitas do território de um Estado-membro ocorridas a partir de 1 de Janeiro de 1993.

ARTIGO 14.º

1. Os Estados-membros podem alargar a obrigatoriedade de restituição a outras categorias de bens culturais para além das previstas no anexo.
2. Cada Estado-membro pode aplicar o regime previsto na presente directiva aos pedidos de restituição de bens culturais que tenham saído ilicitamente do território de outros Estados-membros anteriormente a 1 de Janeiro de 1993.

ARTIGO 15.º

A presente directiva não prejudica as acções cíveis ou penais que o Estado-membro requerente e/ou o proprietário a quem o bem foi furtado podem intentar nos termos do direito nacional dos Estados-membros.

ARTIGO 16.º

1. Os Estados-membros apresentarão à Comissão, trienalmente e pela primeira vez em Fevereiro de 1996, um relatório sobre a aplicação da presente directiva.

Direito do Património Cultural

2. A Comissão apresentará trienalmente ao Parlamento Europeu, ao Conselho e ao Comité Económico e Social um relatório de avaliação da aplicação da presente directiva.

3. No termo de um período de aplicação de três anos, o Conselho avaliará a eficácia da presente directiva e, sob proposta da Comissão, procederá às adaptações necessárias.

4. Em qualquer caso, o Conselho, sob proposta da Comissão, precederá trienalmente à ánalise e, se necessário, à actualização dos montantes mencionados no anexo da presente directiva, em função dos índices económicos e monetários da Comunidade.

ARTIGO 17.º

A Comissão é assistida pelo comité instituído pelo artigo 8.º do Regulamento (CEE) n.º 3911/92.

O comité examinará todas as questões relativas à aplicação do anexo da presente directiva apresentadas pelo seu presidente, quer por iniciativa deste quer a pedido do representante de um Estado-membro.

ARTIGO 18.º

Os Estados-membros porão em vigor as disposições legislativas, regulamentares e administrativas necessárias para dar cumprimento à presente directiva, o mais tardar, no prazo de nove meses a partir da sua adopção, excepto em relação ao Reino da Bélgica, à República Federal da Alemanha e ao Reino dos Países Baixos, que devem adaptar-se à presente directiva, o mais tardar, doze meses a partir da data da sua adopção.

Quando os Estados-membros adoptarem tais disposições, estas deverão incluir um referência à presente directiva ou ser acompanhadas de tal referência aquando da sua publicação oficial. As modalidades dessa referência serão adoptadas pelos Estados-membros.

ARTIGO 19.º

Os Estados-membros são os destinatários da presente directiva.

ANEXO

Categorias previstas no ponto 1, segundo travessão, do artigo 1.º a que devem pertencer os bens classificados como «património nacional», na acepção do artigo 36.º do Tratado CEE, para que possam ser restituídos nos termos da presente directiva

A.

1. Objectos arqueológicos com mais de cem anos, provenientes de:
– escavações ou descobertas terrestres e submarinas,
– estações arqueológicas,
– colecções arqueológicas.

2. Elementos que façam parte integrante de monumentos artísticos, históricos ou religiosos, provenientes do seu desmembramento, com mais de cem anos.

3. Quadros e pinturas, para além dos abrangidos pelas categorias 3A e 4, feitos inteiramente à mão sobre qualquer suporte e em qualquer material (1).

3A. Aguarelas, guaches e pastéis feitos inteiramente à mão sobre qualquer suporte (1).

4. Mosaicos, para além dos classificados nas categorias 1 e 2, realizados inteiramente à mão em qualquer material, e desenhos feitos inteiramente à mão sobre qualquer suporte e em qualquer material (1).

5. Gravuras, estampas, serigrafias e litografias originais e respectivas matrizes, bem como os cartazes originais (1).

6. Produções originais de estatuária ou de escultura e cópias obtidas pelo mesmo processo que o original (1), para além das que se encontram abrangidas pela categoria 1.

7. Fotografias, filmes e respectivos negativos (1).

8. Incunábulos e manuscritos, incluindo as cartas geográficas e as partituras musicais, isolados ou em colecção (1).

9. Livros com mais de cem anos, isolados ou em colecção.

10. Cartas geográficas impressas com mais de duzentos anos.

11. Arquivos de qualquer natureza contendo elementos com mais de cinquenta anos, independentemente do respectivo suporte.

12. a) Colecções (2) e espécimes provenientes de colecções de zoologia, de botânica, de mineralogia, de anatomia;

b) Colecções (2) de interesse histórico, paleontológico, etnográfico ou numismático.

13. Meios de transporte com mais de 75 anos.

14. Qualquer outra antiguidade não mencionada nas categorias A.1 a A.13 com mais de cinquenta anos.

Os bens culturais previstos nas categorias A.1 a A.14 só são abrangidos pela presente directiva se o seu valor corresponder ou exceder os limiares financeiros apresentados no ponto B.

B. Limiares financeiros aplicáveis a certas categorias referidas no ponto A (em ecus)

VALOR: independentemente do valor
– 1 (objectos arqueológicos)
– 2 (desmembramento de monumentos)

220   *Direito do Património Cultural*

– 8 (incunábulos e manuscritos)
– 11 (arquivos)
15 000
– 4 (mosaicos e desenhos)
– 5 (gravuras)
– 7 (fotografias)
– 10 (cartas geográficas impressas)
30 000
– 3A (aguarelas, guaches e pastéis)
50 000
– 6 (estatuária)
– 9 (livros)
– 12 (colecções)
– 13 (meios de transporte)
– 14 (quaisquer outros objectos)
150 000
– 3 (quadros)

O respeito pelas condições relativas aos valores financeiros deve ser julgado no momento da introdução do pedido de restituição. O valor financeiro é o do bem cultural no Estado-membro requerido.

No caso dos Estados-Membros cuja moeda não seja o euro, os valores expressos em euros no anexo são convertidos e expressos em moedas nacionais à taxa de câmbio de 31 de Dezembro de 2001 publicada no Jornal Oficial das Comunidades Europeias. Esse contravalor em moedas nacionais é revisto de dois em dois anos a partir de 31 de Dezembro de 2001. O cálculo desse contravalor basear-se-á no valor diário médio dessas moedas, expresso em euros, durante o período de 24 meses que termine no último dia do mês de Agosto anterior à revisão que produzirá efeitos em 31 de Dezembro. Esse método de cálculo é reexaminado, mediante proposta da Comissão, pelo Comité Consultivo para os bens culturais, em princípio, dois anos após a primeira aplicação. A cada revisão, os valores expressos em euros e nos seus contravalores em moedas nacionais serão publicados no Jornal Oficial das Comunidades Europeias periodicamente nos primeiros dias do mês de Novembro anterior à data em que a revisão produz efeitos.

(1) Com mais de cinquenta anos e que não sejam propriedade dos respectivos autores.

(2) Com a seguinte definição que lhes foi dada pelo Tribunal de Justiça no seu acórdão no 252/84: « Os objectos de colecção a que se refere a posição 99.05 da Pauta Aduaneira Comum devem ser entendidos como aqueles que se revestem das qualidades necessárias para pertencer a uma colecção, isto é, objectos relativamente raros que normalmente já não são utilizados para o fim a que foram inicialmente destinados, sendo susceptíveis de transacção à margem do comércio usual de objectos similares utilizáveis e possuindo elevado valor.».

IV

LEGISLAÇÃO NACIONAL

1

Lei de bases da política e do regime
de protecção e valorização do património cultural
(Lei n.º 107/2001, de 8 de Setembro)

A Assembleia da República decreta, nos termos da alínea c) do artigo 161.º da Constituição, para valer como lei geral da República, o seguinte:

TÍTULO I
Dos princípios basilares

ARTIGO 1.º – **Objecto**

1 – A presente lei estabelece as bases da política e do regime de protecção e valorização do património cultural, como realidade da maior relevância para a compreensão, permanência e construção da identidade nacional e para a democratização da cultura.

2 – A política do património cultural integra as acções promovidas pelo Estado, pelas Regiões Autónomas, pelas autarquias locais e pela restante Administração Pública, visando assegurar, no território português, a efectivação do direito à cultura e à fruição cultural e a realização dos demais valores e das tarefas e vinculações impostas, neste domínio, pela Constituição e pelo direito internacional.

ARTIGO 2.º – **Conceito e âmbito do património cultural**

1 – Para os efeitos da presente lei integram o património cultural todos os bens que, sendo testemunhos com valor de civilização ou de cultura portadores de interesse cultural relevante, devam ser objecto de especial protecção e valorização.

2 – A língua portuguesa, enquanto fundamento da soberania nacional, é um elemento essencial do património cultural português.

224 *Direito do Património Cultural*

3 – O interesse cultural relevante, designadamente histórico, paleontológico, arqueológico, arquitectónico, linguístico, documental, artístico, etnográfico, científico, social, industrial ou técnico, dos bens que integram o património cultural reflectirá valores de memória, antiguidade, autenticidade, originalidade, raridade, singularidade ou exemplaridade.

4 – Integram, igualmente, o património cultural aqueles bens imateriais que constituam parcelas estruturantes da identidade e da memória colectiva portuguesas.

5 – Constituem, ainda, património cultural quaisquer outros bens que como tal sejam considerados por força de convenções internacionais que vinculem o Estado Português, pelo menos para os efeitos nelas previstos.

6 – Integram o património cultural não só o conjunto de bens materiais e imateriais de interesse cultural relevante, mas também, quando for caso disso, os respectivos contextos que, pelo seu valor de testemunho, possuam com aqueles uma relação interpretativa e informativa.

7 – O ensino, a valorização e a defesa da língua portuguesa e das suas variedades regionais no território nacional, bem como a sua difusão internacional, constituem objecto de legislação e políticas próprias.

8 – A cultura tradicional popular ocupa uma posição de relevo na política do Estado e das Regiões Autónomas sobre a protecção e valorização do património cultural e constitui objecto de legislação própria.

ARTIGO 3.º – **Tarefa fundamental do Estado**

1 – Através da salvaguarda e valorização do património cultural, deve o Estado assegurar a transmissão de uma herança nacional cuja continuidade e enriquecimento unirá as gerações num percurso civilizacional singular.

2 – O Estado protege e valoriza o património cultural como instrumento primacial de realização da dignidade da pessoa humana, objecto de direitos fundamentais, meio ao serviço da democratização da cultura e esteio da independência e da identidade nacionais.

3 – O conhecimento, estudo, protecção, valorização e divulgação do património cultural constituem um dever do Estado, das Regiões Autónomas e das autarquias locais.

Lei de bases   225

ARTIGO 4.º – **Contratualização da administração do património cultural**

1 – Nos termos da lei, o Estado, as Regiões Autónomas e as autarquias locais podem celebrar com detentores particulares de bens culturais, outras entidades interessadas na preservação e valorização de bens culturais ou empresas especializadas acordos para efeito da prossecução de interesses públicos na área do património cultural.

2 – Entre outros, os instrumentos referidos no número anterior podem ter por objecto a colaboração recíproca para fins de identificação, reconhecimento, conservação, segurança, restauro, valorização e divulgação de bens culturais, bem como a concessão ou delegação de tarefas, desde que não envolvam a habilitação para a prática de actos administrativos de classificação.

3 – Com as pessoas colectivas de direito público e de direito privado detentoras de acervos de bens culturais de excepcional importância e com as entidades incumbidas da respectiva representação podem o Estado, as Regiões Autónomas ou as autarquias locais acordar fórmulas institucionais de composição mista destinadas a canalizar de modo concertado, planificado e expedito as respectivas relações no domínio da aplicação da presente lei e da sua legislação de desenvolvimento.

4 – O disposto nos números anteriores aplica-se a todas as confissões religiosas e no que diz respeito à Igreja Católica, enquanto entidade detentora de uma notável parte dos bens que integram o património cultural português, com as adaptações e os aditamentos decorrentes do cumprimento pelo Estado do regime dos bens de propriedade da Igreja Católica ou de propriedade do Estado e com afectação permanente ao serviço da Igreja Católica, definido pela Concordata entre a República Portuguesa e a Santa Sé.

ARTIGO 5.º – **Identidades culturais**

1 – No âmbito das suas relações bilaterais ou multilaterais com os países lusófonos, o Estado Português contribui para a preservação e valorização daquele património cultural, sito no território nacional ou fora dele, que testemunhe capítulos da história comum.

2 – O Estado Português contribui, ainda, para a preservação e salvaguarda do património cultural sito fora do espaço lusófono que constitua testemunho de especial importância de civilização e de cultura portuguesas.

226   *Direito do Património Cultural*

3 – A política do património cultural visa, em termos específicos, a conservação e salvaguarda do património cultural de importância europeia e do património cultural de valor universal excepcional, em particular quando se trate de bens culturais que integrem o património cultural português ou que com este apresentem conexões significativas.

ARTIGO 6.º – **Outros princípios gerais**

Para além de outros princípios presentes nesta lei, a política do património cultural obedece aos princípios gerais de:

a) Inventariação, assegurando-se o levantamento sistemático, actualizado e tendencialmente exaustivo dos bens culturais existentes com vista à respectiva identificação;

b) Planeamento, assegurando que os instrumentos e recursos mobilizados e as medidas adaptadas resultam de uma prévia e adequada planificação e programação;

c) Coordenação, articulando e compatibilizando o património cultural com as restantes políticas que se dirigem a idênticos ou conexos interesses públicos e privados, em especial as políticas de ordenamento do território, de ambiente, de educação e formação, de apoio à criação cultural e de turismo;

d) Eficiência, garantindo padrões adequados de cumprimento das imposições vigentes e dos objectivos previstos e estabelecidos;

e) Inspecção e prevenção, impedindo, mediante a instituição de organismos, processos e controlos adequados, a desfiguração, degradação ou perda de elementos integrantes do património cultural;

f) Informação, promovendo a recolha sistemática de dados e facultando o respectivo acesso tanto aos cidadãos e organismos interessados como às competentes organizações internacionais;

g) Equidade, assegurando a justa repartição dos encargos, ónus e benefícios decorrentes da aplicação do regime de protecção e valorização do património cultural;

h) Responsabilidade, garantindo prévia e sistemática ponderação das intervenções e dos actos susceptíveis de afectar a integridade ou circulação lícita de elementos integrantes do património cultural;

Lei de bases 227

i) Cooperação internacional, reconhecendo e dando efectividade aos deveres de colaboração, informação e assistência internacional.

TÍTULO II
Dos direitos, garantias e deveres dos cidadãos

ARTIGO 7.º – **Direito à fruição do património cultural**

1 – Todos têm direito à fruição dos valores e bens que integram o património cultural, como modo de desenvolvimento da personalidade através da realização cultural.

2 – A fruição por terceiros de bens culturais, cujo suporte constitua objecto de propriedade privada ou outro direito real de gozo, depende de modos de divulgação concertados entre a administração do património cultural e os titulares das coisas.

3 – A fruição pública dos bens culturais deve ser harmonizada com as exigências de funcionalidade, segurança, preservação e conservação destes.

4 – O Estado respeita, também, como modo de fruição cultural o uso litúrgico, devocional, catequético e educativo dos bens culturais afectos a finalidades de utilização religiosa.

ARTIGO 8.º – **Colaboração entre a Administração Pública e os particulares**

As pessoas colectivas de direito público colaborarão com os detentores de bens culturais, por forma que estes possam conjugar os seus interesses e iniciativas com a actuação pública, à luz dos objectivos de protecção e valorização do património cultural, e beneficiem de contrapartidas de apoio técnico e financeiro e de incentivos fiscais.

ARTIGO 9.º – **Garantias dos administrados**

1 – Aos titulares de direitos e interesses legalmente protegidos sobre bens culturais, ou outros valores integrantes do património cultural, lesados por actos jurídicos ou materiais da Administração Pública ou de entidades em que esta delegar tarefas nos termos do artigo 4.º e do n.º 2 do artigo 26.º são reconhecidas as garantias gerais dos administrados, nomeadamente:

228 *Direito do Património Cultural*

a) O direito de promover a impugnação dos actos administrativos e das normas emitidas no desempenho da função administrativa;

b) O direito de propor acções administrativas;

c) O direito de desencadear meios processuais de natureza cautelar, incluindo os previstos na lei de processo civil quando os meios específicos do contencioso administrativo não puderem proporcionar uma tutela provisória adequada;

d) O direito de apresentação de denúncia, queixa ou participação ao Ministério Público e de queixa ao Provedor de Justiça.

2 – É reconhecido, nos termos da lei geral, o direito de participação procedimental e de acção popular para a protecção de bens culturais ou outros valores integrantes do património cultural.

3 – Sem prejuízo da iniciativa processual dos lesados e do exercício da acção popular, compete também ao Ministério Público a defesa dos bens culturais e de outros valores integrantes do património cultural contra lesões violadoras do direito, através, nomeadamente, do exercício dos meios processuais referidos no n.º 1 do presente artigo.

4 – O direito de acção popular inclui a utilização de embargo judicial de obra, trabalho ou serviço novo iniciados em qualquer bem cultural contra o disposto na presente lei e nas restantes normas do direito do património cultural, bem como o emprego de quaisquer outros procedimentos cautelares adequados, nos termos da alínea *c*) do n.º 1 do presente artigo.

ARTIGO 10.º – **Estruturas associativas de defesa do património cultural**

1 – Para além dos contributos individuais, a participação dos cidadãos interessados na gestão efectiva do património cultural pela Administração Pública poderá ser assegurada por estruturas associativas, designadamente institutos culturais, associações de defesa do património cultural, e outras organizações de direito associativo.

2 – Para os efeitos da presente lei, entende-se por estruturas associativas de defesa do património cultural as associações sem fins lucrativos dotadas de personalidade jurídica constituídas nos termos da lei geral e em cujos estatutos conste como objectivo a defesa e a valorização do património cultural ou deste e do património natural, conservação da natureza e promoção da qualidade de vida.

Lei de bases   229

3 – As estruturas associativas de defesa do património cultural são de âmbito nacional, regional ou local e de representatividade genérica ou específica, nos termos da lei que as regular.

4 – As estruturas associativas de defesa do património cultural gozam do direito de participação, informação e acção popular, nos termos da presente lei, da lei que as regular e da lei geral.

5 – A Administração Pública e as estruturas associativas de defesa do património cultural colaborarão em planos e acções que respeitem à protecção e à valorização do património cultural.

6 – As administrações central, regional e local poderão ajustar com as estruturas associativas de defesa do património cultural formas de apoio a iniciativas levadas a cabo por estas últimas, em particular no domínio da informação e formação dos cidadãos.

7 – As estruturas associativas de defesa do património cultural gozam dos incentivos e benefícios fiscais atribuídos pela legislação tributária às pessoas colectivas de utilidade pública administrativa.

ARTIGO 11.º – **Dever de preservação, defesa e valorização do património cultural**

1 – Todos têm o dever de preservar o património cultural, não atentando contra a integridade dos bens culturais e não contribuindo para a sua saída do território nacional em termos não permitidos pela lei.

2 – Todos têm o dever de defender e conservar o património cultural, impedindo, no âmbito das faculdades jurídicas próprias, em especial, a destruição, deterioração ou perda de bens culturais.

3 – Todos têm o dever de valorizar o património cultural, sem prejuízo dos seus direitos, agindo, na medida das respectivas capacidades, com o fito da divulgação, acesso à fruição e enriquecimento dos valores culturais que nele se manifestam.

TÍTULO III
Dos objectivos

ARTIGO 12.º – **Finalidades da protecção e valorização do património cultural**

1 – Como tarefa fundamental do Estado e dever dos cidadãos, a protecção e a valorização do património cultural visam:

230 *Direito do Património Cultural*

a) Incentivar e assegurar o acesso de todos à fruição cultural;
b) Vivificar a identidade cultural comum da Nação Portuguesa e das comunidades regionais e locais a ela pertencentes e fortalecer a consciência da participação histórica do povo português em realidades culturais de âmbito transnacional;
c) Promover o aumento do bem-estar social e económico e o desenvolvimento regional e local;
d) Defender a qualidade ambiental e paisagística.

2 – Constituem objectivos primários da política de património cultural o conhecimento, a protecção, a valorização e o crescimento dos bens materiais e imateriais de interesse cultural relevante, bem como dos respectivos contextos.

ARTIGO 13.º – Componentes específicas da política do património cultural

A política do património cultural deverá integrar especificamente, entre outras, as seguintes componentes:

a) Definição de orientações estratégicas para todas as áreas do património cultural;
b) Definição, através de planos, programas e directrizes, das prioridades de intervenção ao nível da conservação, recuperação, acrescentamento, investigação e divulgação do património cultural;
c) Definição e mobilização dos recursos humanos, técnicos e financeiros necessários à consecução dos objectivos e das prioridades estabelecidas;
d) Definição das relações e aplicação dos instrumentos de cooperação entre os diversos níveis da Administração Pública e desta com os principais detentores de bens culturais e com as populações;
e) Definição dos modelos de articulação da política do património cultural com as demais políticas sectoriais;
f) Definição de modelos de aproveitamento das tecnologias da informação e comunicação;
g) Adopção de medidas de fomento à criação cultural.

TÍTULO IV
Dos bens culturais e das formas de protecção

ARTIGO 14.º – **Bens culturais**

1 – Consideram-se bens culturais os bens móveis e imóveis que, de harmonia com o disposto nos n.os 1, 3 e 5 do artigo 2.º, representem testemunho material com valor de civilização ou de cultura.

2 – Os princípios e disposições fundamentais da presente lei são extensíveis, na medida do que for compatível com os respectivos regimes jurídicos, aos bens naturais, ambientais, paisagísticos ou paleontológicos.

ARTIGO 15.º – **Categorias de bens**

1 – Os bens imóveis podem pertencer às categorias de monumento, conjunto ou sítio, nos termos em que tais categorias se encontram definidas no direito internacional, e os móveis, entre outras, às categorias indicadas no título VII.

2 – Os bens móveis e imóveis podem ser classificados como de interesse nacional, de interesse público ou de interesse municipal.

3 – Para os bens imóveis classificados como de interesse nacional, sejam eles monumentos, conjuntos ou sítios, adoptar-se-á a designação «monumento nacional» e para os bens móveis classificados como de interesse nacional é criada a designação «tesouro nacional».

4 – Um bem considera-se de interesse nacional quando a respectiva protecção e valorização, no todo ou em parte, represente um valor cultural de significado para a Nação.

5 – Um bem considera-se de interesse público quando a respectiva protecção e valorização represente ainda um valor cultural de importância nacional, mas para o qual o regime de protecção inerente à classificação como de interesse nacional se mostre desproporcionado.

6 – Consideram-se de interesse municipal os bens cuja protecção e valorização, no todo ou em parte, representem um valor cultural de significado predominante para um determinado município.

7 – Os bens culturais imóveis incluídos na lista do património mundial integram, para todos os efeitos e na respectiva categoria, a lista dos bens classificados como de interesse nacional.

232   *Direito do Património Cultural*

8 – A existência das categorias e designações referidas neste artigo não prejudica a eventual relevância de outras, designadamente quando previstas no direito internacional.

ARTIGO 16.º – **Formas de protecção dos bens culturais**

1 – A protecção legal dos bens culturais assenta na classificação e na inventariação.

2 – Cada forma de protecção dá lugar ao correspondente nível de registo, pelo que existirá:

a) O registo patrimonial de classificação;

b) O registo patrimonial de inventário.

3 – A aplicação de medidas cautelares previstas na lei não depende de prévia classificação ou inventariação de um bem cultural.

ARTIGO 17.º – **Critérios genéricos de apreciação**

Para a classificação ou a inventariação, em qualquer uma das categorias referidas no artigo 15.º, serão tidos em conta algum ou alguns dos seguintes critérios:

a) O carácter matricial do bem;

b) O génio do respectivo criador;

c) O interesse do bem como testemunho simbólico ou religioso;

d) O interesse do bem como testemunho notável de vivências ou factos históricos;

e) O valor estético, técnico ou material intrínseco do bem;

f) A concepção arquitectónica, urbanística e paisagística;

g) A extensão do bem e o que nela se reflecte do ponto de vista da memória colectiva;

h) A importância do bem do ponto de vista da investigação histórica ou científica;

i) As circunstâncias susceptíveis de acarretarem diminuição ou perda da perenidade ou da integridade do bem.

ARTIGO 18.º – **Classificação**

1 – Entende-se por classificação o acto final do procedimento administrativo mediante o qual se determina que certo bem possui um inestimável valor cultural.

Lei de bases 233

2 – Os bens móveis pertencentes a particulares só podem ser classificados como de interesse nacional quando a sua degradação ou o seu extravio constituam perda irreparável para o património cultural.

3 – Dos bens móveis pertencentes a particulares só são passíveis de classificação como de interesse público os que sejam de elevado apreço e cuja exportação definitiva do território nacional possa constituir dano grave para o património cultural.

4 – Só é possível a classificação de bens móveis de interesse municipal com o consentimento dos respectivos proprietários.

ARTIGO 19.º – **Inventariação**

1 – Entende-se por inventariação o levantamento sistemático, actualizado e tendencialmente exaustivo dos bens culturais existentes a nível nacional, com vista à respectiva identificação.

2 – O inventário abrange os bens independentemente da sua propriedade pública ou privada.

3 – O inventário inclui os bens classificados e os que, de acordo com os n.ºˢ 1, 3 e 5 do artigo 2.º e o n.º 1 do artigo 14.º, mereçam ser inventariados.

4 – O inventário abrange duas partes: o inventário de bens públicos, referente aos bens de propriedade do Estado ou de outras pessoas colectivas públicas, e o inventário de bens de particulares, referente aos bens de propriedade de pessoas colectivas privadas e de pessoas singulares.

5 – Só a título excepcional, e mediante despacho devidamente justificado do membro do governo central ou regional responsável pela área da cultura, os bens não classificados pertencentes a pessoas colectivas privadas e as pessoas singulares serão incluídos no inventário sem o acordo destas.

6 – Ficarão a constar do inventário independentemente do desfecho do procedimento os bens que se encontrem em vias de classificação.

TÍTULO V
Do regime geral de protecção dos bens culturais

CAPÍTULO I
Disposições gerais

SECÇÃO I
Direitos e deveres especiais

ARTIGO 20.º – **Direitos especiais dos detentores**

Os proprietários, possuidores e demais titulares de direitos reais sobre bens que tenham sido classificados ou inventariados gozam, entre outros, dos seguintes direitos específicos:

a) O direito de informação quanto aos actos da administração do património cultural que possam repercutir-se no âmbito da respectiva esfera jurídica;

b) O direito de conhecer as prioridades e as medidas políticas já estabelecidas para a conservação e valorização do património cultural;

c) O direito de se pronunciar sobre a definição da política e de colaborar na gestão do património cultural, pelas formas organizatórias e nos termos procedimentais que a lei definir;

d) O direito a uma indemnização sempre que do acto de classificação resultar uma proibição ou uma restrição grave à utilização habitualmente dada ao bem;

e) O direito de requerer a expropriação, desde que a lei o preveja.

ARTIGO 21.º – **Deveres especiais dos detentores**

1 – Os proprietários, possuidores e demais titulares de direitos reais sobre bens que tenham sido classificados ou inventariados estão especificamente adstritos aos seguintes deveres:

a) Facilitar à administração do património cultural a informação que resulte necessária para execução da presente lei;

b) Conservar, cuidar e proteger devidamente o bem, de forma a assegurar a sua integridade e a evitar a sua perda, destruição ou deterioração;

c) Adequar o destino, o aproveitamento e a utilização do bem à garantia da respectiva conservação.

Lei de bases 235

2 – Sobre os proprietários, possuidores e demais titulares de direitos reais sobre bens que tenham sido classificados incidem ainda os seguintes deveres:

a) Observar o regime legal instituído sobre acesso e visita pública, à qual podem, todavia, eximir-se mediante a comprovação da respectiva incompatibilidade, no caso concreto, com direitos, liberdades e garantias pessoais ou outros valores constitucionais;

b) Executar os trabalhos ou as obras que o serviço competente, após o devido procedimento, considerar necessários para assegurar a salvaguarda do bem.

ARTIGO 22.º – **Deveres especiais da Administração**

1 – O Estado deverá promover a existência e adequada estruturação e funcionamento de um sistema nacional de informação do património cultural, através da implantação, compatibilização e progressiva interoperatividade das diferentes redes de bases de dados.

2 – A legislação de desenvolvimento deverá obrigatoriamente regular a constituição, organização e funcionamento das redes nacionais de arquivos, bibliotecas e museus.

3 – Serão assegurados os direitos e as garantias estabelecidas na Constituição e na lei geral em matéria de protecção de dados pessoais e os imperativos de segurança dos bens, designadamente através do estabelecimento de níveis de acesso e gestão adequados.

4 – A administração do património cultural deverá promover a cooperação entre os seus serviços e instituições, a qual poderá incluir a cedência e troca de bens culturais sempre que se trate de integrar ou completar colecções ou fundos de natureza histórica ou de especial interesse literário, artístico, científico ou técnico.

SECÇÃO II
Procedimento administrativo

ARTIGO 23.º – **Direito subsidiário**

Em tudo quanto não estiver expressamente regulado neste título, são aplicáveis aos procedimentos administrativos previstos na legislação do património cultural os princípios e as disposições do Código do Procedimento Administrativo.

236   *Direito do Património Cultural*

ARTIGO 24.º – **Prazos gerais para conclusão**

1 – Sempre que a natureza e a extensão das tarefas o permitam, deve o procedimento de inventariação ser concluído no prazo máximo de um ano.

2 – O procedimento de classificação deve ser concluído no prazo máximo de um ano.

3 – Sempre que, no âmbito do mesmo procedimento, estejam em causa conjuntos, sítios, colecções, fundos ou realidades equivalentes, pode o instrutor prorrogar os prazos até ao limite dos prazos máximos correspondentes.

4 – É de 18 meses o prazo máximo para a definição de zona especial de protecção.

5 – Transcorridos os prazos referidos nos números anteriores, pode qualquer interessado, no prazo de 60 dias, denunciar a mora, para efeitos de a Administração decidir de forma expressa e em idêntico prazo, sob pena de caducidade do procedimento.

ARTIGO 25.º – **Início do procedimento**

1 – O impulso para a abertura de um procedimento administrativo de classificação ou inventariação pode provir de qualquer pessoa ou organismo, público ou privado, nacional ou estrangeiro.

2 – A iniciativa do procedimento pode pertencer ao Estado, às Regiões Autónomas, às autarquias locais ou a qualquer pessoa singular ou colectiva dotada de legitimidade, nos termos gerais.

3 – Para efeito de notificação do acto que determina a abertura do procedimento, considera-se também interessado o município da área de situação do bem.

4 – Os bens em vias de classificação ficam sujeitos a um regime especial, nos termos da lei.

5 – Um bem considera-se em vias de classificação a partir da notificação ou publicação do acto que determine a abertura do respectivo procedimento, nos termos do n.º 1 do presente artigo, no prazo máximo de 60 dias úteis após a entrada do respectivo pedido.

ARTIGO 26.º – **Instrução do procedimento**

1 – A instrução do procedimento compete ao serviço instrutor da entidade competente para a prática do acto final, em conformidade com as leis estatutárias e orgânicas e a demais legislação de desenvolvimento.

Lei de bases 237

2 – As tarefas e funções específicas do procedimento podem ser cometidas a entidades não públicas, desde que excluída a prática de actos ablativos.

3 – Na instrução do procedimento são obrigatoriamente ouvidos os órgãos consultivos competentes, nos termos da lei.

ARTIGO 27.º – **Audiência dos interessados**

1 – Os interessados têm o ónus de carrear para a instrução do procedimento todos os factos e elementos susceptíveis de conduzir a uma justa e rápida decisão e devem ser ouvidos antes de tomada a decisão final, nos termos do Código do Procedimento Administrativo.

2 – Quando o número de interessados for superior a 10 proceder-se-á a consulta pública, nos termos do Código do Procedimento Administrativo.

ARTIGO 28.º – **Forma dos actos**

1 – A classificação de um bem como de interesse nacional reveste a forma de decreto do Governo.

2 – A classificação de um bem como de interesse público reveste a forma de portaria.

3 – A forma dos demais actos a praticar obedecerá ao disposto na legislação aplicável.

4 – Todo o acto final de um procedimento sobre uma determinada forma de protecção deverá ser devidamente fundamentado, identificando com rigor o bem ou as partes componentes da universalidade em questão.

ARTIGO 29.º – **Notificação, publicação e efeitos da decisão**

1 – A decisão final é notificada aos interessados, bem como ao município da área a que o bem pertença, quando não seja deste o serviço instrutor, e ainda às associações que tenham participado na instrução do procedimento.

2 – Toda a decisão final deve ser publicada.

3 – Os efeitos da decisão produzem-se a partir da data da notificação da mesma às pessoas directamente interessadas.

238   *Direito do Património Cultural*

ARTIGO 30.º – **Procedimento para a revogação**

O disposto nesta secção, com as necessárias adaptações, é aplicável aos procedimentos extintivos de actos que tenham instituído alguma forma de protecção.

CAPÍTULO II
Protecção dos bens culturais classificados

SECÇÃO I
Bens móveis e imóveis

ARTIGO 31.º – **Tutela dos bens**

1 – Todo o bem classificado como de interesse nacional fica submetido a uma especial tutela do Estado, a qual, nas Regiões Autónomas, deve ser partilhada com os órgãos de governo próprios ou, quando for o caso, com as competentes organizações internacionais, nos termos da lei e do direito internacional.

2 – A classificação de um bem como de interesse nacional consome eventual classificação já existente como de interesse público, de interesse regional, de valor concelhio ou de interesse municipal, devendo os respectivos registos ser cancelados.

3 – O registo patrimonial de classificação abrirá, aos proprietários, possuidores e demais titulares de direitos reais sobre os bens culturais classificados, o acesso aos regimes de apoio, incentivos, financiamentos e estipulação de acordos e outros contratos a que se refere o n.º 1 do artigo 60.º, reforçados de forma proporcional ao maior peso das limitações.

4 – Os bens classificados como de interesse nacional e municipal ficarão submetidos, com as necessárias adaptações, às limitações referidas nos n.os 2 e 4 do artigo 60.º, bem como a todos os outros condicionamentos e restrições para eles estabelecidos na presente lei e na legislação de desenvolvimento.

ARTIGO 32.º – **Dever de comunicação das situações de perigo**

O proprietário ou titular de outro direito real de gozo sobre um bem classificado nos termos do artigo 15.º da presente lei, ou em vias de classificação como tal, deve avisar imediatamente o órgão

Lei de bases

competente da administração central ou regional, os serviços com competência inspectiva, o presidente da câmara municipal ou a autoridade policial logo que saiba de algum perigo que ameace o bem ou que possa afectar o seu interesse como bem cultural.

ARTIGO 33.º – **Medidas provisórias**

1 – Logo que a Administração Pública tenha conhecimento de que algum bem classificado, ou em vias de classificação, corra risco de destruição, perda, extravio ou deterioração, deverá o órgão competente da administração central, regional ou municipal determinar as medidas provisórias ou as medidas técnicas de salvaguarda indispensáveis e adequadas, podendo, em caso de impossibilidade própria, qualquer destes órgãos solicitar a intervenção de outro.

2 – Se as medidas ordenadas importarem para o detentor a obrigação de praticar determinados actos, deverão ser fixados os termos, os prazos e as condições da sua execução, nomeadamente a prestação de apoio financeiro ou técnico.

3 – Além das necessárias medidas políticas e administrativas, fica o Governo obrigado a instituir um fundo destinado a comparticipar nos actos referidos no n.º 2 do presente artigo e a acudir a situações de emergência ou de calamidade pública.

ARTIGO 34.º – **Usucapião**

Os bens culturais classificados nos termos do artigo 15.º da presente lei, ou em vias de classificação como tal, são insusceptíveis de aquisição por usucapião.

SECÇÃO II
Alienações e direitos de preferência

ARTIGO 35.º – **Transmissão de bens classificados**

A lei estabelecerá as limitações incidentes sobre a transmissão de bens classificados ou em vias de classificação pertencentes a pessoas colectivas públicas ou a outras pessoas colectivas tituladas ou subvencionadas pelo Estado ou pelas Regiões Autónomas.

240 *Direito do Património Cultural*

ARTIGO 36.º – **Dever de comunicação da transmissão**

1 – A alienação, a constituição de outro direito real de gozo ou a dação em pagamento de bens classificados nos termos do artigo 15.º da presente lei, ou em vias de classificação como tal, depende de prévia comunicação escrita ao serviço competente para a instrução do respectivo procedimento.

2 – A transmissão por herança ou legado de bens classificados nos termos do artigo 15.º da presente lei, ou em vias de classificação como tal, deverá ser comunicada pelo cabeça-de-casal ao serviço competente referido no número anterior, no prazo de três meses contados sobre a data de abertura da sucessão.

3 – O disposto no número anterior é aplicável aos bens situados nas zonas de protecção dos bens classificados nos termos do artigo 15.º da presente lei, ou em vias de classificação como tal.

ARTIGO 37.º – **Direito de preferência**

1 – Os comproprietários, o Estado, as Regiões Autónomas e os municípios gozam, pela ordem indicada, do direito de preferência em caso de venda ou dação em pagamento de bens classificados ou em vias de classificação ou dos bens situados na respectiva zona de protecção.

2 – É aplicável ao direito de preferência previsto neste artigo o disposto nos artigos 416.º a 418.º e 1410.º do Código Civil, com as necessárias adaptações.

3 – O disposto no presente artigo não prejudica os direitos de preferência concedidos à Administração Pública pela legislação avulsa.

ARTIGO 38.º – **Escrituras e registos**

1 – O incumprimento do dever de comunicação estabelecido nos artigos anteriores constituirá impedimento à celebração pelos notários das respectivas escrituras, bem como obstáculo a que os conservadores inscrevam os actos em causa nos competentes registos.

2 – Quando efectuadas contra o preceituado pelo artigo 35.º e pelo n.º 1 do artigo 36.º, a alienação, a constituição de outro direito real de gozo ou a dação em pagamento são anuláveis pelos tribunais sob iniciativa do membro da administração central, regional ou municipal competente, dentro de um ano a contar da data do conhecimento.

Lei de bases 241

ARTIGO 39.º – **Registo predial**

1 – Os prédios classificados nos termos do artigo 15.º da presente lei, ou em vias de classificação como tal, devem ter esta qualidade inscrita gratuitamente no respectivo registo predial.

2 – O disposto no número anterior aplica-se aos prédios incluídos em conjuntos classificados ou em vias de classificação.

SECÇÃO III
Bens imóveis

SUBSECÇÃO I
Disposições comuns

ARTIGO 40.º – **Impacte de grandes projectos e obras**

1 – Os órgãos competentes da administração do património cultural têm de ser previamente informados dos planos, programas, obras e projectos, tanto públicos como privados, que possam implicar risco de destruição ou deterioração de bens culturais, ou que de algum modo os possam desvalorizar.

2 – Para os efeitos do número anterior, o Governo, os órgãos de governo próprio das Regiões Autónomas e os órgãos das autarquias locais estabelecerão, no âmbito das competências respectivas, as medidas de protecção e as medidas correctivas que resultem necessárias para a protecção do património cultural.

ARTIGO 41.º – **Inscrições e afixações**

1 – É proibida a execução de inscrições ou pinturas em imóveis classificados nos termos do artigo 15.º da presente lei, ou em vias de classificação como tal, bem como a colocação de anúncios, cartazes ou outro tipo de material informativo fora dos locais ali reservados para a exposição de elementos de divulgação das características do bem cultural e das finalidades e realizações a que corresponder o seu uso, sem autorização da entidade responsável pela classificação.

2 – A lei pode condicionar a afixação ou instalação de toldos, de tabuletas, de letreiros, de anúncios ou de cartazes, qualquer que seja a sua natureza e conteúdos, nos centros históricos e outros conjuntos urbanos legalmente reconhecidos, bem como nos locais onde possa prejudicar a perspectiva dos imóveis classificados.

242 *Direito do Património Cultural*

ARTIGO 42.º – **Efeitos da abertura do procedimento**

1 – A notificação do acto que determina a abertura do procedimento de classificação de bens imóveis nos termos do artigo 15.º da presente lei opera, além de outros efeitos previstos nesta lei, a suspensão dos procedimentos de concessão de licença ou autorização de operações de loteamento, obras de urbanização, edificação, demolição, movimento de terras ou actos administrativos equivalentes, bem como a suspensão dos efeitos das licenças ou autorizações já concedidas, pelo prazo e condições a fixar na lei.

2 – Enquanto outro prazo não for fixado pela legislação de desenvolvimento, o mesmo será de 120 dias para efeito de aplicação do disposto neste artigo.

3 – As operações urbanísticas que se realizem em desconformidade com o disposto no número anterior são ilegais, podendo a administração do património cultural competente ou os municípios ordenar a reconstrução ou demolição, pelo infractor ou à sua custa, nos termos da legislação urbanística, com as devidas adaptações.

4 – A classificação dos bens a que se refere o n.º 1 gera a caducidade dos procedimentos, licenças e autorizações suspensos nos termos deste preceito, sem prejuízo de direito a justa indemnização pelos encargos e prejuízos anormais e especiais resultantes da extinção dos direitos previamente constituídos pela Administração.

ARTIGO 43.º – **Zonas de protecção**

1 – Os bens imóveis classificados nos termos do artigo 15.º da presente lei, ou em vias de classificação como tal, beneficiarão automaticamente de uma zona geral de protecção de 50 m, contados a partir dos seus limites externos, cujo regime é fixado por lei.

2 – Os bens imóveis classificados nos termos do artigo 15.º da presente lei, ou em vias de classificação como tal, devem dispor ainda de uma zona especial de protecção, a fixar por portaria do órgão competente da administração central ou da Região Autónoma quando o bem aí se situar.

3 – Nas zonas especiais de protecção podem incluir-se zonas *non aedificandi.*

4 – As zonas de protecção são servidões administrativas, nas quais não podem ser concedidas pelo município, nem por outra entidade, licenças para obras de construção e para quaisquer trabalhos que alterem a topografia, os alinhamentos e as cérceas e, em geral, a

Lei de bases 243

distribuição de volumes e coberturas ou o revestimento exterior dos edifícios sem prévio parecer favorável da administração do património cultural competente.

5 – Excluem-se do preceituado pelo número anterior as obras de mera alteração no interior de imóveis.

ARTIGO 44.º – **Defesa da qualidade ambiental e paisagística**

1 – A lei definirá outras formas para assegurar que o património cultural imóvel se torne um elemento potenciador da coerência dos monumentos, conjuntos e sítios que o integram, e da qualidade ambiental e paisagística.

2 – Para os efeitos deste artigo, o Estado, as Regiões Autónomas e as autarquias locais promoverão, no âmbito das atribuições respectivas, a adopção de providências tendentes a recuperar e valorizar zonas, centros históricos e outros conjuntos urbanos, aldeias históricas, paisagens, parques, jardins e outros elementos naturais, arquitectónicos ou industriais integrados na paisagem.

3 – Relativamente aos conjuntos e sítios, a legislação de desenvolvimento estabelecerá especialmente:

a) Os critérios exigidos para o seu reconhecimento legal e os benefícios e incentivos daí decorrentes;

b) Os parâmetros a que devem obedecer os planos, os programas e os regulamentos aplicáveis;

c) Os sistemas de incentivo e apoio à gestão integrada e descentralizada;

d) As medidas de avaliação e controlo.

ARTIGO 45.º – **Projectos, obras e intervenções**

1 – Os estudos e projectos para as obras de conservação, modificação, reintegração e restauro em bens classificados, ou em vias de classificação, são obrigatoriamente elaborados e subscritos por técnicos de qualificação legalmente reconhecida ou sob a sua responsabilidade directa.

2 – Os estudos e projectos referidos no número anterior devem integrar ainda um relatório sobre a importância e a avaliação artística ou histórica da intervenção, da responsabilidade de um técnico competente nessa área.

3 – As obras ou intervenções em bens imóveis classificados nos termos do artigo 15.º da presente lei, ou em vias de classificação

244 *Direito do Património Cultural*

como tal, serão objecto de autorização e acompanhamento do órgão competente para a decisão final do procedimento de classificação, nos termos definidos na lei.

4 – Concluída a intervenção, deverá ser elaborado e remetido à administração do património cultural competente um relatório de onde conste a natureza da obra, as técnicas, as metodologias, os materiais e os tratamentos aplicados, bem como documentação gráfica, fotográfica, digitalizada ou outra sobre o processo seguido.

ARTIGO 46.º – Obras de conservação obrigatória

1 – No respeito dos princípios gerais e nos limites da lei, o Estado, as Regiões Autónomas, os municípios e os proprietários ou titulares de outros direitos reais de gozo sobre imóveis classificados nos termos do artigo 15.º da presente lei, ou em vias de classificação como tal, devem executar todas as obras ou quaisquer outras intervenções que a administração do património cultural competente considere necessárias para assegurar a sua salvaguarda.

2 – No caso de as obras ou intervenções não terem sido iniciadas ou concluídas dentro do prazo fixado, poderão as entidades previstas no n.º 2 do artigo 40.º da presente lei promover a sua execução coerciva nos termos previstos na legislação em vigor.

ARTIGO 47.º – Embargos e medidas provisórias

1 – O organismo competente da administração do Estado, da administração regional autónoma ou da administração municipal deve determinar o embargo administrativo de quaisquer obras ou trabalhos em bens imóveis classificados como de interesse nacional, de interesse público ou de interesse municipal, ou em vias de classificação como tal, cuja execução decorra ou se apreste a iniciar em desconformidade com a presente lei.

2 – O disposto no número anterior aplica-se também às obras ou trabalhos em zonas de protecção de bens imóveis classificados nos termos do artigo 15.º da presente lei, ou em vias de classificação como tal.

3 – A lei determinará as demais medidas provisórias aplicáveis.

ARTIGO 48.º – **Deslocamento**

Nenhum imóvel classificado nos termos do artigo 15.º da presente lei, ou em vias de classificação como tal, poderá ser deslocado ou removido, em parte ou na totalidade, do lugar que lhe compete, salvo se, na sequência do procedimento previsto na lei, assim for julgado imprescindível por motivo de força maior ou por manifesto interesse público, em especial no caso de a salvaguarda material do mesmo o exigir imperativamente, devendo então a autoridade competente fornecer todas as garantias necessárias quanto à desmontagem, à remoção e à reconstrução do imóvel em lugar apropriado.

ARTIGO 49.º – **Demolição**

1 – Sem prejuízo do disposto nos artigos anteriores, não podem ser concedidas licenças de demolição total ou parcial de bens imóveis classificados nos termos do artigo 15.º da presente lei, ou em vias de classificação como tal, sem prévia e expressa autorização do órgão competente da administração central, regional autónoma ou municipal, conforme os casos.

2 – A autorização de demolição por parte do órgão competente da administração central, regional autónoma ou municipal tem como pressuposto obrigatório a existência de ruína ou a verificação em concreto da primazia de um bem jurídico superior ao que está presente na tutela dos bens culturais, desde que, em qualquer dos casos, se não mostre viável nem razoável, por qualquer outra forma, a salvaguarda ou o deslocamento do bem.

3 – Verificado um ou ambos os pressupostos, devem ser decretadas as medidas adequadas à manutenção de todos os elementos que se possam salvaguardar, autorizando-se apenas as demolições estritamente necessárias.

4 – A autorização de demolição por parte do órgão competente da administração central, regional autónoma ou municipal não deve ser concedida quando a situação de ruína seja causada pelo incumprimento do disposto no presente capítulo, impondo-se aos responsáveis a reposição, nos termos da lei.

5 – São nulos os actos administrativos que infrinjam o disposto nos números anteriores.

246 *Direito do Património Cultural*

ARTIGO 50.º – **Expropriação**

1 – Ouvidos os interessados e os órgãos consultivos competentes, pode a administração do património cultural promover a expropriação dos bens imóveis classificados nos termos do artigo 15.º da presente lei, ou em vias de classificação como tal, nos seguintes casos:

a) Quando por responsabilidade do detentor, decorrente de violação grave dos seus deveres gerais, especiais ou contratualizados, se corra risco sério de degradação do bem;

b) Quando por razões jurídicas, técnicas ou científicas devidamente fundamentadas a expropriação se revele a forma mais adequada de assegurar a tutela do bem;

c) Quando a expropriação tiver sido requerida pelo interessado.

2 – Ouvidos os interessados e os órgãos consultivos competentes, podem ainda ser expropriados os bens imóveis situados nas zonas de protecção dos bens classificados nos termos do artigo 15.º da presente lei, ou em vias de classificação como tal, quando prejudiquem a boa conservação daqueles bens culturais ou ofendam ou desvirtuem as suas características ou enquadramento.

3 – No âmbito da aplicação dos n.os 1 e 2 do presente artigo, e tratando-se de bens imóveis classificados como de interesse municipal, ou em vias de classificação como tal, enquadrados num instrumento de gestão territorial eficaz, os municípios podem promover a respectiva expropriação, sendo a assembleia municipal competente para a declaração de utilidade desta expropriação, nos termos da lei.

SUBSECÇÃO II

Monumentos, conjuntos e sítios

ARTIGO 51.º – **Intervenções**

Não poderá realizar-se qualquer intervenção ou obra, no interior ou no exterior de monumentos, conjuntos ou sítios classificados, nem mudança de uso susceptível de o afectar, no todo ou em parte, sem autorização expressa e o acompanhamento do órgão competente da administração central, regional autónoma ou municipal, conforme os casos.

Lei de bases 247

ARTIGO 52.º – **Contexto**

1 – O enquadramento paisagístico dos monumentos será objecto de tutela reforçada.

2 – Nenhumas intervenções relevantes, em especial alterações com incidência no volume, natureza, morfologia ou cromatismo, que tenham de realizar-se nas proximidades de um bem imóvel classificado, ou em vias de classificação, podem alterar a especificidade arquitectónica da zona ou perturbar significativamente a perspectiva ou contemplação do bem.

3 – Exceptuam-se do disposto no número anterior as intervenções que tenham manifestamente em vista qualificar elementos do contexto ou dele retirar elementos espúrios, sem prejuízo do controlo posterior.

4 – A existência de planos de pormenor de salvaguarda ou de planos integrados não desonera do cumprimento do regime definido nos números anteriores.

ARTIGO 53.º – **Planos**

1 – O acto que decrete a classificação de monumentos, conjuntos ou sítios nos termos do artigo 15.º da presente lei, ou em vias de classificação como tal, obriga o município, em parceria com os serviços da administração central ou regional autónoma responsáveis pelo património cultural, ao estabelecimento de um plano de pormenor de salvaguarda para a área a proteger.

2 – A administração do património cultural competente pode ainda determinar a elaboração de um plano integrado, salvaguardando a existência de qualquer instrumento de gestão territorial já eficaz, reconduzido a instrumento de política sectorial nos domínios a que deva dizer respeito.

3 – O conteúdo dos planos de pormenor de salvaguarda será definido na legislação de desenvolvimento, o qual deve estabelecer, para além do disposto no regime jurídico dos instrumentos de gestão territorial:

a) A ocupação e usos prioritários;

b) As áreas a reabilitar;

c) Os critérios de intervenção nos elementos construídos e naturais;

d) A cartografia e o recenseamento de todas as partes integrantes do conjunto;

248 *Direito do Património Cultural*

e) As normas específicas para a protecção do património arqueológico existente;

f) As linhas estratégicas de intervenção, nos planos económico, social e de requalificação urbana e paisagística.

ARTIGO 54.º – **Projectos, obras e intervenções**

1 – Até à elaboração de algum dos planos a que se refere o artigo anterior, a concessão de licenças, ou a realização de obras licenciadas, anteriormente à classificação do monumento, conjunto ou sítio dependem de parecer prévio favorável da administração do património cultural competente.

2 – Após a entrada em vigor do plano de pormenor de salvaguarda, podem os municípios licenciar as obras projectadas em conformidade com as disposições daquele, sem prejuízo do dever de comunicar à administração do património cultural competente, no prazo máximo de 15 dias, as licenças concedidas.

3 – Os actos administrativos que infrinjam o disposto nos números anteriores são nulos.

SECÇÃO IV

Dos bens móveis

ARTIGO 55.º – **Bens culturais móveis**

1 – Consideram-se bens culturais móveis integrantes do património cultural aqueles que se conformem com o disposto no n.º 1 do artigo 14.º e constituam obra de autor português ou sejam atribuídos a autor português, hajam sido criados ou produzidos em território nacional, provenham do desmembramento de bens imóveis aí situados, tenham sido encomendados ou distribuídos por entidades nacionais ou hajam sido propriedade sua, representem ou testemunhem vivências ou factos nacionais relevantes a que tenham sido agregados elementos naturais da realidade cultural portuguesa, se encontrem em território português há mais de 50 anos ou que, por motivo diferente dos referidos, apresentem especial interesse para o estudo e compreensão da civilização e cultura portuguesas.

2 – Consideram-se ainda bens culturais móveis integrantes do património cultural aqueles que, não sendo de origem ou de autoria portuguesa, se encontrem em território nacional e se conformem com o disposto no n.º 1 do artigo 14.º

Lei de bases 249

3 – Os bens culturais móveis referidos no número anterior constituem espécies artísticas, etnográficas, científicas e técnicas, bem como espécies arqueológicas, arquivísticas, áudio-visuais, bibliográficas, fotográficas, fonográficas e ainda quaisquer outras que venham a ser consideradas pela legislação de desenvolvimento.

ARTIGO 56.º – **Classificação de bens culturais de autor vivo**

A classificação feita nos termos do artigo 15.º da presente lei de bens culturais de autor vivo depende do consentimento do respectivo proprietário, salvo situações excepcionais a definir em legislação de desenvolvimento.

ARTIGO 57.º – **Dever de comunicação de mudança de lugar**

Os proprietários e possuidores de bens móveis classificados nos termos do artigo 15.º da presente lei, ou em vias de classificação como tal, devem comunicar previamente ao serviço competente para a classificação a mudança de lugar ou qualquer circunstância que afecte a posse ou a guarda do bem.

ARTIGO 58.º – **Depósito**

1 – Os proprietários e possuidores de bens móveis classificados nos termos do artigo 15.º da presente lei, ou em vias de classificação como tal, podem acordar com a Administração Pública a respectiva cedência para depósito.

2 – Em caso de incumprimento, por parte dos detentores, de deveres gerais, especiais ou contratualizados, susceptível de acarretar um risco sério de degradação ou dispersão dos bens, poderá o Governo, os órgãos de governo próprio das Regiões Autónomas e os órgãos municipais competentes nos termos da presente lei ordenar que os mesmos sejam transferidos, a título de depósito, para a guarda de bibliotecas, arquivos ou museus.

ARTIGO 59.º – **Projectos e intervenções**

1 – As intervenções físicas ou estruturantes em bens móveis classificados nos termos do artigo 15.º da presente lei, ou em vias de classificação como tal, são obrigatoriamente asseguradas por técnicos de qualificação legalmente reconhecida.

250   *Direito do Património Cultural*

2 – Nos termos da lei, e com as necessárias adaptações, são aplicáveis aos bens móveis classificados, ou em vias classificação, as
disposições dos artigos 45.º, 46.º, 47.º e 50.º da presente lei.

SECÇÃO V
Particularização de regimes

ARTIGO 60.º – **Outras disposições aplicáveis aos bens classificados**

1 – O registo patrimonial de classificação abrirá aos proprietários,
possuidores e demais titulares de direitos reais sobre os respectivos
bens culturais o acesso a regimes de apoio, incentivos, financiamentos e estipulação de contratos e outros acordos, nos termos da presente lei e da legislação de desenvolvimento.

2 – Os bens classificados como de interesse público ficam sujeitos às seguintes restrições e ónus:

a) Dever, da parte do detentor, de comunicar a alienação ou
outra forma de transmissão da propriedade ou de outro direito
real de gozo, para efeitos de actualização de registo;

b) Sujeição a prévia autorização do desmembramento ou dispersão das partes integrantes do bem ou colecção;

c) Sujeição a prévia autorização do serviço competente de
quaisquer intervenções que visem alteração, conservação ou
restauro, as quais só poderão ser efectuadas por técnicos
especializados, nos termos da legislação de desenvolvimento;

d) Existência de regras próprias sobre a transferência ou cedência de espécies de uma instituição para outra ou entre serviços públicos;

e) Sujeição da exportação a prévia autorização ou licença;

f) Identificação do bem através de sinalética própria, especialmente no caso dos imóveis;

g) Obrigação de existência de um documento para registos e
anotações na posse do respectivo detentor.

3 – Relativamente ao regime definido no número anterior, os
bens classificados como de interesse municipal poderão conhecer
níveis menos intensos de limitações, nos termos a especificar na
legislação de desenvolvimento.

4 – No respeito pelos princípios gerais aplicáveis, poderá ainda
a lei estabelecer, atenta a situação concreta do bem ou do tipo de

bens em questão, um regime diferenciado de limitações, designadamente espaciais.

5 – Aos bens imóveis e móveis classificados como de interesse público são correspondentemente aplicáveis, com as especificações a definir na legislação de desenvolvimento, as disposições do n.º 2 do artigo 31.º e dos artigos 32.º e 40.º a 59.º da presente lei.

6 – As disposições dos artigos 40.º a 60.º da presente lei apenas são aplicáveis, com as necessárias adaptações, aos bens imóveis e móveis classificados como de interesse municipal quando assim seja previsto na legislação de desenvolvimento.

CAPÍTULO III
Protecção dos bens culturais inventariados

ARTIGO 61.º – **Inventário geral**

1 – Os bens inventariados gozam de protecção com vista a evitar o seu perecimento ou degradação, a apoiar a sua conservação e a divulgar a respectiva existência.

2 – O inventário geral do património cultural será assegurado e coordenado pelo Governo sem prejuízo da necessidade de articulação com os inventários já existentes.

ARTIGO 62.º – **Inventário de bens de particulares**

1 – Qualquer pessoa pode, mediante solicitação fundamentada, requerer a inventariação de um bem, colecção ou conjunto de que seja detentor, juntando todos os elementos pertinentes.

2 – A solicitação referida no número anterior deverá ser decidida no prazo de 90 dias.

3 – A inclusão de qualquer bem, colecção ou conjunto no inventário geral confere ao respectivo detentor o direito a um título de identidade, sem prejuízo de outros benefícios a reconhecer por lei, em especial quando as operações de inventariação tiverem sido promovidas a expensas do particular.

ARTIGO 63.º – **Inventário de bens públicos**

1 – Para o efeito da elaboração do inventário dos bens públicos, os representantes das autarquias locais e das demais pessoas colectivas

252 *Direito do Património Cultural*

públicas não territoriais devem apresentar à administração do património cultural competente instrumentos de descrição de todos os bens pertencentes às entidades que representam, susceptíveis de integrar o património cultural de acordo com os n.os 1, 3 e 5 do artigo 2.º e o n.º 1 do artigo 14.º da presente lei.

2 – Idêntico dever de comunicação é extensível aos bens que venham, por qualquer título, a integrar no futuro o património da pessoa colectiva.

3 – A lei estabelecerá os termos e condições em que se deve processar a apresentação dos instrumentos de descrição por parte dos serviços da administração central do Estado, da administração regional autónoma e de outros organismos públicos.

4 – A lei poderá estabelecer a classificação automática de certos bens públicos, na sequência do cumprimento do disposto nos números anteriores.

CAPÍTULO IV
Exportação, expedição, importação, admissão e comércio

ARTIGO 64.º – **Exportação e expedição**

1 – A exportação e a expedição temporárias ou definitivas de bens que integrem o património cultural, ainda que não inscritos no registo patrimonial de classificação ou inventariação, devem ser precedidas de comunicação à administração do património cultural competente com a antecedência de 30 dias.

2 – A obrigação referida no número anterior respeitará, em particular, as espécies a que alude o n.º 3 do artigo 55.º, independentemente da apreciação definitiva do interesse cultural do bem em causa.

3 – A administração do património cultural competente poderá vedar liminarmente a exportação ou a expedição, a título de medida provisória, sem que de tal providência decorra a vinculação do Estado à aquisição da coisa.

4 – As exportações e as expedições que não obedeçam ao disposto no n.º 1 do presente artigo e no artigo 65.º, nos n.os 1 e 5 do artigo 66.º e no artigo 67.º são ilícitas.

ARTIGO 65.º – **Exportação e expedição de bens classificados como de interesse nacional**

1 – A saída de território nacional de bens classificados como de interesse nacional, ou em vias de classificação como tal, fora dos casos previstos nos n.os 2 e 3 do presente artigo é interdita.

2 – A exportação e expedição temporárias de bens classificados como de interesse nacional, ou em vias de classificação como tal, apenas pode ser autorizada, por despacho do membro do Governo responsável pela área da cultura, para finalidades culturais ou científicas, bem como de permuta temporária por outros bens de igual interesse para o património cultural.

3 – A exportação e expedição definitivas de bens classificados como de interesse nacional, ou em vias de classificação como tal, pertencentes ao Estado, apenas podem ser autorizadas, a título excepcional, pelo Conselho de Ministros, para efeito de permuta definitiva por outros bens existentes no estrangeiro que se revistam de excepcional interesse para o património cultural português.

4 – As autorizações ou licenças de exportação ou de expedição de bens referidas nos números anteriores especificarão as condições ou cláusulas modais que forem consideradas convenientes.

ARTIGO 66.º – **Exportação e expedição de outros bens classificados**

1 – Dependem de autorização ou licença da administração do património cultural a exportação e a expedição definitivas ou temporárias de bens classificados como de interesse público, ou em vias de classificação como tal.

2 – A autorização ou a licença a que se refere o número anterior podem sujeitar a exportação ou a expedição a condições ou cláusulas modais.

3 – A apresentação do pedido de exportação ou de expedição para venda concede ao Estado o direito de preferência na aquisição.

4 – As leis de desenvolvimento regularão o regime de exportação e expedição dos demais bens classificados, assim como os procedimentos e formalidades aplicáveis.

5 – A exportação e a expedição de bens inventariados pertencentes a entidades públicas depende de autorização da administração do património cultural.

6 – A autorização a que se refere o número anterior sujeitar-se-á a condições especiais a definir por lei.

254   *Direito do Património Cultural*

ARTIGO 67.º – **Exportação de bens culturais de Estados membros da União Europeia**

As formalidades para efeito de exportação de bens pertencentes ao património cultural de Estados membros da União Europeia regem-se pelo disposto no direito comunitário.

ARTIGO 68.º – **Importação e admissão**

1 – É aplicável à importação e à admissão de bens culturais, com as necessárias adaptações, o disposto nos n.os 1 e 2 do artigo 64.º.

2 – Às importações e admissões de bens culturais promovidas por particulares que se efectuem em conformidade com a lei serão aplicáveis as seguintes regras:

    a) O proprietário gozará do direito ao título de identificação do bem, com equivalência ao estatuto de bem inventariado;

    b) Salvo acordo do proprietário, é vedada a classificação como de interesse nacional ou de interesse público do bem nos 10 anos seguintes à importação ou admissão.

3 – A lei regulará os demais procedimentos e condições a que deve obedecer a importação e a admissão, temporária ou definitiva, de bens culturais.

ARTIGO 69.º – **Regime do comércio e da restituição**

1 – Em condições de reciprocidade, consideram-se nulas as transacções realizadas em território português incidentes sobre bens pertencentes ao património cultural de outro Estado e que se encontrem em território nacional em consequência da violação da respectiva lei de protecção.

2 – Os bens a que se refere o número anterior do presente artigo são restituíveis nos termos do direito comunitário ou internacional que vincular o Estado Português.

3 – A restituição de bens pertencentes ao património cultural dos demais Estados membros da União Europeia pode ser limitada às categorias de objectos relacionadas nos actos de direito comunitário derivado.

4 – As acções de restituição correrão pelos tribunais judiciais, nelas cabendo legitimidade activa exclusivamente ao Estado de onde o bem cultural tenha saído ilegalmente e desde que se trate de Estado

membro da União Europeia ou de Estado em condições de reciprocidade na ordem interna portuguesa que lhe confira tal direito.

5 – Na acção de restituição, discutir-se-á apenas:

a) Se o bem que é objecto do pedido tem a qualidade de bem cultural nos termos das normas aplicáveis;

b) Se a saída do bem do território do Estado de origem foi ilícita nos termos das normas aplicáveis;

c) Se o possuidor ou detentor adquiriu o bem de boa fé;

d) O montante da indemnização a arbitrar ao possuidor ou detentor de boa fé;

e) Outros aspectos do conflito de interesses cuja discussão na acção de restituição seja consentido pelas normas aplicáveis do direito comunitário ou internacional.

6 – A acção de restituição não procederá quando o bem cultural reclamado constitua elemento do património cultural português.

7 – A legislação de desenvolvimento regulará a compra, venda e comércio de antiguidades e de outros bens culturais móveis.

TÍTULO VI
Do regime geral de valorização dos bens culturais

ARTIGO 70.º – **Componentes do regime de valorização**

São componentes do regime geral de valorização dos bens culturais:

a) A conservação preventiva e programada;

b) A pesquisa e a investigação;

c) A protecção e valorização da paisagem e a instituição de novas e adequadas formas de tutela dos bens culturais e naturais, designadamente os centros históricos, conjuntos urbanos e rurais, jardins históricos e sítios;

d) O acesso e a fruição;

e) A formação;

f) A divulgação, sensibilização e animação;

g) O crescimento e o enriquecimento;

h) O apoio à criação cultural;

i) A utilização, o aproveitamento, a rendibilização e a gestão;

j) O apoio a instituições técnicas e científicas.

ARTIGO 71.º – **Instrumentos**

Constituem, entre outros, instrumentos do regime de valorização dos bens culturais:

a) O inventário geral do património cultural;
b) Os instrumentos de gestão territorial;
c) Os parques arqueológicos;
d) Os programas e projectos de apoio à musealização, exposição e depósito temporário de bens e espólios;
e) Os programas de apoio às formas de utilização originária, tradicional ou natural dos bens;
f) Os regimes de acesso, nomeadamente a visita pública e as colecções visitáveis;
g) Os programas e projectos de divulgação, sensibilização e animação;
h) Os programas de formação específica e contratualizada;
i) Os programas de voluntariado;
j) Os programas de apoio à acção educativa;
l) Os programas de aproveitamento turístico;
m) Os planos e programas de aquisição e permuta.

TÍTULO VII
Dos regimes especiais de protecção e valorização de bens culturais

CAPÍTULO I
Disposições comuns

ARTIGO 72.º – **Disposições gerais**

1 – As normas do presente título aplicam-se aos bens culturais e aos demais elementos integrantes do património cultural previstos nos capítulos seguintes.

2 – Em tudo o que não estiver previsto neste título, aplicam-se os princípios e disposições da presente lei, salvo os que se mostrem incompatíveis com a natureza dos bens.

3 – As leis de desenvolvimento poderão estabelecer formas de protecção, e correspondentes regimes, especialmente aplicáveis aos bens culturais ou a certo tipo de elementos integrantes do património arqueológico, arquivístico, áudio-visual, bibliográfico, fonográfico

Lei de bases   257

ou fotográfico ou a novos tipos de bens culturais, nomeadamente os que integrem o património electrónico ou o património industrial.

4 – As disposições respeitantes ao património arquivístico aplicam-se subsidiariamente aos bens culturais e aos demais elementos integrantes do património áudio-visual, bibliográfico, fonográfico e fotográfico, na medida em que se mostrem compatíveis com a natureza dos bens.

5 – Para a classificação ou o inventário do património áudio-visual, bibliográfico, fonográfico e fotográfico valerão também algum ou alguns dos seguintes critérios de apreciação:

a) Proximidade da matriz ou versão originais;

b) Processos utilizados na criação ou produção;

c) Estado de conservação.

6 – Não carece do consentimento exigido pelo artigo 56.º desta lei a classificação dos elementos matriciais de bens áudio-visuais ou fonográficos ou, na falta daqueles, de uma das respectivas cópias.

ARTIGO 73.º – **Acesso à documentação**

1 – A lei promove o acesso à documentação integrante do património cultural.

2 – O acesso tem, desde logo, por limites os que decorram dos imperativos de conservação das espécies.

3 – A menos que seja possível apresentar uma cópia de onde hajam sido expurgados elementos lesivos de direitos e valores fundamentais, não será objecto de acesso o documento que os contiver.

4 – As restrições legais da comunicabilidade de documentação integral do património cultural caducam decorridos 100 anos sobre a data de produção do documento, a menos que a lei estabeleça prazos especiais mais reduzidos.

CAPÍTULO II
Do património arqueológico

ARTIGO 74.º – **Conceito e âmbito do património arqueológico e paleontológico**

1 – Integram o património arqueológico e paleontológico todos os vestígios, bens e outros indícios da evolução do planeta, da vida e dos seres humanos:

258 Direito do Património Cultural

a) Cuja preservação e estudo permitam traçar a história da vida e da humanidade e a sua relação com o ambiente;
b) Cuja principal fonte de informação seja constituída por escavações, prospecções, descobertas ou outros métodos de pesquisa relacionados com o ser humano e o ambiente que o rodeia.

2 – O património arqueológico integra depósitos estratificados, estruturas, construções, agrupamentos arquitectónicos, sítios valorizados, bens móveis e monumentos de outra natureza, bem como o respectivo contexto, quer estejam localizados em meio rural ou urbano, no solo, subsolo ou em meio submerso, no mar territorial ou na plataforma continental.

3 – Os bens provenientes da realização de trabalhos arqueológicos constituem património nacional, competindo ao Estado e às Regiões Autónomas proceder ao seu arquivo, conservação, gestão, valorização e divulgação através dos organismos vocacionados para o efeito, nos termos da lei.

4 – Entende-se por parque arqueológico qualquer monumento, sítio ou conjunto de sítios arqueológicos de interesse nacional, integrado num território envolvente marcado de forma significativa pela intervenção humana passada, território esse que integra e dá significado ao monumento, sítio ou conjunto de sítios, e cujo ordenamento e gestão devam ser determinados pela necessidade de garantir a preservação dos testemunhos arqueológicos aí existentes.

5 – Para os efeitos do disposto no número anterior, entende-se por território envolvente o contexto natural ou artificial que influencia, estática ou dinamicamente, o modo como o monumento, sítio ou conjunto de sítios é percebido.

ARTIGO 75.º – **Formas e regime de protecção**

1 – Aos bens arqueológicos será desde logo aplicável, nos termos da lei, o princípio da conservação pelo registo científico.

2 – Em qualquer lugar onde se presuma a existência de vestígios, bens ou outros indícios arqueológicos, poderá ser estabelecido com carácter preventivo e temporário, pelo órgão da administração do património cultural competente, uma reserva arqueológica de protecção, por forma a garantir-se a execução de trabalhos de emergência, com vista a determinar o seu interesse.

Lei de bases 259

3 – Sempre que o interesse de um parque arqueológico o justifique, o mesmo poderá ser dotado de uma zona especial de protecção, a fixar pelo órgão da administração do património cultural competente, por forma a garantir-se a execução futura de trabalhos arqueológicos no local.

4 – A legislação de desenvolvimento podcrá também estabelecer outros tipos de providências limitativas da modificação do uso, da transformação e da remoção de solos ou de qualquer actividade de edificação sobre os mesmos, até que possam ser estudados dentro de prazos máximos os testemunhos que se saiba ou fundamentadamente se presuma ali existirem.

5 – Desde que os bens arqueológicos não estejam classificados, ou em vias de o serem, poderão os particulares interessados promover, total ou parcialmente, a expensas suas, nos termos da lei, os trabalhos arqueológicos de cuja conclusão dependa a cessação das limitações previstas nos n.os 2 e 4 do presente artigo.

6 – Depende de prévia emissão de licença a utilização de detectores de metais e de qualquer outro equipamento de detecção ou processo destinados à investigação arqueológica, nos termos da lei.

7 – Com vista a assegurar o ordenamento e a gestão dos parques arqueológicos, definidos no n.º 4 do artigo 74.º, a administração do património arqueológico competente deve, nos termos da lei, elaborar um plano especial de ordenamento do território, designado por plano de ordenamento de parque arqueológico.

8 – Os objectivos, o conteúdo material e o conteúdo documental do plano referido no número anterior serão definidos na legislação de desenvolvimento.

ARTIGO 76.º – **Deveres especiais das entidades públicas**

1 – Constituem particulares deveres do Estado, sem prejuízo do disposto nos estatutos das Regiões Autónomas:

a) Criar, manter e actualizar o inventário nacional georreferenciado do património arqueológico imóvel;

b) Articular o cadastro da propriedade com o inventário nacional georreferenciado do património arqueológico;

c) Estabelecer a disciplina e a fiscalização da actividade de arqueólogo.

2 – Constitui particular dever do Estado e das Regiões Autónomas aprovar os planos anuais de trabalhos arqueológicos.

260 *Direito do Património Cultural*

3 – Constituem particulares deveres da Administração Pública competente no domínio do licenciamento e autorização de operações urbanísticas:

a) Certificar-se de que os trabalhos por si autorizados, que envolvam transformação de solos, revolvimento ou remoção de terreno no solo, subsolo ou nos meios subaquáticos, bem como a demolição ou modificação de construções, estão em conformidade com a legislação sobre a salvaguarda do património arqueológico;

b) Dotar-se de meios humanos e técnicos necessários no domínio da arqueologia ou recorrer a eles sempre que necessário.

ARTIGO 77.º – **Trabalhos arqueológicos**

1 – Para efeitos da presente lei, são trabalhos arqueológicos todas as escavações, prospecções e outras investigações que tenham por finalidade a descoberta, o conhecimento, a protecção e a valorização do património arqueológico.

2 – São escavações arqueológicas as remoções de terreno no solo, subsolo ou nos meios subaquáticos que, de acordo com metodologia arqueológica, se realizem com o fim de descobrir, conhecer, proteger e valorizar o património arqueológico.

3 – São prospecções arqueológicas as explorações superficiais sem remoção de terreno que, de acordo com metodologia arqueológica, visem as actividades e objectivos previstos no número anterior.

4 – A realização de trabalhos arqueológicos será obrigatoriamente dirigida por arqueólogos e carece de autorização a conceder pelo organismo competente da administração do património cultural.

5 – Não se consideram trabalhos arqueológicos, para efeitos da presente lei, os achados fortuitos ou ocorridos em consequência de outro tipo de remoções de terra, demolições ou obras de qualquer índole.

ARTIGO 78.º – **Notificação de achado arqueológico**

1 – Quem encontrar, em terreno público ou particular, ou em meio submerso, quaisquer testemunhos arqueológicos fica obrigado a dar conhecimento do achado no prazo de quarenta e oito horas à administração do património cultural competente ou à autoridade policial, que assegurará a guarda desses testemunhos e de imediato informará aquela, a fim de serem tomadas as providências convenientes.

Lei de bases 261

2 – A descoberta fortuita de bens móveis arqueológicos com valor comercial confere ao achador o direito a uma recompensa, nos termos da lei.

ARTIGO 79.º – **Ordenamento do território e obras**

1 – Para além do disposto no artigo 40.º, deverá ser tida em conta, na elaboração dos instrumentos de planeamento territorial, o salvamento da informação arqueológica contida no solo e no subsolo dos aglomerados urbanos, nomeadamente através da elaboração de cartas do património arqueológico.

2 – Os serviços da administração do património cultural condicionarão a prossecução de quaisquer obras à adopção pelos respectivos promotores, junto das autoridades competentes, das alterações ao projecto aprovado capazes de garantir a conservação, total ou parcial, das estruturas arqueológicas descobertas no decurso dos trabalhos.

3 – Os promotores das obras ficam obrigados a suportar, por meio das entidades competentes, os custos das operações de arqueologia preventiva e de salvamento tornadas necessárias pela realização dos seus projectos.

4 – No caso de grandes empreendimentos públicos ou privados que envolvam significativa transformação da topografia ou paisagem, bem como do leito ou subsolo de águas interiores ou territoriais, quaisquer intervenções arqueológicas necessárias deverão ser integralmente financiadas pelo respectivo promotor.

CAPÍTULO III
Do património arquivístico

ARTIGO 80.º – **Conceito e âmbito do património arquivístico**

1 – Integram o património arquivístico todos os arquivos produzidos por entidades de nacionalidade portuguesa que se revistam de interesse cultural relevante.

2 – Entende-se por arquivo o conjunto orgânico de documentos, independentemente da sua data, forma e suporte material, produzidos ou recebidos por uma pessoa jurídica, singular ou colectiva, ou por um organismo público ou privado, no exercício da sua actividade e conservados a título de prova ou informação.

3 – Integram, igualmente, o património arquivístico conjuntos não orgânicos de documentos de arquivo que se revistam de interesse cultural relevante e nomeadamente quando práticas antigas tenham gerado colecções factícias.

4 – Entende-se por colecção factícia o conjunto de documentos de arquivo reunidos artificialmente em função de qualquer característica comum, nomeadamente o modo de aquisição, o assunto, o suporte, a tipologia documental ou outro qualquer critério dos coleccionadores.

ARTIGO 81.º – **Categorias de arquivos**

1 – Para efeitos do disposto no artigo anterior, devem os arquivos ser distinguidos, com base na respectiva proveniência, em arquivos públicos e arquivos privados.

2 – São arquivos públicos os produzidos por entidades públicas ou por pessoas colectivas de utilidade pública administrativa.

3 – Os arquivos públicos distinguem-se em arquivos de âmbito nacional, regional e municipal.

4 – São arquivos privados os produzidos por entidades privadas.

5 – Os arquivos privados distinguem-se em arquivos de pessoas colectivas de direito privado integradas no sector público e arquivos de pessoas singulares ou colectivas privadas.

ARTIGO 82.º – **Critérios para a protecção do património arquivístico**

Para a classificação ou o inventário do património arquivístico, devem ser tidos em conta algum ou alguns dos seguintes critérios:
a) Natureza pública da entidade produtora;
b) Relevância das actividades desenvolvidas pela entidade produtora num determinado sector;
c) Relevância social ou repercussão pública da entidade produtora;
d) Valor probatório e informativo do arquivo, decorrente, nomeadamente, da sua relevância jurídica, política, económica, social, cultural, religiosa ou científica.

ARTIGO 83.º – **Formas de protecção do património arquivístico**

1 – Devem ser objecto de classificação como de interesse nacional:

a) Os arquivos públicos de âmbito nacional, conservados a título permanente na sequência de um processo de avaliação concluído nos termos da lei;

b) Os arquivos públicos com mais de 100 anos;

c) Os arquivos privados e colecções factícias que, em atenção ao disposto no artigo 82.º, se revelem de inestimável interesse cultural.

2 – Devem ser objecto de classificação como de interesse público:

a) Os arquivos públicos de âmbito regional ou municipal, conservados a título permanente na sequência de um processo de avaliação concluído nos termos da lei;

b) Os arquivos privados produzidos por pessoas colectivas de direito privado integradas no sector público, quando conservados a título permanente;

c) Os arquivos privados e colecções factícias que possuam qualquer das características referidas nas alíneas b), c) e d) do artigo 82.º e se encontrem, a qualquer título, na posse do Estado;

d) Outros arquivos privados e colecções factícias que, em atenção ao disposto no artigo 82.º, se mostrem possuidores de interesse cultural relevante e cujos proprietários nisso consintam.

3 – Devem ser objecto de inventário os arquivos e colecções factícias abrangidos pela previsão do artigo 80.º e em relação aos quais se verifique algum dos seguintes pressupostos:

a) Se encontrem a qualquer título na posse ou à guarda do Estado;

b) Venham a ser voluntariamente apresentados pelos respectivos possuidores, se outro não for o motivo invocado para a respectiva inventariação nos termos do regime geral de protecção dos bens culturais.

4 – Cada arquivo inventariado, ou apresentado para inventariação, deverá ser descrito de acordo com as Normas Gerais Internacionais de Descrição Arquivística, providenciando-se para que as respectivas descrições sejam compatibilizadas e validadas pelos serviços nacionais.

CAPÍTULO IV
Do património áudio-visual

ARTIGO 84.º – **Património áudio-visual**

1 – Integram o património áudio-visual as séries de imagens, fixadas sobre qualquer suporte, bem como as geradas ou reproduzidas por qualquer tipo de aplicação informática ou informatizada, também em suporte virtual, acompanhadas ou não de som, as quais, sendo projectadas, dão uma impressão de movimento e que, tendo sido realizadas para fins de comunicação, distribuição ao público ou de documentação, se revistam de interesse cultural relevante e preencham pelo menos um de entre os seguintes requisitos:

a) Hajam resultado de produções nacionais;

b) Hajam resultado de produções estrangeiras distribuídas, editadas ou teledifundidas comercialmente em Portugal;

c) Integrem, independentemente da nacionalidade da produção, colecções ou espólios conservados em instituições públicas ou que, independentemente da natureza jurídica do detentor, se distingam pela notabilidade.

2 – Integram, nomeadamente, o património áudio-visual as produções cinematográficas, as produções televisivas e as produções videográficas.

3 – Sem prejuízo do regime geral, devem ser objecto de classificação como de interesse nacional:

a) Os elementos matriciais das obras de produção nacional abrangidas pela previsão do n.º 1 do presente artigo ou das que para este efeito lhes sejam equiparadas pela legislação de desenvolvimento;

b) Cópias conformes aos elementos matriciais referidos na alínea anterior, quando estes já não existirem;

c) Cópias de obras de produção estrangeira, mas que foram distribuídas em território nacional, integrando novos elementos – escritos ou orais – que os diferenciam dos elementos matriciais, nomeadamente por lhe terem sido agregados, por legendagem ou dobragem em língua portuguesa, elementos naturais da realidade cultural portuguesa.

4 – Devem ser objecto de inventário todas as obras abrangidas pela previsão do n.º 1 do presente artigo e as séries de imagens ama-

Lei de bases

doras apresentadas voluntariamente pelos respectivos possuidores que sejam portadoras de interesse cultural relevante.

CAPÍTULO V
Do património bibliográfico

ARTIGO 85.º – **Património bibliográfico**

1 – Integram o património bibliográfico as espécies, colecções e fundos bibliográficos que se encontrem, a qualquer título, na posse de pessoas colectivas públicas, independentemente da data em que foram produzidos ou reunidos, bem como as colecções e espólios literários.

2 – Devem igualmente integrar o património bibliográfico:

a) As espécies, colecções e fundos bibliográficos de pessoas colectivas de utilidade pública, produzidos ou reunidos há mais de 25 anos, se outro não for o valor invocado para a respectiva inventariação;

b) As colecções e espólios literários pertencentes a pessoas colectivas de utilidade pública, se outro não for o valor invocado para a respectiva inventariação;

c) As espécies, colecções e fundos bibliográficos que se encontrem, a qualquer título, na posse privada, produzidos ou reunidos há mais de 50 anos, bem como as colecções e espólios literários, se outro não for o valor invocado para a respectiva inventariação.

3 – Podem ser objecto de classificação as espécies bibliográficas com especial valor de civilização ou de cultura e, em particular:

a) Os manuscritos notáveis;

b) Os impressos raros;

c) Os manuscritos autógrafos, bem como todos os documentos que registem as técnicas e os hábitos de trabalho de autores e personalidades notáveis das letras, artes e ciência, seja qual for o nível de acabamento do texto ou textos neles contidos;

d) As colecções e espólios de autores e personalidades notáveis das letras, artes e ciência, considerados como universalidades de facto reunidas pelos mesmos ou por terceiros.

ARTIGO 86.º – **Classificação do património bibliográfico como de interesse nacional**

Sem prejuízo do regime geral, devem ser objecto de classificação como de interesse nacional:

a) As espécies bibliográficas que possuam qualquer das características referidas no n.º 3 do artigo 85.º, se encontrem, a qualquer título, na posse do Estado e como tal venham a ser registadas;

b) As espécies bibliográficas que possuam qualquer das características referidas no n.º 3 do artigo 85.º, pertencentes a entidades privadas, de que não exista mais que um exemplar em bibliotecas ou colecções bibliográficas de titularidade pública;

c) As colecções e fundos bibliográficos que, independentemente da sua titularidade, tenham sido reunidos há mais de 200 anos e tenham pertencido a instituições ou pessoas notáveis pela respectiva actividade ou obra, na medida em que possam contribuir para o reconhecimento destas.

ARTIGO 87.º – **Classificação do património bibliográfico como de interesse público**

1 – Sem prejuízo do regime geral, devem ser objecto de classificação como de interesse público:

a) As espécies bibliográficas que possuam qualquer das características referidas no n.º 3 do artigo 85.º e se encontrem, a qualquer título, na posse do Estado;

b) As espécies bibliográficas que possuam qualquer das características referidas no n.º 3 do artigo 85.º pertencentes a entidades privadas de que não existam, pelo menos, três exemplares em bibliotecas ou colecções bibliográficas de titularidade pública;

c) As colecções e fundos bibliográficos que, independentemente da sua titularidade, tenham sido reunidos há mais de 150 anos e tenham pertencido a instituições ou pessoas notáveis pela respectiva actividade ou obra, na medida em que possam contribuir para o reconhecimento destas.

2 – Para efeitos da alínea *b*) do número anterior, presume-se a existência de mais de três exemplares para as obras impressas em Portugal depois de 1935, salvo se oriundas de prelos clandestinos.

Lei de bases 267

ARTIGO 88.º – **Inventariação do património bibliográfico**

1 – Devem ser objecto de inventário todas as espécies enunciadas nas alíneas *a*) e *b*) do n.º 3 do artigo 85.º, bem como as referidas nas alíneas *c*) e *d*) da mesma disposição, que venham a ser voluntariamente apresentadas pelos respectivos possuidores, se outro não for o motivo invocado para a respectiva inventariação, nos termos do regime geral de protecção de bens culturais.

2 – Cada espécie bibliográfica inventariada, ou apresentada para inventariação, deverá ser descrita de acordo com as Regras Portuguesas de Catalogação, providenciando-se para que as respectivas descrições sejam compatibilizadas e validadas pelos serviços nacionais.

CAPÍTULO VI
Do património fonográfico

ARTIGO 89.º – **Património fonográfico**

1 – Integram o património fonográfico as séries de sons, fixadas sobre qualquer suporte, bem como as geradas ou reproduzidas por qualquer tipo de aplicação informática ou informatizada, também em suporte virtual, e que, tendo sido realizadas para fins de comunicação, distribuição ao público ou de documentação, se revistam de interesse cultural relevante e preencham pelo menos um de entre os seguintes requisitos:

a) Hajam resultado de produções nacionais ou de produções estrangeiras relacionadas com a realidade e a cultura portuguesas;

b) Integrem, independentemente da nacionalidade da produção, colecções ou espólios conservados em instituições públicas ou que, independentemente da natureza jurídica do detentor, se distingam pela sua notabilidade;

c) Representem ou testemunhem vivências ou factos nacionais relevantes.

2 – As séries de sons amadores podem ser incluídas no património fonográfico, nos termos da lei.

268 *Direito do Património Cultural*

CAPÍTULO VII
Do património fotográfico

ARTIGO 90.º – **Património fotográfico**

1 – Integram o património fotográfico todas as imagens obtidas por processos fotográficos, qualquer que seja o suporte, positivos ou negativos, transparentes ou opacas, a cores ou a preto e branco, bem como as colecções, séries e fundos compostos por tais espécies que, sendo notáveis pela antiguidade, qualidade do conteúdo, processo fotográfico utilizado ou carácter informativo sobre o contexto histórico-cultural em que foram produzidas, preencham ainda pelo menos um de entre os seguintes requisitos:

a) Hajam sido produzidas por autores nacionais ou por estrangeiros sobre Portugal;

b) Contenham imagens que possuam significado no contexto da história da fotografia nacional ou da fotografia estrangeira quando se encontrem predominantemente em território português há mais de 25 anos;

c) Se refiram a acontecimentos, personagens ou bens culturais ou ambientais relevantes para a memória colectiva portuguesa.

2 – As fotografias inseridas em álbuns ou livros impressos, incluindo imagens originais ou em reprodução fotomecânica, integram o património fotográfico quando correspondam à previsão do número anterior e constem de edições portuguesas ou de edições estrangeiras reproduzindo obras de autores nacionais ou de estrangeiros sobre Portugal.

3 – Sem prejuízo do regime geral, devem ser objecto de classificação como de interesse nacional as espécies, colecções, séries e fundos fotográficos anteriores a 1866 abrangidos pela previsão do n.º 1 ou do n.º 2 do presente artigo quando se verifique em relação a eles algum dos seguintes pressupostos:

a) Tenham pertencido a instituição ou pessoa notáveis cuja actividade ou obra possam ajudar a conhecer;

b) Se encontrem, a qualquer título, na posse do Estado.

4 – Sem prejuízo do regime geral, devem ser objecto de classificação como de interesse público as espécies, colecções, séries e fundos fotográficos posteriores a 1865 abrangidos pela previsão do n.º 1

Lei de bases 269

ou do n.º 2 do presente artigo quando se verifique em relação a eles algum dos seguintes pressupostos:

a) Sejam anteriores a 1881 e se encontrem a qualquer título na posse do Estado;

b) Sejam anteriores a 1881 e deles não existam exemplares em arquivos de titularidade pública;

c) Possuam mais de 100 anos e tenham pertencido a instituição ou pessoa notáveis cuja actividade ou obra possam ajudar a conhecer.

5 – Devem ser objecto de inventário os fundos fotográficos abrangidos pela previsão do n.º 1 do presente artigo em relação aos quais se verifique algum dos seguintes pressupostos:

a) Se encontrem a qualquer título na posse do Estado;

b) Venham a ser voluntariamente apresentados pelos respectivos possuidores, se outro não for o motivo invocado para a respectiva inventariação nos termos do regime geral de protecção dos bens culturais;

c) Tenham pertencido a instituição ou pessoa notáveis cuja actividade ou obra possam ajudar a conhecer.

TÍTULO VIII
Dos bens imateriais

ARTIGO 91.º – **Âmbito e regime de protecção**

1 – Para efeitos da presente lei, integram o património cultural as realidades que, tendo ou não suporte em coisas móveis ou imóveis, representem testemunhos etnográficos ou antropológicos com valor de civilização ou de cultura com significado para a identidade e memória colectivas.

2 – Especial protecção devem merecer as expressões orais de transmissão cultural e os modos tradicionais de fazer, nomeadamente as técnicas tradicionais de construção e de fabrico e os modos de preparar os alimentos.

3 – Tratando-se de realidades com suporte em bens móveis ou imóveis que revelem especial interesse etnográfico ou antropológico, serão as mesmas objecto das formas de protecção previstas nos títulos IV e V.

270 *Direito do Património Cultural*

4 – Sempre que se trate de realidades que não possuam suporte material, deve promover-se o respectivo registo gráfico, sonoro, áudio-visual ou outro para efeitos de conhecimento, preservação e valorização através da constituição programada de colectâneas que viabilizem a sua salvaguarda e fruição.

5 – Sempre que se trate de realidades que associem, também, suportes materiais diferenciados, deve promover-se o seu registo adequado para efeitos de conhecimento, preservação, valorização e de certificação.

ARTIGO 92.º – **Deveres das entidades públicas**

1 – Constitui especial dever do Estado e das Regiões Autónomas apoiar iniciativas de terceiros e mobilizar todos os instrumentos de valorização necessários à salvaguarda dos bens imateriais referidos no artigo anterior.

2 – Constitui especial dever das autarquias locais promover e apoiar o conhecimento, a defesa e a valorização dos bens imateriais mais representativos das comunidades respectivas, incluindo os próprios das minorias étnicas que as integram.

TÍTULO IX
Das atribuições do Estado, Regiões Autónomas e autarquias locais

ARTIGO 93.º – **Atribuições comuns, colaboração e auxílio interadministrativo**

1 – As Regiões Autónomas e os municípios comparticipam com o Estado na tarefa fundamental de proteger e valorizar o património cultural do povo português, prosseguido por todos como atribuição comum, ainda que diferenciada nas respectivas concretizações e sem prejuízo da discriminação das competências dos órgãos de cada tipo de ente.

2 – Sem prejuízo das reservas das atribuições e competências próprias, o Estado, as Regiões Autónomas e os municípios articularão entre si a adopção e execução das providências necessárias à realização de fins estabelecidos na presente lei e os respectivos órgãos assegurarão a prestação recíproca de auxílio entre os serviços e instituições deles dependentes no tocante à circulação de informação e à

Lei de bases 271

prática de actos materiais que requeiram conhecimentos ou utensilagem especializados.

3 – O Estado, as Regiões Autónomas e os municípios constituirão fundos e estabelecerão regimes de comparticipação, de modo a enquadrar as intervenções de conservação, restauro, manutenção e valorização dos bens culturais por eles classificados ou inventariados e, tanto quanto possível, de bens culturais que, não obstante haverem sido objecto de um tal acto por parte de outra pessoa colectiva pública, se encontrem na respectiva área de jurisdição.

ARTIGO 94.º – Atribuições em matéria de classificação e inventariação

1 – A classificação de bens culturais como de interesse nacional incumbe, nos termos da lei, aos competentes órgãos e serviços do Estado, a classificação de bens culturais como de interesse público incumbe aos competentes órgãos e serviços do Estado ou das Regiões Autónomas quando o bem ali se localizar, nos termos da lei e dos estatutos político-administrativos, e a classificação de bens culturais como de interesse municipal incumbe aos municípios.

2 – A classificação de bens culturais pelos municípios será antecedida de parecer dos competentes órgãos e serviços do Estado, ou das Regiões Autónomas se o município aí se situar.

3 – Se outra coisa não for disposta pela legislação de desenvolvimento, o silêncio do órgão competente pelo prazo de 45 dias vale como parecer favorável.

4 – Os registos de classificação das Regiões Autónomas serão comunicados ao Estado, e os registos de classificação dos municípios serão comunicados ao Estado, ou ao Estado e à Região Autónoma.

5 – A classificação de bens culturais pertencentes a igrejas e a outras comunidades religiosas incumbe exclusivamente ao Estado e às Regiões Autónomas.

6 – Sem prejuízo de delegação de tarefas permitida pelo n.º 2 do artigo 4.º, a inventariação de bens culturais incumbe aos competentes órgãos e serviços do Estado e das Regiões Autónomas e, bem assim, aos municípios, devendo processar-se com recurso a bases de dados normalizadas e intercomunicáveis, nos termos do disposto pela legislação de desenvolvimento.

7 – À competência para classificar e inventariar corresponde a de emitir actos em sentido oposto.

ARTIGO 95.º – **Outras atribuições**

1 – Salvo disposição da lei em contrário, incumbirá às pessoas colectivas públicas cujos órgãos hajam procedido, por esta ordem, à classificação ou inventariação, ou tenham pendentes procedimentos para esse efeito, a tomada das seguintes decisões, quando a elas haja lugar na base de normas que as prevejam:

a) Expropriação de bens culturais ou de prédios situados na zona de protecção de bens culturais imóveis;

b) Autorização, exercício do direito de preferência ou outras decisões motivadas pela alienação de bens culturais;

c) Emissão de parecer vinculativo, autorização ou asseguramento de intervenções de conservação, restauro, alteração ou de qualquer outro tipo sobre bens culturais ou nas respectivas zonas de protecção;

d) Reconhecimento do acesso de detentores de bens culturais aos benefícios decorrentes da classificação ou inventariação.

2 – Na ausência de normas específicas de distribuição da competência no seio da pessoa colectiva pública apurada nos termos do número anterior, o poder para praticar os actos ali referidos caberá, consoante os casos, ao organismo da administração central ou regional cujo escopo corresponda à natureza do bem ou, na sua falta, ao governo central ou regional ou ao município.

ARTIGO 96.º – **Providências de carácter organizatório**

No âmbito dos organismos existentes ou a criar, funcionarão obrigatoriamente as seguintes estruturas e cargos:

a) Uma estrutura de coordenação, a nível infragovernamental, das administrações estaduais do ambiente, do ordenamento do território, do equipamento, das obras públicas e da cultura;

b) Serviços de inspecção e observação dos bens classificados;

c) Serviços que especificamente acompanhem o comércio de arte e das antiguidades;

d) Um centro de estudos do direito do património cultural e da promoção, no plano técnico, da sua consolidação, actualização e aperfeiçoamento.

TÍTULO X
Dos benefícios e incentivos fiscais

ARTIGO 97.º – Regime de benefícios e incentivos fiscais

A definição e estruturação do regime de benefícios e incentivos fiscais relativos à protecção e valorização do património cultural são objecto de lei autónoma.

ARTIGO 98.º – Emolumentos notariais e registrais

1 – Os actos que tenham por objecto bens imóveis ou móveis classificados, bem como a contracção de empréstimos com o fim da respectiva aquisição, estão isentos de quaisquer emolumentos registrais e notariais.

2 – A isenção emolumentar prevista no número anterior não abrange os emolumentos pessoais nem as importâncias correspondentes à participação emolumentar devida aos notários, conservadores e oficiais do registo e do notariado pela sua intervenção nos actos.

ARTIGO 99.º – Outros apoios

1 – O Governo promoverá o apoio financeiro ou a possibilidade de recurso a formas especiais de crédito, em condições favoráveis, a proprietários ou outros titulares de direitos reais de gozo sobre bens culturais classificados ou inventariados com a condição de os mesmos procederem a trabalhos de protecção, conservação e valorização dos bens, de harmonia com as normas estabelecidas sobre a matéria e sob a orientação dos serviços competentes.

2 – Os benefícios financeiros referidos no número anterior poderão ser subordinados a especiais condições e garantias, em termos a fixar, caso a caso, pela administração competente.

TÍTULO XI
Da tutela penal e contra-ordenacional

CAPÍTULO I
Da tutela penal

ARTIGO 100.º – Infracções criminais previstas no Código Penal

Aos crimes praticados contra bens culturais aplicam-se as disposições previstas no Código Penal, com as especialidades constantes da presente lei.

ARTIGO 101.º – Crime de deslocamento

Quem proceder ao deslocamento de um bem imóvel classificado, ou em vias de classificação, fora das condições referidas no artigo 48.º, é punido com pena de prisão até 3 anos ou com pena de multa até 360 dias.

ARTIGO 102.º – Crime de exportação ilícita

1 – Quem proceder à exportação ou expedição de um bem classificado como de interesse nacional, ou em vias de classificação como tal, fora dos casos previstos nos n.os 2 ou 3 do artigo 65.º, é punido com pena de prisão até 5 anos ou com pena de multa até 600 dias.

2 – Em caso de negligência, o agente é punido com pena de prisão até 1 ano ou com multa até 120 dias.

ARTIGO 103.º – Crime de destruição de vestígios

Quem, por inobservância de disposições legais ou regulamentares ou providências limitativas decretadas em conformidade com a presente lei, destruir vestígios, bens ou outros indícios arqueológicos é punido com pena de prisão até 3 anos ou com pena de multa até 360 dias.

CAPÍTULO II
Da tutela contra-ordenacional

ARTIGO 104.º – **Contra-ordenações especialmente graves**

Constitui contra-ordenação punível com coima de 500 000$00 a 5 000 000$00 e de 5 000 000$00 a 100 000 000$00, conforme sejam praticados por pessoa singular ou colectiva:

a) O deslocamento ou a demolição de imóveis classificados, ou em vias de classificação, fora das condições referidas nos artigos 48.º e 49.º;

b) A realização de obras que hajam sido previamente embargadas de harmonia com o disposto no n.º 1 do artigo 47.º;

c) A exportação e a expedição de bens classificados, ou em vias de classificação, em violação do disposto no artigo 65.º;

d) A violação do disposto no n.º 1 do artigo 64.º, quando o agente retirar um benefício económico calculável superior a 20 000 000$00.

ARTIGO 105.º – **Contra-ordenações graves**

Constitui contra-ordenação punível com coima de 350 000$00 a 3 500 000$00 e de 3 500 000$00 a 20 000 000$00, conforme sejam praticadas por pessoa singular ou colectiva:

a) A violação do disposto no n.º 3 do artigo 45.º, no artigo 51.º e no n.º 6 do artigo 75.º, bem como do regime de apresentação de licença de exportação de bens culturais para fora do território aduaneiro da União Europeia, tal como prescrito no artigo 2.º do Regulamento n.º 3911/92/CEE, do Conselho, de 9 de Dezembro;

b) A violação do disposto no artigo 32.º, nos n.os 1 e 2 do artigo 36.º, no artigo 57.º e no n.º 1 do artigo 64.º, fora dos casos previstos na alínea d) do artigo 104.º, bem como a violação do disposto no n.º 1 do artigo 78.º;

c) A violação do dever de comunicação de importação ou de admissão, decorrente do disposto no n.º 1 do artigo 68.º;

d) A violação do disposto no n.º 3 do artigo 45.º e no artigo 51.º, bem como o deslocamento ou a demolição ilícita, a realização de obras previamente embargadas ou a exportação ou expedição de bens realizadas em desconformidade com o disposto nos n.os 1 e 5 do artigo 66.º, quando, em qualquer

276 *Direito do Património Cultural*

dos casos, a violação respeite a bens classificados como de interesse público.

ARTIGO 106.º – **Contra-ordenações simples**

Constitui contra-ordenação punível com coima de 100 000$00 a 500 000$00 e de 500 000$00 a 5 000 000$00, conforme sejam praticadas por pessoa singular ou colectiva:

a) A violação do disposto no artigo 32.º e nos n.os 1 e 2 do artigo 36.º, quando a mesma respeite a bens classificados como de interesse municipal;

b) A violação do disposto no artigo 21.º e no n.º 1 dos artigos 41.º e 46.º, e a violação de algum dos deveres ou restrições previstos nas alíneas *a)*, *b)* e *c)* do n.º 2 do artigo 60.º

ARTIGO 107.º – **Negligência**

A negligência é punível.

ARTIGO 108.º – **Sanções acessórias**

1 – Conjuntamente com a coima prevista no tipo legal de contra-ordenação, pode ser aplicada ao infractor uma das seguintes sanções acessórias:

a) Apreensão dos bens objecto da infracção;

b) Interdição do exercício da profissão de antiquário ou leiloeiro;

c) Privação do direito a subsídio ou benefício outorgado por entidade ou serviço público para efeitos de salvaguarda ou valorização de bem cultural;

d) Privação do direito de participar em arrematações ou concursos públicos;

e) Encerramento do estabelecimento cujo funcionamento esteja sujeito a autorização ou licença de autoridade administrativa;

f) Suspensão de autorizações, licenças e alvarás.

2 – As sanções referidas nas alíneas *b)* e *c)* do número anterior terão a duração máxima de dois anos, que se contarão a partir da decisão condenatória.

ARTIGO 109.º – **Responsabilidade solidária**

Quando tiverem sido executados trabalhos de conservação ou restauro que impliquem dano irreparável ou destruição ou demolição em bens classificados ou em vias de o serem, sem prévia autorização do serviço competente, as pessoas a quem se achem vinculados, por contrato de trabalho, de prestação de serviços ou de empreitada, aqueles que cometerem qualquer das contra-ordenações previstas nesta lei são subsidiariamente responsáveis pelo pagamento da importância igual à da coima àqueles aplicável, salvo se provarem ter tomado as providências necessárias para os fazer observar a lei.

ARTIGO 110.º – **Instrução e decisão**

1 – A instrução do procedimento por contra-ordenação cabe ao serviço da administração do património cultural competente para o procedimento de classificação.

2 – A aplicação da coima compete ao órgão dirigente do serviço referido no número anterior, cabendo o montante da coima em 60% ao Estado e em 40% à entidade respectiva, salvo quando cobradas pelos organismos competentes dos Governos Regionais, caso em que revertem totalmente para a respectiva Região.

TÍTULO XII
Disposições finais e transitórias

ARTIGO 111.º – **Legislação de desenvolvimento**

1 – Sem prejuízo dos poderes legislativos regionais, no prazo de um ano, deve o Governo aprovar, preferencialmente de forma unitária e consolidada, a legislação de desenvolvimento.

2 – No prazo de um ano, devem o Governo central e os Governos Regionais aprovar as alterações das leis orgânicas dos vários institutos e serviços da administração do património cultural competente que se revelem necessárias à compatibilização daqueles diplomas com as orientações formuladas na presente lei.

ARTIGO 112.º – **Anteriores actos de classificação e inventariação**

1 – Mantêm-se em vigor os efeitos decorrentes de anteriores formas de protecção de bens culturais móveis e imóveis da responsabilidade da administração central ou da administração regional autónoma, independentemente das conversões a que tenha de se proceder por força da presente lei.

2 – Os bens imóveis anteriormente classificados pelo Estado ou pelas Regiões Autónomas como valores concelhios passam a considerar-se bens classificados de interesse municipal.

3 – A legislação de desenvolvimento determinará as demais regras necessárias à conversão para novas formas de protecção e designações.

ARTIGO 113.º – **Disposições finais e transitórias avulsas**

1 – Consideram-se feitas para as correspondentes disposições desta lei todas as remissões para normas da Lei n.º 13/85, de 6 de Julho, contidas em leis ou regulamentos avulsos.

2 – Enquanto não for editada a legislação de desenvolvimento da presente lei, no território do continente considerar-se-ão em vigor as normas até agora aplicáveis do Decreto n.º 20985, de 7 de Março de 1932, com as sucessivas alterações, em tudo o que não contrarie princípios ou disposições fundamentais da presente lei.

3 – Os representantes das autarquias locais e das demais pessoas colectivas públicas não territoriais deverão remeter ao Governo, no prazo de dois anos a contar da entrada em vigor da presente lei, os instrumentos de descrição a que se refere o artigo 63.º

4 – Legislação especial assegurará um regime transitório de protecção urbanística aplicável aos conjuntos e sítios já classificados e àqueles que o venham a ser até à entrada em vigor da legislação e dos instrumentos que tornem exequível o disposto nos artigos 53.º, 54.º e 75.º da presente lei.

5 – O Governo fica obrigado a apresentar à Assembleia da República, de três em três anos e com início em 2001, um relatório circunstanciado sobre o estado do património cultural em Portugal.

ARTIGO 114.º – **Normas revogatórias e inaplicabilidade**

1 – Sem prejuízo do disposto no artigo anterior, são revogadas as Leis n.os 2032, de 11 de Junho de 1949, e 13/85, de 6 de Julho, bem como todas as disposições de leis gerais da República que contrariem o disposto na presente lei.

2 – São revogados a alínea b) do n.º 1 do artigo 9.º e os artigos 21.º a 30.º do Decreto-Lei n.º 16/93, de 23 de Janeiro, bem como os artigos 6.º e 46.º-A deste mesmo diploma, na redacção que lhes foi dada pela Lei n.º 14/94, de 11 de Maio.

3 – O disposto no Decreto n.º 14881, de 13 de Janeiro de 1928, no Decreto-Lei n.º 48547, de 27 de Agosto de 1968, e no Decreto Regulamentar n.º 90/84, de 26 de Dezembro, que de algum modo interfira com bens imóveis classificados ou em vias de o ser, sejam eles monumentos, conjuntos ou sítios, fica para todos os efeitos condicionado à presente lei e à legislação específica existente.

4 – Mantém-se em vigor a Lei n.º 19/2000, de 10 de Agosto.

ARTIGO 115.º – **Entrada em vigor**

1 – Em tudo o que não necessite de desenvolvimento, esta lei entra em vigor 60 dias após a respectiva publicação.

2 – As demais disposições entram em vigor com os respectivos diplomas de desenvolvimento ou com a legislação de que se mostrem carecidas.

2

Decreto n.º 20:985, de 7 de Março de 1932

A organização dos serviços de belas artes, decretada pela lei n.º 1:700, de 18 de Dezembro de 1924, procurou coordenar os princípios basilares enunciados no relatório que antecede o decreto de 26 de Maio de 1911, marco miliário da evolução administrativa dêste importante ramo dos serviços públicos.

Produziu os seus frutos a organização que ora se substitue, devido talvez mais ao desenvolvimento da cultura estética em geral do que à excelência do complexo sistema administrativo então criado.

Referência especial deve ser feita, ao trabalho notável de dedicação, saber e competência desenvolvido após essa data em alguns dos museus do País, esforços individuais que é de justiça reconhecer e salientar e que nos permitem mostrar hoje a nacionais e estranhos que cuidadosamente nos ocupamos da conservação das cousas de arte.

São extintos os conselhos de arte e arqueologia das três circunscrições.

Se é certo que, incumbidos de tarefas múltiplas, não podiam dentro da exigüidade das dotações actuais desempenhar-se cabalmente da sua missão, é de justiça reconhecer que êsses organismos procuram contribuir para a defesa do património artístico do País.

Concentram-se no Conselho Superior de Belas Artes as funções técnicas e administrativas que estavam dispersas, ficando os trabalhos especulativos, puramente académicos, que o estudo da nossa riqueza artística possa merecer, reservados à Academia Nacional de Belas Artes, criada por um diploma desta mesma data.

O esfôrço desenvolvido pelo Govêrno da Ditadura Nacional na restauração e reintegração dos monumentos tem sido, sem contestação, notabilíssimo. Tal esfôrço teria resultado improfícuo se a Direcção Geral dos Edifícios Públicos e Monumentos Nacionais não tivesse dedicadamente colaborado nesse empreendimento, que atestará

282 *Direito do Património Cultural*

perpetuamente os cuidados e as atenções que a conservação da riqueza artística merecem do Estado.

Mas, sendo indipensável para a realização dêstes trabalhos o parecer dos elementos qualificados de idoneidade indiscutível, compreende-se fàcilmente quam pouco prática era a organização até agora vigente, em que tais consultas tinham de ser produzidas por três entidades cuja orientação nem sempre era de aceitável convergência de critérios.

Porque a propaganda, os pequenos trabalhos de protecção, conservação e limpeza dos monumentos classificados e repositórios de arte interessam mais directamente às localidades onde êles existem, prevê-se a constituïção facultativa de comissões municipais de arte e arqueologia, elo indispensável entre os «homens bons», amigos dos monumentos da sua terra, e a organização administrativa dos serviços, ficando assim estabelecida em todo o País uma rede de elementos corporativos interessados na defesa e na propaganda do nosso património artístico e arqueológico.

Tal é, em linhas gerais, a reforma que hoje se põe em vigor, sem se excederem as actuais dotações orçamentais.

Procurou-se interessar na execução destes serviços todo o País por intermédio dos seus elementos mais cultos e mais dedicados. Dêles depende pois o êxito desta iniciativa e por isso nêles confia o Govêrno para a sua realização.

Nestas condições:

Usando da faculdade que me confere o n.º 2.º do artigo 2.º do decreto n.º 12:740, de 26 de Novembro de 1926, por fôrça do disposto no artigo 1.º do decreto n.º 15:331, de 9 de Abril de 1928, sob proposta dos Ministros de todas as Repartições:

Hei por bem decretar, para valer como lei, o seguinte:

CAPÍTULO I

Guarda e protecção das obras de arte e peças arqueológicas

ARTIGO 1.º

Compete ao Ministério da Instrução Pública, por intermédio da Direcção Geral do Ensino Superior e das Belas Artes, a coordenação dos trabalhos de carácter artístico dos serviços públicos e a guarda e conservação do património artístico e aqueológico do País.

ARTIGO 2.º

Para o efeito do disposto no artigo anterior a Direcção Geral do Ensino Superior e das Belas Artes promoverá, mediante a cooperação da Académia Nacional de Belas Artes, do Conselho Superior de Belas Artes, da Inspecção Geral das Bibliotecas e Arquivos e de quaisquer entidades oficiais ou particulares com a necessária competência, a organização do inventário de móveis ou imóveis que, em conformidade com as disposições do presente decreto, possuam valor artístico, histórico, arqueológico ou numismático digno de inventariação. São exceptuadas as obras de autores vivos.

ARTIGO 3.º

Este inventário abrangerá duas partes: uma, referente a imóveis e móveis que estejam na posse do Estado ou na posse e dependência das autarquias locais e de quaisquer outras entidades morais, por algum título ou forma tuteladas e subvencionadas pelo Estado; outra, os móveis e imóveis que estejam na posse de particulares e de cuja existência o Estado tiver conhecimento por via oficial ou particular.

§ único. Dos móveis pertencentes a particulares só serão incluídos no inventário aqueles que sejam de subido aprêço, reconhecido valor histórico, arqueológico ou artístico e cuja exportação do território nacional constitua prejuízo grave para o património histórico, arqueológico ou artístico do País.

ARTIGO 4.º

É inalienável, sem prévio consentimento do Ministério da Instrução Pública, a propriedade, no todo ou em parte, de móveis ou imóveis de valor artístico, arqueológico ou histórico, quer inventariados pelo disposto no artigo 2.º e que pertençam às autarquias locais ou a quaisquer outras entidades morais, incluídas as de carácter particular, directa ou indirectamente tuteladas ou subvencionadas pelo Estado, quer nas condições dos artigos 1.º e 2.º do decreto n.º 20:286, de 27 de Novembro de 1931.

ARTIGO 5.º

As entidades indicadas no artigo antecedente são obrigadas a enviar à Direcção Geral do Ensino Superior e das Belas Artes dentro de seis meses, a contar da publicação dêste decreto, uma relação

284 *Direito do Património Cultural*

descritiva dos móveis e imóveis de que forem possuidores e que estiverem abrangidos no preceituado pelo artigo 2.°.

§ único. A falta de cumprimento desta obrigação, quando incida sôbre cousas de mérito conhecido ou quando implique sonegação tendenciosa, será punida como desobediência qualificada nos termos do Código Penal.

ARTIGO 6.°

Quando o Govêrno consentir na alienação pedida, terá sempre o direito de preferência, e se não houver acôrdo entre o Govêrno e a corporação possuidora do objecto, relativamente ao preço, será este fixado por arbitragem.

§ 1.° Os árbitros serão três: um escolhido pela corporação possuidora do objecto a alienar, outro pela Academia Nacional de Belas Artes ou pela Inspecção Geral das Bibliotecas e Arquivos e outro pelo Govêrno.

§ 2.° O prazo para a resolução arbitral não poderá exceder a noventa dias, contados desde a data da nomeação dos árbitros.

§ 3.° Caso não convenha ao Estado adquirir o objecto pelo preço que os árbitros fixarem, a corporação possuidora, poderá aliena-lo dentro do País.

ARTIGO 7.°

Os particulares, indivíduos ou colectividades que possuam, por qualquer título, objectos abrangidos pelo disposto no artigo 2.° também não poderão aliena-los ou fazê-los sair do País sem prévia autorização do Ministério da Instrução Pública para que ele possa efectivar, querendo, o direito de preferência na compra, que será exercido como preceitua o artigo 6.°. Pela exportação dêsses objectos serão cobrados direitos, de 50 por cento *ad valorem.*

§ único. Sendo a alienação feita em hasta pública poderá o Estado usar do seu direito de preferência contanto que o efective dentro do prazo de quarenta e oito horas, a contar da data da alienação.

ARTIGO 8.°

As alienações feitas contra as disposições dêste decreto serão nulas de pleno direito e os seus autores punidos com a pena de multa igual a três vezes o valor da cousa alienada.

ARTIGO 9.º

Quando o indivíduo possuidor de objectos abrangidos pelo disposto no artigo 7.º, que estejam deteriorados ou em perigo iminente de deterioração, não proceder ao restauro julgado necessário dentro do prazo que lhe fôr determinado pelo Ministério da Instrução Pública, serão êsses objectos vendidos em hasta pública mediante o compromisso do restauro ou expropriados pelo Estado.

CAPÍTULO II
Conselho Superior de Belas Artes

ARTIGO 10.º

No Ministério da Instrução Pública funcionará, sob a presidência do Ministro, como órgão de consulta, o Conselho Superior de Belas Artes, constituído pelos seguintes vogais:

a) O director geral do ensino superior e das belas artes, que será o vice-presidente;

b) O director geral dos edifícios públicos e monumentos nacionais;

c) O presidente da Academia Nacional de Belas Artes;

d) O inspector geral das bibliotecas e arquivos;

e) O director da Escola de Belas Artes de Lisboa;

f) Os directores dos Museus de Arte Antiga; de Arte Contemporânea, dos Coches e do Museu Etnológico do Dr. Leite de Vasconcelos;

g) Um representante da Academia das Ciências;

h) Um representante da Sociedade Nacional de Belas Artes;

i) Um representante da Associação dos Arqueólogos;

j) Um representante da Sociedade dos Arquitectos;

l) Três artistas de reconhecido mérito, sendo um pintor, um escultor e um arquitecto, de livre escolha do Ministro;

m) O chefe da Repartição do Ensino Superior e das Belas Artes, que servirá de secretário e sem voto.

§ 1.º Na ausência do presidente e do vice-presidente natos exercerá a presidência o vogal mais velho dos presentes à sessão.

§ 2.º Os representantes indicados nas alíneas *g*), *h*), *i*) e *j*) serão nomeados pelo Ministro de entre os candidatos eleitos em lista

286   *Direito do Património Cultural*

dúplice pelas assembleias gerais das respectivas corporações, salvas as primeiras nomeações, que serão da escolha do Govêrno.

§ 3.º Os vogais a quem se refere o parágrafo anterior serão renovados trienalmente.

ARTIGO 11.º

O Conselho reunirá em sessão ordinária, pelo menos, duas vezes em cada ano, sendo uma das sessões exclusivamente destinada à preparação da proposta das restaurações ou reintegrações a efectuar nos monumentos nacionais, e reünirá estraordinàriamente sempre que para isso seja superiormente convocado.

ARTIGO 12.º

O Conselho delegará as suas atribuïções em duas secções permanentes – a secção central e a secção dos museus – cada uma das quais composta, pelo menos, de cinco vogais com residência oficial em Lisboa e das quais farão parte o vice-presidente nato e o secretário do Conselho.

§ único. Da secção dos museus farão parte obrigatòriamente os directores dos Museus Nacional de Arte Antiga, Nacional de Arte Contemporânea e Nacional dos Coches.

ARTIGO 13.º

As sessões permanentes reünirão em sessão ordinária, pelo menos, uma vez em cada mês e estraordinàriamente sempre que pelo Ministro sejam convocadas.

ARTIGO 14.º

Os processos sôbre que o Conselho ou as suas secções permanentes tenham de pronunciar-se serão distribuídos pelo presidente para relatar ao vogal especializado no assunto a tratar, devendo o respectivo parecer ser obrigatòriamente apresentado na sessão imediata, salvo motivo justificado.

§ único. Os vogais do Conselho poderão ser convocados para tomar parte nas reüniões das secções permanentes, embora delas não façam parte, sempre que os assuntos a tratar sejam de molde a exigir conhecimentos especializados ou quando alguma das secções assim o resolva.

ARTIGO 15.º

Compete ao Conselho Superior de Belas Artes:

1.º Dar parecer sôbre as propostas de classificação de «Monumentos nacionais», ou de «Imóveis de interêsse público»;

2.º Proceder à aquisição de obras de arte e peças arqueológicas para os museus, sob proposta dos respectivos directores;

3.º Superintender na organização e manutenção dos museus;

4.º Dar parecer sôbre a transferência de objectos de museu para museu, nos termos do artigo 55.º;

5.º Propor ao Govêrno as providências que julgar convenientes à conservação do património artístico e arqueológico nacional;

6.º Delegar, sempre que o julgue necessário, em vogais da sua escolha, e segundo a sua especialização, as funções de inspecção geral dos museus e colecções arte pertencentes ao Estado e às autarquias locais;

7.º Dar parecer sôbre as obras de grandes restaurações que tenham por fim a reintegração dos monumentos e palácios nacionais. Serão submetidos à aprovação do Conselho os projectos de reparações ou restaurações em monumentos nacionais sôbre que a Direcção Geral dos Edifícios e Monumentos Nacionais entenda dever consultá-lo;

8.º Organizar exposições destinadas a estimular e desenvolver a actividade artística nacional, e bem assim representação de Portugal nas exposições internacionais de arte e arqueologia;

9.º Formular os projectos para as grandes festas e solenidades nacionais;

10.º Propor ao Govêrno a aquisição de exemplares de publicações que se refiram a assuntos artísticos ou arqueológicos e 'a impressão, por conta do Estado, de trabalhos relativos a êsses assuntos;

11.º Organizar e julgar os concursos para a escolha dos modelos destinados a moedas, medalhas comemorativas, selos, diplomas e quaisquer outras obras que tenham de ser executadas em oficinas do Estado e sejam susceptíveis de carácter artístico;

12.º Dar parecer, quando consultado pelo Ministro da Instrução Pública, sôbre qualquer assunto de arte e arqueologia;

13.º Promover a publicação, num boletim ilustrado, do inventário do património artístico e arqueológico do País, que deverá ser obrigatoriamente assinado por todos os estabelecimentos de ensino dependentes do Ministério da Instrução Pública;

14.º Superintender no trabalho de reparação de quadros, esculturas ou quaisquer outros objectos artísticos ou arqueológicos que façam parte dos museus ou tenham sido inventariados, nos termos do artigo 2.º do presente decreto;

15.º Indicar os peritos que devam proceder à inventariação a que se refere o artigo 2.º do presente decreto;

16.º Delegar nos seus vogais a representação nos júris dos concursos para provimento dos lugares vagos elos corpos docentes das Escolas de Belas Artes de Lisboa e Pôrto, nos termos dos artigos 84.º e 101.º do decreto n.º 19:760, de 20 de Maio de 1931;

17.º Pronunciar-se sôbre tudo que se relacione com as belas artes, sempre que o Conselho considere que o assunto é de natureza a interessar ao prestígio, ao progresso ou à evolução de qualquer dos ramos das belas artes;

18.º Dar parecer sôbre os projectos de monumentos comemorativos quando a sua escolha não tenha sido feita por júri especial de que façam parte, pelo menos, um escultor e um arquitecto;

19.º Dar parecer sôbre os projectos para obras de embelezamento a realizar pelos corpos administrativos ou pelas comissões de iniciativa sempre que os respectivos projectos não tenham sido elaborados por artistas de reconhecido mérito ou pelas entidades técnicas respectivas.

§ único. A inspecção artística nos Palácios Nacionais de Mafra, Sintra, Pena e Queluz será exercida nas condições do n.º 7.º dêste artigo.

ARTIGO 16.º

É indispensável o parecer favorável do Conselho Superior de Belas Artes nos seguintes assuntos:

1.º Sôbre a fundação de museus artísticos ou arqueológicos;

2.º Sôbre nomeações para representantes em congressos de arte, ou impressão, por conta do Estado, de obras que se refiram a assuntos artísticos ou aqueológicos;

3.º Sôbre as propostas respeitantes à classificação de monumentos nacionais;

4.º Sôbre a aquisição, construção ou adaptação de edifícios destinados a museus ou a abrigar colecções artísticas em exposições nacionais ou estrangeiras;

5.º Sôbre a exportação excepcional e temporária das obras de arte na posse do Estado, e especialmente das que fazem parte dos museus ou que tenham as necessárias condições para aí darem entrada, devendo o seu parecer completar o que já tenham dado as entidades públicas que sôbre elas mais directamente superintendem.

ARTIGO17.º

Para cumprimento do disposto no n.º 13.º do artigo 15.º elegerá o Conselho dois vogais, que constituïrão a comissão de redacção do *Boletim,* podendo este, quando o julgue conveniente, agregar a si temporariamente outros vogais do Conselho Superior de Belas Artes ou da Academia Nacional de Belas Artes, quando o julgue conveniente.

ARTIGO 18.º

O expediente do Conselho Superior de Belas Artes correrá pela Repartição do Ensino Superior e das Belas Artes.

ARTIGO 19.º

Aos vogais do Conselho Superior de Belas Artes, quando se desloquem, por motivo de serviço, da sede da sua residência oficial, serão abonadas as respectivas ajudas de custo e as despesas de transporte.

CAPÍTULO III
Comissões municipais de arte e arqueológia

ARTIGO 20.º

Para defesa dos interêsses artísticos e facilidade da organização do inventário a que se refere o artigo 2.º poderão ser organizadas nos concelhos em que existam monumentos nacionais comissões municipais de arte e arqueologia, com funções meramente consultivas.

ARTIGO 21.º

As comissões municipais de arte e arqueologia serão compostas por cinco vogais, no mínimo, nomeados pelo Ministro da Instrução Pública, sob proposta do Conselho Superior de Belas Artes, e delas deverão em regra fazer parte:

a) O presidente da respectiva câmara municipal;

b) O director do museu da localidade, se o houver;

c) Um professor do liceu, se o houver na localidade, ou um professor do ensino primário, da escolha do Ministro da Instrução Pública;

d) Os párocos das freguesias do concelho onde existam monumentos religiosos de valor arquitectónico, arqueológico ou artístico;

e) Três vogais nomeados pelo Ministro de entre os sócios dos grupos de amigos dos monumentos ou museus organizados na respectiva área.

ARTIGO 22.º

Às comissões municipais de arte e arqueologia compete:

1.º Organizar grupos de amigos dos monumentos ou museus da sua circunscrição;

2.º Promover a angariação de fundos pelas receitas dos grupos dos amigos dos monumentos e de quaisquer outras entidades particulares para custear as suas reparações, restaurações ou reintegrações, de harmonia com os pareceres aprovados pelas estações competentes e sob a directa superintendência destas;

3.º Promover exposições e conferências;

4.º Propor anualmente as obras a realizar nos monumentos do concelho que não possam ser suportadas pelas receitas dos grupos dos amigos dos monumentos organizados na sua circunscrição;

5.º Organizar, de acôrdo com a Academia Nacional de Belas Artes, o inventário-índice de todos os monumentos, obras de arte, quadros, esculturas e mobiliários existentes no concelho que sejam pertença do Estado ou das autarquias locais;

6.º Dar parecer sôbre os assuntos em que forem superiormente consultadas.

ARTIGO 23.º

O expediente das comissões municipais de arte e arqueologia fica a cargo das respectivas câmaras municipais.

CAPÍTULO IV
Monumentos nacionais

ARTIGO 24.º

A concessão do título de «monumento nacional» aos imóveis cuja conservação e defesa, no todo ou em parte, represente interêsse nacional, pelo seu valor artístico, histórico ou arqueológico, será feita por decreto expedido pelo Ministério da Instrução Pública, ouvido o Conselho Superior de Belas Artes, o qual terá também para êsse efeito a iniciativa de propostas.

ARTIGO 25.º

Os imóveis que forem propriedade particular e estiverem nas condições do artigo precedente serão igualmente classificados, ouvido o respectivo proprietário, podendo o Govêrno proceder também à expropriação por utilidade pública, nos termos do n.º 10.º do artigo 20.º da lei de 20 de Julho de 1912, quando êle se oponha à classificação.

§ 1.º A expropriação de que trata êste artigo é extensiva aos locais em que se encontram monumentos megalíticos, grutas, castros, rochedos fisionómicos, penhas, monólitos ou ainda quaisquer outros de natureza idêntica, limitada porém à superfície indispensável para a conservação dêles e para as pesquisas que hajam de efectuar-se.

2.º O Govêrno poderá também expropriar, nos termos dêste artigo, quaisquer construções ou instalações que prejudiquem a boa conservação dos monumentos, ofendam ou desvirtuem o seu característico, dentro da zona de protecção fixada para cada um dos móveis classificados.

ARTIGO 26.º

Os terrenos e edifícios do Estado, de corporações administrativas, ou pertencentes a particulares, que distem menos de 50 metros de qualquer imóvel classificado como monumento nacional, não podem ser alienados sem parecer favorável do Conselho Superior de Belas Artes, a quem compete informar sôbre a conveniência de o Estado manter ou adquirir a posse dos mesmos ou consentir na alienação.

§ 1.º Igual parecer é indispensável para se poder construir nos referidos terrenos ou proceder a quaisquer modificações em construções

292 *Direito do Património Cultural*

já ali existentes, bem como qualquer aplicação a dar-lhes, quer com carácter permanente, quer com carácter temporário ou provisório.

§ 2.º Nos contratos de venda de terreno ou edifícios do Estado, de corporações administrativas ou de particulares, a que se refere êste artigo, deverá constar o parecer do Conselho, que ficará registado nos livros da Conservatória.

ARTIGO 27.º

Os imóveis cuja classificação tenha sido proposta não poderão, emquanto durar a instrução do competente processo, ser alienados, expropriados, restaurados ou reparados sem autorização do Ministro da Instrução Pública, precedendo parecer favorável do Conselho Superior de Belas Artes.

ARTIGO 28.º

As propostas de entidades oficiais ou pedidos de particulares, referentes à classificação de imóveis, serão sempre acompanhados dos necessários documentos justificativos, compreendendo plantas, fotografias e quaisquer outros elementos gráficos.

ARTIGO 29.º

O decreto que classifique qualquer imóvel que não pertença ao Estado, ou que, pertencendo a êste, esteja na posse de instituïções autónomas, indicará qual a entidade a quem incumbem os encargos de restauração, reparação ou conservação

ARTIGO 30.º

Os imóveis que, sem merecerem a classificação de monumento nacional, ofereçam todavia considerável interêsse público, sob o ponto de vista artístico, histórico ou turístico, serão, com essa designação, descritos em cadastro especial, e nenhuma obra de restauração poderá realizar-se nêles sem que o respectivo projecto haja sido superiormente aprovado, ouvido o Conselho Superior de Belas Artes, sendo-lhes aplicáveis todas as outras disposições desta lei concernente à classificação, desclassificação, alienação, demolição e conservação dos monumentos nacionais.

§ único. Para os imóveis que não sejam propriedade do Estado o projecto das obras de conservação ficará sujeito ao disposto neste artigo.

ARTIGO 31.º

Os efeitos de classificação manter-se-ão ainda quando o imóvel classificado mude de proprietário ou detentor.

ARTIGO 32.º

Comunicada oficialmente a classificação definitiva do monumento, o seu proprietário ou usufrutuário fica desde logo responsável pela sua conservação e obrigado a comunicar à Direcção Geral do Ensino Superior e das Belas Artes quaisquer modificações ou estragos sofridos pelo imóvel, a fim de que o Conselho Superior de Belas Artes tome as necessárias providências.

§ 1.º Quando houver conhecimento de qualquer modificação não autorizada em imóvel classificado, poderá promover-se embargo judicial.

§ 2.º Nas escrituras de transmissão a título gratuito ou oneroso de qualquer imóvel considerado monumento nacional dever-se-ão mencionar as disposições dêste artigo, ficando o novo possuidor desde logo obrigado ao cumprimento das respectivas prescrições, devendo o artigo proprietário comunicar imediatamente essa transmissão à Direcção Geral do Ensino Superior e das Belas Artes.

ARTIGO 33.º

As infracções ou falta de cumprimento das disposições dêste decreto, no que respeita a monumentos nacionais, serão julgadas pelos tribunais comuns e serão classificadas como causadoras de danos e prejuízo efectuados voluntàriamente ao Estado.

ARTIGO 34.º

Consideram-se como regular e legitimamente classificados os monumentos que o tenham sido até à data do presente decreto, dos quais se organizarão duas listas: uma para os monumentos nacionais, outra para os imóveis de interêsse público, histórico ou artístico, a que se refere o artigo 2.º.

ARTIGO 35.º

Os monumentos nacionais serão inscritos em cadastro geral, de modêlo superiormente estabelecido, classificados por épocas arqueológicas ou períodos históricos é distribuídos por distritos e concelhos.

294 *Direito do Património Cultural*

Esta inscrição será acompanhada de todas as indicações que puderem obter-se e que facilitem o conhecimento, tanto quanto possível completo, do imóvel.

ARTIGO 36.º

A aplicação a dar aos monumentos será determinada pelo Govêrno, precedendo parecer do Conselho Superior de Belas Artes, e não poderá ser alterada, no todo ou em parte, embora temporàriamente, sem novo parecer do mesmo Conselho.

ARTIGO 37.º

A concessão do título de «monumento nacional» ou de «imóvel de interêsse público» poderá ser anulada por decreto do Ministério da Instrução Pública, sob proposta da Direcção Geral do Ensino Superior e das Belas Artes, ouvido o Conselho Superior de Belas Artes, que também para êste efeito terá a iniciativa de proposta.

ARTIGO 38.º

Os monumentos pertencentes ao Estado ou às corporações ou instituições sujeitas à tutela administrativa só poderão ser alienados por decreto referendado pelo Ministro da Instrução Pública, precedendo parecer favorável do Conslho Superior de Belas Artes.

ARTIGO 39.º

Toda e qualquer proposta ou pedido de alienação de imóveis classificados será sempre acompanhada da declaração de que no diploma de transmissão se incluirá a cláusula de que o adquirente aceita o encargo da conservação dêsse monumento, nos termos do artigo 32.º e seus parágrafos.

ARTIGO 40.º

Quando alguém em condições legais quiser vender um imóvel classificado de «monumento nacional» ou de «imóvel de interêsse público», deverá participá-lo ao Govêrno, indicando as condições de venda, a fim de que êle possa usar do direito de opção, que perderá se não o tornar efectivo no prazo de sessenta dias.

ARTIGO 41.º

A expropriação por utilidade pública de um imóvel classificado não poderá ser anunciada sem despacho do Ministro da Instrução Pública, ouvido o Conselho Superior de Belas Artes.

ARTIGO 42.º

As servidões de alinhamento, bem como quaisquer outras que possam causar prejuízo aos móveis classificados, não lhe serão aplicadas sem autorizãção especial do Ministério da Instrução Pública e parecer favorável do Conselho Superior de Belas Artes.

ARTIGO 43.º

Os imóveis classificados não poderão ser demolidos no todo ou em parte, nem sofrer qualquer grande restauração que tenha por fim a sua reintegração, sem parecer favorável do Conselho Superior de Belas Artes e autorização do Ministro da Instrução Pública.

§ único. Para os imóveis que não sejam propriedade do Estado o projecto das obras de conservação ficará sujeito ao disposto neste artigo.

ARTIGO 44.º

Os proprietários ou usufrutuários a quem se refere o artigo 32.º são obrigados a executar todas as obras que, ouvidas as instâncias competentes, o Ministro da Instrução Pública entender necessárias para a conservação do imóvel classificado.

§ 1.º Caso essas obras não tenham sido iniciadas passado o prazo fixado procederá o Estado a elas, correndo o seu custeio por conta do respectivo proprietário ou usufrutuário.

§ 2.º Se porventura se provar que o proprietário ou ufrutuário não possue meios para pagamento de tais obras, poderá o Estado excepcionalmente isentá-lo dêsse pagamento. Nesta hipótese ficará onerada a propriedade em favor do Estado na proporção da despesa feita.

ARTIGO 45.º

Nenhuma instalação, construção ou reconstrução poderá ser executada nas proximidades de um imóvel classificado sem aprovação do Conselho Superior de Belas Artes, confirmada por despacho ministerial, devendo êste Conselho indicar às autoridades compe-

296 *Direito do Património Cultural*

tentes, a respeito de cada monumento, qual a extensão a que estende essa área de defesa.

ARTIGO 46.º

É expressamente proïbida a fixação de anúncios seja de que natureza forem nos imóveis classificados, sob pena de multa, que será fixada nos respectivos regulamentos.

§ 1.º É extensiva esta proïbição aos edifícios públicos, com excepção dos avisos de carácter oficial, mas estes sòmente poderão ser afixados em local expressamente designado para êsse fim.

§ 2.º Será igualmente proïbida a afixação em local onde possa prejudicar o aspecto ou observação dos imóveis classificados.

ARTIGO 47.º

Aos indivíduos ou entidades sob cuja autoridade estejam os imóvéis classificados cumpre manter nêles os necessários serviços de vigilância e limpeza.

ARTIGO 48.º

Quando forem encontrados em terreno público ou particular, por virtude de escavações ou outros trabalhos, monumentos, ruínas, inscrições, moedas, medalhas ou quaisquer outros objectos que tenham valor histórico, arqueológico ou artístico, ou houver notícia de que se trata de se substituir ou danificar os conhecidos, o respectivo administrador do concelho ou quem suas vezes fizer providenciará imediatamente, mandando no primeiro caso suspender os trabalhos e no segundo impedir a destruïção. Além disso, a mesma autoridade mandará vedar e, sendo possível e necessário, aterrar o local arqueológico, para lhe assegurar a conservação, e participará o facto ao governador civil do distrito ou a quem o representar, que transmitirá o caso ao Ministério da Instrução Pública, a fim de serem tomadas as providências convenientes.

§ 1.º Quando em quaisquer construções acidentalmente existirem, como materiais, peças ou fragmentos de valor histórico, arqueológico ou artístico que seja útil ou conveniente arrecadar, poderá o Govêrno adquiri-los, mediante parecer do Conselho, a fim de que sejam devidamente recolhidos em museu, procedendo, quando necessário, à sua expropriação por utilidade pública.

§ 2.º O reconhecimento do local arqueológico será feito por vistorias e a vedação estritamente limitada a esse local, sob pena de indemnização de perdas e danos.

CAPÍTULO V
Museus

ARTIGO 49.º

Os museus, colecções e tesouros de arte sacra do Estado, das autarquias locais ou de entidades particulares subsidiadas pelo Estado sujeitos à superintendência do Ministério da Instrução Pública classificam-se em três grupos:

a) Museus nacionais;

b) Museus regionais;

c) Museus, museus municipais, tesouros de arte sacra e outras mais colecções oferecendo valor artístico, histórico ou arqueológico.

ARTIGO 50.º

São museus nacionais, além de outros que venham a ser criados:

O Museu Nacional de Arte Antiga.

O Museu Nacional de Arte Contemporânea.

O Museu Nacional dos Coches.

ARTIGO 51.º

São museus regionais, além de outros que venham a ser criados:

O Museu de Machado de Castro.

O Museu de Grão Vasco.

O Museu de Aveiro.

O Museu Regional de Évora.

O Museu Regional de Bragança.

O Museu de Lamego.

ARTIGO 52.º

Todas as demais colecções, quer pertencentes ao Estado quer às autarquias locais, quer a entidades particulares subvencionadas pelo Estado, ficam subordinadas, sob o ponto de vista da fiscalização artística, ao Ministério da Instrução Pública, nos termos das leis e dos regulamentos em vigor.

ARTIGO 53.º

Pelos museus do Estado serão distribuídos e expostos:

1.º As obras de arte nacionais ou estrangeiras que a Academia Nacional de Belas Artes adquirir com o rendimento de legados para êsse fim instituídos, e bem assim as adquiridas com quaisquer verbas orçamentais com essa especial consignação;

2.º Os trabalhos executados pelos pensionistas, quando o Conselho Superior de Belas Artes os considere dignos de serem expostos;

3.º As obras de arte doadas ou depositadas por entidades particulares;

4.º As obras de arte que, em virtude de disposições legais, sejam consideradas propriedade do Estado.

§ 1.º A igreja, sacristia e coros do extinto Convento da Madre de Deus constituem anexos do Museu Nacional de Arte Antiga.

§ 2.º As obras de arte adquiridas com o rendimento do legado Valmor serão exclusivamente destinadas aos Museus Nacionais de Arte Antiga e de Arte Contemporânea.

ARTIGO 54.º

No Museu Nacional dos Coches serão expostos coches, berlindas, carruagens de gala, cadeirinhas, liteiras, jaezes e outros artigos que se relacionem com a tracção e a equitação, uma vez que se recomendem pelo seu valor artístico ou histórico, e ainda peças de indumentária que interessem especialmente a êsse Museu e não sejam essenciais à respectiva secção do Museu Nacional de Arte Antiga.

ARTIGO 55.º

O Ministro da Instrução Pública poderá autorizar a transferência definitiva ou temporária de obras de arte de museu para museu, sob parecer favorável do Conselho Superior de Belas Artes.

ARTIGO 56.º

Os directores dos Museus serão nomeados pelo Govêrno, sob proposta, em lista tríplice, do Conselho Superior de Belas Artes.

ARTIGO 57.º

Os directores dos museus, como responsáveis pela guarda de valores do Estado, proporão quais os funcionários que os devem substituir nos seus impedimentos, e sôbre essa proposta, depois de ouvido o Conselho Superior de Belas Artes, recairá despacho ministerial.

ARTIGO 58.º

Os directores dos museus regionais e conservadores dos museus serão de nomeação do Govêrno, precedendo tirocínio de três anos no Museu Nacional de Arte Antiga e concurso de provas públicas, sendo motivo de preferência, em igualdade de classificação, a qualidade do serviço prestado como conservador adjunto.

ARTIGO 59.º

Os conservadores tirocinantes serão nomeados pelo Govêrno, sob proposta do director do Museu Nacional de Arte Antiga, passando à categoria de adjuntos depois de três anos de bom e efectivo serviço.

ARTIGO 60.º

Os lugares dos quadros administrativos dos museus serão de nomeação do Govêrno, precedendo proposta dos respectivos directores.

CAPÍTULO VI
Disposições gerais e transitórias

ARTIGO 61.º

São extintos os Conselhos de Arte e Arqueologia das três circunscrições.

ARTIGO 62.º

Passam à situação de adidos, com direito a serem colocados nas primeiras vagas da sua categoria ou da categoria imediatamente inferior que ocorrerem nas respectivas cidades, os oficiais de secretaria dos extintos Conselhos de Arte e Arqueologia da 2.ª e 3.ª Circunscrições.

ARTIGO 63.º

É criado um lugar de conservador no Museu Nacional de Arte Antiga. A dotação dêste lugar em orçamento e o seu provimento só se efectuarão quando tenham sido colocados definitivamente os dois funcionários adidos a quem se refere o artigo anterior.

ARTIGO 64.º

A primeira nomeação para o cargo de conservador do Museu Nacional de Arte Antiga será feita pelo Govêrno, sob proposta do respectivo director, sem dependência das disposições dos artigos 58.º e 59.º

ARTIGO 65.º

Fica o Ministério da Instrução Pública autorizádo a promover todas as transferências de verbas necessárias à execução do presente decreto, não podendo porém exceder a importância das dotações que no orçamento em vigor estão atribuídas a estes serviços.

ARTIGO 66.º

A despesa com os serviços de que trata o presente decreto não poderá no próximo ano económico exceder a que actualmente se encontra descrita em orçamento.

ARTIGO 67.º

O Govêrno publicará os regulamentos que forem indispensáveis para a execução do presente decreto.

ARTIGO 68.º

Fica revogada a legislação em contrário.

3

Decreto-Lei n.º 27:633, de 6 de Abril de 1937

Constitue preocupação definida de todos os povos civilizados a conservação e defesa do seu património estético, arqueológico, histórico e bibliográfico, mediante diplomas tendentes a coordenar esforços no sentido de se evitar a destruïção ou delapidação de todas aquelas obras que, pelo seu valor de conjunto, pela sua raridade e pelas tradições a que andam ligadas, podem classificar-se como verdadeiros tesouros nacionais.

Era já da administração romana êste espírito no início da era cristã; e a sua influência transparece nos editos e ordenanças dos Estados italianos da Idade Média e da Idade Moderna, Roma e Florença, nas ordenanças dos Papas Martinho V e Paulo III, de 1425 e 1534, confirmadas por Inocêncio X, em 1646, reflectindo-se de uma forma precisa na ordenança Toscana de 1571, depois ratificada pelo Grão-Duque Leopoldo. O célebre edito Pacca, que tem o nome do cardeal protector da Academia Arqueológica de Roma, no comêço do século XIX, é o maior passo até então dado naquele sentido.

A Itália unificada, na esteira dos Estados predecessores, defendeu o seu património artístico pela lei de 1909, que é ainda hoje na matéria o diploma fundamental, com algumas alterações introduzidas em 1912, 1913, 1922 e 1927, e leva a sua protecção legislativa às próprias colónias de África.

A Bélgica, em diploma de 1835, isto é, desde os primeiros anos da sua independência, procurou assegurar a conservação e defesa dos valores históricos e artísticos, hoje objecto da lei geral de protecção do património artístico e histórico, de 7 de Agosto de 1930.

Na Grã-Bretanha a fiscalização do Estado sôbre o património artístico nacional foi inicialmente objecto de uma lei de 1882, seguida de outras em 1900 e 1913, esta última confirmando disposições contidas nas precedentes; e finalmente adoptou-se o «Ancient Monuments Act» de 1931.

A França, sôbre o princípio de que a Nação, pelo título de uma co-propriedade ideal, possue o direito de proteger e defender o património artístico, promulgou a lei de 31 de Dezembro de 1913, autorizando a expropriação, instituindo servidões especiais, e chegando mesmo a proïbir a exportação e venda, restrição esta depois abolida.

A mesma corrente se regista noutros países, entre os quais os Estados Unidos da América do Norte, com o decreto de 8 de Junho de 1906 e as leis de 10 de Julho e 21 de Agosto de 1935, – a Espanha, que já em 22 de Janeiro de 1908 procurava restringir por medidas adequadas a exportação das obras de arte, – a Polónia, com o decreto de 31 de Outubro de 1918 e a lei de 6 de Março de 1928, – a Áustria, com as leis de 5 de Dezembro de 1918 e 25 de Setembro de 1923, – o México, com a lei de 19 de Janeiro de 1934.

*

Em Portugal, desde há muito, o mesmo intuito norteia os governantes.

Sem esquecer o inventário de 1686 existente na Biblioteca Real e ali perdido por ocasião do terramoto de 1755, o alvará de 20 de Agosto de 1721, da iniciativa da Academia Real da História Portuguesa, é dos mais honrosos diplomas culturais que uma nação pode apresentar, pelas providências que nêle se tomaram para a conservação e guarda dos «monumentos antigos, que havia, e se podiam descobrir no reino, dos tempos em que nêle dominaram os fenícios, gregos, penos, romanos, godos e arábicos». Determinava-se, sob sanções, que «nenhuma pessoa, de qualquer estado, qualidade e condição que seja, desfaça ou destrua, em todo nem em parte, qualquer edifício que mostre ser daqueles tempos, ainda que em parte esteja arruïnado, e da mesma sorte as estátuas, mármores e cipos em que estiverem esculpidas algumas figuras, ou tiverem letreiros fenícios, gregos, romanos, góticos e arábicos, ou lâminas ou chapas de qualquer metal que tiverem os ditos letreiros ou caracteres, como outrossim medalhas ou moedas que mostrarem ser daqueles tempos, nem dos inferiores até ao reinado do Senhor Rei D. Sebastião, nem encubram ou ocultem algumas das sobreditas cousas».

É com o decreto-lei n.º 1 de 26 de Maio de 1911 que o pensamento de guardar e defender o património cultural alcança grandes possibilidades de realização, tanto pelas regras que se estabeleceram para o arrolamento das obras de arte e peças arqueológicas como pelas atribuïções conferidas aos Conselhos de Arte e Arqueologia e ao Conselho Nacional de Arte, então criados. Substituído êste pelo Conselho Superior de Belas Artes, o mesmo espírito se manteve na lei n.º 1:700, de 18 de Dezembro de 1924, e no seu regulamento, aprovado por decreto n.º 11:445, de 13 de Fevereiro de 1926.

Consideraram-se obras de arte, com exclusão das dos autores ainda vivos, ou objectos arqueológicos, para os efeitos da protecção legal, «as esculturas, pinturas, gravuras, desenhos, móveis, peças de porcelana, de faiança e de ourivesaria, vidros, esmaltes, tapêtes, tapeçarias, rendas, jóias, bordados, tecidos, trajos, armas, peças de ferro forjado, bronzes, leques, medalhas e moedas, inscrições, instrumentos músicos, manuscritos iluminados e de um modo geral todos os objectos que possam constituir modêlo de arte ou representar valioso ensinamento para os artistas, ou pelo seu mérito sejam dignos de figurar em museus públicos de arte, e ainda todos aqueles que mereçam o qualificativo de históricos».

Abrangeram-se no arrolamento até os móveis em poder de particulares «que sejam de subido aprêço, reconhecido valor histórico, arqueológico ou artístico e cuja exportação do território nacional constitua dano grave para o património histórico, arqueológico ou artístico do País».

Estabeleceu-se o direito de preferência em favor do Estado na alienação dos móveis e imóveis arrolados, que se tornou dependente de prévio consentimento do Ministério da Instrução Pública, quando pertencentes ao Estado, aos corpos e corporações administrativas, e a quaisquer entidades tuteladas ou subvencionadas pelo Estado, e determinou-se que, quando não exercido o direito de preferência, a transacção só era em todo o caso permitida com a reserva «de que o objecto da venda fique no País».

O Estado Novo, cuja franca política do espírito se tem afirmado em múltiplos aspectos, não só manteve êsses preceitos no decreto-lei n.º 15:216, de 14 de Março de 1928, em que da restrição apenas se excluiu o Estado, como os fortaleceu, ampliou e sistematizou, havendo-se até erigido em princípio constitucional a protecção ao património de arte, de história e de natureza.

Pelo decreto-lei n.º 20:586, de 4 de Dezembro de 1931, tornaram-se independentes de arrolamento prévio a proibição de exportação, a inalienabilidade e o direito de opção, e incluíram-se na especificação dos objectos inalienáveis «os incunábulos portugueses, as espécies xilográficas e paleotípicas estrangeiras, os cartulários e outros códices, membranáceos ou cartáceos, os pergaminhos ou papéis

304   *Direito do Património Cultural*

avulsos de interêsse diplomático, paleográfico ou histórico, os livros e folhetos considerados raros ou preciosos, e os núcleos bibliográficos que se recomendem pelo valor dos seus cimélios ou simplesmente pelo seu valor de colecção».

Ao fundar-se, por decreto-lei n.º 20:984, de 5 de Março de 1932, a Academia Nacional de Belas Artes, com finalidade meramente especulativa e cultural, não se olvidou a importância dêste seu labor no sentido de se «proteger o património artístico e arqueológico do País».

E o decreto-lei n.º 20:985, de 7 de Março do mesmo ano, extinguindo os Conselhos de Arte e Arqueologia, pelas complicações de funcionamento que a experiência revelara, e concentrando as suas funções técnicas e administrativas no Conselho Superior de Belas Artes, consagrou o seu primeiro capítulo à «guarda e protecção das obras de arte e peças arqueológicas», com reprodução das disposições que vigoravam já e a novidade de poder o Ministério da Instrução Pública, quando o Estado não exerça o direito de opção em relação aos objectos inventariados, autorizar a saída do País, mas «pela exportação dêsses objectos serão cobrados direitos de 50 por cento *ad valorem*».

Por decreto-lei n.º 21:117, de 18 de Abril de 1932, que regulou a classificação dos monumentos arqueológicos nacionais, como jóias, moedas, inscrições e outros objectos «que tenham importância arqueológica ou histórica», e a respectiva inventariação, confirmou-se a sua inalienabilidade, salvo autorização ministerial, com direito de opção em favor do Estado, e confiou-se ao Museu Etnológico Dr. Leite de Vasconcelos a missão de «velar pela conservação das antiguidades nacionais pre-históricas, proto-históricas e lusitano-romanas». Por decreto-lei n.º 23:115, de 12 de Outubro de 1933, que criou a Junta Nacional de Escavações e Antiguidades, para esta passaram as funções de iniciativa e coordenação, providenciando-se no sentido de se «evitar a saída do País de todos os objectos arqueológicos nêle encontrados que devam figurar nas colecções portuguesas».

A Constituição Política de 1933 colocou «sob a protecção do Estado os monumentos artísticos, históricos e naturais e os objectos artísticos oficialmente reconhecidos como tais, sendo proïbida a sua alienação em favor de estrangeiros».

Com a lei n.º 1:941, de 11 de Abril de 1936, e o regimento da Junta Nacional da Educação, aprovado por decreto-lei n.º 26:611, de 19 de Maio do mesmo ano, vincou-se o pensamento de fortalecer, simplificando-a, a administração da arte e arqueologia, e, por ela, também a protecção do património nacional, encorporando-as na Junta Nacional da Educação, então criada, como organismo unificador de toda a actividade cultural.

Confia-se, de um modo geral, à 6.ª secção – Belas Artes – a função de «definir as directrizes para a sistematização e desenvolvimento do património estético, arqueológico, histórico e bibliográfico da Nação, bem como promover as providências mais eficientes para a segurança da sua inalienabilidade e conservação dentro do País». E atribue-se à 1.ª sub-secção (artes plásticas, museus e monumentos), à 2.ª sub-secção (antiguidades, escavações e numismática) e à 4.ª sub-secção (literatura, bibliotecas e arquivos) competência especial para promover o cadastro, inventário, catalogação e classificação das respectivas obras, espécies ou objectos, bem como a constituição de núcleos locais de protecção estética, arqueológica e documentária, ao mesmo tempo que se torna dependente do respectivo parecer «a exportação excepcional e por prazo definído» dos que estejam encorporados nas colecções nacionais «ou em condições de o serem».

O decreto-lei n.º 26:957, de 28 de Agosto de 1936, que criou as Missões Estéticas de Férias, incluíu na sua actividade a contribuição para o «conhecimento dos valores de carácter paisagístico, étnico, arqueológico e arquitectónico de Portugal» e para «o seu cadastro, inventário e classificação».

E o mesmo espírito, aliado ao da valorização regional, informa as disposições do novo Código Administrativo, aprovado por decreto-lei n.º 27:424, de 31 de Dezembro de 1936, que às juntas de província e às juntas de turismo atribue a função de colaborarem no inventário das «relíquias arqueológicas e históricas».

*

Tam nítida tendência legislativa interna dos diferentes países, expressa em uma coincidência de princípios, quando não de regras, em crescente generalização, reflectiu-se, como era lógico, na esfera internacional, designadamente a partir da Grande Guerra.

O reconhecimento do direito de cada nação impedir a dispersão dos objectos que constituem a sua riqueza artística, arqueológica, histórica e bibliográfica, expressão de um inalienável património espiritual, conduz à necessidade e à legitimidade de uma efectiva colaboração destinada a combater a fraude, no recíproco interêsse dos povos.

306 *Direito do Património Cultural*

Afirmou-o o Congresso Internacional da História da Arte, de Paris, realizado em 1921. E no mesmo ano se celebrou o Tratado de Riga, pelo qual foi restituída à Polónia uma grande parte do seu património artístico, em poder dos sovietes.

Sob a égide da Sociedade das Nações, a Comissão Internacional de Cooperação Intelectual, através da Repartição Internacional dos Museus, preparou várias propostas para uma convenção, que foi em 1931 objecto de estudos na Conferência de Atenas «para a conservação dos monumentos de arte e de história», na qual se reconheceu a necessidade de uma protecção jurídica internacional e da assistência mútua entre os poderes públicos dos diversos Estados.

A matéria foi em 1932 recomendada na Assembleia da Sociedade das Nações, considerando que «a conservação do património artístico e arqueológico da humanidade interessa à comunidade dos Estados como guardas da civilização» e que, para a compreensão mútua dos povos, através da contemplação das suas obras de arte, «importa assegurar a estas uma protecção internacional»: no espírito do Pacto, os Estados deveriam prestar-se «uma colaboração cada vez mais extensa e mais concreta no sentido de se assegurar a conservação dos monumentos e das obras de arte» e «uma assistência mútua para a recuperação de objectos subtraídos às colecções nacionais ou exportados clandestinamente».

Em 1933 a Repartição Internacional dos Museus submeteu à Comissão Internacional de Cooperação Intelectual o texto de um anteprojecto de convenção, que o Secretariado fez submeter à apreciação dos países membros e não membros da Sociedade; e em 1935 a Repartição iniciava os estudos, ainda em curso, das suas respostas para a elaboração definitiva de uma convenção.

Não é novo, como se vê, o objectivo do presente decreto-lei: provocaram-no há muito as realidades sociais e anima-o um forte espírito de cooperação, no convencimento de se contribuir para a defesa e progresso da civilização e para uma efectiva solidariedade entre os povos, dentro do respeito mútuo e da compreensão dos sentimentos e tradições de cada um.

De facto, todas as obras de expressão espiritual constituem, em essência, património da humanidade culta, seja de quem fôr a propriedade dos objectos em que se corporizam; por isso todos os povos civilizados têm o dever de velar pela conservação e pelo cunho característico de tais obras, o qual lhes é dado, na maior parte dos casos, pela sua integração no próprio ambiente em que foram gerados ou se fixaram em paciente e sistemático trabalho de séculos. Aqueles que consentem ou realizam a depredação e a ruína de tais valores dão manifestas provas de barbarismo e merecem a reprovação universal.

É dentro dêste espírito, e em oportunidade incompatível com delongas, que se justifica a publicação do presente decreto-lei, pelo qual a Nação Portuguesa, ciosa do seu património, repudia os meios ilegítimos ou imorais de aumentá-lo à custa do de outras nações: êle representa não uma abdicação, mas sim a consagração de um desejo veemente e sincero de cooperação, e é, ao mesmo tempo, lógico consectário de um sistema legislativo e da moral que orienta a administração do Estado Novo.

Se com êste diploma Portugal abre um caminho, há-de reconhecer-se que o faz desinteressadamente, e é porventura de desejar que o exemplo se generalize e frutifique.

Tudo ponderado; e

Usando da faculdade conferia pela 2.ª parte do n.º 2.º do artigo 109.º da Constituição, o Govêrno decreta e eu promulgo, para valer como lei, o seguinte:

ARTIGO 1.º

São nulas e de nenhum efeito as transacções realizadas, em território português, sôbre objectos de valor artístico, arqueológico, histórico e bibliográfico, provenientes de país estrangeiro, quando realizadas com infracção das disposições da respectiva legislação interna, reguladora da sua alienação ou exportação.

ARTIGO 2.º

O adquirente de boa fé tem direito a ser indemnizado nos termos seguintes:

1.º Pelo alheador, salvo se êste fôr também adquirente de boa fé;

2.º Pelo Estado interessado se o originário alheador não fôr encontrado no território português ou, sendo-o, se verificar a sua insolvência.

§ 1.º A boa fé não pode ser alegada pelo adquirente desde que o desaparecimento dos objectos bem como a sua descrição, que permita identificá-los, tenham sido tornados públicos, por meio de anúncio em dois jornais portugueses, dos de maior circulação.

308 *Direito do Património Cultural*

§ 2.º A indemnização será fixada pelo Ministro da Educação Nacional, e nunca poderá exceder o preço da aquisição, acrescido das despesas de conservação que com o mesmo hajam sido feitas.

ARTIGO 3.º

Os objectos abrangidos no artigo 1.º, e encontrados no território português, serão apreendidos pelas autoridades policiais ou aduaneiras, que dêles se constituirão fiel depositário até lhes ser dado destino conveniente.

§ 1.º Logo que se verifique qualquer apreensão, as autoridades que a ela procederem comunicá-la-ão, pelas vias competentes, ao Ministério da Educação Nacional, que promoverá, com as necessárias cautelas e ouvida a Junta Nacional da Educação, a remoção do objecto ou objectos apreendidos para um museu ou local apropriado.

§ 2.º O Ministério da Educação Nacional tornará conhecida a apreensão, por intermédio do Ministério dos Negócios Estrangeiros, e, feita a prova da propriedade, será autorizada a repatriação do objecto ou objectos apreendidos.

ARTIGO 4.º

O presente decreto-lei entra imediatamente em vigor e será aplicável em relação àqueles países cuja legislação adopte para com o nosso um regime de reciprocidade.

4

Lei do Património Cultural Subaquático
(Decreto-Lei n.º 164/97, de 27 de Junho) [1]

O presente decreto-lei visa harmonizar a legislação que rege a actividade arqueológica em meio subaquático com a aplicável à actividade arqueológica em meio terrestre. Esta necessidade é tanto maior quanto se autonomizou no Instituto Português de Arqueologia, criado pelo Decreto-Lei n.º 117/97, de 14 de Maio, a gestão da actividade arqueológica nacional.

A legislação que anteriormente regia o domínio específico da arqueologia subaquático, consubstanciada no Decreto-Lei n.º 289/93, de 21 de Agosto, actualizado pelo Decreto-Lei n.º 85/94, de 30 de Março, conjugado com a Portaria n.º 568/95, de 16 de Junho, afastava-a de forma clara da arqueologia terrestre no que respeita aos critérios de base metodológica e à tutela do Estado. Por outro lado, esses diplomas consagravam, de forma nítida, a exploração comercial da actividade arqueológica subaquático, com prejuízo para a contextualização científica do património cultural em causa.

O presente diploma elimina o concessionamento da exploração comercial do património cultural subaquático. Toda a actividade arqueológica realizada em meio subaquático é reconduzida à condição de empreendimento estritamente científico e são impedidas as práticas destrutivas ou intrusivas que possam danificar bens culturais subaquáticos e respectivas zonas envolventes. São salvaguardados, porém, os direitos dos achadores fortuitos, com o objectivo de compatibilizar a garantia dos direitos dos cidadãos com a necessidade de preservar a memória histórica e a informação científica que os bens por eles achados possam trazer à arqueologia portuguesa.

Foram ouvidos os órgãos de governo próprio das Regiões Autónomas dos Açores e da Madeira.

---

[1] Actualizada pela Lei n.º 19/2000, de 10 de Agosto.

310   *Direito do Património Cultural*

Assim:

No desenvolvimento do regime jurídico estabelecido pela Lei n.º 13/85, de 6 de Julho, e nos termos da alínea c) do n.º 1 do artigo 201.º da Constituição, o Governo decreta o seguinte:

CAPÍTULO I
Disposições gerais

ARTIGO 1.º – **Património cultural subaquático**

1 – O património cultural subaquático é constituído por todos os bens móveis ou imóveis e zonas envolventes, testemunhos de uma presença humana, possuidores de valor histórico, artístico ou científico, situados, inteiramente ou em parte, em meio subaquático, encharcado ou húmido:

a) No mar territorial, seus leitos e margens;

b) Nos cursos de água, seus leitos e margens;

c) Nos lagos, lagoas e lagunas, seus leitos e margens;

d) Nos cais e valas, seus leitos e margens;

e) Nas águas sujeitas à influência das marés nos rios, lagos, lagoas e lagunas, seus leitos e margens;

f) Nos pântanos;

g) Nas águas subterrâneas;

h) Nas águas dos poços e reservatórios;

i) Nas zonas inundadas periodicamente ou actualmente assoreadas, seus leitos e margens, desde que tais trabalhos incidam sobre bens ou indícios de âmbito náutico.

2 – Integram ainda o património cultural subaquático os bens que sejam arrojados ou que se encontrem no subsolo das águas e zonas referidas no número anterior.

3 – Os bens referidos nos números anteriores são considerados, para os efeitos previstos na Lei n.º 13/85, de 6 de Julho, como bens arqueológicos.

4 – São também património cultural subaquático os sítios arqueológicos subaquáticos localizados em zonas submersas onde se encontrem bens culturais que pela sua natureza ou interesse de conjunto ali devam permanecer.

Lei do Património Cultural Subaquático 311

ARTIGO 2.º – **Propriedade do Estado**

1 – Os bens referidos no artigo anterior sem proprietário conhecido constituem propriedade do Estado.

2 – Equiparam-se a bens sem proprietário conhecido os que não forem recuperados pelo proprietário dentro do prazo de cinco anos a contar da data em que os perdeu, abandonou ou deles se separou de qualquer modo.

ARTIGO 3.º – **Inventariação**

Os bens referidos no artigo 1.º que forem considerados de valor cultural serão objecto de um inventário a homologar pelo Ministro da Cultura, sob proposta do Instituto Português de Arqueologia (IPA), quando, pelo seu relevante interesse histórico, artístico ou científico, merecerem especial protecção, de acordo com o estipulado na Lei n.º 13/85, de 6 de Julho.

ARTIGO 4.º – **Procedimento de inventariação**

1 – O achamento ou recolha de bens determina a abertura de um procedimento de inventariação, tendo em vista a instrução do respectivo processo de classificação.

2 – O procedimento de inventariação de bens arqueológicos achados ou recolhidos no decurso de trabalhos arqueológicos subaquáticos inicia-se:

a) Em momentos previamente determinados pelo IPA;

b) No fim dos trabalhos arqueológicos subaquáticos.

3 – O procedimento de inventariação de achado fortuito inicia-se com o recebimento no IPA do auto do achado fortuito.

4 – A inventariação de sítios arqueológicos é precedida de parecer das entidades com atribuições e competências nas áreas das pescas e transportes marítimos.

5 – Enquanto decorrer o procedimento de inventariação, os bens achados ou recolhidos ou os sítios arqueológicos não poderão, consoante os casos, ser objecto de alienação, alteração ou exportação.

6 – O despacho que homologar a inventariação estabelecerá a delimitação da zona e as medidas de salvaguarda do sítio arqueológico subaquático.

312 *Direito do Património Cultural*

ARTIGO 5.º – **Prazo para a inventariação**

O procedimento de inventariação deve ser concluído no prazo de 60 dias, podendo ser, em circunstâncias excepcionais, prorrogável por idêntico período, mediante despacho do Ministro da Cultura.

ARTIGO 6.º – **Bens inventariados**

É interdita a alienação, alteração ou exportação de bens inventariados fora dos termos previstos para os bens classificados na Lei n.º 13/85, de 6 de Julho, sob pena de nulidade dos actos praticados.

CAPÍTULO II
Trabalhos arqueológicos subaquáticos

ARTIGO 7.º – **Trabalhos arqueológicos subaquáticos**

1 – São considerados trabalhos arqueológicos subaquáticos todas as acções que visem exclusivamente o estudo, a salvaguarda e a valorização dos bens do património cultural subaquático e que recorram a métodos consagrados do ponto de vista da arqueologia, quer se revistam ou não de natureza intrusiva e perturbadora relativamente ao seu inter-relacionamento e ao seu meio envolvente, e que, pelo seu carácter programático, excedam a mera observação visual directa e o simples registo documental não intrusivo, desde que não recaindo no âmbito do artigo seguinte.

2 – A recolha de bens do património cultural subaquático só é permitida no âmbito de trabalhos arqueológicos subaquáticos devidamente licenciados pelo IPA.

3 – A fixação dos termos do depósito definitivo ou temporário dos bens móveis recolhidos através de trabalhos arqueológicos subaquáticos é da competência do Ministro da Cultura, sob proposta do IPA.

4 – Os bens recolhidos durante a realização de trabalhos arqueológicos subaquáticos são insusceptíveis de aquisição por usucapião.

ARTIGO 8.º – **Utilização de aparelhos de detecção aproximada ou remota**

1 – A utilização de aparelhos de detecção aproximada ou remota, como sejam detectores de metais, magnetómetros, resistivímetros,

Lei do Património Cultural Subaquático

sonares de varrimento lateral e de sísmica de reflexão e penetração, para fins de detecção de bens arqueológicos carece de autorização do IPA, devendo para o efeito a mesma ser solicitada mediante requerimento devidamente fundamentado e identificados os especialistas e as entidades envolvidos.

2 – Sem prejuízo do estabelecido no número anterior, a utilização de detectores de metais é proibida na área de todos os sítios de valor arqueológico subaquático reconhecidos e constantes do inventário e dos registos do IPA, assim como nas áreas permanente, temporária ou intermitentemente emersas das zonas do domínio público marítimo.

ARTIGO 9.º – **Licenças**

1 – A realização de trabalhos arqueológicos subaquáticos carece de licença.

2 – A licença para a realização de trabalhos arqueológicos subaquáticos é da competência do Ministro da Cultura, sob proposta do IPA e ouvidos os órgãos consultivos competentes, aplicando-se o disposto na Portaria n.º 269/78, de 12 de Maio, com as alterações introduzidas pela Portaria n.º 195/79, de 24 de Abril, sem prejuízo das condicionantes impostas pelo artigo seguinte.

3 – A licença referida no número anterior não substitui nem dispensa as demais autorizações legalmente exigidas.

ARTIGO 10.º – **Condicionantes para os trabalhos arqueológicos subaquáticos**

1 – Os trabalhos arqueológicos subaquáticos não poderão efectuar-se em áreas onde se encontrem:

a) Reservas naturais;
b) Zonas militares temporária ou permanentemente restritas;
c) Zonas de pesca delimitadas;
d) Zonas de passagem de cabos de telecomunicações e de energia, oleodutos, gasodutos e emissários;
e) Zonas de exploração petrolífera ou de outros minerais;
f) Navios de guerra afundados durante a II Guerra Mundial;
g) Navios afundados que contenham explosivos, óleos ou outros materiais a bordo cuja libertação ponha em perigo o equilíbrio ecológico;

314   *Direito do Património Cultural*

h) Corredores de navegação delimitados por esquemas de separação de tráfego ou sempre que possa ser afectada a segurança da navegação ou a exploração comercial dos portos.

2 – Mediante proposta do IPA, e quando esses trabalhos se revelem indispensáveis à salvaguarda de bens de valor cultural, pode ser autorizada a realização de trabalhos arqueológicos subaquáticos nas áreas referidas no número anterior, por despacho conjunto do Ministro da Cultura e do membro do Governo responsável pela área que estiver em causa, ouvidos os órgãos consultivos competentes.

ARTIGO 11.º – **Medidas de prevenção**

Nas áreas de trabalhos arqueológicos subaquáticos o IPA promove a adopção pelas entidades competentes das medidas de prevenção, designadamente de navegação e pesca, que se mostrem adequadas às actividades arqueológicas subaquáticos, bem como à salvaguarda dos bens encontrados ou provavelmente existentes.

CAPÍTULO III
Achados fortuitos

ARTIGO 12.º – **Achado fortuito**

1 – Quem por acaso achar ou localizar quaisquer bens previstos no artigo 1.º deverá comunicar o facto à estância aduaneira ou órgão local do sistema de autoridade marítima com jurisdição sobre o local do achado, a qualquer outra autoridade policial ou directamente ao IPA, no prazo de quarenta e oito horas.

2 – As entidades referidas no número anterior devem dar conhecimento da comunicação ao IPA no prazo de vinte e quatro horas, ou, quando a comunicação imediata não for possível, no prazo de quarenta e oito horas.

3 – Salvo motivo justificado, a falta de comunicação do achado no prazo referido no n.º 1 determina a perda dos direitos do achador, sem prejuízo da responsabilidade civil, criminal e contra-ordenacional a que haja lugar.

4 – Quando o achado for comunicado directamente ao IPA, este deverá dar conhecimento do facto às entidades com jurisdição sobre o local do achado no prazo de vinte e quatro horas.

Lei do Património Cultural Subaquático 315

ARTIGO 13.º – **Auto de achado fortuito**

1 – A entidade a quem for comunicado o achado ou a localização de bens lavrará auto de achado fortuito.

2 – O auto especificará a natureza e as características do achado, o local, o dia e a hora da descoberta, bem como a identificação do achador.

3 – A entidade que lavrar o auto guardará o achado ou, quando isso não for possível, assegurará o depósito do mesmo em condições de segurança.

4 – É obrigatória a entrega ao achador de cópia do auto e recibo do depósito do achado.

5 – A entidade que lavrar o auto enviará de imediato cópias ao IPA e à autoridade aduaneira, bem como à autoridade marítima que tenha jurisdição sobre o local do achado.

ARTIGO 14.º – **Inventariação do achado fortuito**

1 – O IPA determinará o local do depósito provisório dos bens inventariados, nos termos dos artigos 3.º e seguintes.

2 – O IPA notificará a inventariação ao achador e às autoridades que tenham jurisdição sobre o local do achado.

3 – No caso de o IPA não se pronunciar pelo valor cultural ou o Ministro da Cultura não homologar a proposta de inventariação, aquele notificará deste facto as autoridades que tenham jurisdição sobre o local do achado.

ARTIGO 15.º – **Achados fortuitos em obra nova**

1 – Quando, em virtude de trabalhos de qualquer natureza, designadamente dragagens, remoção de terra, areia ou outros materiais e prospecções petrolíferas ou de minerais, forem encontrados ou localizados bens referidos no artigo 1.º, o achador ou a entidade responsável pela execução da obra devem, respectivamente, propor ao IPA a suspensão dos trabalhos e proceder à sua suspensão imediata, efectuando a comunicação prevista no artigo 12.º

2 – Os trabalhos ficarão suspensos até que o IPA autorize a respectiva continuação.

3 – O IPA tem um prazo de 10 dias a contar do recebimento do auto de achado fortuito para decidir sobre a continuação dos trabalhos.

316   *Direito do Património Cultural*

4 – Quando o achador ou a entidade responsável pela execução dos trabalhos não suspender ou prosseguir os trabalhos sem autorização expressa do IPA, este poderá desencadear o embargo administrativo.

CAPÍTULO IV
Recompensas

ARTIGO 16.º – **Direitos do achador**

Os achados fortuitos constituem o achador no direito de receber uma recompensa, calculada sobre o valor atribuído aos bens nos termos dos artigos 17.º, 18.º, 19.º e 20.º

ARTIGO 17.º – **Recompensa do achado fortuito**

1 – O achador tem direito ao pagamento de metade do valor do achado fortuito que venha a ser inventariado, nos termos do artigo 3.º

2 – No caso de se tratar de localização de um complexo de achados correspondentes a um contexto arqueológico coerente e delimitado, cujo valor cultural seja confirmado pelos serviços competentes do IPA, ao achador cabe uma recompensa de montante baseado no valor patrimonial atribuído ao achado, segundo tabela a aprovar por portaria conjunta dos Ministros das Finanças e da Cultura.

ARTIGO 18.º – **Avaliação**

1 – O IPA determinará o valor do achado fortuito ou dos bens recolhidos nos 30 dias seguintes à respectiva inventariação.

2 – Em casos de especial dificuldade de avaliação, o Ministro da Cultura pode prorrogar até 90 dias o prazo previsto no número anterior.

3 – O IPA comunicará ao achador, no prazo de 10 dias, o valor atribuído ao achado fortuito.

ARTIGO 19.º – **Discordância sobre a avaliação**

O achador que não aceite a determinação do valor dos bens inventariados apresentará requerimento ao IPA para a constituição de uma comissão arbitral nos 10 dias seguintes à notificação da avaliação.

Lei do Património Cultural Subaquático 317

ARTIGO 20.º – **Comissão arbitral**

1 – A comissão arbitral será composta por três membros de reconhecida idoneidade científica, sendo um nomeado pelo IPA, outro pelo achador e o terceiro, que presidirá, de comum acordo pelos dois primeiros árbitros.

2 – O achador indicará o nome do árbitro no requerimento a que se refere o artigo anterior e o IPA nomeará o seu árbitro nos 10 dias subsequentes.

3 – Na falta de acordo sobre a escolha do árbitro que presidirá à comissão, aplicar-se-ão as regras da Lei n.º 31/86, de 29 de Agosto.

CAPÍTULO V
Fiscalização e contra-ordenações

ARTIGO 21.º – **Fiscalização**

1 – A fiscalização do cumprimento das disposições do presente diploma compete ao IPA.

2 – No exercício da competência referida no número anterior, o IPA pode solicitar a colaboração de outras entidades cujas competências de fiscalização se enquadrem no âmbito de aplicação deste diploma.

ARTIGO 22.º – **Contra-ordenações**

1 – Sem prejuízo de outras sanções que se mostrem aplicáveis, constituem contra-ordenações, puníveis com a aplicação das seguintes coimas:

a) De 400 000$00 a 750 000$00 e de 5 000 000$00 a 9 000 000$00, a violação dos n.os 4 e 5 do artigo 4.º, conforme seja praticada por pessoa singular ou colectiva, respectivamente;

b) De 30 000$00 a 750 000$00 e de 1 500 000$00 a 9 000 000$00, a violação do disposto no artigo 8.º e nos n.os 1 e 2 do artigo 12.º, conforme seja praticada por pessoa singular ou colectiva, respectivamente;

c) De 400 000$00 a 750 000$00 e de 5 000 000$00 a 9 000 000$00, a violação do disposto no n.º 1 do artigo 9.º,

318 *Direito do Património Cultural*

no n.º 1 do artigo 10.º e nos n.ºs 1 e 2 do artigo 15.º, conforme seja praticada por pessoa singular ou colectiva, respectivamente.

2 – A tentativa é punível nas situações previstas nas alíneas *a*) e *c*) do número anterior.

3 – A negligência é punível nas situações previstas nas alíneas *b*) e *c*) do n.º 1, sendo os montantes mínimos e máximos das coimas a aplicar iguais a metade dos montantes mínimo e máximo aí previstos.

ARTIGO 23.º – **Pesca profissional**

1 – Nas áreas de trabalhos arqueológicos subaquáticos, devidamente demarcadas e assinaladas e desde que garantidas as medidas de prevenção previstas no artigo 11.º, constitui contra-ordenação, punível com coima de 400 000$00 a 750 000$00 e de 5 000 000$00 a 9 000 000$00, o exercício da pesca profissional durante a realização de trabalhos arqueológicos subaquáticos, conforme seja praticado por pessoa singular ou colectiva, respectivamente.

2 – A tentativa é punível.

3 – A negligência é punível, sendo os montantes mínimo e máximo das coimas a aplicar iguais a metade dos montantes mínimo e máximo previstos no n.º 1.

ARTIGO 24.º – **Sanções acessórias**

1 – Nos processos por contra-ordenações previstas nos artigos anteriores podem ser aplicadas as seguintes sanções acessórias, nos termos da lei geral:

  a) Perda das embarcações, instrumentos ou equipamentos utilizados na prática da contra-ordenação;
  b) Interdição de exercer a actividade relacionada com a contra-ordenação.

2 – Quando a decisão condenatória definitiva proferida no processo declarar a perda dos bens a favor do Estado, compete ao Ministro da Cultura determinar a respectiva afectação.

ARTIGO 25.º – **Aplicação das coimas**

1 – A instrução dos processos de contra-ordenações é da competência do IPA ou da Inspecção-Geral das Actividades Culturais.

Lei do Património Cultural Subaquático 319

2 – A aplicação das coimas e das sanções acessórias é da competência do director do IPA.

ARTIGO 26.º – **Produto das coimas**

O produto da aplicação das coimas previstas no presente diploma é repartido do seguinte modo:
a) 60% para o Estado,
b) 20% para o IPA;
c) 20% para a entidade instrutora.

CAPÍTULO VI
Disposição final

ARTIGO 27.º – **Norma revogatória**

São revogados os Decretos-Leis n.ᵒˢ 289/93, de 21 de Agosto e 85/94, de 30 de Março, e a Portaria n.º 568/95, de 16 de Junho.

Lei n.º 19/2000
de 10 de Agosto

**Primeira alteração à Lei n.º 13/85, de 6 de Julho (património cultural português),
e ao Decreto-Lei n.º 164/97, de 27 de Junho (património cultural subaquático).**

A Assembleia da República decreta, nos termos da alínea *c*) do artigo 161.º da Constituição, para valer como lei geral da República, o seguinte:

ARTIGO 1.º

Nas Regiões Autónomas dos Açores e da Madeira, a adopção das medidas necessárias e indispensáveis para a realização de trabalhos arqueológicos, terrestres e subaquáticos, e para o levantamento, estudo, protecção, conservação e valorização do património cultural arqueológico, terrestre e subaquático, móvel e imóvel, e suas zonas envolventes, nos termos definidos na Lei n.º 13/85, de 6 de Julho, e no Decreto-Lei n.º 164/97, de 27 de Junho, é da competência dos

320 Direito do Património Cultural

respectivos Governos Regionais, que deverão garantir as condições, designadamente de recursos humanos e orçamentais, para o efeito necessárias.

ARTIGO 2.º

A realização dos trabalhos referidos no artigo anterior relativos ao património cultural subaquático carece de licenciamento da autoridade competente, que não substitui nem dispensa as demais autorizações leglamente exigidas.

ARTIGO 3.º

Nos termos da alínea *d*) do n.º 1 do artigo 227.º da Constituição da República Portuguesa, os preceitos que respeitem às condições específicas das Regiões Autónomas serão elaborados pelas Assembleias Legislativas Regionais respectivas, que promoverão a publicação, no prazo de 180 dias, dos indispensáveis decretos legislativos regionais.

5

Benefícios Fiscais e Estatuto do Mecenato

5.1. Benefícios Fiscais Directos

5.1.1. Estatuto dos Benefícios Fiscais

ARTIGO 40.º

Isenções[1]

1 – Estão isentos de imposto municipal sobre imóveis:

(...)

c) As associações ou organizações de qualquer religião ou culto às quais seja reconhecida personalidade jurídica, quanto aos templos ou edifícios exclusivamente destinados ao culto ou à realização de fins não económicos com estes directamente relacionados;

(...)

j) Os prédios ou parte de prédios cedidos gratuitamente pelos respectivos proprietários, usufrutuários ou superficiários a entidades públicas isentas de imposto municipal sobre imóveis enumeradas no artigo 11º do respectivo Código, ou a entidades referidas nas alíneas anteriores, para o prosseguimento directo dos respectivos fins;

(...)

n) Os prédios classificados como monumentos nacionais ou imóveis de interesse público e bem assim os classificados de imóveis de valor municipal ou como património cultural, nos termos da legislação aplicável.

---

[1] Redacção actualizada do preceito que incluí as modificações introduzidas pela Lei n.º 60-A/2005, de 30 de Dezembro (OE/2006).

2 – As isenções a que se refere o número anterior iniciam-se:

a) Relativamente às situações previstas nas alíneas *a)* a *d)*, *g)* a *i)* e *m)*, no ano, inclusive, em que o prédio ou parte de prédio for destinado aos fins nelas referidos;

(...)

c) No caso previsto na aliena *j)*, no ano, inclusive, em que se verificar a cedência.

d) Relativamente às situações previstas na aliena *n)*, no ano, inclusive, em que ocorra a classificação.

(...)

5 – A isenção a que se refere a alínea *n)* é reconhecida pelo chefe de finanças da área da situação do prédio, a requerimento devidamente documentado, que deve ser apresentado pelos sujeitos passivos no prazo de 90 dias contados da verificação do facto determinante da isenção.

6 – Nos restantes casos previstos neste artigo, a isenção é reconhecida pelo director-geral dos Impostos, a requerimento devidamente documentado, que deve ser apresentado pelos sujeitos passivos no serviço de finanças da área da situação do prédio, no prazo de 90 dias contados da verificação do facto determinante da isenção.

7 – Nas situações abrangidas pelos n.os 5 e 6, se o pedido for apresentado para além do prazo referido no número anterior, a isenção inicia-se a partir do ano imediato, inclusive, ao da sua apresentação.

8 – Os benefícios constantes das alienas *b)* a *n)* do n.º 1 cessam logo que deixem de verificar-se os pressupostos que os determinaram, devendo os proprietários, usufrutuários ou superficiários dar cumprimento ao disposto na aliena *g)* do n.º 1 do artigo 13º do Código do Imposto Municipal sobre Imóveis.

9 – As isenções resultantes de acordo entre o Estado e quaisquer pessoas, de direito público ou privado, são mantidas na forma da respectiva lei.

ARTIGO 40°-A

Prédios urbanos objecto de reabilitação[2]

1 – Ficam isentos de imposto municipal sobre imóveis os prédios urbanos objecto de reabilitação urbanística pelo período de dois anos a contar do ano, inclusive, da emissão da respectiva licença camarária.

2 – Ficam isentas de imposto municipal sobre as transmissões onerosas de imóveis as aquisições de prédios urbanos destinados a reabilitação urbanística desde que, no prazo de dois anos a contar da data da aquisição, o adquirente inicie as respectivas obras.

3 – Para efeitos do disposto no presente artigo, entende-se por reabilitação de um prédio urbano a execução de obras destinadas a recuperar e beneficiar uma construção, corrigindo todas as anomalias construtivas, funcionais, higiénicas e de segurança acumuladas, que permitam melhorar e adequar a sua funcionalidade, sendo tal reabilitação certificada pelo Instituto Nacional de Habitação ou pela câmara municipal respectiva, consoante o caso.

4 – Os benefícios referidos nos n.os 1 e 2 não prejudicam a liquidação e cobrança dos respectivos impostos, nos termos gerais.

5 – As isenções previstas nos n.os 1 e 2 ficam dependentes de reconhecimento pela câmara municipal da área da situação dos prédios, após a conclusão das obras e emissão da certificação referida na parte final do n.º 3.

6 – A câmara municipal deve comunicar, no prazo de 30 dias, ao serviço de finanças da área da situação dos prédios o reconhecimento referido no número anterior, competindo àquele serviço de finanças promover, no prazo de 15 dias, a anulação das liquidações do imposto municipal sobre imóveis e do imposto municipal sobre as transmissões onerosas de imóveis e subsequentes restituições.

7 – O regime previsto no presente artigo não é cumulativo com outros benefícios fiscais de idêntica natureza, não prejudicando, porém, a opção por outro mais favorável.

---

[2] Artigo introduzido pelo Decreto-Lei n.º 287/2003, de 12 de Novembro.

324   *Direito do Património Cultural*

5.1.2. *Código do Imposto Municipal sobre as Transmissões Onerosas de Imóveis (IMT)*

ARTIGO 6º – **Isenções**
Ficam isentos de IMT:
(…)
g) As aquisições de prédios classificados como de interesse nacional, de interesse público ou de interesse municipal, ao abrigo da Lei n.º 107/2001, de 8 de Setembro;
(…)

ARTIGO 10º – **Reconhecimento das Isenções**

1 – As isenções são reconhecidas a requerimento dos interessados, a apresentar antes do acto ou contrato que originou a transmissão junto dos serviços competentes para a decisão, mas sempre antes da liquidação que seria de efectuar.
2 – O pedido a que se refere o n.º1 deve, quando for caso disso, conter a identificação e descrição dos bens, bem como o fim a que se destinam, e ser acompanhado dos documentos para demonstrar os pressupostos da isenção, designadamente:
(…)
c) No caso a que se refere a aliena *g*) do artigo 6º, de documento emitido pelo serviço competente do Ministério da Cultura;
(…)
6 – As isenções são reconhecidas:
(…)
d) As previstas nas alienas *d*), *e*), *f*), *g*), *h*), *i*), *j*) e *l*) do artigo 6º, por despacho do director-geral dos Impostos sobre informação dos serviços competentes;
(…)

ARTIGO 11º – **Caducidade das Isenções**
(…)
4 – As isenções concedidas ao abrigo do disposto na aliena *g*) do artigo 6º, ficarão sem efeito se os bens forem desclassificados do património cultural.
(…)

Benefícios Fiscais e Estatuto do Mecenato 325

5.1.3. *Código do Imposto do Selo (IS)*

ARTIGO 1° – **Incidência objectiva**

(…)

5 – Não são sujeitas a Imposto do Selo as seguintes transmissões gratuitas:

(…)

c) Donativos efectuados nos termos da Lei do Mecenato;

(…)

5.2. Estatuto do Mecenato

Decreto-Lei n.º 74/99, de 16 de Março – que aprova o Estatuto do Mecenato

(…)

ARTIGO 3° – **Entrada em vigor**

O presente diploma produz efeitos a partir de 1 de Janeiro de 1999, ficando salvaguardados os efeitos plurianuais de reconhecimentos anteriormente realizados

(…)

Estatuto do Mecenato

CAPÍTULO I

Imposto sobre o rendimento das pessoas colectivas

ARTIGO 1.º

Donativos ao Estado e a outras entidades

1 – São considerados custos ou perdas do exercício, na sua totalidade, os donativos concedidos às seguintes entidades:

---

[2] Alterado pelas Lei n.º 160/99, de 14 de Setembro, Lei n.º 176-A/99, de 30 de Dezembro, Lei n.º 3-B/2000, de 4 de Abril, Lei n.º 30-C/2000, de 29 de Dezembro (com as rectificações incluídas pela Declaração de Rectificação n.º 7/2001, de 12 de Março), Lei n.º 30-G/2000, de 29 de Dezembro e Lei n.º 109-B/2001, de 27 de Dezembro.

326   *Direito do Património Cultural*

a) Estado, Regiões Autónomas e autarquias locais e qualquer dos seus serviços, estabelecimentos e organismos, ainda que personalizados;

b) Associações de municípios e de freguesias;

c) Fundações em que o Estado, as Regiões Autónomas ou as autarquias locais participem no património inicial.

d) Fundações de iniciativa exclusivamente privada que prossigam fins de natureza predominantemente social ou cultural, relativamente à sua dotação inicial.

2 – Sem prejuízo do disposto no n.º 3 do artigo 1.º do presente diploma, estão sujeitos a reconhecimento, a efectuar por despacho conjunto dos Ministros das Finanças e da tutela, os donativos concedidos a fundações em que a participação do Estado, das Regiões Autónomas ou das autarquias locais seja inferior a 50% do seu património inicial e, bem assim, às fundações de iniciativa exclusivamente privada desde que prossigam fins de natureza predominantemente social ou cultural e os respectivos estatutos prevejam que, no caso de extinção, os bens revertam para o Estado ou, em alternativa, sejam cedidos às entidades abrangidas pelo artigo 9.º do Código do IRC.

3 – Os donativos referidos nos números anteriores são considerados custos em valor correspondente a 140% do respectivo total quando se destinarem exclusivamente à prossecução de fins de carácter social, a 120% se destinados exclusivamente a fins de carácter cultural, ambiental, científico ou tecnológico, desportivo e educacional ou a 130% quando atribuídos ao abrigo de contratos plurianuais celebrados para fins específicos que fixem os objectivos a prosseguir pelas entidades beneficiárias e os montantes a atribuir pelos sujeitos passivos.

4 – São considerados custos ou perdas do exercício as importâncias suportadas com a aquisição de obras de arte que venham a ser doadas ao Estado Português, nos termos e condições a definir por decreto-lei.

(...)

ARTIGO 3.º – **Mecenato cultural, ambiental, científico ou tecnológico, desportivo e educacional**

1 – São considerados custos ou perdas do exercício, até ao limite de 6/1000 do volume de vendas ou dos serviços prestados, os donativos atribuídos às seguintes entidades:

Benefícios Fiscais e Estatuto do Mecenato 327

a) Cooperativas culturais, institutos, fundações e associações que prossigam actividades de investigação, de cultura e de defesa do património histórico-cultural e outras entidades que desenvolvam acções no âmbito do teatro, do bailado, da música, da organização de festivais e outras manifestações artísticas e da produção cinematográfica, audiovisual e literária;

b) Museus, bibliotecas e arquivos históricos e documentais;

c) Organizações não governamentais de ambiente (ONGA);

d) Instituições que se dediquem à actividade científica ou tecnológica;

e) Mediatecas, centros de divulgação, escolas e órgãos de comunicação social que se dediquem à promoção da cultura científica e tecnológica;

f) Comité Olímpico de Portugal, Confederação do Desporto de Portugal, as pessoas colectivas titulares do estatuto de utilidade pública desportiva, as associações promotoras do desporto e as associações dotadas do estatuto de utilidade pública que tenham como objecto o fomento e a prática de actividades desportivas, com excepção das secções participantes em competições desportivas de natureza profissional;

g) Centros de cultura e desporto organizados nos termos dos Estatutos do Instituto Nacional de Aproveitamento dos Tempos Livres dos Trabalhadores (INATEL), com excepção dos donativos abrangidos pela alínea c) do n.º 1 do artigo anterior;

h) Estabelecimentos de ensino, escolas profissionais, escolas artísticas e jardins-de-infância legalmente reconhecidos pelo Ministério da Educação;

i) Instituições responsáveis pela organização de feiras universais ou mundiais, nos termos a definir por resolução do Conselho de Ministros.

2 – O limite previsto no número anterior não é aplicável aos donativos atribuídos às entidades nele referidas para a realização de actividades ou programas que sejam considerados de superior interesse cultural, ambiental, científico ou tecnológico, desportivo e educacional.

3 – Os donativos previstos nos números anteriores são levados a custos em valor correspondente a 120% do respectivo total ou a 130% quando atribuídos ao abrigo de contratos plurianuais celebrados para fins específicos que fixem os objectivos a prosseguir pelas entidades beneficiárias e os montantes a atribuir pelos sujeitos passivos.

328 *Direito do Património Cultural*

ARTIGO 4.º-A – **Valor dos bens doados**

No caso de doação de bens em estado de uso, o valor a relevar como custo será o valor fiscal que os bens tiverem no exercício em que forem doados, ou seja, o custo de aquisição ou de produção, deduzido das reintegrações efectivamente praticadas e aceites como custo fiscal ao abrigo da legislação aplicável.

CAPÍTULO II
Imposto sobre o rendimento das pessoas singulares

ARTIGO 5.º – **Deduções em IRS por virtude do mecenato**

1 – Os donativos atribuídos pelas pessoas singulares residentes em território nacional, nos termos e condições previstos nos artigos anteriores, são dedutíveis à colecta do ano a que dizem respeito, com as seguintes especificidades:

a) Em valor correspondente a 25% das importâncias atribuídas, nos casos em que não estejam sujeitos a qualquer limitação;

b) Em valor correspondente a 25% das importâncias atribuídas, até ao limite de 15% da colecta, nos restantes casos;

c) São dispensados de reconhecimento prévio desde que o seu valor seja superior a 100 000$;

d) As deduções só são efectuadas no caso de não terem sido contabilizadas como custos.

2 – São ainda dedutíveis à colecta, nos termos fixados nas alíneas *b)* a *d)* do número anterior, os donativos concedidos a igrejas, instituições religiosas, pessoas colectivas de fins não lucrativos pertencentes a confissões religiosas ou por eles instituídas, sendo a sua importância considerada em 130% do seu quantitativo.

ARTIGO 5.º-A – **Valor dos bens doados**

No caso de doação de bens por sujeitos passivos de IRS que exerçam actividades empresariais e profissionais, o valor a revelar como custo será o valor fiscal que os bens tiverem no exercício em que forem doados, ou seja, o custo de aquisição ou de produção, deduzido das reintegrações efectivamente praticadas e aceites como custo fiscal ao abrigo da legislação aplicável.

6

Lei orgânica do Ministério da Cultura
(Decreto-Lei n.º 42/96, de 7 de Maio)

Com a criação do Ministério da Cultura, o XIII Governo Constitucional assumiu no domínio da cultura um papel que exige uma profunda reformulação da sua estrutura e funções institucionais. As funções do Estado nesta área são sobretudo duas: por um lado, a de melhorar as condições de acesso à cultura e, por outro, defender e salvaguardar o património cultural, incentivando novas modalidades da sua fruição e conhecimento.

Assim sendo – e sem prejuízo da sua obrigação de valorizar a diversidade das iniciativas culturais que surjam e se desenvolvam na sociedade civil e de estimular formas de cooperação não só com as entidades autárquicas e regionais mas também com os agentes privados e os cidadãos em geral –, as funções do Estado acima referidas traduzem-se fundamentalmente numa particular responsabilização no domínio das grandes infra-estruturas indispensáveis ao desenvolvimento de uma política cultural coerente, consistente e eficaz.

É neste sentido que na área da cultura se impõe – nomeadamente no momento em que novos desafios se perfilam com a emergência da chamada sociedade de informação – a reestruturação dos organismos existentes e a definição de novos organismos, que se pretende que sejam não só dotados de elevada autonomia funcional como capazes de garantirem as necessárias articulações transversais.

Optou-se, assim, por manter na administração directa do Ministério um núcleo mínimo de serviços que lhe asseguram o apoio técnico e administrativo e por dar aos restantes organismos o carácter de pessoas colectivas de direito público, cuja autonomia será definida caso a caso quando vierem a ser elaborados os respectivos diplomas orgânicos.

330   *Direito do Património Cultural*

Assim:

O Governo decreta, nos termos da alínea a) do n.º 1 do artigo 201.º da Constituição, o seguinte:

CAPÍTULO I
Estrutura orgânica

ARTIGO 1.º – **Ministério da Cultura**

O Ministério da Cultura é o departamento governamental ao qual incumbe prosseguir uma política global e coordenada na área da cultura e domínios com ela relacionados.

ARTIGO 2.º – **Órgãos e serviços**

1 – Para a prossecução das suas atribuições, o Ministério da Cultura compreende os seguintes serviços dependentes:

a) A Secretaria-Geral;

b) As delegações regionais da cultura;

c) O Gabinete das Relações Internacionais;

d) A Inspecção-Geral das Actividades Culturais;

e) O Gabinete do Direito de Autor.

2 – São órgãos de apoio ao Ministro da Cultura:

a) O Conselho Nacional da Cultura;

b) O Conselho Superior de Bibliotecas;

c) O Conselho Superior de Arquivos;

d) O Conselho Nacional do Direito de Autor;

e) A Comissão de Classificação de Espectáculos.

3 – Sob a tutela do Ministro da Cultura funcionam as seguintes pessoas colectivas de direito público:

a) O Fundo de Fomento Cultural;

b) O Instituto Português do Património Arquitectónico;

c) O Instituto Português de Arqueologia;

d) O Instituto Português de Museus;

e) O Instituto de Arte Contemporânea;

f) O Centro Português de Fotografia;

g) O Instituto Português da Arte Cinematográfica e Audiovisual;

h) A Cinemateca Portuguesa-Museu do Cinema;

Lei orgânica do Ministério da Cultura 331

i) A Biblioteca Nacional;
j) O Instituto Português do Livro e das Bibliotecas;
l) O Instituto dos Arquivos Nacionais/Torre do Tombo;
m) O Instituto Português das Artes do Espectáculo;
n) Os teatros nacionais;
o) A Companhia Nacional de Bailado;
p) A Orquestra Nacional do Porto;
q) A Academia Portuguesa da História;
r) A Academia Nacional de Belas-Artes;
s) A Academia Internacional de Cultura Portuguesa.

4 – Junto do Ministro da Cultura existe um magistrado do Ministério Público, a designar nos termos da lei, com a categoria de auditor jurídico, a quem cabe prestar apoio, quando solicitado, aos membros do Governo, nos domínios da consultadoria jurídica, elaboração de legislação, contencioso e instrução de processos disciplinares ou similares.

ARTIGO 3.º – **Criação de serviços e organismos**

1 – São criados a Secretaria-Geral, a Inspecção-Geral das Actividades Culturais, o Gabinete das Relações Internacionais, o Gabinete do Direito de Autor, o Instituto Português do Património Arquitectónico, o Instituto Português de Arqueologia, o Instituto de Arte Contemporânea, o Centro Português de Fotografia, a Biblioteca Nacional, o Instituto Português do Livro e das Bibliotecas, o Instituto dos Arquivos Nacionais/Torre do Tombo, o Instituto Português das Artes do Espectáculo, os teatros nacionais e a Orquestra Nacional do Porto.

2 – Sem prejuízo do disposto no capítulo II do presente diploma, a natureza, atribuições, competências e estrutura de cada um dos serviços e organismos referidos no número anterior constarão de diploma próprio.

ARTIGO 4.º – **Extinção de serviços e organismos**

São extintos a Direcção-Geral dos Serviços de Gestão e Organização, o Gabinete das Relações Culturais Internacionais, a Direcção-Geral dos Espectáculos, os Arquivos Nacionais/Torre do Tombo, o Instituto Português do Património Arquitectónico e Arqueológico, o Instituto das Artes Cénicas e o Instituto da Biblioteca Nacional e do Livro.

332 *Direito do Património Cultural*

ARTIGO 5.º – **Manutenção de serviços e organismos**

Mantêm-se em vigor os diplomas legais e regulamentares da estrutura orgânica, competências e normas de funcionamento das delegações regionais da cultura, do Fundo de Fomento Cultural, do Instituto Português de Museus, do Instituto Português da Arte Cinematográfica e Audiovisual, da Cinemateca Portuguesa-Museu do Cinema, da Companhia Nacional de Bailado, da Academia Portuguesa da História, da Academia Nacional de Belas-Artes e da Academia Internacional de Cultura Portuguesa.

CAPÍTULO II
Atribuições e competências

ARTIGO 6.º – **Secretaria-Geral**

Compete à Secretaria-Geral:
a) A concepção, o estudo, a coordenação e o apoio técnico nos domínios do planeamento, da gestão dos recursos humanos, financeiros, patrimoniais e logísticos, das relações públicas e da documentação e difusão na área da cultura;
b) O apoio técnico e administrativo aos gabinetes dos membros do Governo da área da cultura, bem como aos serviços e organismos do Ministério da Cultura que deles careçam.

ARTIGO 7.º – **Delegações regionais da cultura**

Compete às delegações regionais da cultura:
a) Assegurar uma actuação coordenada, a nível regional, dos serviços e organismos dependentes ou sob a tutela do Ministro da Cultura;
b) Apoiar as iniciativas culturais locais que, pela sua natureza, não se integrem em programas de âmbito nacional ou que correspondam a necessidades ou aptidões específicas da região.

ARTIGO 8.º – **Gabinete das Relações Internacionais**

Compete ao Gabinete das Relações Internacionais, sob orientação ou em colaboração com o Ministério dos Negócios Estrangeiros:

Lei orgânica do Ministério da Cultura 333

a) Promover acções de divulgação da cultura portuguesa no estrangeiro ou da cultura estrangeira em Portugal;
b) Participar na negociação e conclusão dos acordos internacionais, assegurando a respectiva execução nas áreas da competência do Ministério da Cultura;
c) Representar o Ministério da Cultura nas organizações internacionais com competência na área da cultura;
d) Apoiar acções de formação pós-universitária no estrangeiro;
e) Acompanhar a participação do Ministério da Cultura no âmbito da União Europeia;
f) Assessorar os gabinetes dos membros do Governo na área da cultura em matéria de relações internacionais.

ARTIGO 9.º – **Inspecção-Geral das Actividades Culturais**

Compete à Inspecção-Geral das Actividades Culturais:
a) Assegurar o cumprimento da legislação da área da cultura, nomeadamente através da divulgação de normas e de acções de verificação e de inspecção;
b) Verificar o cumprimento das normas reguladoras do funcionamento dos serviços e organismos do Ministério da Cultura, bem como assegurar a auditoria de gestão;
c) Assegurar o cumprimento da legislação sobre espectáculos e licenciamento de recintos que tenham por finalidade principal a actividade artística, nomeadamente através da divulgação de normas, de acções de verificação e de inspecção;
d) Superintender no exercício das actividades de importação, fabrico, produção, edição, distribuição e exportação de fonogramas, bem como de edição, reprodução, distribuição, venda, aluguer ou troca de videogramas;
e) Assegurar o cumprimento da legislação sobre direitos de autor e direitos conexos.

ARTIGO 10.º – **Gabinete do Direito de Autor**

Compete ao Gabinete do Direito de Autor:
a) A concepção, o estudo, a coordenação e a representação em reuniões, nacionais e internacionais, no domínio do direito de autor;
b) O apoio técnico à adopção de medidas legislativas no mesmo domínio;

334 *Direito do Património Cultural*

c) A promoção da protecção sistemática dos direitos de autor e direitos conexos, nos termos da lei.

ARTIGO 11.º – **Conselho Nacional da Cultura**

São atribuições do Conselho Nacional da Cultura proceder regularmente, ou sempre que solicitado pelo titular, à avaliação da política cultural do Estado nos seus vários domínios, bem como à sugestão de medidas a tomar com vista à realização dos objectivos daquela política.

ARTIGO 12.º – **Conselhos superiores**

1 – Junto do Ministro da Cultura funcionam:
a) O Conselho Superior de Bibliotecas;
b) O Conselho Superior de Arquivos.

2 – Os Conselhos Superiores têm as seguintes atribuições:
a) Apoiar o Ministro na definição e desenvolvimento das linhas de política cultural para os sectores respectivos;
b) Emitir pareceres e formular propostas ou soluções sobre quaisquer assuntos respeitantes ao respectivo sector cultural, a pedido do Ministro, do serviço que tutela o sector ou por iniciativa própria.

ARTIGO 13.º – **Conselho Nacional do Direito de Autor**

O Conselho Nacional do Direito de Autor é o órgão de consulta do Ministro da Cultura no domínio dos direitos de autor e direitos conexos, competindo-lhe:
a) Estudar, propor e recomendar a adopção de medidas visando o aperfeiçoamento, actualização e cumprimento da legislação sobre direitos de autor e direitos conexos;
b) Emitir pareceres sobre as acções de vigilância e fiscalização na área da defesa dos direitos de autor e direitos conexos;
c) Emitir pareceres sobre questões de direitos de autor e direitos conexos que sejam suscitadas no decurso de reuniões internacionais;
d) Emitir pareceres sobre matéria da sua competência, sempre que lhe seja solicitado.

ARTIGO 14.º – Comissão de Classificação de Espectáculos

A Comissão de Classificação de Espectáculos é o órgão deliberativo em matéria de classificação de espectáculos.

ARTIGO 15.º – Fundo de Fomento Cultural

Constituem atribuições do Fundo de Fomento Cultural:

a) Prestar apoio financeiro às actividades de promoção e difusão dos diversos ramos de cultura;

b) Subvencionar acções de defesa, conservação e valorização dos bens culturais;

c) Subsidiar a realização de congressos, conferências, reuniões, missões e outras iniciativas de natureza cultural e, bem assim, a participação em manifestações semelhantes que tenham lugar no estrangeiro;

d) Custear a divulgação, interna ou externa, dos programas e realizações culturais e artísticas;

e) Financiar estudos e investigações de carácter cultural;

f) Conceder subsídios e bolsas para outros fins de acção cultural.

ARTIGO 16.º – Instituto Português do Património Arquitectónico

São atribuições do Instituto Português do Património Arquitectónico a salvaguarda e a valorização de bens que, pelo seu valor histórico, artístico, científico, social e técnico, integrem o património cultural arquitectónico do País.

ARTIGO 17.º – Instituto Português de Arqueologia

São atribuições do Instituto Português de Arqueologia:

a) Assegurar o cumprimento das obrigações do Estado no domínio do inventário, estudo, salvaguarda, valorização e divulgação dos bens móveis e imóveis, que constituem o património arqueológico nacional, incluindo os que se situem ou tenham origem nas águas interiores ou territoriais;

b) Gerir os bens arqueológicos móveis e imóveis, propriedade do Estado, que lhe sejam afectos;

c) Promover a articulação transversal entre todas as entidades, públicas ou privadas, com intervenção directa ou indirecta no domínio do património arqueológico, por forma a optimizar a gestão dos recursos arqueológicos nacionais, na perspectiva da sua valorização.

336 *Direito do Património Cultural*

ARTIGO 18.º – **Instituto Português de Museus**

O Instituto Português de Museus tem por objectivo o planeamento, a instalação e a superintendência de um sistema nacional de museus, com vista à coordenação e execução de uma política museológica integrada.

ARTIGO 19.º – **Instituto de Arte Contemporânea**

São atribuições do Instituto de Arte Contemporânea:
a) Apoiar a criação, a produção e a difusão de eventos no campo das artes visuais contemporâneas no País e no estrangeiro;
b) Desenvolver uma política integrada nas áreas da formação, profissionalização e difusão, com os interlocutores que operam neste sector, na perspectiva da descentralização, apoiando-se nas estruturas autárquicas e outras;
c) Lançar as bases para a criação de um sistema de comunicação/informação que se constitua como uma sede indispensável para os criadores e para o público em geral, tendo em conta o impacte e a importância das novas tecnologias.

ARTIGO 20.º – **Centro Português de Fotografia**

O Centro Português de Fotografia tem por atribuições:
a) Desenvolver e coordenar uma política global e articulada sobre os apoios a conceder à fotografia em Portugal, orientando a criação e promovendo a inserção da fotografia portuguesa nos canais privilegiados para a sua divulgação em Portugal e fora do País;
b) Apoiar a produção de projectos de formação e investigação em fotografia, a actividade editorial articulada com a investigação e a produção de eventos fotográficos;
c) Lançar as bases para a organização de um sistema de informação e comunicação actualizado e eficiente, como rede indispensável para os criadores, investigadores e público em geral.

ARTIGO 21.º – **Instituto Português da Arte Cinematográfica e Audiovisual**

O Instituto Português da Arte Cinematográfica e Audiovisual tem por atribuições, num quadro de desenvolvimento das novas tecno-

Lei orgânica do Ministério da Cultura 337

logias, apoiar, divulgar e fiscalizar a actividade cinematográfica, apoiar a produção audiovisual e assegurar a representação nacional em instituições ou programas de âmbito comunitário e internacional nestas áreas.

ARTIGO 22.º – **Cinemateca Portuguesa-Museu do Cinema**

A Cinemateca Portuguesa-Museu do Cinema tem por atribuições a protecção do património relacionado com as imagens em movimento e a promoção do conhecimento da história do cinema.

ARTIGO 23.º – **Biblioteca Nacional**

A Biblioteca Nacional tem por atribuições:
a) Salvaguardar o património bibliográfico nacional e funcionar como agência bibliográfica nacional;
b) Coordenar o acesso às suas colecções, designadamente assegurando o serviço de empréstimo interbibliotecas, e prosseguir estratégias concretas de preservação, nomeadamente na promoção de transferência de suportes e sua difusão;
c) Definir, editar e divulgar normas e instruções técnicas para funcionamento das bibliotecas;
d) Coordenar o Catálogo Colectivo das Bibliotecas Portuguesas e a Base Nacional de Dados Bibliográficos – PORBASE.

ARTIGO 24.º – **Instituto Português do Livro e das Bibliotecas**

São atribuições do Instituto Português do Livro e das Bibliotecas:
a) Definir a política de apoio à criação, à edição e à comercialização, designadamente através da implementação de programas e projectos que contribuam para o incremento de uma economia sustentada do livro, tendo em conta o desenvolvimento das novas tecnologias;
b) Assegurar o desenvolvimento de uma política do livro e da leitura no País e de difusão dos autores portugueses no estrangeiro, bem como, em colaboração com outras entidades, intensificar a exportação do livro português, nomeadamente para os países de língua oficial portuguesa;
c) Apoiar o desenvolvimento da rede de bibliotecas públicas, como infra-estruturas básicas de acesso das comunidades locais à informação, ao conhecimento, à formação e à cultura, com recurso às novas tecnologias;

338   *Direito do Património Cultural*

d) Estudar as medidas estratégicas na área das bibliotecas de modo a contribuir para o lançamento de uma política nacional de informação.

ARTIGO 25.º – **Instituto dos Arquivos Nacionais/Torre do Tombo**

São atribuições do Instituto dos Arquivos Nacionais/Torre do Tombo:

a) Promover a execução de uma política arquivística nacional;

b) Salvaguardar e valorizar o património arquivístico nacional enquanto fundamento da memória colectiva e individual e factor da identidade nacional e ainda como fonte de investigação científica;

c) Promover a qualidade dos arquivos enquanto recurso fundamental da actividade administrativa e, nesse sentido, promover a eficiência e eficácia dos serviços públicos, nomeadamente no que se refere às suas relações com os cidadãos;

d) Salvaguardar e garantir os direitos, do Estado e dos cidadãos, consubstanciados nos arquivos à sua guarda.

ARTIGO 26.º – **Instituto Português das Artes do Espectáculo**

São atribuições do Instituto Português das Artes do Espectáculo:

a) Fomentar as actividades de iniciativa não governamental nos domínios da música, da dança, do teatro e demais formas de criação nas artes do espectáculo, designadamente através do apoio financeiro e técnico à produção independente nestes domínios;

b) Gerir a participação do Estado em iniciativas conjuntas com autarquias e outras entidades públicas e privadas com vista a incentivar a produção e a difusão artísticas no âmbito das artes do espectáculo;

c) Apoiar a construção, a recuperação e o equipamento técnico de recintos culturais vocacionados para a realização de espectáculos;

d) Estimular a criação, a investigação, a reflexão crítica, a circulação de informação e o intercâmbio internacional em todos os domínios das artes do espectáculo.

ARTIGO 27.º – **Teatros nacionais**

1 – São teatros nacionais o Teatro Nacional de D. Maria II, em Lisboa, e o Teatro Nacional de São João, no Porto.

2 – São atribuições dos teatros nacionais:

a) Promover junto do público o conhecimento do teatro e dos valores culturais transmitidos por este, no que se refere tanto ao património histórico-teatral como à criação teatral contemporânea;

b) Desenvolver a representação dos grandes repertórios dramatúrgicos, produzindo, co-produzindo e acolhendo espectáculos portugueses e internacionais em moldes que possam constituir uma referência profissional nacional;

c) Defender e difundir a cultura teatral portuguesa quer pela produção regular das obras mais relevantes dos seus vários períodos históricos quer pela apresentação de novos originais portugueses;

d) Estimular a formação e promoção de novas gerações de dramaturgos, actores, encenadores, cenógrafos, técnicos e demais profissionais do teatro;

e) Apoiar a pesquisa no domínio das novas linguagens e tecnologias teatrais e da articulação do teatro com as demais artes do espectáculo, sobretudo na sua vertente cénica.

ARTIGO 28.º – **Companhia Nacional de Bailado**

São atribuições da Companhia Nacional de Bailado:

a) Promover e difundir o bailado, nas suas vertentes clássica e contemporânea, designadamente através da produção dos bailados mais relevantes do património coreográfico universal;

b) Defender e difundir o património coreográfico e musical português, tanto pela apresentação regular do repertório já existente como pela encomenda de novas coreografias e novas partituras para bailado;

c) Estimular a formação e promoção de novas gerações de bailarinos e coreógrafos, bem como de profissionais de todos os domínios das artes do espectáculo interligados com o bailado.

340   *Direito do Património Cultural*

ARTIGO 29.º – **Orquestra Nacional do Porto**

São atribuições da Orquestra Nacional do Porto:

a) Executar regularmente as obras mais relevantes do repertório orquestral erudito, nacional e internacional, do século XVIII à actualidade;

b) Defender e difundir a cultura musical portuguesa, pela inserção significativa nos seus programas de obras de autores nacionais de todas as épocas e, designadamente, dos compositores portugueses contemporâneos;

c) Assegurar a ligação aos circuitos artísticos internacionais, pela apresentação de maestros e solistas neles consagrados, sem prejuízo de uma política de promoção dos intérpretes portugueses, incluindo os valores mais jovens.

ARTIGO 30.º – **Academias**

As atribuições das Academias Internacional de Cultura Portuguesa, Nacional de Belas-Artes e Portuguesa da História são-lhes conferidas pelos respectivos estatutos.

CAPÍTULO III
Disposições finais e transitórias

ARTIGO 31.º – **Transição do pessoal**

1 – O pessoal dos quadros dos serviços e organismos extintos pelo artigo 4.º transita para os quadros de pessoal dos serviços que vierem a suceder nas respectivas atribuições e competências, de harmonia com as seguintes regras:

a) Para a mesma carreira, categoria e escalão que o funcionário já possui;

b) Com a observância das habilitações legais, para a carreira e categoria que integra as funções que efectivamente o funcionário desempenha, em escalão a que corresponde o mesmo índice remuneratório ou, quando não se verifique coincidência de índice, em escalão a que corresponda o índice superior mais aproximado na estrutura da carreira para que se processa a transição.

Lei orgânica do Ministério da Cultura 341

2 – As correspondências de categoria determinadas na alínea *b*) do número anterior fazem-se em função do índice remuneratório corresponde ao escalão 1 da categoria em que o funcionário se encontra e ao escalão 1 da categoria da nova carreira.

ARTIGO 32.º – **Novos quadros de pessoal**

Os quadros dos serviços a criar, à excepção do relativo ao pessoal dirigente, serão aprovados por portaria conjunta dos Ministros da Cultura e das Finanças e do membro do Governo responsável pela área da Administração Pública, a publicar nos 30 dias subsequentes à entrada em vigor do diploma que os criar.

ARTIGO 33.º – **Concursos, contratos, requisições e destacamentos**

1 – Os concursos de pessoal, bem como os contratos a termo certo relativos aos serviços extintos cujas atribuições e competências passarem para os novos serviços a criar, mantêm a respectiva validade e eficácia após a entrada em vigor do presente diploma.

2 – O referido no n.º 1 aplica-se igualmente aos concursos de habilitação.

3 – O disposto no n.º 1 aplica-se às requisições e destacamentos.

ARTIGO 34.º – **Sucessão nos direitos e obrigações**

1 – Os direitos e as obrigações de que eram titulares os organismos ou serviços extintos por força do presente diploma são automaticamente transferidos para os novos organismos ou serviços que os substituem, sem dependência de qualquer formalidade.

2 – Sem prejuízo de regras especiais constantes dos diplomas de criação ou de aprovação da nova orgânica dos serviços que receberem as atribuições dos serviços extintos pelo presente diploma, àqueles ficarão consignadas as verbas orçamentais que a estes estavam destinadas pelo Orçamento do Estado no presente ano económico, bem como o património que lhes estava afecto.

ARTIGO 35.º – **Receitas dos organismos e serviços extintos**

Mantêm-se todas as receitas legalmente previstas para os organismos e serviços extintos que sejam compatíveis com a transferência de atribuições e competências referidas no presente diploma.

342 *Direito do Património Cultural*

ARTIGO 36.º – **Efectivação da criação, extinção e reestruturação**

1 – A publicação dos diplomas contendo a orgânica e o regime e quadros de pessoal dos serviços e organismos criados nos termos do artigo 3.º, a transferência das atribuições e competências do património e das receitas e a transição do pessoal dos serviços e organismos a que se referem os artigos anteriores deverão ser efectuadas no prazo de 90 dias a contar da data da publicação do presente diploma.

2 – Enquanto não se efectivarem as extinções referidas no número anterior, os organismos e serviços abrangidos manterão a designação, orgânica, regime, quadros de pessoal e dependências actuais, dentro do Ministério da Cultura, mantendo-se também todo o respectivo pessoal, incluindo o pessoal dirigente, em exercício de funções.

ARTIGO 37.º – **Norma revogatória**

São revogados os Decretos-Leis n.os 106-A/92 e 106-H/92, ambos de 1 de Junho.

7

Lei orgânica do Instituto Português do Património Arquitectónico (Decreto-Lei N.º 120/97, de 16 de Maio) [1]

O Instituto Português do Património Arquitectónico tem como missão a salvaguarda e a valorização de bens materiais imóveis que, pelo seu valor histórico, artístico, científico, social e técnico, integrem o património arquitectónico do País. Este universo abrange todos os bens materiais imóveis de natureza arquitectónica de interesse cultural, classificados segundo as leis em vigor, e conforme a acepção do n.º 1 do artigo 1.º da Convenção de Granada de 1985, integrada na ordem jurídica portuguesa através do Decreto do Presidente da República n.º 5/91, de 23 de Janeiro.

Considera-se património arquitectónico de interesse cultural ou, em equivalência, bens culturais imóveis integrantes do património cultural português ou património cultural arquitectónico as estruturas imóveis criadas e implantadas no território pelo homem, ou que o homem produziu transformando a Natureza, dotadas de um valor simbólico.

Através do Decreto-Lei n.º 106-F/92, de 1 de Junho, foi criado o Instituto Português do Património Arquitectónico e Arqueológico (IPPAR), como serviço destinado a promover a salvaguarda e a valorização de bens imóveis que, pelo seu valor histórico e arqueológico, integrassem o património cultural do País. O Decreto-Lei n.º 316/94,

---

[1] É importante salientar que de acordo com o disposto no art. 2.º da Lei n.º 16-A//2002, de 31 de Maio, foram objecto de fusão no Ministério da Cultura: o Instituto Português de Arqueologia, o Instituto Português do Património Arquitectónico, o Instituto de Arte Contemporânea e o Instituto Português de Artes e do Espectáculo. Pese embora essa norma, a concretização prática da referida fusão ainda não se verificou.

344 *Direito do Património Cultural*

de 24 de Dezembro, actualizou a sua estrutura, de modo a incorporar a valência «restauro» de «bens móveis integrados em bens imóveis».

Em consequência dessas suas diversas atribuições, veio-lhe a competir a gestão dos palácios nacionais, bem como a gestão de sítios arqueológicos, para além dos imóveis classificados que lhe forem afectos.

A criação do Instituto Português de Arqueologia (IPA), ao absorver algumas das funções anteriormente atribuídas ao IPPAR no domínio da arqueologia, obriga a alterar o quadro de funcionamento do IPPAR.

Importa, por isso, criar um novo ente público que realize a vocação primacial para que o IPPAR, nos termos dos Decretos-Leis n.os 106-F/92, de 1 de Junho, e 316/94, de 24 de Dezembro, fora criado e que, consequentemente, embora gerindo as instituições cuja gestão continuou atribuída a este organismo, se ocupe sobretudo da salvaguarda e da valorização do património cultural arquitectónico do País, redimensionando e racionalizando meios humanos e financeiros para o efeito.

O IPPAR mantém, no entanto, as competências administrativas e devida tramitação relativa à classificação, desclassificação, estabelecimento de áreas de protecção e respectiva salvaguarda de imóveis arqueológicos, em colaboração estreita com o IPA. A constituição do novo IPPAR, instituto cuja abreviatura se mantém mas cujo desdobramento responde por Instituto Português do Património Arquitectónico, visa assim tornar mais eficiente a sua acção.

A actual lei atribui ao IPPAR a efectiva gestão do património construído, considerada no âmbito exclusivo dos valores, dos princípios e da acção. Esta medida inscreve-se na absoluta necessidade de definir uma só política de gestão para os imóveis classificados.

É criado um sector de estudos, dedicado à investigação e pesquisa na área do património arquitectónico de valor cultural. A sua finalidade é desenvolver acções de trabalho e de reflexão, a todos os níveis, dedicadas, pela primeira vez e exclusivamente, a definir filosofias de intervenção nos monumentos e no território, acompanhando para tal as direcções regionais e os departamentos de obras respectivos e em íntima relação com os serviços centrais.

Passa-se assim a considerar a salvaguarda e recuperação dos imóveis como uma disciplina humanística, situando o património classificado no espaço da cultura, garantindo em simultâneo uma relação dinâmica com o ambiente e o ordenamento do território, bem como as vertentes da gestão, do consumo e da qualidade de vida.

Cabe por lei ao IPPAR coordenar a nível nacional as acções a levar a cabo sobre o património cultural imóvel, de maneira concertada, gerindo esse património como um bem público e, sobretudo, preservando-o enquanto parcela indivisível da identidade portuguesa, entendendo-se como identidade o conjunto de diferenças e semelhanças existentes dentro do mesmo território, e a relação deste conjunto de diferenças e semelhanças com as outras diferenças e semelhanças existentes fora do nosso território.

Foi também considerada a revisão da política interna de recursos humanos, visando redireccionar os diversos trabalhadores da instituição, tendo como objectivo essencial o seu enquadramento nos novos âmbitos laborais e no âmbito das novas atribuições.

Observa-se também nesta nova orgânica um reforço claro do sector do planeamento. Tal se deve à necessidade de coordenar e acompanhar de modo mais efectivo as finalidades de realização financeira e a objectivos de execução física dos projectos destinados à realização de obras de salvaguarda, preservação, valorização e divulgação em imóveis classificados.

Assim, outro aspecto não menos importante corresponde ao reforço da componente regional, visando a desconcentração decisória a vários níveis. Revê-se, assim, o âmbito da intervenção territorial das direcções regionais do IPPAR, criando novas direcções, especialmente em áreas do interior do País, tal sendo o caso de Castelo Branco e Vila Real.

Estendendo-se, portanto, ao IPPAR a gestão nacional dos bens culturais imóveis, tal facto implica um diálogo permanente entre os agentes envolvidos: os organismos do Estado detentores de património cultural, as autarquias, a Igreja e os privados, além de outras instituições.

Cabe assim ao IPPAR zelar pela preservação e salvaguarda da integralidade dos bens culturais imóveis e, simultaneamente, administrar os que são pertença do Estado. Trata-se, por isso mesmo, de enunciar o exercício de uma pedagogia do património no quadro de um amplo projecto de cidadania.

Foi ouvida a Associação Nacional dos Municípios Portugueses.

Assim:

Nos termos da alínea a) do n.º 1 do artigo 201.º da Constituição, o Governo decreta o seguinte:

346   *Direito do Património Cultural*

CAPÍTULO I
Natureza e atribuições

ARTIGO 1.º – **Definição**

1 – O Instituto Português do Património Arquitectónico, adiante abreviadamente designado por IPPAR, é uma pessoa colectiva de direito público dotada de autonomia administrativa e património próprio.

2 – O IPPAR é tutelado pelo Ministro da Cultura.

ARTIGO 2.º – **Atribuições e competências**

1 – São atribuições do IPPAR a salvaguarda e a valorização de bens que, pelo seu interesse histórico, artístico, paisagístico, científico, social e técnico, integrem o património cultural arquitectónico do País.

2 – No desenvolvimento das suas atribuições, compete, em especial, aos órgãos e serviços do IPPAR:

a) A salvaguarda e a valorização de bens imóveis classificados e a salvaguarda das respectivas zonas de protecção;

b) A salvaguarda de bens imóveis em vias de classificação e respectivas zonas de protecção;

c) Propor a classificação e a desclassificação de bens imóveis e de bens móveis neles integrados, bem como a definição ou redefinição de zonas especiais de protecção dos mesmos, carecendo de proposta ou de parecer vinculativo do Instituto Português de Arqueologia, no caso específico dos bens arqueológicos;

d) O inventário e a promoção de acções de investigação, estudo e divulgação, relativas ao património cultural arquitectónico;

e) O apoio técnico e a promoção da execução de obras em bens imóveis classificados ou em vias de classificação, bem como a elaboração de planos, programas e projectos para a execução de obras em imóveis classificados, em vias de classificação ou situados em zonas de protecção, em articulação com outros serviços da Administração Pública;

f) Pronunciar-se, nos termos da lei, em articulação com os serviços e organismos competentes e autarquias locais, sobre planos, projectos, trabalhos e acções de iniciativa de entidades públicas ou privadas, no âmbito do ordenamento do terri-

Lei orgânica do IPPAR 347

tório, do ambiente, do planeamento urbanístico e do fomento turístico, das obras públicas e de equipamento social, levadas a efeito em imóveis classificados ou em vias de classificação e respectivas zonas de protecção, sem prejuízo do disposto no Decreto-Lei n.º 284/93, de 18 de Agosto;

g) A realização de obras de construção, ampliação, remodelação, conservação e restauro, bem como de apetrechamento e equipamento, procedendo à adjudicação, fiscalização e direcção das respectivas empreitadas em bens imóveis;

h) A gestão do património imóvel e móvel afecto ao IPPAR;

i) A concessão de subsídios e a atribuição de bolsas de estudo a diversas entidades, para a prossecução das suas atribuições, no âmbito da salvaguarda e valorização do património cultural arquitectónico;

j) O apoio e a promoção de acções de formação nos domínios da salvaguarda e valorização do património cultural arquitectónico;

l) A colaboração com entidades que tenham por fim a preservação e salvaguarda do património cultural português.

3 – Para a realização das suas atribuições, o IPPAR pode, precedendo autorização dos Ministros das Finanças e da Cultura, participar em instituições e no capital social de empresas que tenham por objecto a valorização e rendibilização do património cultural arquitectónico.

ARTIGO 3.º – **Homologação**

1 – Sempre que nas situações referidas nas alíneas *c)* e *f)* do n.º 2 do artigo anterior, em iniciativas do Estado, o IPPAR e outros serviços competentes em razão da matéria se pronunciem em sentido discordante, o parecer do IPPAR carece de homologação do Ministro da Cultura, mediante despacho fundamentado, ouvidos os membros do Governo que tutelem os referidos serviços.

2 – Os pareceres referidos no número anterior são vinculativos pelo prazo de três anos.

ARTIGO 4.º – **Embargo**

1 – Ao IPPAR compete determinar, precedendo autorização do Ministro da Cultura, o embargo administrativo de quaisquer obras ou

348   *Direito do Património Cultural*

trabalhos licenciados ou efectuados em desconformidade com legislação relativa ao património cultural, em imóveis classificados e nas zonas de protecção, bem como noutras áreas expressamente designadas na lei.

2 – Nos casos de obras licenciadas ou promovidas pelos serviços da administração central, dotados ou não de personalidade jurídica, a autorização prevista no artigo anterior consta de despacho conjunto do Ministro da Cultura e do membro do Governo que tutele esses serviços.

ARTIGO 5.º – **Prestação de serviços**

1 – O IPPAR pode exercer, acessoriamente, actividades relacionadas com o seu objectivo principal, nomeadamente a prestação de serviços de consultadoria ou assistência técnica solicitados ou contratados por entidades públicas ou privadas, nacionais ou estrangeiras.

2 – O IPPAR possui capacidade editorial própria, bem como capacidade de promover a produção de réplicas e demais materiais de apoio às visitas do público aos monumentos e sítios, podendo proceder à venda ou, por qualquer outro modo, dispor do respectivo produto, assegurando os direitos editoriais.

3 – Os bens e serviços prestados nos termos dos números anteriores serão remunerados segundo critérios e tabelas a aprovar por despacho do Ministro da Cultura.

CAPÍTULO II
Âmbito e formas de gestão

ARTIGO 6.º – **Conceitos**

1 – Para efeitos do disposto no presente diploma, considera-se património cultural arquitectónico os monumentos, os conjuntos arquitectónicos e os sítios, desde que considerados como parte integrante do património cultural português nos termos da lei vigente e das cartas e convenções internacionais adoptadas por Portugal.

2 – Entende-se por bens culturais móveis integrados em imóveis as partes integrantes e as coisas acessórias, na acepção da lei civil.

ARTIGO 7.º – **Âmbito**

1 – Sem prejuízo das competências da Direcção-Geral do Património definidas no artigo 22.º do Decreto-Lei n.º 158/96, de 3 de

Lei orgânica do IPPAR 349

Setembro, estão afectos ao IPPAR os imóveis do Estado classificados como património cultural.

2 – No âmbito da salvaguarda, protecção e valorização do património cultural, o IPPAR e a Direcção-Geral do Património elaborarão, no prazo de 90 dias a contar da data da entrada em vigor do presente diploma, a lista dos imóveis referidos no número anterior, a aprovar por despacho conjunto dos Ministros das Finanças e da Cultura.

3 – O disposto no n.º 1 não põe em causa as cedências de imóveis realizadas, a qualquer título, a outras entidades públicas ou privadas, até à data da entrada em vigor do presente diploma.

4 – A eventual cedência dos imóveis referidos no n.º 1 a outras entidades far-se-á por despacho conjunto dos Ministros das Finanças e da Cultura.

5 – Dando cumprimento ao disposto no artigo 2.º, cabe ao IPPAR:

a) A definição de normas para a classificação, salvaguarda e valorização de todo o património arquitectónico, a homologar pelo Ministro da Cultura;

b) A definição de critérios de prioridade para o desenvolvimento de planos e intervenções de salvaguarda e valorização do património classificado ou em vias de classificação, com carácter vinculativo;

c) O desenvolvimento de estudos, projectos e processos de obra, bem como a apreciação de propostas de intervenção relativas a imóveis classificados ou em vias de classificação, nos termos da alínea *f*) do n.º 2 do artigo 2.º e do artigo 3.º, de acordo com as normas e critérios a que se referem, respectivamente, as alíneas *a*) e *b*) do presente número.

6 – O IPPAR e a Direcção-Geral dos Edifícios e Monumentos Nacionais elaborarão, anualmente, o programa de intervenções nos domínios a que se refere o n.º 2 do artigo 2.º do Decreto-Lei n.º 284/ /93, de 18 de Agosto, a aprovar por despacho conjunto dos Ministros do Equipamento, do Planeamento e da Administração do Território e da Cultura.

ARTIGO 8.º – **Formas de gestão**

1 – A gestão do património imóvel e móvel afecto ao IPPAR é feita:

a) Directamente pelos serviços do IPPAR;

350 *Direito do Património Cultural*

b) Através de serviços dependentes criados para o efeito;
c) Através de protocolos, acordos e contratos-programa com outras entidades, nomeadamente municípios, fundações e associações de defesa do património.

2 – São serviços dependentes do IPPAR os constantes da lista que constitui o mapa I anexo ao presente diploma, que dele faz parte integrante.

3 – O recurso às formas de gestão do património afecto ao IPPAR referidas na alínea *c*) do n.º 1 do presente artigo carece de autorização do Ministro da Cultura.

CAPÍTULO III
Órgãos e serviços

ARTIGO 9.º – **Órgãos**

O IPPAR compreende os seguintes órgãos:
a) Direcção;
b) Comissão de fiscalização;
c) Conselho consultivo.

ARTIGO 10.º – **Direcção**

1 – A direcção do IPPAR é composta por um presidente e dois vice-presidentes, equiparados, para todos os efeitos legais, a director--geral e subdirectores-gerais, respectivamente.

2 – O presidente será substituído, nas suas faltas ou impedimentos, pelo vice-presidente que designar.

3 – As competências da direcção são exercidas pelo presidente, podendo ser delegadas nos vice-presidentes.

4 – Compete, em especial, ao presidente representar o IPPAR, em juízo ou fora dele.

ARTIGO 11.º – **Competências da direcção**

Compete à direcção:
a) Superintender nos serviços e actividades do IPPAR e dos serviços dependentes, bem como coordenar as respectivas actividades;

Lei orgânica do IPPAR 351

b) Propor ao Ministro da Cultura a homologação da classificação e desclassificação de bens imóveis, bem como a definição ou redefinição de zonas especiais de protecção de bens imóveis;

c) Solicitar ao Ministro da Cultura autorização, nos termos do artigo 4.°, para o embargo administrativo de quaisquer obras ou trabalhos licenciados ou efectuados em desconformidade com a legislação relativa ao património cultural;

d) Solicitar ao Ministro da Cultura autorização para a demolição das obras ou trabalhos a que se refere a alínea anterior, bem como a sua execução pelos serviços do IPPAR;

e) Propor ao Ministro da Cultura a expropriação de bens imóveis classificados que corram grave risco de degradação ou de utilização inadequada, bem como de imóveis situados nas respectivas zonas de protecção, que prejudiquem a conservação de bens imóveis classificados ou o seu enquadramento e utilização;

f) Promover a gestão conjunta das colecções dos imóveis dependentes do IPPAR;

g) Aceitar doações, heranças e legados;

h) Promover acções de formação de investigadores, técnicos e artífices, no âmbito da salvaguarda do património imóvel e móvel afecto ao IPPAR, conceder bolsas de estudo e subsidiar iniciativas e acções de entidades públicas ou privadas, singulares ou colectivas, ·nacionais ou estrangeiras, que tenham por fim a salvaguarda e a valorização do património cultural português;

i) Celebrar protocolos de colaboração, apoio e contratos de prestação de serviços com outras instituições, públicas ou privadas, nacionais ou internacionais, no âmbito da salvaguarda e valorização do património cultural;

j) Promover a aquisição ou o arrendamento de imóveis ou elementos integrados em zonas de protecção, com vista à salvaguarda do património;

l) Celebrar contratos-programa com outras instituições, públicas ou privadas, no domínio da gestão do património cultural arquitectónico;

m) Determinar a elaboração dos instrumentos provisionais adequados à preparação do plano de actividades e orçamento, ao acompanhamento e controlo da sua execução e promover a elaboração dos relatórios periódicos e anual sobre a gestão, efectuado com discriminação dos objectivos atingidos e recursos utilizados, bem como do grau da realização das actividades e programas;

n) Promover e aprovar a elaboração dos projectos de orçamento e acompanhar a sua execução financeira;

o) Promover e fiscalizar a cobrança e arrecadação das receitas, verificar a conformidade legal e regularidade financeira das despesas, a sua eficiência e eficácia e autorizar o respectivo pagamento;

p) Promover a organização da contabilidade e fiscalizar a sua escrituração, assim como providenciar pela organização e manutenção do cadastro de bens pertencentes ao IPPAR;

q) Proceder à verificação periódica dos fundos em cofre e em depósito;

r) Superintender na organização anual da conta de gerência e submetê-la à aprovação do Tribunal de Contas, juntamente com o parecer da comissão de fiscalização;

s) Assegurar procedimentalmente a administração financeira do IPPAR;

t) Administrar e dispor do património do IPPAR;

u) Apreciar as contas dos serviços relativamente às verbas que lhe forem atribuídas.

ARTIGO 12.º – **Comissão de fiscalização**

1 – A comissão de fiscalização do IPPAR é composta por três elementos, nomeados por despacho conjunto dos Ministros das Finanças e da Cultura, sendo um deles o presidente e os restantes vogais.

2 – Um dos vogais será obrigatoriamente revisor oficial de contas.

3 – As funções dos membros da comissão de fiscalização podem ser exercidas cumulativamente com outras funções, sem prejuízo das disposições legais sobre incompatibilidades, e são remuneradas nos termos a fixar por despacho conjunto dos Ministros das Finanças e da Cultura e do membro do Governo responsável pela área da Administração Pública.

Lei orgânica do IPPAR 353

ARTIGO 13.º – **Competências da comissão de fiscalização**

1 – Compete à comissão de fiscalização velar pelo cumprimento das normas legais e regulamentos aplicáveis ao IPPAR, fiscalizar a sua gestão e em especial:

   a) Examinar periodicamente a contabilidade do IPPAR e seguir, através de informações adequadas, a sua evolução;
   b) Acompanhar a execução dos planos de actividade e dos orçamentos;
   c) Pronunciar-se e emitir parecer sobre os instrumentos previsionais de gestão apresentados pela direcção;
   d) Emitir parecer sobre a aquisição, alienação ou oneração dos bens imóveis, afectos ao funcionamento do IPPAR, bem como sobre a contracção de empréstimos e a participação em associações ou outras entidades;
   e) Emitir parecer sobre qualquer assunto que lhe seja submetido pela direcção, bem como pronunciar-se por sua iniciativa, em matéria de gestão económico-financeira, junto ao referido órgão;
   f) Levar oficiosamente ao conhecimento das entidades competentes as irregularidades que apurar na gestão do IPPAR.

2 – A comissão de fiscalização reúne ordinariamente uma vez por mês e extraordinariamente sempre que for convocada pelo seu presidente, por iniciativa ou a solicitação de qualquer dos seus membros.

ARTIGO 14.º – **Conselho consultivo**

1 – O conselho consultivo é composto por:

   a) Presidente do IPPAR, que preside;
   b) Vice-presidentes do IPPAR;
   c) Os directores regionais do IPPAR;
   d) Um representante do Ministério das Finanças;
   e) Um representante do Ministério do Ambiente;
   f) Um representante da Direcção-Geral dos Edifícios e Monumentos Nacionais;
   g) Um representante da Associação Nacional dos Municípios Portugueses;
   h) Um representante da Conferência Episcopal Portuguesa;

354 *Direito do Património Cultural*

i) Cinco individualidades de reconhecida competência no âmbito da actuação do IPPAR, nomeadas por despacho do Ministro da Cultura.

2 – O conselho consultivo é o órgão especializado ao qual incumbe emitir pareceres sobre as matérias da competência do IPPAR que o presidente entenda dever submeter à sua apreciação.

3 – O conselho consultivo pode, por iniciativa de qualquer dos seus membros, formular propostas ou sugestões sobre quaisquer questões relativas à salvaguarda e valorização do património cultural arquitectónico, bem como ao exercício das competências do IPPAR.

4 – Para as reuniões do conselho consultivo podem ser convidados, pelo presidente, técnicos especialistas das áreas que façam parte da ordem de trabalhos, sem direito de voto.

5 – As reuniões do conselho são secretariadas por um funcionário do IPPAR, designado pelo presidente.

6 – O regulamento do conselho consultivo será aprovado por portaria do Ministro da Cultura.

7 – A participação nas sessões do conselho consultivo confere aos seus membros, desde que não exerçam funções no IPPAR, direito a senhas de presença por cada sessão, de montante a determinar por despacho conjunto dos Ministros das Finanças e da Cultura e do membro do Governo responsável pela área da Administração Pública.

ARTIGO 15.º – **Serviços centrais**

1 – O IPPAR compreende os seguintes serviços centrais:
a) O Departamento de Planeamento e Gestão;
b) O Departamento de Estudos;
c) O Departamento de Património Integrado;
d) O Departamento de Coordenação dos Serviços Dependentes;
e) O Departamento Financeiro e de Administração;
f) O Departamento de Contencioso;
g) A Divisão de Documentação e Arquivo.

2 – Os departamentos referidos nas alíneas *a*) a *f*) do número anterior são dirigidos por um director de serviços.

ARTIGO 16.º – **Departamento de Planeamento e Gestão**

1 – Ao Departamento de Planeamento e Gestão incumbe, em especial:

a) Colaborar na elaboração dos programas de actividades e respectivos orçamentos, no acompanhamento da sua execução, bem como na elaboração dos correspondentes relatórios de execução;

b) Manter actualizado a nível central o registo de todas as situações, estudos, projectos e intenção de obras inventariadas pelas direcções regionais, correspondentes ao património cultural arquitectónico localizado nas respectivas áreas de intervenção;

c) Planear a execução financeira do programa de investimentos, de acordo com as prioridades definidas pela direcção;

d) Acompanhar, mantendo actualizada, a informação correspondente à execução material e financeira de todas as actividades do IPPAR que envolvam despesas de investimento;

e) Colaborar na elaboração da conta anual de gerência.

2 – O Departamento de Planeamento e Gestão compreende:

a) A Divisão de Planeamento;

b) A Repartição de Expediente de Despesas de Investimento.

3 – À Divisão de Planeamento incumbe:

a) Preparar o plano de actividades do IPPAR em colaboração com os demais serviços centrais, regionais e serviços dependentes;

b) Elaborar os programas anuais e plurianuais de investimentos e seus reajustamentos, mantendo actualizada uma base de informação correspondente à execução física e financeira dos projectos a cargo do IPPAR;

c) Acompanhar a execução do plano de investimentos, produzindo e disponibilizando à direcção informação qualitativa e estatística;

d) Elaborar candidaturas de projectos a outras fontes de financiamento, designadamente da União Europeia, procedendo ao acompanhamento da sua execução, bem como à elaboração dos correspondentes relatórios;

e) Elaborar o relatório anual de execução do plano de investimentos a cargo do IPPAR;

f) Apoiar a direcção na elaboração da conta anual de gerência;

g) Sistematizar os elementos fornecidos pelas direcções regionais correspondentes a estudos, projectos, obras e aquisições de serviços.

356 *Direito do Património Cultural*

4 – A Repartição de Expediente de Despesas de Investimento compreende uma secção e é dirigida por um chefe de repartição, habilitado com formação adequada, incumbindo-lhe executar toda a tramitação administrativa dos processos relativos à realização de despesas com aquisições de bens e serviços, projectos e obras, designadamente as operações conducentes à realização de concursos públicos ou limitados e à celebração de contratos de empreitada e de projectos, bem como as operações relacionadas com a gestão, controlo e processamento de despesas, no âmbito das dotações orçamentais.

ARTIGO 17.º – **Departamento de Estudos**

1 – Ao Departamento de Estudos incumbe, em especial:

a) Estudar e propor as filosofias de intervenção do IPPAR;

b) Estudar e divulgar formas de intervenção no património cultural arquitectónico ao nível da definição de critérios científicos, técnicos, históricos e culturais;

c) Estudar as intervenções em imóveis afectos ao IPPAR, no âmbito das opções de utilização, reutilização ou reafectação de espaços e usos;

d) Promover planos de estudo, designadamente em história da arquitectura, história da arte, história e arqueologia, entre outros, em colaboração com as entidades vocacionadas para a pesquisa e ensino, em áreas relacionadas com a intervenção no património cultural arquitectónico;

e) Estudar, propor e divulgar os critérios de classificação dos imóveis, monumentos, conjuntos e sítios, em articulação com as instituições vocacionadas para as áreas da protecção do ambiente e do ordenamento do território;

f) Preparar e desenvolver uma base de dados sobre o património cultural arquitectónico classificado e em vias de classificação, em colaboração com os municípios, associações de protecção do património cultural e outras entidades;

g) Estudar e preparar os critérios que regem toda a legislação relativa ao património arquitectónico de interesse cultural;

h) Proceder ao reconhecimento do território, em ordem ao levantamento de todas as situações relacionadas com a salvaguarda do património cultural arquitectónico;

i) Estudar os regimes de relacionamento com todas as entidades envolvidas na conservação, salvaguarda e valorização do

Lei orgânica do IPPAR

patrimonio arquitectónico de interesse cultural, designada-mente estatais, bem como com entidades públicas e privadas relacionadas com a salvaguarda, conservação e restauro dos bens culturais imóveis e móveis;

j) Promover acções de sensibilização dirigidas aos cidadãos, contribuindo para o conhecimento, defesa e salvaguarda do patrimonio cultural arquitectónico;

l) Organizar e manter um centro de documentação e informa-ção especializado na área do conhecimento, defesa e salva-guarda do patrimonio cultural arquitectónico.

2 – O Departamento de Estudos compreende:

a) A Divisão de Estudos e Pesquisa;

b) A Divisão de Salvaguarda do Patrimonio.

3 – À Divisão de Estudos e Pesquisa cabe:

a) Propor normas e orientações técnicas para a salvaguarda, conservação e valorização dos bens imóveis classificados ou em vias de classificação e dos imóveis situados em zonas de protecção, obedecendo a critérios científicos;

b) Promover a realização de estudos de história da arquitectura, história da arte e arqueologia, entre outros, relativos ao patri-monio arquitectónico, de modo a constituir uma base de conhecimento crítico para a proposição e preparação de intervenções em imóveis, bem como para a definição dos respectivos critérios;

c) Propor a elaboração de estudos e projectos de intervenção em bens imóveis afectos ao IPPAR e assegurar a promoção e acompanhamento desses mesmos trabalhos;

d) Promover a realização de estudos técnicos de peritagem nos imóveis classificados, em casos que se justifiquem, de modo a informar as acções referidas nas alíneas anteriores e manter actualizado um arquivo de diagnóstico e de ocorrências físi-cas, relativo aos serviços dependentes, para efeitos preventi-vos e de acção imediata;

e) Estabelecer hierarquias de intervenção em imóveis classifica-dos, de modo a propor intervenções anuais e plurianuais;

f) Assegurar, em casos que se justifiquem, o acompanhamento técnico dos projectos de conservação ou reabilitação, desen-volvidos por equipas externas em imóveis classificados;

g) Prestar apoio técnico e metodológico às acções de defesa e conservação do património arquitectónico, promovidas por outras entidades;

h) Propor estudos e medidas para salvaguarda do património arquitectónico considerado em risco de deterioração imediata;

i) Assegurar a organização do respectivo arquivo;

j) Organizar e manter um centro de documentação e informação especializado na área do conhecimento, defesa e salvaguarda do património cultural arquitectónico;

l) Promover formas de cooperação com as entidades envolvidas nos projectos.

4 – À Divisão de Salvaguarda do Património cabe:

a) Promover o estudo dos procedimentos administrativos relativos às acções de salvaguarda do património imóvel, de modo a desenvolver métodos e rotinas de eficácia na área de actuação do IPPAR, designadamente na classificação e desclassificação de imóveis, estabelecimento de áreas especiais de protecção e de zonas non aedificandi e da emissão de pareceres relativamente a intervenções de entidades terceiras nas áreas protegidas;

b) Estudar e propor legislação adequada para os fins da salvaguarda do património imóvel;

c) Estudar e propor formas e procedimentos de articulação do IPPAR com instituições que tutelem a administração do território e o ambiente;

d) Organizar e manter actualizado, a nível central, o inventário e o cadastro dos bens imóveis classificados ou em vias de classificação;

e) Propor, no âmbito das competências do IPPAR, aquisições de património para salvaguarda do património cultural arquitectónico do País;

f) Proceder ao reconhecimento do território, em ordem ao levantamento de todas as situações relacionadas com a salvaguarda do património cultural arquitectónico;

g) Divulgar os critérios de salvaguarda do património cultural arquitectónico e promover acções de sensibilização junto dos cidadãos;

h) Estudar as formas de monitorização e observação do território português, no domínio do património cultural arquitectónico,

Lei orgânica do IPPAR 359

em articulação com as direcções regionais, de modo a melhorar a actuação do IPPAR.

ARTIGO 18.º – **Departamento de Património Integrado**

1 – Ao Departamento de Património Integrado compete, em especial:
  a) Coordenar a política de restauro de bens móveis, ou do património artístico móvel imobilizado, integrado e instalado nos imóveis classificados em geral, em articulação com o Departamento de Estudos e com as direcções regionais;
  b) Promover a conservação e restauro de bens móveis ou do património artístico móvel imobilizado, integrado e instalado em imóveis afectos ao IPPAR e imóveis classificados em geral;
  c) Avaliar e estudar o património artístico afecto ao IPPAR, designadamente os bens móveis integrados nos imóveis classificados;
  d) Promover a valorização museológica dos imóveis classificados afectos ao IPPAR, propondo os circuitos de visita, a protecção do património integrado e a sua revitalização.

2 – O Departamento de Património Integrado compreende as seguintes divisões:
  a) A Divisão de Conservação e Restauro;
  b) A Divisão de Património Integrado.

3 – À Divisão de Conservação e Restauro compete:
  a) Coordenar e propor normativos no que respeita aos trabalhos de conservação e restauro dos bens móveis integrados nos imóveis classificados;
  b) Elaborar, em estreita colaboração com os responsáveis pelos serviços dependentes do IPPAR e com as direcções regionais, estudos e programas com vista à defesa, à conservação e ao restauro de bens culturais móveis integrados em serviços dependentes e em imóveis classificados, nomeadamente as pinturas murais, os revestimentos azulejares, os cadeirais e arcazes das igrejas, os altares, os tectos em caixotões e respectivas pinturas, os elementos decorativos sobre estuque e em pedra, os órgãos e os vitrais;

360 *Direito do Património Cultural*

c) Promover e acompanhar estudos relativos à conservação e restauro de talha, altares, tectos, pintura mural, órgãos, revestimentos azulejares, revestimentos de estuque, peças lapidares e mobiliário integrado nos imóveis classificados ou em vias de classificação;

d) Colaborar com outras entidades, públicas ou privadas, em acções de recuperação do património artístico inventariado ou que, pelo seu valor histórico e artístico, justifiquem a intervenção do IPPAR;

e) Estudar a concessão de subsídios destinados à conservação e restauro do património integrado a entidades exteriores, e propor a celebração de protocolos ou de outros instrumentos de colaboração com entidades externas;

f) Acompanhar a execução técnica de conservação e restauro em bens móveis integrados em imóveis classificados produzidos por entidades externas contratadas pelo IPPAR ou resultantes de trabalhos de conservação e restauro subsidiados pelo IPPAR;

g) Acompanhar tecnicamente acções, promovidas por entidades externas, de conservação e restauro em património integrado de imóveis classificados, sempre que tal se justifique, dada a sua importância histórica e artística;

h) Elaborar um plano anual e plurianual de intervenções na área da conservação e restauro dos bens culturais móveis integrados em imóveis classificados, em colaboração com as direcções regionais e com o Departamento de Planeamento e Gestão;

i) Manter um registo actualizado das acções de restauro em curso no âmbito do IPPAR.

5 – À Divisão de Património Integrado incumbe:

a) Estudar o património cultural integrado nos imóveis afectos ao IPPAR ou que se lhe encontra associado;

b) Estudar as programações de valorização museográfica dos serviços dependentes, em articulação com a direcção destes, e dos imóveis afectos ao IPPAR, promovendo a criação de espaços museológicos, de centros explicativos ou interpretativos e de programas pedagógicos;

c) Organizar exposições no âmbito das atribuições do IPPAR, designadamente nos serviços dependentes, em articulação com a direcção destes;

Lei orgânica do IPPAR 361

d) Gerir a Galeria de Pintura do Rei D. Luís, através de um programa de exposições anual e plurianual;

e) Coordenar as propostas de aquisição de bens móveis de interesse cultural no âmbito da actuação do IPPAR.

ARTIGO 19.º – Departamento de Coordenação dos Serviços Dependentes

1 – Ao Departamento de Coordenação dos Serviços Dependentes incumbe, em especial:

a) Acompanhar a execução de todas as actividades do IPPAR e dos serviços dependentes e promover a sua divulgação;

b) Promover e assegurar, em representação do IPPAR, contactos com entidades congéneres nacionais e estrangeiras;

c) Pronunciar-se sobre pedidos de utilização de espaços de serviços dependentes e de imóveis classificados afectos ao IPPAR;

d) Organizar e manter actualizado um arquivo documental, fotográfico e iconográfico sobre património cultural arquitectónico, para o desempenho das suas funções;

e) Pronunciar-se, sempre que solicitado, sobre iniciativas respeitantes à valorização do património cultural, que o IPPAR deva realizar ou apoiar, nomeadamente missões, visitas e viagens de estudo, espectáculos, conferências, concursos e congressos, bem como a edição de livros, de publicações escritas ou áudio-visuais;

f) Coordenar a política editorial em suporte tradicional ou em recurso às novas tecnologias, relacionada com a divulgação e promoção do património cultural arquitectónico nacional;

g) Apoiar a direcção no relacionamento com os serviços dependentes, designadamente em termos da gestão corrente e na organização de estatísticas.

2 – O Departamento de Coordenação dos Serviços Dependentes compreende as seguintes divisões:

a) A Divisão de Coordenação e Divulgação;

b) A Divisão Comercial.

3 – Incumbe à Divisão de Coordenação e Divulgação, em especial:

a) Analisar os planos anuais de actividades propostos pelos serviços dependentes;

b) Divulgar as actividades do IPPAR e dos serviços dependentes e acompanhar a informação sobre as realizações do IPPAR;

c) Organizar toda a informação visual e descritiva relativa aos imóveis classificados e imóveis afectos ao IPPAR e, em especial, relativa aos serviços dependentes;

d) Estabelecer linhas de cooperação com as escolas e preparar acções pedagógicas, no âmbito da actuação do IPPAR;

e) Organizar e manter actualizado um arquivo documental fotográfico e iconográfico sobre o património cultural arquitectónico, designadamente o referente aos serviços dependentes, para o desempenho das suas funções;

f) Apoiar a direcção no relacionamento com os serviços dependentes, designadamente em termos da gestão corrente, na produção e na organização de estatísticas;

g) Propor à direcção as bases em que deverão assentar os acordos com terceiros, que tenham por objectivo a divulgação do património afecto ao IPPAR;

h) Promover, dinamizar e acompanhar a execução de actividades de cooperação do IPPAR com outras instituições nacionais, tais como câmaras municipais, associações de defesa do património, fundações, organismos internacionais e outras;

i) Participar na preparação e execução de acordos culturais no domínio das competências do IPPAR;

j) Organizar eventos, tais como congressos, encontros e simpósios relativos à área de actuação do IPPAR.

4 – Cabe à Divisão Comercial, em especial:

a) Gerir a difusão da informação visual ou descritiva, relativa ao património cultural afecto ao IPPAR;

b) Promover e coordenar a edição de publicações e reproduções em diversos suportes, relativas ao âmbito de actuação do IPPAR;

c) Promover a criação de uma linha de comercialização de produtos de divulgação do património cultural afecto ao IPPAR;

d) Coordenar a gestão das lojas do IPPAR em serviços dependentes e outros imóveis;

e) Propor planos de rendibilização e de gestão comercial dos serviços dependentes e outros imóveis;

Lei orgânica do IPPAR 363

f) Coordenar os pedidos de utilização de espaços de serviços dependentes e de outros imóveis classificados afectos ao IPPAR e pronunciar-se sobre os mesmos.

ARTIGO 20.º – **Departamento Financeiro e de Administração**

1 – Ao Departamento Financeiro e de Administração incumbe:

a) Elaborar os projectos de orçamento do IPPAR e colaborar na preparação dos projectos de orçamento dos serviços dependentes;

b) Promover, de forma permanente, o aperfeiçoamento da organização administrativo-contabilística do IPPAR;

c) Assegurar a gestão financeira do IPPAR, apoiando a direcção, cabendo-lhe analisar e promover a rendibilidade das aplicações dos fundos;

d) Ocupar-se da administração do pessoal do IPPAR e dos serviços dependentes e promover a realização de acções tendentes ao aperfeiçoamento profissional do pessoal administrativo;

e) Assegurar o apetrechamento dos serviços do IPPAR, procedendo às aquisições necessárias.

2 – O Departamento Financeiro e de Administração compreende as seguintes repartições:

a) A Repartição de Pessoal, Expediente e Arquivo, que dispõe das Secções de Pessoal e de Expediente e Arquivo;

b) A Repartição de Contabilidade, Património e Aprovisionamento, que dispõe das Secções de Contabilidade e de Património e Aprovisionamento.

3 – À Repartição de Pessoal, Expediente e Arquivo incumbe:

a) Organizar os processos de admissão, acesso, exoneração e aposentação, bem como os relativos a qualquer outra forma de mobilidade;

b) Organizar e manter actualizados os ficheiros de pessoal do IPPAR e serviços dependentes;

c) Superintender o pessoal auxiliar, assegurando a organização do respectivo trabalho;

d) Proceder ao controlo de assiduidade e pontualidade do pessoal;

e) Executar as demais operações relacionadas com o pessoal;

f) Registar os documentos entrados no IPPAR, bem como a sua classificação e encaminhamento;

364 *Direito do Património Cultural*

g) Expedir e distribuir a correspondência emanada pelo IPPAR;

h) Organizar o arquivo estático do IPPAR, passando certidões quando previamente autorizadas.

4 – À Repartição de Contabilidade, Património e Aprovisionamento cabe:

a) Organizar a conta de gerência e preparar os elementos necessários para a elaboração do respectivo relatório;

b) Processar todas as despesas do IPPAR resultantes da execução do orçamento privativo;

c) Registar e controlar as despesas suportadas por outras dotações orçamentais;

d) Armazenar e conservar o material, procedendo à sua distribuição, de acordo com as requisições dos vários serviços;

e) Organizar e manter actualizado o inventário dos bens do IPPAR;

f) Realizar as acções relativas à aquisição, conservação, reparação, locação e alienação de quaisquer bens, móveis ou imóveis;

g) Velar pela segurança e higiene dos edifícios em que os serviços se encontram instalados;

h) Assegurar a gestão do parque de viaturas, controlando a sua utilização, e providenciar pela sua manutenção.

ARTIGO 21.º – **Departamento de Contencioso**

Ao Departamento de Contencioso cabe, em especial:

a) Emitir pareceres jurídicos e realizar estudos de natureza jurídica que lhe sejam pedidos pela direcção;

b) Acompanhar, sempre que conveniente, os processos de classificação, inventariação, aquisição, alienação e expropriação, organizados pelo IPPAR;

c) Colaborar na elaboração dos regulamentos internos;

d) Acompanhar a evolução do direito em domínios que importem ao património cultural, nomeadamente em matéria de direito comunitário;

e) Efectuar estudos relativos a alterações de legislação em vigor no domínio do património cultural;

f) Apoiar as entidades competentes na preparação e acompanhamento dos processos necessários ao julgamento das questões em que o IPPAR seja parte;

Lei orgânica do IPPAR 365

g) Instruir processos disciplinares, de sindicância, de inquérito e de averiguações;
h) Manter actualizados os ficheiros de legislação, jurisprudência e doutrina sobre matérias do seu interesse específico;
i) Elaborar e analisar contratos e protocolos realizados no âmbito da actuação do IPPAR.

ARTIGO 22.º – **Divisão de Documentação e Arquivo**

À Divisão de Documentação e Arquivo incumbe, em especial:
a) Propor a aquisição e proceder ao tratamento de publicações e legislação na área da salvaguarda, recuperação e valorização do património cultural;
b) Promover a organização e articulação de um arquivo documental relativo às actividades do IPPAR;
c) Organizar e manter um centro de documentação para consulta interna e externa relativa à área de salvaguarda, recuperação e valorização do património cultural.

ARTIGO 23.º – **Estruturas de projectos**

Quando a natureza específica ou intersectorial dos programas a desenvolver não permita, eficazmente, a sua prossecução através das estruturas orgânicas formais, assim como nos casos em que a complexidade ou tecnicidade da sua execução exija o recurso a efectivos individuais ou institucionais especializados não existentes no quadro do organismo, poderão ser constituídas estruturas de projecto, cujo mandato, composição e funcionamento obedece aos requisitos previstos no artigo 10.º do Decreto-Lei n.º 41/84, de 3 de Fevereiro.

ARTIGO 24.º – **Serviços regionais**

1 – O IPPAR compreende os seguintes serviços regionais:
a) Direcção Regional do Porto;
b) Direcção Regional de Vila Real;
c) Direcção Regional de Coimbra;
d) Direcção Regional de Castelo Branco;
e) Direcção Regional de Lisboa;
f) Direcção Regional de Évora;
g) Direcção Regional de Faro.

366   *Direito do Património Cultural*

2 – As direcções regionais são dirigidas por um director de serviços.

ARTIGO 25.º – **Competências das direcções regionais**

1 – Constituem competências das direcções regionais:

a) Assegurar, na sua área de actuação geográfica, a execução das atribuições do IPPAR em matéria de património arquitectónico;

b) Elaborar, em coordenação com os serviços centrais do IPPAR, os projectos de programas anuais e plurianuais de salvaguarda, obras de conservação, restauro e valorização dos bens culturais imóveis, em coordenação com as entidades regionais;

c) Promover acções de formação de técnicos e artífices;

d) Executar ou mandar executar projectos, obras e acções de conservação e restauro em bens culturais imóveis da sua área de jurisdição, em coordenação com os serviços centrais do IPPAR.

2 – As direcções regionais são compostas por:

a) Divisão de Salvaguarda;

b) Divisão de Obras, Conservação e Restauro.

3 – Às Divisões de Salvaguarda das direcções regionais incumbe, em matéria de património arquitectónico:

a) Promover a classificação de bens culturais imóveis e a definição ou redefinição de zonas especiais de protecção;

b) Propor ao Ministro da Cultura a desclassificação de bens imóveis classificados;

c) Organizar e manter actualizado o inventário e o cadastro dos bens imóveis classificados ou em vias de classificação;

d) Acompanhar e promover a elaboração de planos de salvaguarda e valorização, em articulação com as entidades com competências na respectiva área de intervenção;

e) Pronunciar-se, relativamente aos bens imóveis classificados e em vias de classificação, às respectivas áreas de protecção e imóveis nelas situados, sobre propostas, estudos e projectos para trabalhos de construção, demolição, conservação, remodelação, restauro, reutilização, criação ou transformação de zonas verdes, incluindo os que se reportem a qualquer movimento de terras ou dragagens;

Lei orgânica do IPPAR 367

f) Emitir parecer, relativamente aos bens imóveis classificados, às respectivas zonas de protecção e imóveis nelas situados e aos bens imóveis em vias de classificação, sobre o exercício do direito de preferência por parte do Estado;

g) Solicitar ao Ministro da Cultura autorização para o embargo administrativo de quaisquer obras ou trabalhos licenciados ou efectuados em desconformidade com a legislação relativa ao património cultural ou em desrespeito com o projecto aprovado;

h) Solicitar ao Ministro da Cultura autorização para a demolição total ou parcial de construções abrangidas pela alínea anterior;

i) Dar parecer sobre planos, projectos, trabalhos e acções de iniciativa de entidades públicas ou privadas, no âmbito do ordenamento do território, do ambiente, do planeamento urbanístico, do fomento turístico e das obras públicas, bem como participar na elaboração desses planos e projectos, mediante estudos gerais normativos e sua divulgação;

j) Pronunciar-se sobre processos de expropriação de bens imóveis classificados que corram grave risco de degradação ou de utilização inadequada, bem como de imóveis situados nas respectivas zonas de protecção que prejudiquem a conservação de bens imóveis classificados ou o seu enquadramento e utilização;

l) Pronunciar-se sobre o manifesto interesse cultural de intervenções em bens culturais imóveis classificados ou em vias de classificação ou situados em zonas de protecção;

m) Estudar, propor e tomar providências destinadas à prospecção, salvaguarda e valorização arqueológica de imóveis, monumentos, conjuntos e sítios, em articulação e colaboração com o Instituto Português de Arqueologia.

4 – Às Divisões de Obras, Conservação e Restauro das direcções regionais cabe:

a) Efectuar o levantamento sistemático do estado de conservação e necessidades dos imóveis afectos ao IPPAR, visando uma programação financeira a curto, médio e longo prazos;

b) Programar a execução de projectos e obras de acordo com os levantamentos sistemáticos efectuados, fornecendo os elementos necessários aos serviços centrais para o planeamento físico e financeiro das actividades do IPPAR, no âmbito das suas atribuições;

368   *Direito do Património Cultural*

c) Proceder aos concursos e às propostas de adjudicação relativos às obras referidas na alínea b), bem como à respectiva fiscalização;

d) Promover a preparação e o lançamento de empreitadas;

e) Promover a realização de obras de conservação, restauro, construção, ampliação e remodelação, bem como a aquisição de equipamentos em bens imóveis afectos ao IPPAR, ou, quando solicitado pelos respectivos proprietários, apoiar a sua realização em imóveis classificados ou situados em zonas de protecção;

f) Fornecer os elementos necessários para o planeamento físico e financeiro das actividades, em colaboração com os serviços centrais;

g) Promover recomendações de projecto e especificações técnicas, para a execução de obras em imóveis classificados ou em vias de classificação;

h) Acompanhar e fiscalizar as obras na sua execução física e financeira;

i) Prestar apoio técnico e metodológico às acções de defesa e conservação do património arquitectónico e arqueológico promovidas por outras entidades;

j) Propor estudos e medidas para salvaguarda do património considerado em risco de deterioração imediata;

l) Organizar e manter um arquivo de desenhos relativo às competências previstas na alínea c);

m) Prestar apoio técnico a particulares e a instituições detentoras de bens imóveis classificados, na preparação e execução de obras;

n) Coordenar e manter actualizado, em articulação com o Departamento de Planeamento e Gestão dos serviços centrais, o registo de todos os projectos efectuados em preparação ou em curso de expediente;

o) Promover formas de cooperação com as entidades envolvidas nos projectos.

5 – As direcções regionais podem dispor de centros de conservação e restauro, a funcionar sob a sua coordenação, vocacionados para o diagnóstico de situações relativas à conservação e restauro de bens imóveis e móveis classificados e para a formação de técnicos e artífices nos domínios do património cultural e arquitectónico.

6 – Sem prejuízo das competências que neles forem delegadas, incumbe aos directores regionais, na respectiva área geográfica de actuação:

a) Representar a direcção do IPPAR;

b) Programar e executar acções da competência do IPPAR;

c) Articular a actuação da direcção regional com os restantes órgãos e serviços do IPPAR, bem como com os demais serviços tutelados pelo Ministério da Cultura.

ARTIGO 26.º – **Áreas de actuação**

As áreas geográficas de actuação das direcções regionais são definidas por portaria do Ministro da Cultura.

ARTIGO 27.º – **Imóveis afectos à Presidência da República**

1 – Compete conjuntamente à Secretaria-Geral da Presidência da República e ao IPPAR a administração dos seguintes imóveis:

a) Pavilhão D. Maria I do Palácio Nacional de Queluz, que constitui a residência oficial dos chefes de Estado estrangeiros em visita oficial;

b) Cidadela de Cascais, que constitui a residência de Verão do Presidente da República.

2 – A administração do Palácio de Belém, afecto à Presidência da República e que constitui a residência oficial do Chefe do Estado, compete exclusivamente à Secretaria-Geral da Presidência da República.

3 – Tendo em vista a realização de cerimónias protocolares no domínio da representação externa do Estado e de cerimónias solenes presididas pelo Chefe do Estado, no uso das suas atribuições constitucionais, o IPPAR assegurará a utilização pela Presidência da República dos Palácios Nacionais da Ajuda e de Queluz.

CAPÍTULO IV
Gestão financeira e patrimonial

ARTIGO 28.º – **Instrumentos de gestão**

1 – A gestão financeira e patrimonial do IPPAR é disciplinada pelos seguintes instrumentos de gestão previsional:

370 Direito do Património Cultural

a) Plano anual de actividades;
b) Orçamento de tesouraria;
c) Demonstração de resultados;
d) Balanço previsional.

2 – Sem prejuízo do disposto no número anterior, podem ainda ser elaborados programas plurianuais de actividades e financeiros.

3 – O IPPAR aplicará o Plano Oficial de Contabilidade em vigor para as empresas, adaptado às suas realidades específicas, como instrumento de gestão.

4 – Enquanto não for implementado o plano de contas, será aplicado o sistema de classificação orçamental em vigor.

ARTIGO 29.º – **Receitas**

Constituem receitas do IPPAR, para além das dotações que lhe são atribuídas pelo Orçamento do Estado:

a) Os subsídios e comparticipações atribuídos por quaisquer entidades, públicas ou privadas, nacionais ou estrangeiras ou internacionais;
b) As doações, heranças ou legados que receber;
c) As taxas e outras receitas devidas pela prestação de serviços pelo IPPAR ou resultantes do exercício da sua actividade;
d) O produto de edições ou reedições de publicações de reproduções ou adaptações de obras de arte;
e) O produto da alienação ou cedência de bens ou direitos do seu património, nomeadamente do direito de reprodução;
f) As receitas arrecadadas pelos serviços dependentes ou emergentes dos bens imóveis afectos ao IPPAR, nomeadamente as decorrentes da cedência de espaços dos mesmos, a título oneroso, para a realização de actividades culturais, previamente autorizadas pela direcção do IPPAR;
g) Os juros de fundos de depósitos;
h) Os saldos das contas de gerência de anos findos;
i) As restituições e reposições;
j) Quaisquer outras receitas que lhe sejam atribuídas por lei, contrato ou outro título.

ARTIGO 30.º – **Forma de obrigação**

1 – O IPPAR obriga-se com a assinatura de dois elementos da direcção, sendo um deles necessariamente o presidente.

Lei orgânica do IPPAR 371

2 – Para efeitos do disposto no número anterior, é dispensada a obrigatoriedade da assinatura pelo presidente nos assuntos de mero expediente ou quando haja delegação de poderes por parte daquele.

ARTIGO 31.º – **Depósitos**

1 – Sem prejuízo do disposto no artigo anterior, na abertura das suas contas bancárias, o IPPAR apenas fica obrigado pelas assinaturas de dois membros da direcção, uma das quais do presidente.

2 – Para a movimentação das suas contas bancárias o IPPAR obriga-se pelas assinaturas de dois membros da direcção.

3 – A competência prevista no número anterior pode ser exercida, para cada conta, apenas por um dos elementos da direcção, podendo a outra assinatura ser delegada no director do Departamento Financeiro e de Administração ou, em alternativa, num director regional.

ARTIGO 32.º – **Património**

O património do IPPAR é constituído pelos direitos e bens recebidos ou adquiridos no âmbito das suas atribuições ou para o exercício da sua actividade.

CAPÍTULO V
Pessoal

ARTIGO 33.º – **Quadros**

O IPPAR dispõe do quadro de pessoal dirigente constante do mapa II anexo ao presente diploma, bem como do quadro de pessoal a aprovar por portaria conjunta dos Ministros das Finanças e da Cultura e do membro do Governo responsável pela Administração Pública.

ARTIGO 34.º – **Normas de transição**

1 – Os funcionários do quadro do Instituto Português do Património Arquitectónico e Arqueológico, bem como, precedendo requerimento, o pessoal requisitado e destacado que ali preste serviço à data da publicação do presente diploma, transitam para o quadro de pessoal do IPPAR:

372   *Direito do Património Cultural*

a) Para a mesma carreira, categoria e escalão que o funcionário possui;
b) Para a carreira que integra as funções efectivamente desempenhadas, respeitadas as habilitações legalmente exigidas em categoria e escalão que resultou da aplicação das regras estabelecidas no artigo 18.º do Decreto-Lei n.º 353-A/89, de 16 de Outubro.

2 – O disposto na alínea b) do número anterior é aplicável:
a) Quando se verificar extinção de carreiras;
b) Quando se verificar desajustamento entre as funções desempenhadas e o conteúdo funcional da carreira em que o funcionário se encontra provido.

3 – Nas situações previstas na alínea b) do n.º 1, será considerado, para efeitos de promoção e progressão, o tempo de serviço prestado anteriormente, em idêntico desempenho na categoria da qual transitou.

4 – Os funcionários actualmente providos no quadro de pessoal do Centro de Conservação e Restauro de Viseu, bem como os funcionários a prover na sequência de concursos a decorrer para aquele quadro, transitam para o quadro de pessoal da Direcção Regional de Vila Real.

5 – A transição de pessoal para o quadro do IPPAR é feita por lista nominativa, aprovada por despacho do Ministro da Cultura, sujeita a fiscalização prévia do Tribunal de Contas e publicação no Diário da República.

CAPÍTULO VI
Disposições finais e transitórias

ARTIGO 35.º – **Sucessão do Instituto Português do Património Arquitectónico e Arqueológico pelo Instituto Português do Património Arquitectónico**

1 – O IPPAR sucede na universalidade dos direitos e obrigações do Instituto Português do Património Arquitectónico e Arqueológico sem necessidade de quaisquer formalidades, exceptuando o registo, para o qual constitui título bastante o presente diploma.

Lei orgânica do IPPAR 373

2 – Consideram-se realizadas no IPPAR todas as referências efectuadas ao Instituto Português do Património Arquitectónico e Arqueológico, na lei ou em negócio jurídico.

ARTIGO 36.º – **Autonomia financeira**

Ao IPPAR é atribuído, nos termos do n.º 4 do artigo 6.º da Lei n.º 8/90, de 20 de Fevereiro, o regime de autonomia administrativa e financeira, enquanto gerir projectos do PIDDAC, co-financiados pelo orçamento das Comunidades Europeias.

ARTIGO 37.º – **Cessação das comissões de serviço**

1 – Com a entrada em vigor do presente diploma cessam as comissões de serviço do pessoal dirigente anteriormente nomeado para cargos dirigentes do Instituto Português do Património Arquitectónico e Arqueológico.

2 – Sem prejuízo do disposto no número anterior e até à nomeação dos novos titulares, o pessoal referido manter-se-á em funções de gestão corrente, nas unidades orgânicas do IPPAR que sucedam ou integrem funcionalmente as competências daquelas em que se encontravam nomeados.

3 – Sempre que a complexidade e responsabilidade do conteúdo funcional dos cargos referidos o justificar, poderão os mesmos, alternativamente, ser exercidos em regime de substituição, nos termos do artigo 8.º do Decreto-Lei n.º 323/89, de 26 de Setembro, podendo tal nomeação recair nos titulares das comissões de serviço cessadas.

4 – O disposto nos números anteriores não prejudica a possibilidade da sua renomeação nos novos cargos, nos termos da lei.

ARTIGO 38.º – **Concursos, contratos, requisições e destacamentos**

1 – Mantêm-se válidos os concursos abertos, bem como os contratos de pessoal que se encontrem em execução, exceptuando a ocorrência automática ou superveniente, de fundamentação para a sua cessação a qualquer título.

2 – Mantêm-se válidas até ao respectivo termo, salvo despacho em contrário a emitir no prazo de 30 dias após a transição para o novo quadro de pessoal, as requisições, destacamentos e comissões de serviço de pessoal, à excepção de nomeações para cargos dirigentes, do IPPAR noutros serviços ou destes no IPPAR.

374   *Direito do Património Cultural*

ARTIGO 39.º – **Revogação**

São revogados os Decretos-Leis n.os 106-F/92, de 1 de Junho, e 316/94, de 24 de Dezembro.

ARTIGO 40.º – **Entrada em vigor**

O presente diploma entra em vigor no dia imediato ao da respectiva publicação.

ANEXO I

Lista dos serviços dependentes, a que se refere o n.º 2 do artigo 8.º

Convento de Cristo.
Estação Arqueológica de Miróbriga.
Fortaleza de Sagres.
Mosteiro de Alcobaça.
Mosteiro dos Jerónimos.
Mosteiro de Pombeiro.
Mosteiro de Santa Clara-a-Velha.
Mosteiro de Santa Maria da Vitória (Batalha).
Mosteiro de São Martinho de Tibães.
Mosteiro de São João de Tarouca.
Paço dos Duques.
Palácio Nacional da Ajuda.
Palácio Nacional de Mafra.
Palácio Nacional da Pena.
Palácio Nacional de Queluz.
Palácio Nacional de Sintra.
Panteão Nacional.
Biblioteca da Ajuda.

ANEXO II

Quadro de pessoal dirigente do IPPAR, a que se refere o artigo 33.º

Grupo de pessoal	Área funcional	Nível	Carreira	Grau	Categoria	Número de lugares
Dirigente					Presidente	1
					Vice-presidente	2
					Director de serviços	13
					Chefe de divisão	22

8

Lei orgânica do Instituto Português de Arqueologia (Decreto-Lei n.º 117/97, de 14 de Maio) [1]

O estado incipiente de desenvolvimento e de estruturação em que se encontra a actividade arqueológica em Portugal tem sido causador de prejuízos acentuados para o País, tanto pela perda de património e informação de interesse relevante, nacional ou mesmo internacional, como pela perda de investimentos vultosos decorrente da identificação tardia de bens patrimoniais a cuja preservação o Estado Português está obrigado pela Constituição, pelas leis da República e pelos acordos internacionais de que é signatário.

Existindo já na Administração Pública organismos em cujas atribuições se encontra incluída a salvaguarda de determinados bens de natureza arqueológica, nomeadamente o Instituto Português do Património Arquitectónico (IPPAR) e o Instituto Português de Museus (IPM), comprovadamente a sua natureza e vocação não lhes permite, porém, tratar adequadamente da detecção, preservação e gestão da categoria de vestígios arqueológicos mais abundante e potencialmente mais prenhe de informação sobre o passado: a dos contextos sem valor monumental que documentam a actividade das populações préhistóricas e a vida quotidiana das populações rurais e da gente comum dos centros urbanos de época histórica.

As necessidades da vida moderna tornam inevitável a realização de intervenções profundas na paisagem, que afectam a integridade do «arquivo de terra» em que está contida essa informação. Nos últimos decénios, generalizou-se assim, em todos os países desenvolvi-

---

[1] É importante salientar que de acordo com o disposto no art. 2.º da Lei n.º 16-A/2002, de 31 de Maio, foram objecto de fusão no Ministério da Cultura: o Instituto Português de Arqueologia, o Instituto Português do Património Arquitectónico, o Instituto de Arte Contemporânea e o Instituto Português de Artes e do Espectáculo. Pese embora essa norma, a concretização prática da referida fusão ainda não se verificou.

dos, a prática de fazer preceder essas intervenções dos estudos arqueológicos necessários à recuperação do máximo de informação que, pelos padrões científicos do momento, é possível extrair dos «arquivos», cuja destruição é, após a sua detecção e reconhecimento, considerada permissível em caso de necessidade.

Por analogia com o princípio do «poluidor pagador», e em conformidade com a Lei n.º 13/85, de 6 de Julho, e com a Convenção Europeia para a Protecção do Património Arqueológico (La Valetta, Malta, 1992), de que o Estado Português é signatário, os custos decorrentes da adopção de uma política de gestão deste património arqueológico não monumental devem ser afectados aos promotores das intervenções que venham eventualmente a causar a respectiva destruição física, e não ao Estado. A este último deve caber a definição da legislação e das regras por que se deverá pautar a actividade, fiscalizá-la e recolher e pôr à disposição dos intervenientes a informação relevante disponível a cada momento nas bases de dados constituídas por sua iniciativa.

Não há política adequada de gestão, tanto no que se refere ao património monumental como ao não monumental, que não decorra de uma avaliação, a qual, por sua vez, depende de um estado de conhecimentos. Neste último se baseará, por sua vez, a definição de prioridades de investimento ou de conservação.

Deste modo, a gestão do património arqueológico em todas as suas vertentes é indissociável do apoio à investigação científica, apoio tanto mais necessário quanto, hoje em dia, a exploração adequada da informação arqueológica exige crescentemente o recurso a métodos derivados da física e das ciências naturais, competindo à administração central, na situação presente, desempenhar um papel de forte impulsionador do respectivo desenvolvimento.

Do mesmo modo, a importância crescente que tem vindo a ser revelada por duas categorias de vestígios arqueológicos com características próprias, que têm sido tradicionalmente objecto de menos atenção – a arte rupestre e o património cultural náutico e subaquático –, justifica a criação de serviços próprios dedicados especificamente às tarefas ligadas ao seu registo, estudo, divulgação e exploração científica.

O enquadramento de uma política de prevenção, de salvamento, de investigação e de apoio à gestão do património arqueológico imóvel e móvel (incluindo o que se encontra à guarda do IPPAR e do IPM) exigiu a criação de um organismo a isso especialmente dedicado.

Esse organismo deve ser dotado de meios humanos e financeiros e de uma estrutura orgânica à altura da tarefa.

Para esse efeito se criou na Lei Orgânica do Ministério da Cultura o Instituto Português de Arqueologia, cujas atribuições, competências e estrutura agora se definem.

Foi ouvida a Associação Nacional de Municípios Portugueses.

Foram ouvidos os orgãos de governo próprio das Regiões Autónomas dos Açores e da Madeira.

Assim:

Nos termos da alínea *a*) do n.º 1 do artigo 201.º da Constituição, o Governo decreta o seguinte:

CAPÍTULO I
Natureza e atribuições

ARTIGO 1.º – **Natureza**

1 – O Instituto Português de Arqueologia, adiante abreviadamente designado por IPA, é uma pessoa colectiva de direito público, dotada de autonomia administrativa e património próprio.

2 – O IPA está sujeito à superintendência do Ministro da Cultura.

ARTIGO 2.º – **Atribuições**

1 – São atribuições do IPA:

a) Assegurar o desenvolvimento das medidas de política e o cumprimento das obrigações do Estado no domínio da arqueologia, em todo o território nacional e nos espaços marítimos contíguos, em colaboração com os demais organismos do Ministério da Cultura;

b) Promover a institucionalização da arqueologia através de uma política de contratualização com outras pessoas colectivas públicas e privadas, visando assegurar uma adequada articulação interinstitucional, na prossecução das políticas definidas para o sector;

c) Colaborar na realização de projectos e acções vocacionados para a sensibilização pública para o património arqueológico, estimulando na sociedade civil a promoção de iniciativas destinadas ao seu conhecimento e divulgação.

378 *Direito do Património Cultural*

2 – Para os efeitos previstos na alínea *a*) do número anterior, entendem-se abrangidos os espaços marítimos correspondentes ao mar territorial, à plataforma continental e à zona económica exclusiva.

ARTIGO 3.º – **Competências**

Para a prossecução das suas atribuições compete, em especial, ao IPA:

a) Autorizar, fiscalizar tecnicamente e acompanhar a realização de trabalhos arqueológicos, em articulação com as demais entidades com competência na matéria;

b) Suspender trabalhos arqueológicos que estejam a ser realizados em violação ou desrespeito das normas em vigor ou das condições previamente estabelecidas para a sua realização;

c) Propor ao Instituto Português do Património Arquitectónico (IPPAR) a classificação ou desclassificação de bens de natureza arqueológica;

d) Propor às entidades responsáveis pela gestão do património cultural a inventariação ou compra de bens de natureza arqueológica e pronunciar-se sobre propostas de venda relativas aos mesmos;

e) Estudar e propor a definição das normas a que devem obedecer, no domínio da sua área de actuação, os estudos de impacte ambiental ou outros legalmente previstos, prévios à aprovação ou execução de todas as obras públicas ou privadas envolvendo remoção ou revolvimento substancial de terras, para fins agrícolas, industriais, de transportes ou outros;

f) Proceder à avaliação dos bens arqueológicos, achados ou recolhidos, sempre que a lei o determine;

g) Promover, por intermédio do IPPAR, e de acordo com a regulamentação prevista na respectiva lei orgânica, o embargo administrativo de quaisquer obras ou trabalhos licenciados ou efectuados em desconformidade com a legislação relativa ao património cultural;

h) Proceder à indicação de técnicos de arqueologia, para os estudos de impacte arqueológico a promover por outras entidades que desenvolvem projectos de desenvolvimento e ordenamento imobiliários;

i) Proceder à instrução de processos de contra-ordenação previstos na lei e aplicar as respectivas coimas;

j) Pronunciar-se sobre os programas de actividade dos museus e sítios arqueológicos do Estado e outras pessoas colectivas públicas, visando assegurar a articulação interinstitucional, no âmbito da valorização e divulgação do respectivo património;

l) Realizar, conjuntamente com outras entidades públicas ou privadas, em sítios de importância excepcional, acções de tipo exemplar que possam constituir-se em catalizadores da actividade arqueológica nacional nas suas diversas vertentes;

m) Promover a constituição de uma rede nacional de depósitos de espólios de trabalhos arqueológicos;

n) Incentivar, através da celebração de protocolos e de outras figuras jurídicas de cooperação, o recurso às unidades de investigação em ciências naturais e exactas, aplicadas à arqueologia;

o) Promover a publicação científica e a divulgação junto do grande público da actividade arqueológica, através dos canais bibliográficos, audiovisuais e informáticos apropriados;

p) Promover e apoiar acções de iniciação e formação no âmbito das suas áreas de intervenção;

q) Conceder subsídios e bolsas de estudo para a prossecução das suas atribuições.

ARTIGO 4.º – **Prestação de serviços**

1 – O IPA pode exercer, acessoriamente, actividades relacionadas com o seu objectivo principal, nomeadamente a prestação de serviços de consultoria ou assistência técnica solicitados ou contratados por entidades públicas ou privadas, nacionais ou estrangeiras.

2 – O IPA possui capacidade editorial própria e autorização para a reprodução e transmissão de bens móveis conexos com a actividade de divulgação dos respectivos espaços museológicos, podendo proceder à venda ou, por qualquer modo, dispor do respectivo produto, assegurando os direitos editoriais ao mesmo referentes.

3 – Os serviços prestados nos termos dos números anteriores serão remunerados segundo critérios e tabela a aprovar por despacho do Ministro da Cultura.

380 *Direito do Património Cultural*

CAPÍTULO II
Órgãos e serviços

ARTIGO 5.º – **Órgãos**

São órgãos do IPA:
a) O director;
b) O conselho administrativo;
c) O conselho consultivo.

ARTIGO 6.º – **Director**

1 – Compete ao director:
a) Promover a adopção das medidas necessárias à prossecução das atribuições do IPA;
b) Dirigir os serviços, orientar as actividades e projectos do IPA e representar a instituição em juízo e fora dele, a nível nacional e internacional, neste último caso em articulação com o Ministério dos Negócios Estrangeiros, e no quadro da representatividade institucional em vigor;
c) Emitir ou aprovar as instruções e regulamentos necessários à administração e funcionamento do IPA, podendo, no âmbito das atribuições do organismo, cometer às diversas unidades orgânicas funções não expressamente consignadas no presente diploma;
d) Aplicar as coimas decorrentes de processos contra-ordenacionais.

2 – O director é coadjuvado por um subdirector, que o substitui nas suas faltas e impedimentos, sendo equiparados, para todos os efeitos, respectivamente, a director-geral e a subdirector-geral.

3 – O subdirector exerce as funções que lhe forem confiadas pelo director, bem como as que lhe forem expressamente delegadas ou subdelegadas.

ARTIGO 7.º – **Conselho administrativo**

1 – O conselho administrativo é o órgão deliberativo em matéria de gestão financeira e patrimonial do IPA, competindo-lhe:
a) Elaborar os instrumentos provisionais adequados à preparação do plano de actividades e do orçamento e ao acompanhamento e controlo da sua execução;

Lei orgânica do IPA 381

b) Promover e coordenar a elaboração dos projectos de orçamento e acompanhar a sua execução financeira;

c) Promover e fiscalizar a cobrança e arrecadação de receitas e verificar a conformidade legal e regularidade financeira das despesas, bem como a sua eficiência e eficácia, e autorizar o respectivo pagamento;

d) Promover a requisição dos fundos necessários ao funcionamento do IPA, por conta das respectivas dotações orçamentais;

e) Promover a organização da contabilidade e fiscalizar a sua escrituração, assim como providenciar pela organização e manutenção do cadastro de bens pertencentes ao IPA;

f) Proceder à verificação periódica dos fundos em cofre e em depósito;

g) Superintender na organização anual da conta de gerência e submetê-la à aprovação do Tribunal de Contas;

h) Assegurar os procedimentos de administração financeira do IPA;

i) Pronunciar-se sobre qualquer assunto que lhe seja submetido pelo seu presidente.

2 – O conselho administrativo é presidido pelo director do IPA e composto pelo subdirector, pelo director do Departamento de Gestão e Planeamento e pelo chefe da Repartição dos Serviços Administrativos, que secretaria.

3 – O conselho administrativo reúne ordinariamente uma vez por mês e extraordinariamente quando for convocado pelo seu presidente.

ARTIGO 8.º – **Conselho consultivo**

1 – O conselho consultivo é o órgão de colaboração e consulta do director, no exercício das atribuições do IPA, com o objectivo de promover a articulação transversal da política arqueológica nacional.

2 – O conselho consultivo é presidido pelo director do IPA e constituído pelas seguintes entidades:

a) Subdirector do IPA;

b) Um representante do IPPAR;

c) Um representante do Instituto Português de Museus (IPM);

d) Um representante do Ministério da Defesa;

e) Um representante do Ministério do Equipamento, do Planeamento e da Administração do Território;

382 *Direito do Património Cultural*

f) Um representante do Ministério da Educação;
g) Um representante do Ministério do Ambiente;
h) Um representante do Ministério da Ciência e da Tecnologia;
i) Um representante da Região Autónoma dos Açores;
j) Um representante da Região Autónoma da Madeira;
l) Um representante da Associação Nacional de Municípios Portugueses;
m) Cinco individualidades de reconhecido mérito no âmbito da actuação do IPA, nomeados por despacho do Ministro da Cultura.

3 – Para além da composição prevista no número anterior, podem ainda ser convidados pelo director a participar nas reuniões do conselho consultivo especialistas das áreas que façam parte da ordem de trabalhos, sem direito a voto.

4 – O conselho consultivo reúne ordinariamente de três em três meses e extraordinariamente sempre que convocado pelo seu presidente.

5 – Por despacho do Ministro da Cultura será aprovado o regulamento do conselho.

6 – A participação nas sessões do conselho consultivo confere aos seus membros, desde que não exerçam funções no IPA, direito a senhas de presença por cada sessão, de montante a determinar por despacho conjunto dos Ministros das Finanças e da Cultura e do membro do Governo responsável pela área da Administração Pública.

ARTIGO 9.º – **Serviços**

1 – Para a prossecução das suas atribuições, o IPA dispõe dos seguintes serviços:

a) Departamento de Gestão e Planeamento;
b) Centro Nacional de Arqueologia Náutica e Subaquática (CNANS);
c) Centro Nacional de Arte Rupestre (CNART);
d) Parque Arqueológico do Vale do Côa (PAVC);
e) Divisão de Inventário;
f) Divisão de Divulgação;
g) Gabinete de Contencioso;
h) Repartição dos Serviços Administrativos.

Lei orgânica do IPA 383

2 – O Departamento de Gestão e Planeamento, o CNANS, o CNART e o PAVC são, para todos os efeitos, equiparados a direcção de serviços.

3 – O Gabinete de Contencioso é equiparado a divisão.

4 – O CNANS, o CNART e o PAVC serão autonomizados como serviços dependentes do IPA, através da aprovação regulamentar das respectivas estruturas orgânicas, em articulação com a revisão do regime legal relativo ao património cultural.

ARTIGO 10.º – **Departamento de Gestão e Planeamento**

1 – Compete ao Departamento de Gestão e Planeamento:

a) Elaborar e propor, em colaboração com o Ministério do Ambiente, no respeito pelas suas competências próprias neste domínio, as normas a que deverão obedecer, no domínio da arqueologia, os estudos de impacte ambiental, bem como acompanhar a respectiva execução;

b) Preparar e gerir o Plano Nacional de Trabalhos Arqueológicos;

c) Elaborar, através de articulação com os organismos competentes da Administração Pública, uma política de intervenções prioritárias dos serviços do IPA, visando a detecção precoce, ainda em fase de planeamento, de situações de potencial incompatibilidade entre a protecção do património cultural e o desenvolvimento de obras públicas e privadas;

d) Apoiar a aplicação no terreno das orientações de política do IPA;

e) Executar as tarefas de prospecção, inventário, registo e fiscalização decorrentes das obrigações legalmente cometidas ao IPA;

f) Monitorizar o estado de preservação dos monumentos e sítios arqueológicos e tomar as iniciativas pertinentes para a sua defesa ou investigação, quando alvo de acto ou ameaça de destruição;

g) Organizar e garantir a manutenção dos depósitos de espólios arqueológicos entregues à sua responsabilidade.

2 – Para o exercício das competências previstas nas alíneas *d*) a *g*) do número anterior, o IPA dispõe de equipas técnicas investidas de autonomia e representatividade no seu desempenho.

3 – A criação e distribuição territorial das equipas referidas no número anterior será efectuada por despacho do Ministro da Cultura,

384 *Direito do Património Cultural*

tendo em atenção a necessária articulação com os governos civis, os órgãos e serviços da administração regional e local, bem como com os serviços desconcentrados dependentes de organismos da administração central.

As equipas técnicas serão coordenadas por um técnico superior designado por despacho do Ministro da Cultura.

ARTIGO 11.º – **Centro Nacional de Arqueologia Náutica e Subaquática**

O CNANS exerce as competências do IPA em toda a actividade relacionada com a arqueologia náutica e a arqueologia em meio subaquático, competindo-lhe, nomeadamente:

a) Promover a salvaguarda, estudo e valorização dos bens arqueológicos náuticos e subaquáticos, móveis e imóveis, classificados ou em vias de classificação, bem como os não classificados, situados ou não em reservas arqueológicas de protecção, designadamente através de acções e programas a desenvolver por imperativos de emergência, de ordem preventiva e de acompanhamento, ou com vista à verificação, caracterização e avaliação de descobertas fortuitas, oficialmente declaradas ou não, ou ainda através de projectos fundamentados no seu manifesto e prioritário interesse para o avanço dos conhecimentos sobre o património cultural náutico e subaquático nacional;

b) Fiscalizar e acompanhar tecnicamente a realização de trabalhos arqueológicos no seu âmbito;

c) Promover e apoiar a realização da carta arqueológica do património náutico e subaquático nacional, no âmbito da carta arqueológica de Portugal, centralizando os respectivos dados;

d) Recolher e promover as medidas necessárias à conservação de achados arqueológicos fortuitos e de todos os bens arqueológicos provenientes de acções, programas e projectos promovidos ou realizados sob a sua responsabilidade, ou propor o seu local de recolha e depósito transitórios.

ARTIGO 12.º – **Centro Nacional de Arte Rupestre**

Ao CNART compete:

a) Inventariar e registar, pelos meios adequados, os conjuntos de arte rupestre existentes em Portugal;

Lei orgânica do IPA 385

b) Organizar e conservar o arquivo do espólio produzido pelos registos referidos na alínea anterior, bem como o do espólio histórico decorrente de trabalhos anteriormente realizados e o de todos os trabalhos que, na sua área de competência, venham a ser realizados por outras entidades, agindo sob autorização concedida pelo IPA;

c) Fiscalizar e acompanhar tecnicamente a realização de trabalhos arqueológicos, no seu âmbito.

ARTIGO 13.º – **Parque Arqueológico do Vale do Côa**

Ao PAVC compete gerir, proteger, musealizar e organizar para visita pública os monumentos incluídos na zona especial de protecção do Vale do Côa.

ARTIGO 14.º – **Divisão de Inventário**

Compete à Divisão de Inventário:

a) Constituir, gerir e actualizar um sistema de informação arqueológica (carta arqueológica de Portugal) que funcione como base de dados geo-referenciada do património arqueológico nacional e instrumento de planeamento ao serviço da sociedade civil e dos restantes organismos da Administração Pública;

b) Organizar e conservar o arquivo histórico da arqueologia portuguesa, a partir dos processos herdados dos organismos que precederam o IPA na superintendência da arqueologia.

ARTIGO 15.º – **Divisão de Divulgação**

Compete à Divisão de Divulgação, para além das tarefas gerais de divulgação da arqueologia cometidas ao IPA:

a) Assegurar a edição de uma publicação periódica destinada à divulgação atempada dos resultados científicos e patrimoniais dos trabalhos arqueológicos levados a cabo em Portugal;

b) Assegurar a edição de uma série monográfica em que sejam apresentados os resultados científicos e patrimoniais dos trabalhos arqueológicos realizados em Portugal.

ARTIGO 16.º – **Gabinete de Contencioso**

Ao Gabinete de Contencioso compete:

a) Apoiar juridicamente a actividade desenvolvida pelo IPA;

386   *Direito do Património Cultural*

b) Informar e processar todos os assuntos jurídicos que lhe sejam submetidos pela direcção;
c) Apoiar as entidades competentes na preparação e acompanhamento dos processos necessários ao julgamento de questões em que o IPA seja parte ou que resultem do exercício das suas atribuições, em particular instruindo os processos de contra-ordenação relativos à legislação sobre património cultural e sobre estudos de impacte ambiental.

ARTIGO 17.º – **Repartição dos Serviços Administrativos**

1 – À Repartição dos Serviços Administrativos compreende a Secção de Pessoal, Expediente e Arquivo e a Secção de Contabilidade, Tesouraria e Aprovisionamento.

2 – À Repartição dos Serviços Administrativos, através da Secção de Pessoal, Expediente e Arquivo, compete:
a) Organizar os processos de admissão, requisição, transferência e quaisquer outras formas de mobilidade dos funcionários;
b) Assegurar processual e administrativamente a administração e gestão de pessoal;
c) Assegurar o registo, classificação, distribuição e circulação do expediente do IPA;
d) Organizar o arquivo corrente do IPA, promovendo a sua informatização.

3 – À Repartição dos Serviços Administrativos, através da Secção de Contabilidade, Tesouraria e Aprovisionamento, compete:
a) Elaborar o projecto de orçamento do IPA e apresentar os elementos necessários à execução de balancetes e relatórios financeiros periódicos e finais;
b) Efectuar requisições dos fundos necessários ao funcionamento do IPA, por conta das respectivas dotações orçamentais;
c) Organizar e manter actualizada a contabilidade, conferindo, processando, liquidando e pagando as despesas relativas à execução dos orçamentos;
d) Assegurar a cobrança e arrecadação das receitas;
e) Assegurar os movimentos de tesouraria;
f) Assegurar a legalidade e correcção dos procedimentos para aquisição de bens e serviços da instituição e respectiva contratação;
g) Promover a constituição e liquidação dos fundos permanentes, procedendo à sua regular verificação;

Lei orgânica do IPA

h) Zelar pela conservação do património, organizando e gerindo o inventário e cadastro dos bens;
i) Gerir o parque de viaturas e zelar pela conservação das instalações;
j) Elaborar a conta de gerência.

CAPÍTULO III
Administração financeira e patrimonial

ARTIGO 18.º – **Instrumentos de gestão**

1 – A gestão financeira e patrimonial do IPA é disciplinada pelos seguintes instrumentos de gestão previsional:
a) Plano anual de actividades;
b) Orçamento anual;
c) Relatórios de actividades e financeiro.

2 – Sem prejuízo do disposto no número anterior, podem ainda ser elaborados programas plurianuais de actividades e financeiros.

ARTIGO 19.º – **Receitas**

1 – Constituem receitas do IPA, para além das dotações que lhe forem atribuídas pelo Orçamento do Estado:
a) As quantias cobradas pelos serviços prestados a entidades públicas ou privadas;
b) As quantias cobradas pela venda das publicações que edite e das que revelem interesse para o público utente, assim como de outros produtos de idêntica natureza;
c) As quantias cobradas pela venda dos bens do património móvel, no respeito pelos procedimentos legais;
d) Os rendimentos dos espaços, dependências e bens próprios e daqueles que a qualquer título fruir;
e) O produto da alienação ou cedência de direitos do seu património, nomeadamente do direito de reprodução;
f) Os valores cobrados pela participação em acções culturais ou científicas que empreender e que devam ser objecto de remuneração;
g) As doações, heranças, legados, subvenções, subsídios e comparticipações;

388 *Direito do Património Cultural*

h) Os saldos anuais das contas de gerência de anos anteriores, excluindo os provenientes das dotações que lhe forem atribuídas pelo Orçamento do Estado;
i) Os juros de contas ou depósitos;
j) As receitas derivadas das actividades licenciadora e fiscalizadora do IPA;
l) Quaisquer outras receitas que lhe sejam atribuídas por lei, contrato ou outro título.

2 – As receitas enumeradas são afectas ao pagamento das despesas do IPA, mediante inscrição de dotações com compensação em receitas.

ARTIGO 20.º – **Formas de obrigação**

1 – O IPA obriga-se com a assinatura de dois elementos do conselho administrativo, sendo um deles necessariamente o presidente.
2 – Para efeitos do disposto no número anterior, é dispensada a obrigatoriedade da assinatura do presidente nos assuntos de mero expediente ou quando haja delegação de poderes por parte daquele.

ARTIGO 21.º – **Património**

O património do IPA é constituído pelos direitos e bens recebidos ou adquiridos no âmbito das suas atribuições ou para o exercício da sua actividade.

CAPÍTULO IV
Pessoal

ARTIGO 22.º – **Quadros de pessoal**

1 – O IPA dispõe do quadro de pessoal dirigente constante do mapa I anexo ao presente diploma, bem como do quadro de pessoal a aprovar por portaria conjunta dos Ministros das Finanças e da Cultura e do membro do Governo responsável pela Administração Pública.
2 – Os quadros de pessoal dos serviços dependentes, a que se refere o n.º 4 do artigo 9.º, serão igualmente aprovados por portaria conjunta dos membros do Governo referidos no número anterior.

Lei orgânica do IPA

ARTIGO 23.º – **Carreiras específicas da área de arqueologia**

Serão criadas por decreto regulamentar, de acordo com o regime geral, as carreiras de arqueólogo, assistente de arqueólogo, desenhador de arqueologia e operário de manutenção de estações arqueológicas.

ARTIGO 24.º – **Transição do pessoal**

Por despacho do Ministro da Cultura será aprovada a lista do pessoal que, por proposta conjunta do IPA e do IPPAR, e tendo em conta o respectivo enquadramento funcional, transitará do quadro de pessoal do Instituto Português do Património Arquitectónico e Arqueológico para o quadro a aprovar nos termos do n.º 1 do artigo 22.º

ARTIGO 25.º – **Normas de transição**

1 – A transição a que se refere o artigo anterior efectuar-se-á de acordo com as regras seguintes:
  a) Para a mesma carreira, categoria e escalão que o funcionário possui;
  b) Para a carreira que integra as funções efectivamente desempenhadas, respeitadas as habilitações legalmente exigidas, em categoria e escalão que resultam da aplicação das regras estabelecidas no artigo 18.º do Decreto-Lei n.º 353-A/89, de 16 de Outubro.

2 – O disposto na alínea *b*) do número anterior é aplicável:
  a) Quando se verificar extinção de carreiras;
  b) Quando se verificar desajustamento entre as funções desempenhadas e o conteúdo funcional da carreira em que o funcionário se encontra provido.

3 – Nas situações previstas na alínea *b*) do n.º 1, será considerado, para efeitos de promoção e progressão, o tempo de serviço prestado anteriormente em idêntico desempenho na categoria de que transitam.

4 – A transição de pessoal para o quadro do IPA é feita por lista nominativa, aprovada por despacho do Ministro da Cultura, sujeita a fiscalização prévia do Tribunal de Contas e a publicação no *Diário da República*.

CAPÍTULO V
Disposições finais

ARTIGO 26.º – **Sucessão**

O IPA sucede ao IPPAR nos direitos e obrigações de que, no quadro das competências previstas no presente diploma, este era titular, por lei, contrato ou outro título, sem necessidade de quaisquer formalidades, exceptuados os registos, para os quais constitui título bastante o presente diploma

ARTIGO 27.º – **Entrada em vigor**

O presente diploma entra em vigor no dia imediato ao da respectiva publicação.

ANEXO I

**Quadro de pessoal dirigente do IPA,
a que se refere o n.º 1 do artigo 22.º**

Grupo de pessoal	Área funcional	Nivel	Carreira	Grau	Categoria	Número de lugares
Dirigente	–	–	–	–	Director	1
					Subdirector	1
					Director de serviços	4
					Chefe de divisão	3

9

Lei Orgânica da Direcção-Geral dos Edifícos e Monumentos Nacionais (Decreto-Lei n.º 284/93, de 18 de Agosto)

A continuada reestruturação da administração central, visando a melhoria da qualidade dos serviços prestados e uma gestão mais eficiente dos recursos disponíveis, leva a considerar necessária a recomposição da estrutura orgânica da Direcção-Geral dos Edifícios e Monumentos Nacionais (DGEMN). Com efeito, desde a vigência do Decreto-Lei n.º 204/80, de 28 de Junho, que o quadro legal aplicável à DGEMN tem vindo a ser objecto de várias alterações, impondo-se, portanto, a presente redefinição das suas atribuições e reestruturação dos seus serviços.

Considerando as necessidades funcionais e a qualidade de que hoje se devem revestir as instalações e edifícios do sector público estadual, bem como o empenho que deve ser colocado na defesa e valorização dos elementos do património nacional e, em geral, da construção, dota-se a DGEMN de uma estrutura mais flexível e mais adequada à prossecução daqueles objectivos.

Como principal inovação introduzida na orgânica da DGEMN, por exigência da reformulação dos seus objectivos e da racionalização dos recursos existentes, é de salientar a criação do Gabinete para a Qualidade da Construção. Através deste Gabinete, a DGEMN passa a poder avaliar a qualidade geral da construção dos edifícios, quer para instalação de serviços, quer para a habitação. A DGEMN pode, ainda, emitir parecer sobre a qualidade de construção desses edifícios, a pedido de qualquer interessado, nomeadamente do adquirente ou do locatário.

Por outro lado, em obediência a princípios de eficácia administrativa, a conservação dos imóveis não classificados caberá aos serviços utentes, sem prejuízo do apoio técnico que a DGEMN possa prestar.

392 *Direito do Património Cultural*

Assim:

Nos termos da alínea a) do n.º 1 do artigo 201.º da Constituição, o Governo decreta o seguinte:

CAPÍTULO I
Natureza, âmbito e atribuições

ARTIGO 1.º – **Natureza e atribuições**

1 – A Direcção-Geral dos Edifícios e Monumentos Nacionais, adiante designada por DGEMN, é o serviço central do Ministério das Obras Públicas, Transportes e Comunicações com atribuições em matéria de concepção, planeamento e coordenação das actividades que conduzam à construção, ampliação, remodelação e conservação dos edifícios e instalações do sector público do Estado e à salvaguarda e valorização do património arquitectónico não afecto ao Instituto Português do Património Arquitectónico e Arqueológico, bem como em matéria de avaliação da qualidade de construção.

2 – Nos edifícios e instalações referidos no número anterior incluem-se os destinados às forças e serviços de segurança, aos serviços prisionais e aos serviços aduaneiros.

3 – À DGEMN incumbe ainda a avaliação da qualidade da construção.

ARTIGO 2.º – **Competências**

1 – Compete à DGEMN, no domínio da instalação de serviços públicos:

a) A pesquisa, registo e classificação das necessidades de instalações;

b) O estudo e elaboração de propostas de instalações e definição de prioridades;

c) O planeamento, concepção do projecto e execução das obras de construção, alteração e conservação, em conformidade com as prioridades estabelecidas;

d) A inventariação, classificação e salvaguarda da documentação técnica respeitante aos edifícios e instalações no âmbito da sua actuação;

e) Colaborar com estabelecimentos de ensino superior e de investigação científica, nomeadamente com o Laboratório

Nacional de Engenharia Civil, no desenvolvimento de acções de levantamento, registo e divulgação de métodos de recuperação e conservação de imóveis;
f) Propor, nos termos da lei, a expropriação dos bens imóveis necessários ao desempenho da sua actividade.

2 – Compete à DGEMN, no domínio da salvaguarda e valorização do património arquitectónico:
a) O planeamento, concepção e execução das acções de valorização, recuperação e conservação dos bens imóveis classificados não afectos ao Instituto Português do Património Arquitectónico e Arqueológico;
b) Colaborar com o Instituto Português do Património Arquitectónico e Arqueológico na execução de obras de valorização, recuperação ou conservação dos imóveis afectos a esse Instituto, quando solicitada;
c) Prestar apoio técnico à valorização, recuperação ou conservação de imóveis classificados ou em vias de classificação, pertencentes a quaisquer entidades, e suportar os encargos das intervenções quanto necessário;
d) Promover a organização e a actualização de um arquivo documental sobre as actividades desenvolvidas nos bens referidos nas alíneas anteriores;
e) Manter actualizado os bancos de dados já constituídos.

3 – Compete à DGEMN, no domínio da construção:
a) Avaliar os processos e técnicas de construção utilizados, quer em edifícios para instalação de serviços públicos ou privados, quer para fins de habitação;
b) Sem prejuízo das competências próprias de outros serviços, prestar serviços a entidades públicas e privadas na elaboração de projectos, obras de construção, ampliação, remodelação e conservação;
c) Propor e apoiar acções visando uma maior segurança na execução de trabalhos de construção;
d) Emitir parecer sobre a qualidade de construção de edifícios destinados à instalação de serviços ou à habitação, quando solicitado.

4 – As actividades a que se referem as alíneas b) e d) do número anterior são prestadas mediante o pagamento de uma taxa, de mon-

394 *Direito do Património Cultural*

tante a fixar por despacho conjunto dos Ministros das Finanças e das Obras Públicas, Transportes e Comunicações.

ARTIGO 3.º – **Articulação com outros serviços**

1 – As obras de conservação corrente e o apetrechamento em mobiliário e equipamento dos edifícios públicos não classificados são da competência das secretarias-gerais de cada ministério, sem prejuízo das competências que se encontrem cometidas a outros serviços.

2 – As obras de construção ou alteração dos referidos imóveis, incluindo os respectivos estudos, projectos, processos de concurso e fiscalização, cabem:

a) Aos serviços de obras de construção que em cada ministério se encontrem devidamente organizados, independentemente do valor da adjudicação;

b) À DGEMN, nos casos restantes.

3 – Os serviços personalizados do Estado são competentes para projectar e executar as obras de construção destinadas à instalação dos seus serviços.

4 – Para efeitos de cadastro físico das instalações, as secretarias-gerais e os demais serviços referidos neste artigo fornecerão à DGEMN os elementos de que esta careça.

CAPÍTULO II
Órgãos e serviços

ARTIGO 4.º – **Direcção**

A DGEMN é dirigida por um director-geral, coadjuvado por um subdirector-geral, que o substitui nos seus impedimentos e faltas.

ARTIGO 5.º – **Serviços**

1 – Para a prossecução das suas atribuições a DGEMN compreende serviços centrais e serviços regionais.

2 – São serviços centrais:

a) A Direcção de Serviços de Planeamento e Informação;

b) A Direcção de Serviços de Estudos e Projectos;

c) A Direcção de Serviços de Inventário e Divulgação;

Legislação Orgânica da DGEMN 395

d) A Direcção de Serviços de Administração e dos Recursos Humanos;
e) O Gabinete para a Salvaguarda e Revitalização do Património;
f) O Gabinete para a Qualidade da Construção;
g) O Gabinete Jurídico;
h) O Gabinete de Informática;
i) O Núcleo de Telefones do Estado.

3 – São serviços regionais da DGEMN:
a) A Direcção Regional dos Edifícios de Lisboa;
b) A Direcção Regional de Monumentos de Lisboa;
c) As Direcções Regionais de Edifícios e Monumentos do Norte, Centro e Sul.

4 – A estrutura, o nível orgânico e a organização interna dos serviços da DGEMN, bem como a sede das suas direcções regionais, são fixados por decreto regulamentar.

5 – A área de actuação das direcções regionais é definida por despacho do Ministro das Obras Públicas, Transportes e Comunicações, no qual se terão em conta as unidades territoriais previstas no Decreto-Lei n.º 46/89, de 15 de Fevereiro.

ARTIGO 6.º – **Funcionamento**

Os serviços centrais devem coordenar a sua actuação entre si e com os serviços regionais, fornecendo-lhes o suporte técnico necessário ao exercício das suas funções.

CAPÍTULO III
Pessoal

ARTIGO 7.º – **Quadros de pessoal**

Os serviços centrais e os serviços regionais da DGEMN são dotados de quadro próprio, a aprovar por portaria conjunta dos Ministros das Finanças e das Obras Públicas, Transportes e Comunicações.

ARTIGO 8.º – **Transição**

1 – A transição do pessoal da DGEMN para os novos quadros faz-se nos termos da lei.

396   *Direito do Património Cultural*

2 – Os funcionários que se encontram em situação de licença sem vencimento, limitada ou de longa duração, mantêm os direitos que detinham à data do seu início.

ARTIGO 9.º – **Concursos pendentes e estágios**

1 – Os concursos pendentes à data da entrada em vigor do presente diploma mantêm-se válidos para os correspondentes lugares dos novos quadros de pessoal, pelo prazo de um ano.

2 – O pessoal que, à data da entrada em vigor do presente diploma, se encontre em regime de estágio mantém-se nessa situação até à conclusão do mesmo, sendo provido, em caso da aprovação, nos lugares dos novos quadros de pessoal.

CAPÍTULO IV
Disposições finais

ARTIGO 10.º – **Consignação de recitas**

São consignadas à DGEMN as receitas provenientes das taxa previstas no n.º 4 do artigo 2.º, da publicidade e da venda ou reprodução de publicações e documentos.

ARTIGO 11.º – **Norma revogatória**

São revogados os Decretos-Leis n.os 204/80, de 28 de Junho, e 5/88, de 14 de Janeiro.

10

Autoridade Marítima Nacional
(Decreto-Lei n.º 43/2002, de 2 de Março)

CAPÍTULO I
Princípios gerais

ARTIGO 1.º – Objecto

1 – O presente diploma cria o sistema da autoridade marítima (SAM), estabelece o seu âmbito e atribuições e define a sua estrutura de coordenação.

2 – É criada a Autoridade Marítima Nacional (AMN), como estrutura superior de administração e coordenação dos órgãos e serviços que, integrados na Marinha, possuem competências ou desenvolvem acções enquadradas no âmbito do SAM.

ARTIGO 2.º – Sistema da autoridade marítima

Por «SAM» entende-se o quadro institucional formado pelas entidades, órgãos ou serviços de nível central, regional ou local que, com funções de coordenação, executivas, consultivas ou policiais, exercem poderes de autoridade marítima.

ARTIGO 3.º – Autoridade marítima

Para efeitos do disposto no presente diploma, entende-se por «autoridade marítima» o poder público a exercer nos espaços marítimos sob soberania ou jurisdição nacional, traduzido na execução dos actos do Estado, de procedimentos administrativos e de registo marítimo, que contribuam para a segurança da navegação, bem como no exercício de fiscalização e de polícia, tendentes ao cumprimento das leis e regulamentos aplicáveis nos espaços marítimos sob jurisdição nacional.

398 *Direito do Património Cultural*

ARTIGO 4.º – **Espaços marítimos sob soberania ou jurisdição nacional**

1 – Para efeitos do disposto no presente diploma, consideram-se «espaços marítimos sob soberania nacional» as águas interiores, o mar territorial e a plataforma continental.

2 – A Zona Económica Exclusiva (ZEE) é considerada espaço marítimo sob jurisdição nacional, onde se exercem os poderes do Estado no quadro da Convenção das Nações Unidas sobre o Direito do Mar.

ARTIGO 5.º – **Zona contígua**

O SAM exerce na zona contígua os poderes fixados na Convenção das Nações Unidas sobre o Direito do Mar, em conformidade com a legislação aplicável àquele espaço marítimo sob jurisdição nacional.

ARTIGO 6.º – **Atribuições**

1 – O SAM tem por fim garantir o cumprimento da lei nos espaços marítimos sob jurisdição nacional, no âmbito dos parâmetros de actuação permitidos pelo direito internacional e demais legislação em vigor.

2 – Para além de outras que lhe sejam cometidas por lei, são atribuições do SAM:

a) Segurança e controlo da navegação;

b) Preservação e protecção dos recursos naturais;

c) Preservação e protecção do património cultural subaquático;

d) Preservação e protecção do meio marinho;

e) Prevenção e combate à poluição;

f) Assinalamento marítimo, ajudas e avisos à navegação;

g) Fiscalização das actividades de aproveitamento económico dos recursos vivos e não vivos;

h) Salvaguarda da vida humana no mar e salvamento marítimo;

i) Protecção civil com incidência no mar e na faixa litoral;

j) Protecção da saúde pública;

k) Prevenção e repressão da criminalidade, nomeadamente no que concerne ao combate ao narcotráfico, ao terrorismo e à pirataria;

l) Prevenção e repressão da imigração clandestina;

m) Segurança da faixa costeira e no domínio público marítimo e das fronteiras marítimas e fluviais, quando aplicável.

(...)

Decreto-Lei n.º 44/2002, de 2 de Março

(...)

ARTIGO 13.º – **Competências do capitão do porto**

1 – O capitão do porto é a autoridade marítima local a quem compete exercer a autoridade do Estado, designadamente em matéria de fiscalização, policiamento e segurança da navegação, de pessoas e bens, na respectiva área de jurisdição, nos termos dos números seguintes.

(...)

8 – Compete ao capitão do porto, no âmbito da protecção e conservação do domínio público marítimo e da defesa do património cultural subaquático:

a) Fiscalizar e colaborar na conservação do domínio público marítimo, nomeadamente informando as entidades administrantes sobre todas as ocupações e utilizações abusivas que nele se façam e desenvolvam;

b) Dar parecer sobre processos de construção de cais e marinas, bem como de outras estruturas de utilidade pública e privada que se projectem e realizem na sua área de jurisdição;

c) Dar parecer sobre os processos de delimitação do domínio público hídrico sob jurisdição da AMN;

d) Fiscalizar e promover as medidas cautelares que assegurem a preservação e defesa do património cultural subaquático, sem prejuízo das competências legalmente atribuídas a outros órgãos de tutela;

e) Publicar os editais de praia, estabelecendo os instrumentos de regulamentação conexos com a actividade balnear e a assistência aos banhistas nas praias, designadamente no respeitante a vistorias dos apoios de praia.

(...)

400 Direito do Património Cultural

Decreto-Lei n.º 46/2002, de 2 de Março

(...)

ARTIGO 1.º – Definição

1 – É cometida às autoridades portuárias a competência em matéria da segurança marítima e portuária nas suas áreas de jurisdição, em conformidade com as atribuições definidas por este diploma.

2 – As autoridades portuárias asseguram a coordenação com os órgãos da Administração cujas atribuições se relacionem com as consagradas no presente diploma.

3 – Para efeitos do presente diploma, são consideradas autoridades portuárias as administrações dos portos e os institutos portuários.

ARTIGO 2.º – Âmbito

Compete às autoridades portuárias:

(...)

n) A participaçao nas acções referentes à preservaçao e à protecção do património cultural subaquático e o estabelecimento com as entidades competentes das condições de intervenção;

(...)

11

Criação e gestão de parques arqueológicos
(Decreto-Lei n.º 131/2002, de 11 de Maio)

CAPÍTULO I
Âmbito de aplicação

ARTIGO 1.º – **Âmbito**

O presente diploma estabelece a forma de criação e gestão de parques arqueológicos, bem como os objectivos, o conteúdo material e o conteúdo documental do plano de ordenamento de parque arqueológico.

CAPÍTULO II
Dos parques arqueológicos

ARTIGO 2.º – **Parque arqueológico**

Entende-se por «parque arqueológico» qualquer monumento, sítio ou conjunto de sítios arqueológicos de interesse nacional, integrado num território envolvente marcado de forma significativa pela intervenção humana passada, território esse que integra e dá significado ao monumento, sítio ou conjunto de sítios, cujo ordenamento e gestão devam ser determinados pela necessidade de garantir a preservação dos testemunhos arqueológicos aí existentes.

ARTIGO 3.º – **Objectivos**

São objectivos dos parques arqueológicos:
a) Proteger, conservar e divulgar o património arqueológico;
b) Desenvolver acções tendentes à salvaguarda dos valores culturais e naturais existentes na área do parque arqueológico;

402 *Direito do Património Cultural*

c) Promover o desenvolvimento económico e a qualidade de vida das populações e das comunidades abrangidas.

SECÇÃO I
Criação dos parques arqueológicos

ARTIGO 4.º – **Proposta**

1 – Quaisquer entidades públicas ou privadas podem propor ao Ministério da Cultura, através do Instituto Português de Arqueologia (IPA), a criação de parques arqueológicos.

2 – A proposta de criação deve ser acompanhada dos seguintes elementos:

a) Caracterização da área quanto aos valores arqueológicos, bem como quanto aos aspectos geográficos, biofísicos, paisagísticos, arquitectónicos e socioeconómicos;

b) Memória descritiva instruída, obrigatoriamente, com carta arqueológica, dados técnicos e gráficos, estatísticos ou outros, que fundamentem a proposta de criação de parque arqueológico;

c) Programa para a conservação, gestão e divulgação do património arqueológico integrado no parque arqueológico a criar.

3 – A análise das propostas de criação de parques arqueológicos compete ao IPA, o qual, recolhidos os pareceres das entidades interessadas, designadamente da direcção regional do ambiente e do ordenamento do território, elabora o parecer final.

4 – O parecer referido no número anterior acompanhará a proposta de criação de parque arqueológico e é enviado para o Ministro da Cultura para homologação.

ARTIGO 5.º – **Criação**

1 – A criação de parques arqueológicos é feita por decreto regulamentar, o qual define:

a) A delimitação geográfica da área e os objectivos específicos do parque arqueológico;

b) Os actos e actividades condicionados ou proibidos;

c) Os órgãos de gestão, sua composição, forma de designação dos seus titulares e respectivas atribuições e competências;

d) O prazo de elaboração do plano de ordenamento.

Criação e gestão de parques arqueológicos 403

2 – A criação de parques arqueológicos é obrigatoriamente precedida de inquérito público.

3 – O inquérito público previsto no número anterior consiste na recolha de observações sobre a proposta de criação do parque arqueológico, sendo aberto através de editais nos locais de estilo e de aviso publicado em dois dos jornais mais lidos nos concelhos abrangidos pelo parque arqueológico, um dos quais de âmbito nacional.

4 – Nos avisos e editais referidos no número anterior indica-se o período do inquérito, o qual deverá ser de 20 a 30 dias, e a forma como os interessados devem apresentar as suas observações e sugestões.

5 – O decreto regulamentar de criação de um parque arqueológico pode interditar ou fixar condicionamentos ao uso, ocupação e transformação do solo dentro da área abrangida pelo parque arqueológico.

CAPÍTULO III
Do plano de ordenamento

ARTIGO 6.º – **Plano de ordenamento**

1 – Os parques arqueológicos dispõem obrigatoriamente de um plano especial de ordenamento do território, adiante designado por plano de ordenamento de parque arqueológico.

2 – Os planos de ordenamento de parque arqueológico estabelecem regimes de salvaguarda do património arqueológico e asseguram a permanência dos sistemas indispensáveis ao ordenamento e gestão da área do parque.

3 – À elaboração, aprovação e execução dos planos de ordenamento de parque arqueológico aplica-se o regime jurídico relativo aos planos especiais de ordenamento do território previsto no Decreto-Lei n.º 380/99, de 22 de Setembro, com o conteúdo material e o conteúdo documental definidos nos artigos seguintes.

4 – Com a publicação da resolução do Conselho de Ministros que aprova o plano de ordenamento de parque arqueológico são revogadas as disposições relativas a actos e actividades proibidos ou condicionados previstos no decreto regulamentar de criação do parque arqueológico.

ARTIGO 7.º – **Conteúdo material**

Os planos de ordenamento de parque arqueológico estabelecem regimes de salvaguarda do património arqueológico, fixando os usos e o regime de gestão compatíveis com os objectivos que presidiram à criação do parque arqueológico.

ARTIGO 8.º – **Conteúdo documental**

1 – Os planos de ordenamento de parque arqueológico são constituídos por:
   a) Regulamento;
   b) Planta de ordenamento, que representa o modelo de estrutura espacial do território do parque arqueológico, de acordo com os regimes de salvaguarda e valorização do património arqueológico; e
   c) Planta de condicionantes, que identifica as servidões e restrições de utilidade pública em vigor na área do parque.

2 – Os planos de ordenamento de parque arqueológico são acompanhados por:
   a) Relatório fundamentando as soluções adoptadas; e
   b) Programa contendo as acções, os projectos estratégicos e as normas indicativas sobre a execução das intervenções do parque arqueológico.

CAPÍTULO IV
Fiscalização e contra-ordenações

ARTIGO 9.º – **Fiscalização**

1 – As funções de fiscalização, para efeitos do presente diploma, competem ao IPA.

2 – O disposto no presente artigo não prejudica o exercício dos poderes de fiscalização e polícia que, em razão da matéria, competem às demais autoridades policiais.

ARTIGO 10.º – **Contra-ordenações**

1 – Constitui contra-ordenação punível com coima a prática dos actos e actividades seguintes, quando interditos ou condicionados,

Criação e gestão de parques arqueológicos 405

nos termos do n.º 5 do artigo 5.º ou nos termos do plano de ordenamento e respectivo regulamento previstos no artigo 6.º:

a) Realização de obras de construção civil, designadamente novos edifícios e reconstrução, ampliação ou demolição de edificações e muros, salvo tratando-se de obras de simples conservação, restauro, reparação ou limpeza;

b) Alteração do uso actual do solo conforme definido na carta arqueológica;

c) Alterações à morfologia do solo, nomeadamente modificações do coberto vegetal, criações ou alterações de enquadramento paisagístico, extracções de inertes, escavações e aterros, depósitos de sucata, areias ou outros resíduos sólidos que causem impacte visual negativo ou poluam o solo ou o ar;

d) Abertura de novas vias de comunicação ou acesso, bem como alargamento das já existentes;

e) Instalação de novas linhas aéreas eléctricas, telefónicas ou outras, antenas de telecomunicações e tubagens de gás natural;

f) Prática de actividades desportivas susceptíveis de deteriorarem os factores naturais da área, nomeadamente a motonáutica, o motocrosse e os raides de veículos todo-o-terreno.

2 – As contra-ordenações previstas no número anterior são punidas com coimas de:

a) (euro) 499 a (euro) 3750, no caso de pessoas singulares;

b) (euro) 2494 a (euro) 44892, no caso de pessoas colectivas.

3 – A tentativa e a negligência são puníveis.

ARTIGO 11.º – **Produto das coimas**

O produto das coimas previstas no presente diploma é afectado da seguinte forma:

a) 60% para o Estado;

b) 40% para o IPA.

CAPÍTULO V
Disposições finais

ARTIGO 12.º – **Entrada em vigor**

O presente diploma entra em vigor 30 dias após a sua publicação.

12

Lei quadro dos Museus Portugueses
(Lei n.º 47/2004, de 19 de Agosto)

A Assembleia da República decreta, nos termos da alínea c) do artigo 161.º da Constituição, para valer como lei geral da República, o seguinte:

CAPÍTULO I
Disposições gerais

ARTIGO 1.º – **Objecto**

A presente lei tem como objecto:

a) Definir princípios da política museológica nacional;

b) Estabelecer o regime jurídico comum aos museus portugueses;

c) Promover o rigor técnico e profissional das práticas museológicas;

d) Instituir mecanismos de regulação e supervisão da programação, criação e transformação de museus;

e) Estabelecer os direitos e deveres das pessoas colectivas públicas e privadas de que dependam museus;

f) Promover a institucionalização de formas de colaboração inovadoras entre instituições públicas e privadas tendo em vista a cooperação científica e técnica e o melhor aproveitamento possível de recursos dos museus;

g) Definir o direito de propriedade de bens culturais incorporados em museus, o direito de preferência e o regime de expropriação;

h) Estabelecer as regras de credenciação de museus;

i) Institucionalizar e desenvolver a Rede Portuguesa de Museus.

408   *Direito do Património Cultural*

ARTIGO 2.º – **Princípios da política museológica**

1 – A política museológica nacional obedece aos seguintes princípios:

a) Princípio do primado da pessoa, através da afirmação dos museus como instituições indispensáveis para o seu desenvolvimento integral e a concretização dos seus direitos fundamentais;

b) Princípio da promoção da cidadania responsável, através da valorização da pessoa, para a qual os museus constituem instrumentos indispensáveis no domínio da fruição e criação cultural, estimulando o empenhamento de todos os cidadãos na sua salvaguarda, enriquecimento e divulgação;

c) Princípio de serviço público, através da afirmação dos museus como instituições abertas à sociedade;

d) Princípio da coordenação, através de medidas concertadas no âmbito da criação e qualificação de museus, de forma articulada com outras políticas culturais e com as políticas da educação, da ciência, do ordenamento do território, do ambiente e do turismo;

e) Princípio da transversalidade, através da utilização integrada de recursos nacionais, regionais e locais, de forma a corresponder e abranger a diversidade administrativa, geográfica e temática da realidade museológica portuguesa;

f) Princípio da informação, através da recolha e divulgação sistemática de dados sobre os museus e o património cultural, com o fim de permitir em tempo útil a difusão o mais alargada possível e o intercâmbio de conhecimentos, a nível nacional e internacional;

g) Princípio da supervisão, através da identificação e estímulo de processos que configurem boas práticas museológicas, de acções promotoras da qualificação e bom funcionamento dos museus e de medidas impeditivas da destruição, perda ou deterioração dos bens culturais neles incorporados;

h) Princípio de descentralização, através da valorização dos museus municipais e do respectivo papel no acesso à cultura, aumentando e diversificando a frequência e a participação dos públicos e promovendo a correcção de assimetrias neste domínio;

i) Princípio da cooperação internacional, através do reconhecimento do dever de colaboração, especialmente com museus de países de língua oficial portuguesa, e do incentivo à cooperação com organismos internacionais com intervenção na área da museologia.

2 – A aplicação dos princípios referidos no número anterior subordina-se e articula-se com os princípios basilares da política e do regime de protecção e valorização do património cultural previstos na Lei n.º 107/2001, de 8 de Setembro.

ARTIGO 3.º – Conceito de museu

1 – Museu é uma instituição de carácter permanente, com ou sem personalidade jurídica, sem fins lucrativos, dotada de uma estrutura organizacional que lhe permite:

a) Garantir um destino unitário a um conjunto de bens culturais e valorizá-los através da investigação, incorporação, inventário, documentação, conservação, interpretação, exposição e divulgação, com objectivos científicos, educativos e lúdicos;

b) Facultar acesso regular ao público e fomentar a democratização da cultura, a promoção da pessoa e o desenvolvimento da sociedade.

2 – Consideram-se museus as instituições, com diferentes designações, que apresentem as características e cumpram as funções museológicas previstas na presente lei para o museu, ainda que o respectivo acervo integre espécies vivas, tanto botânicas como zoológicas, testemunhos resultantes da materialização de ideias, representações de realidades existentes ou virtuais, assim como bens de património cultural imóvel, ambiental e paisagístico.

ARTIGO 4.º – Colecção visitável

1 – Considera-se colecção visitável o conjunto de bens culturais conservados por uma pessoa singular ou por uma pessoa colectiva, pública ou privada, exposto publicamente em instalações especialmente afectas a esse fim, mas que não reúna os meios que permitam o pleno desempenho das restantes funções museológicas que a presente lei estabelece para o museu.

2 – A colecção visitável é objecto de benefícios e de programas de apoio e de qualificação adequados à sua natureza e dimensão

410   *Direito do Património Cultural*

através do Estado, das regiões autónomas e dos municípios, desde que disponha de bens culturais inventariados nos termos do artigo 19.º da Lei n.º 107/2001, de 8 de Setembro.

3 – Os programas referidos no número anterior são preferencialmente estabelecidos quando seja assegurada a possibilidade de investigação, acesso e visita pública regular.

ARTIGO 5.º – **Criação de museus**

É livre a criação de museus por quaisquer entidades públicas ou privadas nos termos estabelecidos pela presente lei.

ARTIGO 6.º – **Âmbito de aplicação**

1 – A presente lei é aplicável aos museus independentemente da respectiva propriedade ser pública ou privada.

2 – A presente lei não se aplica às bibliotecas, arquivos e centros de documentação.

3 – A credenciação não modifica a dependência nem os direitos e deveres da pessoa colectiva em que se integra o museu.

CAPÍTULO II
Regime geral dos museus portugueses

SECÇÃO I
Funções museológicas

ARTIGO 7.º – **Funções do museu**

O museu prossegue as seguintes funções:
a) Estudo e investigação;
b) Incorporação;
c) Inventário e documentação;
d) Conservação;
e) Segurança;
f) Interpretação e exposição;
g) Educação.

SECÇÃO II
Estudo e investigação

ARTIGO 8.º – **Estudo e investigação**

O estudo e a investigação fundamentam as acções desenvolvidas no âmbito das restantes funções do museu, designadamente para estabelecer a política de incorporações, identificar e caracterizar os bens culturais incorporados ou incorporáveis e para fins de documentação, de conservação, de interpretação e exposição e de educação.

ARTIGO 9.º – **Dever de investigar**

1 – O museu promove e desenvolve actividades científicas, através do estudo e da investigação dos bens culturais nele incorporados ou incorporáveis.

2 – Cada museu efectua o estudo e a investigação do património cultural afim à sua vocação.

3 – A informação divulgada pelo museu, nomeadamente através de exposições, de edições, da acção educativa e das tecnologias de informação, deve ter fundamentação científica.

ARTIGO 10.º – **Cooperação científica**

O museu utiliza recursos próprios e estabelece formas de cooperação com outros museus com temáticas afins e com organismos vocacionados para a investigação, designadamente estabelecimentos de investigação e de ensino superior, para o desenvolvimento do estudo e investigação sistemática de bens culturais.

ARTIGO 11.º – **Cooperação com o ensino**

O museu deve facultar aos estabelecimentos de ensino que ministrem cursos nas áreas da museologia, da conservação e restauro de bens culturais e de outras áreas disciplinares relacionadas com a sua vocação, oportunidades de prática profissional, mediante protocolos que estabeleçam a forma de colaboração, as obrigações e prestações mútuas, a repartição de encargos financeiros e os resultados da colaboração.

412   *Direito do Património Cultural*

SECÇÃO III
Incorporação

ARTIGO 12.º – **Política de incorporações**

1 – O museu deve formular e aprovar, ou propor para aprovação da entidade de que dependa, uma política de incorporações, definida de acordo com a sua vocação e consubstanciada num programa de actuação que permita imprimir coerência e dar continuidade ao enriquecimento do respectivo acervo de bens culturais.

2 – A política de incorporações deve ser revista e actualizada pelo menos de cinco em cinco anos.

ARTIGO 13.º – **Incorporação**

1 – A incorporação representa a integração formal de um bem cultural no acervo do museu.

2 – A incorporação compreende as seguintes modalidades:
a) Compra;
b) Doação;
c) Legado;
d) Herança;
e) Recolha;
f) Achado;
g) Transferência;
h) Permuta;
i) Afectação permanente;
j) Preferência;
l) Dação em pagamento.

3 – Serão igualmente incorporados os bens culturais que venham a ser expropriados, nos termos previstos na Lei n.º 107/2001, de 8 de Setembro, salvaguardados os limites consagrados na presente lei.

4 – Os bens culturais depositados no museu não são incorporados.

ARTIGO 14.º – **Incorporação de bens arqueológicos**

1 – A incorporação de bens arqueológicos provenientes de trabalhos arqueológicos e de achados fortuitos é efectuada em museus.

2 – A incorporação referida no número anterior é feita preferencialmente em museus da Rede Portuguesa de Museus.

Lei quadro dos Museus Portugueses 413

SECÇÃO IV
Inventário e documentação

ARTIGO 15.º – **Dever de inventariar e de documentar**

1 – Os bens culturais incorporados são obrigatoriamente objecto de elaboração do correspondente inventário museológico.

2 – O museu deve documentar o direito de propriedade dos bens culturais incorporados.

3 – Em circunstâncias excepcionais, decorrentes da natureza e características do acervo do museu, a incorporação pode não ser acompanhada da imediata elaboração do inventário museológico de cada bem cultural.

4 – Nos casos previstos nos artigos 67.º, 68.º e 71.º da presente lei, o inventário museológico será elaborado no prazo máximo de 30 dias após a incorporação.

ARTIGO 16.º – **Inventário museológico**

1 – O inventário museológico é a relação exaustiva dos bens culturais que constituem o acervo próprio de cada museu, independentemente da modalidade de incorporação.

2 – O inventário museológico visa a identificação e individualização de cada bem cultural e integra a respectiva documentação de acordo com as normas técnicas mais adequadas à sua natureza e características.

3 – O inventário museológico estrutura-se de forma a assegurar a compatibilização com o inventário geral do património cultural, do inventário de bens particulares e do inventário de bens públicos, previstos nos artigos 61.º a 63.º da Lei n.º 107/2001, de 8 de Setembro.

ARTIGO 17.º – **Elementos do inventário museológico**

1 – O inventário museológico compreende necessariamente um número de registo de inventário e uma ficha de inventário museológico.

2 – O número de registo de inventário e a ficha de inventário museológico devem ser tratados informaticamente, podendo, porém, ter outro suporte enquanto o museu não disponha dos meios necessários à respectiva informatização.

414 *Direito do Património Cultural*

ARTIGO 18.º – **Número de inventário**

1 – A cada bem cultural incorporado no museu é atribuído um número de registo de inventário.

2 – O número de registo de inventário é único e intransmissível.

3 – O número de registo de inventário é constituído por um código de individualização que não pode ser atribuído a qualquer outro bem cultural, mesmo que aquele a que foi inicialmente atribuído tenha sido abatido ao inventário museológico.

4 – O número de registo de inventário é associado de forma permanente ao respectivo bem cultural da forma tecnicamente mais adequada.

ARTIGO 19.º – **Ficha de inventário**

1 – O museu elabora uma ficha de inventário museológico de cada bem cultural incorporado, acompanhado da respectiva imagem e de acordo com as regras técnicas adequadas à sua natureza.

2 – A ficha de inventário museológico integra necessariamente os seguintes elementos:

a) Número de inventário;

b) Nome da instituição;

c) Denominação ou título;

d) Autoria, quando aplicável;

e) Datação;

f) Material, meio e suporte, quando aplicável;

g) Dimensões;

h) Descrição;

i) Localização;

j) Historial;

l) Modalidade de incorporação;

m)Data de incorporação.

3 – A ficha de inventário pode ser preenchida de forma manual ou informatizada.

4 – O museu dotar-se-á dos equipamentos e das condições necessárias para o preenchimento informatizado das fichas de inventário.

5 – A normalização das fichas de inventário museológico dos diversos tipos de bens culturais será promovida pelo Instituto Português de Museus através da aprovação de normas técnicas e da divulgação de directrizes.

ARTIGO 20.º – **Informatização do inventário museológico**

1 – O número de registo de inventário e a ficha de inventário museológico utilizam o mesmo código de individualização.

2 – O inventário museológico informatizado articula-se com outros registos que identificam os bens culturais existentes no museu em outros suportes.

3 – O inventário museológico informatizado é obrigatoriamente objecto de cópias de segurança regulares, a conservar no museu e na entidade de que dependa, de forma a garantir a integridade e a inviolabilidade da informação.

4 – A informação contida no inventário museológico é disponibilizada ao Instituto Português de Museus.

5 – A informatização do inventário museológico não dispensa a existência do livro de tombo, numerado sequencialmente e rubricado pelo director do museu.

ARTIGO 21.º – **Contratação da informatização do inventário museológico**

1 – As pessoas colectivas públicas de que dependam museus podem contratar total ou parcialmente a realização da informatização do inventário museológico, quando o pessoal afecto ao respectivo museu não tenha a preparação adequada ou seja em número insuficiente.

2 – O contrato estabelece as condições de confidencialidade e segurança dos dados a informatizar, bem como sanções contratuais em caso de incumprimento.

ARTIGO 22.º – **Classificação e inventário**

1 – A incorporação e a elaboração do inventário museológico são independentes da classificação do bem móvel como tesouro nacional ou de interesse público, ou da inclusão no inventário dos bens culturais que constituem o acervo de museus públicos ou privados.

2 – A classificação ou o inventário referidos no número anterior constam da ficha de inventário museológico.

ARTIGO 23.º – **Inventário de bens públicos**

1 – O número de registo de inventário e a ficha de inventário museológico constituem o instrumento de descrição, identificação e

416   *Direito do Património Cultural*

individualização adequados para a elaboração do inventário dos bens públicos previsto no artigo 63.º da Lei n.º 107/2001, de 8 de Setembro.

2 – Compete à direcção ou ao órgão administrativo responsável por cada museu da administração central do Estado, da administração regional autónoma, da administração local e de outros organismos e serviços públicos assegurar a disponibilidade dos dados referidos no número anterior ao Instituto Português de Museus.

3 – A periodicidade, a forma e o suporte necessários ao cumprimento da obrigação referida no número anterior são estabelecidos por portaria conjunta dos Ministros das Finanças e da Cultura.

ARTIGO 24.º – **Inventário de bens particulares**

1 – O número de registo de inventário e a ficha de inventário museológico dos bens culturais que integram o acervo dos museus privados aderentes à Rede Portuguesa de Museus constituem o instrumento de descrição, identificação e individualização adequados para a elaboração do inventário de bens de particulares previsto no artigo 62.º da Lei n.º 107/2001, de 8 de Setembro.

2 – O inventário museológico dos bens referidos no número anterior não modifica a sua propriedade ou posse, designadamente dos bens culturais propriedade da Igreja Católica ou de propriedade do Estado com afectação permanente ao serviço da Igreja Católica, de acordo com o estabelecido na Concordata entre a República Portuguesa e a Santa Sé.

ARTIGO 25.º – **Documentação**

O inventário museológico deve ser complementado por registos subsequentes que possibilitem aprofundar e disponibilizar informação sobre os bens culturais, bem como acompanhar e historiar o respectivo processamento e a actividade do museu.

ARTIGO 26.º – **Classificação como património arquivístico**

1 – Os inventários museológicos e outros registos que identificam bens culturais elaborados pelos museus públicos e privados consideram-se património arquivístico de interesse nacional.

2 – O inventário museológico e outros registos não informatizados produzidos pelo museu, independentemente da respectiva data e suporte material, devem ser conservados nas respectivas instalações, de forma a evitar a sua destruição, perda ou deterioração.

Lei quadro dos Museus Portugueses 417

3 – A desclassificação como arquivo de interesse nacional dos inventários e outros registos referidos no n.º 1 do presente artigo reveste a forma de decreto do Governo.

4 – A desclassificação é obrigatoriamente precedida de parecer favorável do Conselho de Museus.

5 – Em caso de extinção de um museu, os inventários e registos referidos nos números anteriores são conservados no Instituto Português de Museus.

SECÇÃO V
Conservação

ARTIGO 27.º – **Dever de conservar**

1 – O museu conserva todos os bens culturais nele incorporados.

2 – O museu garante as condições adequadas e promove as medidas preventivas necessárias à conservação dos bens culturais nele incorporados.

ARTIGO 28.º – **Normas de conservação**

1 – A conservação dos bens culturais incorporados obedece a normas e procedimentos de conservação preventiva elaborados por cada museu.

2 – As normas referidas no número anterior definem os princípios e as prioridades da conservação preventiva e da avaliação de riscos, bem como estabelecem os respectivos procedimentos, de acordo com normas técnicas emanadas pelo Instituto Português de Museus e pelo Instituto Português de Conservação e Restauro.

ARTIGO 29.º – **Condições de conservação**

1 – As condições de conservação abrangem todo o acervo de bens culturais, independentemente da sua localização no museu.

2 – As condições referidas no número anterior devem ser monitorizadas com regularidade no tocante aos níveis de iluminação e teor de ultra violetas e de forma contínua no caso da temperatura e humidade relativa ambiente.

3 – A monitorização dos poluentes deve ser assegurada, com a frequência necessária, por instituição ou laboratório devidamente credenciados.

418   *Direito do Património Cultural*

4 – As instalações do museu devem possibilitar o tratamento diferenciado das condições ambientais em relação à conservação dos vários tipos de bens culturais e, quando tal não seja possível, devem ser dotadas com os equipamentos de correcção tecnicamente adequados.

5 – A montagem de climatização centralizada, prevista no Decreto-Lei n.º 118/98, de 7 de Maio, é adaptada às especiais condições de conservação dos bens culturais.

ARTIGO 30.º – **Conservação e reservas**

1 – O museu deve possuir reservas organizadas, de forma a assegurar a gestão das colecções tendo em conta as suas especificidades.

2 – As reservas devem estar instaladas em áreas individualizadas e estruturalmente adequadas, dotadas de equipamento e mobiliário apropriados para garantir a conservação e segurança dos bens culturais.

ARTIGO 31.º – **Intervenções de conservação e restauro**

1 – A conservação e o restauro de bens culturais incorporados ou depositados no museu só podem ser realizados por técnicos de qualificação legalmente reconhecida, quer integrem o pessoal do museu, quer sejam especialmente contratados para o efeito.

2 – No caso de bens culturais classificados ou em vias de classificação, nos termos do artigo 15.º da Lei n.º 107/2001, de 8 de Setembro, o projecto de conservação ou de restauro carece de autorização prévia do Instituto Português de Museus.

3 – É nulo o contrato celebrado para a conservação ou o restauro de bens culturais incorporados ou depositados em museu que viole os requisitos previstos nos números anteriores.

4 – Quando tiverem sido executados trabalhos de conservação ou restauro que impliquem dano irreparável ou destruição de bens culturais incorporados ou depositados em museu é aplicável o regime da responsabilidade solidária previsto no artigo 109.º da Lei n.º 107/2001, de 8 de Setembro.

SECÇÃO VI
Segurança

ARTIGO 32.º – **Condições de segurança**

1 – O museu deve dispor das condições de segurança indispensáveis para garantir a protecção e a integridade dos bens culturais nele incorporados, bem como dos visitantes, do respectivo pessoal e das instalações.

2 – As condições referidas no número anterior consistem designadamente em meios mecânicos, físicos ou electrónicos que garantem a prevenção, a protecção física, a vigilância, a detecção e o alarme.

ARTIGO 33.º – **Plano de segurança**

Cada museu deve dispor de um plano de segurança periodicamente testado em ordem a garantir a prevenção de perigos e a respectiva neutralização.

ARTIGO 34.º – **Restrições à entrada**

1 – O museu, atendendo às respectivas características, pode estabelecer restrições à entrada por motivos de segurança.

2 – As restrições limitam-se ao estritamente necessário e podem consistir na obrigação de deixar depositados na área de acolhimento do museu objectos que pela sua natureza possam prejudicar a segurança ou conservação dos bens culturais e das instalações, como equipamento de registo de imagem e malas de grandes dimensões.

ARTIGO 35.º – **Guarda de objectos depositados**

1 – A responsabilidade civil do museu pela guarda de objectos de valor elevado implica por parte do visitante a respectiva declaração e identificação.

2 – O museu pode recusar a entrada a visitantes que se façam acompanhar por objectos que pelo seu valor ou natureza não possam ser guardados em segurança nas instalações destinadas a esse fim.

ARTIGO 36.º – **Vigilância**

1 – O museu dispõe de vigilância presencial, que pode ser reforçada através do registo de imagens dos visitantes.

420   *Direito do Património Cultural*

2 – Quando especiais razões de segurança o aconselhem, as instalações ou parte das mesmas são equipadas com detectores de metais ou aparelhos radiográficos para controlo dos visitantes.

3 – Na área de acolhimento dos visitantes, os referidos meios de vigilância são anunciados de forma visível e inequívoca.

4 – As imagens recolhidas só podem ser acedidas, utilizadas, copiadas, transmitidas ou publicitadas por razões de segurança ou de investigação criminal e junto das entidades legalmente competentes.

5 – O museu elimina periodicamente os registos que contenham as imagens referidas no número anterior de acordo com o estabelecido no respectivo regulamento.

ARTIGO 37.º – Cooperação com as forças de segurança

1 – As forças de segurança têm o dever de cooperar com o museu, designadamente através de definição conjunta do plano de segurança e da aprovação dos equipamentos de prevenção e neutralização de perigos.

2 – O museu colabora com as forças de segurança no combate aos crimes contra a propriedade e tráfico ilícito de bens culturais.

3 – O museu observará as recomendações das forças de segurança sobre a defesa da integridade dos bens culturais, instalações e equipamentos, bem como dos procedimentos a seguir pelo respectivo pessoal.

4 – As recomendações referidas no número anterior são obrigatórias para os museus dependentes de pessoas colectivas públicas e para os museus da Rede Portuguesa de Museus.

ARTIGO 38.º – Confidencialidade do plano e das regras de segurança

1 – O plano de segurança e as regras de segurança de cada museu têm natureza confidencial.

2 – A violação do dever de sigilo sobre o plano de segurança ou das regras de segurança constitui infracção disciplinar grave, independentemente da responsabilidade civil ou criminal pelas consequências da sua divulgação não autorizada.

3 – O regime do artigo anterior aplica-se ao pessoal do museus e ao pessoal das empresas privadas de segurança contratadas pelo museu.

Lei quadro dos Museus Portugueses 421

4 – Os contratos com empresas privadas de segurança incluirão obrigatoriamente as cláusulas necessárias para garantir a natureza confidencial do plano e das regras de segurança, bem como o dever de sigilo do respectivo pessoal.

SECÇÃO VII

Interpretação e exposição

ARTIGO 39.º – **Conhecimento dos bens culturais**

1 – A interpretação e a exposição constituem as formas de dar a conhecer os bens culturais incorporados ou depositados no museu de forma a propiciar o seu acesso pelo público.

2 – O museu utiliza, sempre que possível, novas tecnologias de comunicação e informação, designadamente a Internet, na divulgação dos bens culturais e das suas iniciativas.

ARTIGO 40.º – **Exposição e divulgação**

1 – O museu apresenta os bens culturais que constituem o respectivo acervo através de um plano de exposições que contemple, designadamente, exposições permanentes, temporárias e itinerantes.

2 – O plano de exposições deve ser baseado nas características das colecções e em programas de investigação.

3 – O museu define e executa um plano de edições, em diferentes suportes, adequado à sua vocação e tipologia e desenvolve programas culturais diversificados.

ARTIGO 41.º – **Reproduções e actividade comercial**

1 – O museu garante a qualidade, a fidelidade e os propósitos científicos e educativos das respectivas publicações e das réplicas de objectos ou de espécimes, bem como da publicidade respectiva.

2 – As réplicas são produzidas e assinaladas como tal para evitar que sejam confundidas com os objectos ou com os espécimes originais.

3 – Sem prejuízo dos direitos de autor, compete ao museu autorizar a reprodução dos bens culturais incorporados nas condições estabelecidas no respectivo regulamento.

SECÇÃO VIII
Educação

ARTIGO 42.º – **Educação**

1 – O museu desenvolve de forma sistemática programas de mediação cultural e actividades educativas que contribuam para o acesso ao património cultural e às manifestações culturais.

2 – O museu promove a função educativa no respeito pela diversidade cultural tendo em vista a educação permanente, a participação da comunidade, o aumento e a diversificação dos públicos.

3 – Os programas referidos no n.º 1 do presente artigo são articulados com as políticas públicas sectoriais respeitantes à família, juventude, apoio às pessoas com deficiência, turismo e combate à exclusão social.

ARTIGO 43.º – **Colaboração com o sistema de ensino**

1 – O museu estabelece formas regulares de colaboração e de articulação institucional com o sistema de ensino no quadro das acções de cooperação geral estabelecidas pelos Ministérios da Educação, da Ciência e do Ensino Superior e da Cultura, podendo promover também autonomamente a participação e frequência dos jovens nas suas actividades.

2 – A frequência do público escolar deve ser objecto de cooperação com as escolas em que se definam actividades educativas específicas e se estabeleçam os instrumentos de avaliação da receptividade dos alunos.

CAPÍTULO III
Recursos humanos, financeiros e instalações

SECÇÃO I
Recursos humanos

ARTIGO 44.º – **Direcção**

1 – O museu deve ter um director, que o representa tecnicamente, sem prejuízo dos poderes da entidade pública ou privada de que o museu dependa.

Lei quadro dos Museus Portugueses 423

2 – Compete especialmente ao director do museu dirigir os serviços, assegurar o cumprimento das funções museológicas, propor e coordenar a execução do plano anual de actividades.

ARTIGO 45.º – **Pessoal**

1 – O museu dispõe de pessoal devidamente habilitado, nos termos de diploma regulador específico.

2 – Os museus com pequena dimensão devem estabelecer acordos com outros museus ou com instituições públicas ou privadas para reforçar o apoio ao exercício das funções museológicas, de acordo com as suas necessidades específicas.

ARTIGO 46.º – **Formação profissional**

O museu, de acordo com a sua vocação, tipo e dimensão, deve proporcionar, nos termos da legislação aplicável, formação especializada ao respectivo pessoal.

ARTIGO 47.º – **Estruturas associativas e voluntariado**

1 – O museu estimula a constituição de associações de amigos dos museus, de grupos de interesse especializado, de voluntariado ou de outras formas de colaboração sistemática da comunidade e dos públicos.

2 – O museu, na medida das suas possibilidades, faculta espaços para a instalação de estruturas associativas ou de voluntariado que tenham por fim o contributo para o desempenho das funções do museu.

3 – Às associações sem fim lucrativo dotadas de personalidade jurídica, constituídas nos termos da lei geral, e em cujos estatutos conste especificamente a defesa e valorização do património cultural de um museu da Rede Portuguesa de Museus, pode ser atribuído o estatuto de pessoa colectiva de utilidade pública.

SECÇÃO II

Recursos financeiros

ARTIGO 48.º – **Recursos financeiros e funções museológicas**

1 – O museu deve dispor de recursos financeiros especialmente consignados, adequados à sua vocação, tipo e dimensão, suficientes

424 *Direito do Património Cultural*

para assegurar a respectiva sustentabilidade e o cumprimento das funções museológicas.

2 – A garantia dos recursos financeiros a que se refere o número anterior, bem como da sua afectação, cabem à entidade da qual o museu depende.

ARTIGO 49.º – Angariação de recursos financeiros

1 – O museu elabora, de acordo com o respectivo programa de actividades, projectos susceptíveis de serem apoiados através do mecenato cultural.

2 – As receitas do museu são parcialmente consignadas às respectivas despesas.

SECÇÃO III
Instalações

ARTIGO 50.º – Funções museológicas e instalações

O museu deve dispor de instalações adequadas ao cumprimento das funções museológicas, designadamente de conservação, de segurança e de exposição, ao acolhimento e circulação dos visitantes, bem como à prestação de trabalho do seu pessoal.

ARTIGO 51.º – Natureza das instalações

1 – As instalações do museu comportam necessariamente espaços de acolhimento, de exposição, de reservas e de serviços técnicos e administrativos.

2 – O museu deve dispor de espaços adequados ao cumprimento das restantes funções museológicas, designadamente biblioteca ou centro de documentação, áreas para actividades educativas e para oficina de conservação.

SECÇÃO IV
Estrutura orgânica

ARTIGO 52.º – Enquadramento orgânico

As entidades públicas e privadas de que dependam museus sem personalidade jurídica própria devem definir claramente o seu enquadramento orgânico e aprovar o respectivo regulamento.

ARTIGO 53.º – **Regulamento**

O regulamento do museu contempla as seguintes matérias:
a) Vocação do museu;
b) Enquadramento orgânico;
c) Funções museológicas;
d) Horário e regime de acesso público;
e) Gestão de recursos humanos e financeiros.

CAPÍTULO IV
Acesso público

ARTIGO 54.º – **Regime de acesso**

1 – O museu garante o acesso e a visita pública regular.

2 – O horário de abertura deve ser regular, suficiente e compatível com a vocação e a localização do museu, bem como com as necessidades das várias categorias de visitantes.

3 – O horário de abertura é estabelecido no regulamento do museu, de acordo com os critérios referidos no número anterior e deve ser amplamente publicitado.

4 – O horário de abertura é obrigatoriamente afixado no exterior do museu.

ARTIGO 55.º – **Custo de ingresso**

1 – A gratuitidade ou onerosidade do ingresso no museu é estabelecida por este ou pela entidade de que dependa.

2 – O custo de ingresso no museu é fixado anualmente pelo museu ou pela entidade de que dependa.

3 – Devem ser estabelecidos custos de ingresso diferenciados e mais favoráveis em relação, nomeadamente, a jovens, idosos, famílias e estudantes.

4 – Os museus que dependam de pessoas colectivas públicas devem facultar o ingresso gratuito durante tempo a estabelecer pelas respectivas tutelas.

ARTIGO 56.º – **Registo de visitantes**

1 – Devem ser registados os ingressos de visitantes do museu e dos utentes de outros serviços, tais como do centro de documentação, da biblioteca e das reservas.

426   *Direito do Património Cultural*

2 – O sistema de registo dos visitantes e utentes deve proporcionar um conhecimento rigoroso dos públicos do museu.

3 – As estatísticas de visitantes do museu são enviadas ao Instituto Português de Museus e ao Instituto Nacional de Estatística de acordo com os procedimentos e nos suportes fixados por estas entidades.

ARTIGO 57.º – **Estudos de público e de avaliação**

O museu deve realizar periodicamente estudos de público e de avaliação em ordem a melhorar a qualidade do seu funcionamento e atender às necessidades dos visitantes.

ARTIGO 58.º – **Apoio aos visitantes**

O museu deve prestar aos visitantes informações que contribuam para proporcionar a qualidade da visita e o cumprimento da função educativa.

ARTIGO 59.º – **Apoio a pessoas com deficiência**

1 – Os visitantes com necessidades especiais, nomeadamente pessoas com deficiência, têm direito a um apoio específico.

2 – O museu publicita o apoio referido no número anterior e promove condições de igualdade na fruição cultural.

ARTIGO 60.º – **Acesso às reservas**

1 – O acesso aos bens culturais guardados nas reservas e à documentação que lhe está associada constitui um princípio orientador do funcionamento do museu, especialmente nos casos relacionados com trabalhos de investigação.

2 – O acesso não é permitido, designadamente quando as condições de conservação dos bens culturais não o aconselhem ou por razões de segurança.

3 – Nos casos previstos no número anterior o museu deve, na medida do possível, facilitar o acesso à documentação sobre os bens culturais.

ARTIGO 61.º – **Acesso a documentos**

O museu pode recusar o acesso aos seguintes documentos:

a) A avaliação ou o preço de bens culturais;

Lei quadro dos Museus Portugueses 427

b) A identidade dos depositantes de bens culturais;
c) As condições de depósito;
d) A localização de bens culturais;
e) Os contratos de seguro;
f) Os planos e regras de segurança;
g) A ficha de inventário museológico ou outros registos quando não seja possível omitir as referências previstas nas alíneas anteriores;
h) Os dados recolhidos nos termos dos artigos 36.º, 56.º e 57.º da presente lei.

ARTIGO 62.º – **Livro de sugestões e reclamações**

1 – Cada museu deve dispor de um livro de sugestões e reclamações.

2 – O livro de sugestões e reclamações é anunciado de forma visível na área de acolhimento dos visitantes.

3 – Os visitantes podem livremente inscrever sugestões ou reclamações sobre o funcionamento do museu.

4 – A disponibilização do livro referido no n.º 1 é obrigatória para os museus dependentes de pessoas colectivas públicas e para os museus da Rede Portuguesa de Museus.

5 – O modelo do livro de sugestões e reclamações é aprovado por despacho normativo do Ministro da Cultura.

CAPÍTULO V
Propriedade de bens culturais, direito de preferência e regime de expropriação

SECÇÃO I
Propriedade de bens culturais

ARTIGO 63.º – **Propriedade pública e privada**

1 – A classificação ou o inventário de bens culturais incorporados em museus, previstos nos artigos 15.º e 19.º da Lei n.º 107/2001, de 8 de Setembro, não modifica a respectiva propriedade, posse ou outro direito real.

2 – A garantia prevista no número anterior igualmente aplica-se à adesão à Rede Portuguesa de Museus, bem como ao inventário

428   *Direito do Património Cultural*

museológico previsto na presente lei e que constitui instrumento de descrição, identificação e individualização adequado dos bens culturais para efeitos da elaboração do inventário de bens públicos e de bens particulares.

ARTIGO 64.º – **Domínio público cultural**

Os bens culturais incorporados em museus que sejam pessoas colectivas públicas ou delas dependentes integram o domínio público do Estado, das regiões autónomas ou dos municípios, conforme os casos.

ARTIGO 65.º – **Desafectação do domínio público**

1 – A desafectação de bens culturais do domínio público incorporados em museus carece de autorização do Ministro da Cultura ouvido o Conselho de Museus, sem prejuízo do cumprimento de outras formalidades exigidas por lei e, nomeadamente, do disposto no artigo 65.º da Lei n.º 107/2001, de 8 de Setembro.

2 – A desafectação prevista no número anterior depende de autorização conjunta dos Ministros da Defesa Nacional e da Cultura quando abranger bens culturais do domínio público incorporados em museus militares.

SECÇÃO II

Direito de preferência

ARTIGO 66.º – **Direito de preferência do Estado**

1 – A alienação ou a constituição de outro direito real sobre bem cultural incorporado em museu privado confere ao Estado e às Regiões Autónomas o direito de preferência, independentemente do bem estar classificado ou em vias de classificação ou inventariado, nos termos dos artigos 15.º e 19.º da Lei n.º 107/2001, de 8 de Setembro.

2 – Aplica-se o artigo 36.º da Lei n.º 107/2001, de 8 de Setembro, ao dever de comunicação da alienação ou da constituição de outro direito real por parte do responsável pelo museu ou do órgão dirigente da pessoa colectiva de que dependa, no caso de o museu não dispor de personalidade jurídica.

3 – O incumprimento do dever previsto no número anterior determina a nulidade do acto ou negócio jurídico.

Lei quadro dos Museus Portugueses 429

4 – O prazo para o exercício do direito de preferência é de 60 dias.

5 – O direito de preferência por parte do Estado é exercido pelo Instituto Português de Museus.

ARTIGO 67.º – **Incorporação em museu da Rede Portuguesa de Museus**

O exercício do direito de preferência por parte do Estado ou das Regiões Autónomas determina a incorporação do bem cultural em museu da Rede Portuguesa de Museus, podendo, no caso de bens culturais de interesse militar, ser efectuado o seu depósito em museu dependente do Ministério da Defesa Nacional.

ARTIGO 68.º – **Direito de preferência pelo município**

1 – No caso de o Estado ou as Regiões Autónomas não exercerem o direito de preferência, o mesmo é deferido ao município em que se encontra o museu, caso em que o bem cultural objecto da preferência é obrigatoriamente incorporado em museu municipal.

2 – O município goza do mesmo prazo do Estado ou das Regiões Autónomas para exercer o direito de preferência, contado a partir do termo do primeiro prazo.

3 – O Estado ou as Regiões Autónomas notificam o museu e o município da decisão que tomarem até ao termo do prazo de que dispõem para preferir.

ARTIGO 69.º – **Preferência em venda judicial e leilão**

1 – Os museus da Rede Portuguesa de Museus gozam do direito de preferência em caso da venda judicial ou leilão de bens culturais, independentemente da respectiva classificação.

2 – O prazo para o exercício do direito de preferência é de 15 dias e em caso de concorrência no exercício deste direito por museus da Rede Portuguesa de Museus cabe ao Instituto Português de Museus determinar qual o museu preferente.

3 – A preferência só pode ser exercida se o bem cultural objecto da preferência se integrar na política de incorporações do museu definida nos termos do artigo 12.º da presente lei.

4 – A preferência exercida em violação do disposto no número anterior ou a não incorporação do bem cultural no museu preferente determina a anulabilidade do acto de preferência.

430   *Direito do Património Cultural*

5 – Ao exercício do direito de preferência previsto no n.º 1 do presente artigo aplica-se o regime do artigo 37.º da Lei n.º 107/2001, de 8 de Setembro, com as necessárias adaptações.

SECÇÃO III
Regime de expropriação

ARTIGO 70.º – **Regime de expropriação**

1 – A expropriação de bens culturais móveis nos casos previstos nas alíneas do n.º 1 do artigo 50.º da Lei n.º 107/2001, de 8 de Setembro, está sujeita aos seguintes limites:

    a) Só pode ser exercida pelo Estado e pelas Regiões Autóno-mas;

    b) Depende de prévia pronúncia por parte do Conselho de Museus;

    c) Os bens móveis só podem ser expropriados se forem incor-porados em museus da Rede Portuguesa de Museus.

2 – Fica assegurado o direito à reversão do bem expropriado nos termos previstos na presente lei.

3 – A declaração de utilidade pública da expropriação é da com-petência do Ministro da Cultura, sob proposta do Instituto Português de Museus, enquanto entidade expropriante.

4 – A declaração referida no número anterior determina o início do procedimento de classificação como tesouro nacional ou móvel de interesse público.

ARTIGO 71.º – **Incorporação em museu da Rede Portuguesa de Museus**

O bem cultural expropriado é obrigatoriamente incorporado em museu da Rede Portuguesa de Museus.

ARTIGO 72.º – **Procedimento de expropriação**

1 – À expropriação aplica-se o regime previsto no artigo 91.º do Código das Expropriações, aprovado pela Lei n.º 168/99, de 18 de Setembro.

2 – O Conselho de Museus emite parecer prévio à declaração da utilidade pública.

Lei quadro dos Museus Portugueses 431

ARTIGO 73.º – **Direito de reversão**

1 – O expropriado tem o direito de exigir a reversão do bem cultural expropriado quando:
  a) A decisão final do procedimento de classificação não determine a classificação;
  b) O bem cultural classificado não seja incorporado em museu da Rede Portuguesa de Museus;
  c) O bem cultural seja desclassificado.

2 – O direito de reversão cessa quando:
  a) Tenham decorrido 20 anos sobre a data da publicação da declaração de utilidade pública;
  b) Haja renúncia do expropriado.

CAPÍTULO VI
Depósito e cedência de bens culturais

SECÇÃO I
Depósito

ARTIGO 74.º – **Tipos de depósito**

O depósito de bens culturais em museus é determinado como medida provisória para a sua segurança e conservação ou por acordo entre o proprietário e o museu.

ARTIGO 75.º – **Depósito coercivo**

1 – O Ministro da Cultura, sob proposta fundamentada do Instituto Português de Museus, pode ordenar, por despacho, o depósito coercivo de bens culturais integrantes do acervo de museus dependentes de pessoas colectivas públicas ou de museus da Rede Portuguesa de Museus, quando a respectiva conservação ou segurança não estejam garantidas com o fim de prevenir a respectiva destruição, perda ou deterioração.

2 – O despacho referido no número anterior indica o local do depósito e fixa o prazo do mesmo, que poderá ser prorrogado até que as condições de conservação ou segurança sejam consideradas suficientes.

432 *Direito do Património Cultural*

3 – O disposto no presente artigo não prejudica os poderes conferidos pelo artigo 58.º da Lei n.º 107/2001, de 8 de Setembro.

ARTIGO 76.º – Depósito voluntário

O depósito de bens culturais móveis classificados como tesouro nacional ou móvel de interesse público ou em vias de classificação só pode ser efectuado em museus da Rede Portuguesa de Museus.

ARTIGO 77.º – Registo do depósito

O museu deve dispor de registo actualizado de todos os bens culturais depositados, atribuindo-lhes um número individualizado e a que corresponderá uma ficha de inventário.

ARTIGO 78.º – Certificado de depósito

O museu, independentemente do tipo de depósito, passa um certificado comprovativo em que identifica o bem cultural e descreve as condições de depósito.

ARTIGO 79.º – Restrição ao depósito

O museu só deve aceitar o depósito voluntário de bens culturais de natureza semelhante ou afim aos que constituem o respectivo acervo.

ARTIGO 80.º – Remuneração do depósito

1 – Em caso de depósito voluntário, o depositante pode ser remunerado excepcionalmente, quando o bem cultural seja classificado ou esteja em vias de classificação, possa ser exposto e seja de relevante importância para o museu.

2 – A remuneração pode consistir na obrigação de conservar ou restaurar o bem cultural.

ARTIGO 81.º – Seguro

O museu deve celebrar contrato de seguro dos bens culturais depositados quando tal for aconselhável por razões de segurança ou constitua condição do depósito, cujo objecto e clausulado serão acordados entre as partes.

Lei quadro dos Museus Portugueses 433

SECÇÃO II
Cedência

ARTIGO 82.º – **Cedência temporária**

1 – A cedência temporária de bens culturais incorporados em museus no território nacional só pode ser efectuada quando estejam garantidas as condições de segurança e de conservação.

2 – Carece de autorização do Instituto Português de Museus a cedência temporária de bens culturais classificados ou em vias de classificação como tesouro nacional ou móvel de interesse público.

3 – À cedência temporária que implique a saída do território nacional de bens culturais aplica-se o disposto nos artigos 64.º a 67.º da Lei n.º 107/2001, de 8 de Setembro, bem como as disposições regulamentares respectivas.

ARTIGO 83.º – **Documentação da cedência**

1 – A cedência de bem cultural para exposições temporárias ou itinerantes não determina a passagem do certificado de depósito previsto no artigo 78.º da presente lei.

2 – O museu deve documentar a cedência e assegurar as condições de integridade do bem cultural e da sua devolução.

ARTIGO 84.º – **Seguro**

1 – Os bens culturais cedidos por museu ou por pessoas singulares ou colectivas a museus devem ser objecto de contrato de seguro, cujo objecto e clausulado serão acordados entre as partes.

2 – No caso de a cedência temporária se efectuar entre museus dependentes de pessoas colectivas públicas no território nacional, o seguro apenas pode ser dispensado em casos excepcionais e devidamente fundamentados.

CAPÍTULO VII
Criação e fusão de museus

SECÇÃO I
Disposições gerais

ARTIGO 85.º – DOCUMENTO FUNDADOR

A iniciativa da criação e fusão de museus deve ser efectuada através de documento em que a entidade proponente manifesta formalmente a intenção de criar ou fundir o museu, define o respectivo estatuto jurídico e compromete-se a executar o programa museológico, bem como a disponibilizar os recursos humanos e financeiros que assegurarão a respectiva sustentabilidade.

ARTIGO 86.º – **Programa museológico**

1 – O programa museológico fundamenta a criação ou a fusão de museus.

2 – O programa museológico integra os seguintes elementos:

a) A denominação prevista para o museu;

b) A definição dos objectivos;

c) A identificação e a caracterização dos bens culturais existentes ou a incorporar em função da sua incidência disciplinar e temática;

d) A formulação das estratégias funcionais, designadamente nos domínios do estudo e investigação, incorporação, documentação, conservação, exposição e educação;

e) A identificação dos públicos;

f) A indicação das instalações e a afectação a áreas funcionais;

g) As condições de conservação e segurança;

h) Os recursos financeiros;

i) A previsão do pessoal e perfis profissionais correspondentes.

3 – O projecto de arquitectura deve ser elaborado de harmonia com o programa museológico, tendo em conta a boa execução do mesmo.

SECÇÃO II
Procedimento de autorização

ARTIGO 87.º – Autorização

1 – A criação ou fusão de museus está sujeita a autorização do Ministro da Cultura.

2 – Na instrução do procedimento é obrigatória a emissão de parecer do Conselho de Museus.

ARTIGO 88.º – Informação e instrução do procedimento

O Instituto Português de Museus presta a colaboração prévia solicitada pela entidade proponente da criação ou fusão de museus, nomeadamente através de orientações técnicas e da disponibilização de documentação, competindo-lhe a posterior instrução do procedimento.

ARTIGO 89.º – Pedido de autorização

1 – O pedido de autorização consta de requerimento instruído de acordo com os requisitos a seguir indicados e é dirigido ao Instituto Português de Museus.

2 – O requerimento deve ser apresentado, sempre que possível, em suporte informático.

ARTIGO 90.º – Requisitos do pedido

O requerente instrui o pedido com o documento fundador referido no artigo 85.º, com todos os elementos previstos no n.º 2 do artigo 86.º e junta as informações complementares que considere pertinentes.

ARTIGO 91.º – Apreciação do pedido

1 – O Instituto Português de Museus, no prazo de 30 dias a contar da apresentação do requerimento referido no artigo anterior, notifica o requerente do início da instrução do procedimento ou da rejeição liminar do pedido quando for manifesta a sua improcedência por falta da entrega ou insuficiência dos elementos exigidos.

2 – Caso não sejam oficiosamente supríveis as deficiências ou omissões, o requerente é notificado para corrigir ou completar o pedido, ficando suspenso o procedimento.

436   *Direito do Património Cultural*

3 – O prazo para suprir as deficiências ou omissões é fixado até ao limite máximo de 60 dias.

ARTIGO 92.º – **Diligências instrutórias**

1 – O Instituto Português de Museus solicita, sempre que necessário, a colaboração do requerente através da prestação de informações, apresentação de documentos e outros meios de prova considerados indispensáveis e requer a colaboração de outros serviços da Administração Pública para verificar a consistência e viabilidade do programa museológico.

2 – O prazo de instrução do procedimento pelo Instituto Português de Museus é de seis meses, podendo ser prorrogado por decisão do Ministro da Cultura.

3 – O Conselho de Museus emite parecer nos 60 dias seguintes ao envio do procedimento por parte do Instituto Português de Museus.

ARTIGO 93.º – **Audiência prévia e decisão**

1 – A audiência prévia do requerente é escrita e por prazo não inferior a 20 dias.

2 – A decisão do Ministro da Cultura, proferida sobre o relatório final do procedimento elaborado pelo Instituto Português de Museus, pode ser condicionada ao cumprimento por parte do requerente de obrigações específicas em função da vocação, tipo e dimensão do museu, bem como da obtenção das licenças ou autorizações administrativas requeridas para a realização de operações urbanísticas.

3 – A decisão é publicada no Diário da República, notificada ao requerente e ao município em que se situe o museu.

ARTIGO 94.º – **Denominação de museus**

1 – A denominação de museu nacional compete ao Ministro da Cultura, ouvido obrigatoriamente o Conselho de Museus.

2 – A denominação de museu nacional só pode ser utilizada por museus a quem tenha sido atribuída nos termos do número anterior.

3 – A denominação de museu municipal só pode ser utilizada por museu municipal ou por museus a quem o município autorize a utilização desta denominação.

SECÇÃO III
Parcerias

ARTIGO 95.º – **Promoção de parcerias**

O Estado, as Regiões Autónomas e os municípios promovem a constituição de parcerias entre entidades públicas e privadas para a criação e qualificação de museus tendo em vista o enriquecimento do património cultural.

ARTIGO 96.º – **Limites**

A constituição de parcerias por qualquer pessoa colectiva pública não pode envolver a desafectação de bens culturais do domínio público ou a sua cedência permanente, sem a autorização prevista no artigo 65.º da presente lei.

ARTIGO 97.º – **Regime jurídico**

1 – Quando a constituição da parceria dependa da afectação de um conjunto de bens culturais determinado a incorporar no museu ou de instalações específicas é dispensado o concurso público.

2 – Ao lançamento, avaliação, fiscalização e acompanhamento da parceria é aplicável o Decreto-Lei n.º 86/2003, de 26 de Abril, com as necessárias adaptações.

ARTIGO 98.º – **Instrumentos contratuais**

Os instrumentos contratuais para o estabelecimento de parcerias poderão consistir em contratos mistos ou união de contratos e prever o recurso ao financiamento privado.

ARTIGO 99.º – **Gestão de museus**

1 – A criação de novos museus em regime de parceria pode prever a gestão privada de bens culturais do domínio público.

2 – A gestão privada referida no número anterior é objecto de contrato administrativo que fixa obrigatoriamente a observância das funções museológicas e demais requisitos previstos na presente lei.

438   *Direito do Património Cultural*

ARTIGO 100.º – Cedência de instalações

1 – As pessoas colectivas públicas podem celebrar contrato administrativo para a criação de museus com outras pessoas colectivas públicas ou privadas mediante a cedência de instalações.

2 – O contrato referido no número anterior consagra obrigatoriamente a impossibilidade da dispersão dos bens culturais incorporados ou a incorporar no museu.

ARTIGO 101.º – Parecer do Conselho de Museus

A constituição de parcerias previstas na presente secção é objecto de parecer obrigatório do Conselho de Museus.

CAPÍTULO VIII
Rede Portuguesa de Museus

SECÇÃO I
Objectivos, composição e actividade

ARTIGO 102.º – Conceito de Rede Portuguesa de Museus

A Rede Portuguesa de Museus é um sistema organizado, baseado na adesão voluntária, configurado de forma progressiva e que visa a descentralização, a mediação, a qualificação e a cooperação entre museus.

ARTIGO 103.º – Objectivos da Rede Portuguesa de Museus

A Rede Portuguesa de Museus tem os seguintes objectivos:
a) A valorização e a qualificação da realidade museológica nacional;
b) A cooperação institucional e a articulação entre museus;
c) A descentralização de recursos;
d) O planeamento e a racionalização dos investimentos públicos em museus;
e) A difusão da informação relativa aos museus;
f) A promoção do rigor e do profissionalismo das práticas museológicas e das técnicas museográficas;
g) O fomento da articulação entre museus.

Lei quadro dos Museus Portugueses 439

ARTIGO 104.º – **Composição da Rede Portuguesa de Museus**

1 – A Rede Portuguesa de Museus é composta pelos museus existentes no território nacional e credenciados nos termos da presente lei.

2 – Integram de imediato a Rede Portuguesa de Museus os museus dependentes do Ministério da Cultura e os museus que à data da entrada em vigor da presente lei integrem a Rede Portuguesa de Museus.

ARTIGO 105.º – **Actividade**

1 – A Rede Portuguesa de Museus baseia a sua actividade nos museus nacionais, nos museus credenciados e nos núcleos de apoio a museus de acordo com o princípio da subsidiariedade.

2 – A articulação entre museus da Rede Portuguesa de Museus é promovida pelo Instituto Português de Museus.

SECÇÃO II

Museus nacionais e núcleos de apoio a museus

ARTIGO 106.º – **Função dos museus nacionais**

No âmbito da Rede Portuguesa de Museus, os museus nacionais desempenham as seguintes missões:
  a) Contribuir para assegurar a concretização do direito à cultura e à fruição cultural;
  b) Gerir sectores fundamentais do património cultural, tendo em conta a manutenção e o reforço da identidade nacional;
  c) Fomentar a investigação de carácter disciplinar e temática correspondente à sua área de actuação;
  d) Apoiar tecnicamente os museus da mesma área disciplinar e temática ou de áreas funcionais afins;
  e) Desempenhar um papel promotor da inovação e do incremento de actividades experimentais;
  f) Formar pessoal especializado.

ARTIGO 107.º – **Núcleos de apoio a museus**

1 – Os núcleos de apoio a museus constituem uma forma de desconcentração da coordenação da actividade dos museus da Rede Portuguesa de Museus no âmbito das funções museológicas.

440   *Direito do Património Cultural*

2 – Os núcleos de apoio a museus serão instalados em museus nacionais e em outros museus da Rede Portuguesa de Museus que se destaquem pela qualidade dos serviços prestados em determinadas áreas disciplinares e temáticas.

3 – A instalação de núcleos de apoio será feita de forma a promover a qualificação dos museus municipais.

4 – Serão constituídos núcleos de apoio a museus em todas as áreas geográficas de actuação das comissões de coordenação regional.

5 – O Conselho de Museus pronuncia-se sobre os critérios que presidem à instalação de núcleos de apoio.

ARTIGO 108.º – **Função dos núcleos de apoio a museus**

Os núcleos de apoio a museus desempenham as seguintes missões:

a) Apoiar tecnicamente os museus da área disciplinar e temática ou geográfica que com ele estejam relacionados;

b) Promover a cooperação e a articulação entre os museus da área disciplinar e temática, nomeadamente de museus municipais, que com ele estejam relacionados;

c) Contribuir para a vitalidade e o dinamismo cultural dos locais onde os museus estão instalados;

d) Dar pareceres e elaborar relatórios sobre questões relativas à museologia no contexto da área disciplinar, temática ou geográfica que lhe esteja adstrita;

e) Colaborar com o Instituto Português de Museus na apreciação das candidaturas à Rede Portuguesa de Museus, na promoção de programas e de actividades e no controlo da respectiva execução.

ARTIGO 109.º – **Dever de colaboração**

1 – Os museus que integram a Rede Portuguesa de Museus colaboram entre si e articulam os respectivos recursos com vista a melhorar e rendibilizar a prestação de serviços ao público.

2 – A colaboração traduz-se no estabelecimento de contratos, acordos, convénios e protocolos de cooperação entre museus ou com entidades públicas ou privadas que visem, designadamente:

a) A realização conjunta de programas e projectos de interesse comum;

b) A utilização simultânea de recursos disponíveis, dentro de uma perspectiva descentralizada de racionalização e optimização desses recursos;

c) A concessão ou delegação de tarefas destinadas a promover de modo concertado, planificado e expedito as respectivas relações.

CAPÍTULO IX
Credenciação de museus

SECÇÃO I
Disposições gerais

ARTIGO 110.º – **Noção**

A credenciação do museu consiste na avaliação e no reconhecimento oficial da sua qualidade técnica.

ARTIGO 111.º – **Objectivos da credenciação**

A credenciação tem como objectivos promover o acesso à cultura e o enriquecimento do património cultural através da introdução de padrões de rigor e de qualidade no exercício das funções museológicas dos museus portugueses.

ARTIGO 112.º – **Pedido de credenciação**

A credenciação pode ser requerida por qualquer museu com personalidade jurídica ou por qualquer pessoa colectiva pública ou privada de que dependa um museu.

ARTIGO 113.º – **Requisitos de credenciação**

A credenciação de um museu depende do preenchimento dos seguintes requisitos:

a) Cumprimento das funções museológicas previstas nos artigos 8.º a 43.º da presente lei;

b) Existência de recursos humanos, financeiros e instalações contemplados nos artigos 44.º a 51.º;

c) Aprovação do regulamento do museu de acordo com o artigo 53.º;

442   *Direito do Património Cultural*

d) Garantia do acesso público nos termos previstos nos artigos 54.º a 62.º

ARTIGO 114.º – **Formulário de candidatura**

A instrução da candidatura obedece a um formulário aprovado por despacho normativo do Ministro da Cultura.

SECÇÃO II
Procedimento de credenciação

ARTIGO 115.º – **Instrução do procedimento**

1 – O pedido de credenciação é dirigido ao Instituto Português de Museus.

2 – Na instrução do procedimento é obrigatória a emissão de parecer do Conselho de Museus.

3 – O procedimento de credenciação deve ser concluído no prazo de um ano, podendo ser prorrogado por seis meses, por despacho do Ministro da Cultura, quando a complexidade do procedimento o exigir.

ARTIGO 116.º – **Diligências instrutórias**

1 – A instrução do procedimento de credenciação determina a elaboração de um relatório preliminar e de um relatório técnico da responsabilidade do Instituto Português de Museus.

2 – O relatório preliminar é notificado ao requerente para se pronunciar e, quando for o caso, para completar o pedido ou suprir deficiências.

3 – Após o relatório preliminar efectuam-se as visitas e demais diligências consideradas necessárias e, de seguida, é elaborado o relatório técnico.

ARTIGO 117.º – **Relatório técnico**

1 – O relatório técnico deve pronunciar-se sobre a possibilidade de credenciação ou, no caso de concluir que o requerente não preenche ainda os requisitos de credenciação, propor as medidas correctivas e assinalar o prazo razoável para o respectivo cumprimento, até ao limite máximo de dois anos.

Lei quadro dos Museus Portugueses 443

2 – Quando haja lugar à aplicação das medidas correctivas previstas no artigo anterior, o requerente pode candidatar-se ou ser objecto de medidas de apoio específicas, nomeadamente de contratos-programa.

3 – No caso de o requerente aceitar as recomendações do relatório técnico considera-se em processo de credenciação.

4 – O relatório técnico será submetido a parecer do Conselho de Museus quando o requerente não aceitar formalmente cumprir as medidas correctivas referidas no n.º 1 do presente artigo, seguindo-se os trâmites previstos no artigo 119.º

ARTIGO 118.º – **Parecer do Conselho de Museus**

1 – O Conselho de Museus emite parecer sobre o relatório técnico e sobre o cumprimento das medidas correctivas.

2 – Os membros do Conselho de Museus podem realizar audiências com os responsáveis do museu nas respectivas instalações.

ARTIGO 119.º – **Audiência prévia e decisão**

1 – A audiência prévia incide sobre o relatório técnico elaborado pelo Instituto Português de Museus e sobre o parecer do Conselho de Museus que refere, no caso previsto no n.º 2 do artigo anterior, o resultado das audiências realizadas.

2 – Aplica-se à audiência prévia e à decisão o regime previsto no artigo 93.º desta lei.

SECÇÃO III
Efeitos da credenciação

ARTIGO 120.º – **Efeitos da credenciação**

A credenciação de um museu tem os seguintes efeitos:

a) A passagem de documento comprovativo dessa qualidade;

b) A utilização de um logótipo;

c) A divulgação do museu;

d) O acesso aos demais direitos e o cumprimento dos deveres previstos na presente lei.

444   *Direito do Património Cultural*

ARTIGO 121.º – **Documento comprovativo**

O museu tem direito a receber um documento comprovativo da respectiva credenciação e a fazer menção da qualidade de Museu da Rede Portuguesa de Museus pelas formas que considere mais convenientes.

ARTIGO 122.º – **Logótipo**

O museu deve exibir na área de acolhimento um logotipo destinado a informar os visitantes da credenciação.

ARTIGO 123.º – **Modelos**

Os modelos do documento comprovativo e do logótipo são aprovados por despacho normativo do Ministro da Cultura.

ARTIGO 124.º – **Sinalização exterior**

Os museus da Rede Portuguesa de Museus são objecto de sinalização exterior.

ARTIGO 125.º – **Divulgação dos museus credenciados**

O Instituto Português de Museus efectua a divulgação sistematizada, periódica e actualizada dos museus integrados na Rede Portuguesa de Museus com a finalidade de os promover junto do público, de divulgar as suas características e a importância do respectivo património cultural.

ARTIGO 126.º – **Relatório anual sobre os museus da Rede Portuguesa de Museus**

O Instituto Português de Museus publica anualmente um relatório com os resultados da avaliação dos museus da Rede Portuguesa de Museus, que incluirá um conjunto de indicadores que evidenciem o seu desempenho, qualidade e eficiência.

ARTIGO 127.º – **Apoios**

1 – A credenciação do museu é requisito indispensável para beneficiar de programas criados pelo Instituto Português de Museus e para a concessão de outros apoios financeiros pela administração central do Estado.

Lei quadro dos Museus Portugueses 445

2 – Os museus em processo de credenciação podem beneficiar de programas de qualificação específicos.

SECÇÃO IV
Cancelamento da credenciação

ARTIGO 128.º – *Cancelamento por iniciativa do museu*

1 – O museu credenciado quando tenha personalidade jurídica ou a pessoa colectiva de que dependa podem solicitar livremente o cancelamento da credenciação.

2 – O Instituto Português de Museus procede ao cancelamento no prazo de 30 dias, notifica o requerente, o município em que se situe o museu e promove a publicação no Diário da República.

3 – O cancelamento da credenciação determina a caducidade dos apoios concedidos, a impossibilidade de gozar do direito de preferência e dos benefícios e incentivos fiscais previstos na presente lei.

ARTIGO 129.º – **Cancelamento por iniciativa da administração**

É cancelada a credenciação do museu nos seguintes casos:
a) Incumprimento reiterado das funções museológicas;
b) Alteração dos recursos humanos e financeiros ou modificação das instalações que se traduzam numa diminuição de qualidade;
c) Restrição injustificada do acesso e visita pública regular.

ARTIGO 130.º – **Medidas correctivas**

Nos casos previstos nas alíneas a) e b) do artigo anterior, e quando o incumprimento ou as alterações sejam passíveis de correcção, o museu é notificado para tomar as medidas correctivas necessárias no prazo máximo de seis meses.

ARTIGO 131.º – **Decisão de cancelamento**

A decisão de cancelamento é devidamente fundamentada, objecto de parecer obrigatório do Conselho de Museus e publicitada nos termos do n.º 3 do artigo 93.º da presente lei.

446 *Direito do Património Cultural*

CAPÍTULO X
Tutela contra-ordenacional

ARTIGO 132.º – **Legislação subsidiária**

Às infracções previstas no presente capítulo é subsidiariamente aplicável o regime geral das contra-ordenações e coimas.

ARTIGO 133.º – **Cumprimento do dever omitido**

Sempre que a contra-ordenação resultar da omissão de um dever, a aplicação da sanção e o pagamento da coima não dispensam o infractor do seu cumprimento.

ARTIGO 134.º – **Contra-ordenação grave**

Constitui contra-ordenação punível com coima de (euro) 2500 a (euro) 50000 e de (euro) 5000 a (euro) 100000, conforme seja praticada por pessoa singular ou colectiva:
a) A violação do disposto no n.º 4 do artigo 15.º;
b) A violação do disposto no artigo 31.º;
c) A recusa de entrada de visitantes, sem fundamento, prevista no artigo 35.º;
d) A violação do disposto nos n.os 3, 4 e 5 do artigo 36.º;
e) A violação do disposto no artigo 37.º;
f) A violação do disposto no artigo 38.º;
g) O incumprimento do despacho previsto no n.º 1 do artigo 75.º;
h) A violação do disposto no n.º 2 do artigo 82.º;
i) A utilização abusiva de denominação de museu prevista no artigo 94.º

ARTIGO 135.º – **Contra-ordenação simples**

Constitui contra-ordenação punível com coima de (euro) 1000 a (euro) 20000 e de (euro) 2000 a (euro) 40000, conforme seja praticada por pessoa singular ou colectiva:
a) A violação do disposto no n.º 2 do artigo 22.º;
b) O estabelecimento de restrições de entrada desproporcionadas, previstas no artigo 34.º;
c) A violação do disposto no n.º 2 do artigo 41.º;
d) A violação do disposto nos n.os 3 e 4 do artigo 54.º;

Lei quadro dos Museus Portugueses 447

e) A violação do disposto nos n.os 2, 4 e 5 do artigo 62.º;
f) A violação do disposto no n.º 1 do artigo 82.º;
g) A violação do disposto no artigo 122.º

ARTIGO 136.º – **Negligência**

A negligência é punível.

ARTIGO 137.º – **Sanções acessórias**

1 – Conjuntamente com a coima prevista no tipo legal de contra-ordenação, pode ser aplicada ao infractor uma das seguintes sanções acessórias:
a) Apreensão dos bens objecto de infracção;
b) Privação do direito a subsídio ou benefício outorgado por entidade ou serviço público;
c) Privação do direito de participar em concursos públicos;
d) Suspensão da credenciação.

2 – A sanção referida na alínea d) do número anterior terá a duração máxima de dois anos, que se contarão a partir da decisão condenatória.

ARTIGO 138.º– **Instrução e decisão**

1 – A instrução do procedimento por contra-ordenação cabe ao Instituto Português de Museus ou aos serviços competentes dos governos regionais, podendo igualmente ser confiada a organismos com competência de natureza inspectiva sobre a matéria.

2 – A aplicação da coima compete ao director do Instituto Português de Museus ou ao dirigente do serviço do governo regional previsto no número anterior.

3 – O produto da aplicação das coimas previstas no presente artigo constitui receita do Estado e da entidade instrutora nas percentagens de 60% e de 40%, respectivamente, salvo quando cobrados pelos organismos competentes dos governos regionais, caso em que revertem totalmente para a respectiva Região.

4 – Quando a instrução procedimental ficar a cargo de entidade distinta da competente para a aplicação da coima, a percentagem dos 40% referida no número anterior será dividida em partes iguais entre ambas.

CAPÍTULO XII
Disposições finais e transitórias

ARTIGO 139.º – **Dados pessoais**

Os dados pessoais recolhidos nos termos dos artigos 36.º, 56.º e 57.º estão sujeitos ao regime previsto na Lei n.º 67/98, de 26 de Outubro.

ARTIGO 140.º – **Transição dos museus integrados na Rede Portuguesa de Museus**

1 – Os museus que actualmente integram a Rede Portuguesa de Museus dispõem de dois anos para se adaptarem ao cumprimento das funções museológicas previstas na presente lei e poderão ser objecto das medidas previstas no n.º 2 do artigo 117.º

2 – No termo do prazo previsto no número anterior, o museu pode perder a qualidade de museu da Rede Portuguesa de Museus.

3 – À decisão referida no número anterior aplica-se o artigo 131.º

ARTIGO 141.º – **Aplicação às Regiões Autónomas**

A aplicação da presente lei às Regiões Autónomas dos Açores e da Madeira faz-se sem prejuízo das competências cometidas aos respectivos órgãos de governo próprio e das adaptações que lhe venham a ser introduzidas por diploma das respectivas assembleias legislativas regionais.

ARTIGO 142.º – **Regime de excepção**

Aos edifícios onde estão instalados museus credenciados não se aplica o disposto no Decreto-Lei n.º 118/98, de 7 de Maio, tendo em consideração as exigências específicas de conservação dos bens culturais.

ARTIGO 143.º – **Entrada em vigor**

A presente lei entra em vigor 30 dias após a respectiva publicação.

13

Regime Jurídico da Reabilitação Urbana
(Decreto-Lei n.º 104/2004 de 7 de Maio)

A degradação das condições de habitabilidade, de salubridade, de estética e de segurança de significativas áreas urbanas do País impõe uma intervenção do Estado tendente a inverter a respectiva evolução.

A par das áreas críticas de recuperação e reconversão urbanística, conceito legalmente já definido, merecem uma atenção particular as zonas urbanas históricas, cujas conservação, recuperação e readaptação constituem um verdadeiro imperativo nacional.

Através do presente diploma é criado um regime jurídico excepcional de reabilitação das referidas áreas, em obediência a diversos princípios, que importa explicitar.

O primeiro princípio é o de que, no quadro dos poderes públicos, a responsabilidade pelo procedimento de reabilitação urbana cabe, primacialmente, a cada município.

Neste sentido, é concedida aos municípios a possibilidade de constituírem sociedades de reabilitação urbana às quais são atribuídos poderes de autoridade e de polícia administrativa como os de expropriação e de licenciamento.

O segundo princípio é o da necessidade de conceder aos poderes públicos meios efectivos de intervenção.

Para tanto, são criadas as referidas sociedades de reabilitação urbana, instrumento empresarial por via do qual se promoverá, mediante decisão dos órgãos dos municípios, o procedimento de reabilitação urbana.

O terceiro princípio é o do controlo por parte dos poderes públicos de todo o procedimento de reabilitação.

Para o efeito, o regime agora criado mantém sempre sob o domínio e iniciativa dos municípios, ou da empresa que para o efeito constituírem, todos os passos que o procedimento de reabilitação implica.

O quarto princípio é o da ponderação dos direitos e obrigações dos proprietários e do equilíbrio na protecção dos direitos dos arrendatários.

Desde logo, é reafirmado o princípio geral de que é aos proprietários que cabe promover a reabilitação dos seus imóveis.

Por outro lado, é concedido aos proprietários o direito, no quadro do documento estratégico de intervenção definido pelos poderes públicos, de solicitarem que o próprio município ou a empresa constituída para o efeito proceda às obras programadas, sem que o seu direito de propriedade seja posto em causa. Admite-se, inclusivamente, que o município ou a empresa criada para o efeito habilite os proprietários, mediante contrato, a realizarem as obras directamente e por sua própria conta.

Na hipótese de os proprietários não exercerem este seu direito, e de os seus prédios virem a ser expropriados, beneficiarão ainda do direito de preferência caso o imóvel de que eram proprietários, depois de reabilitado, seja colocado à venda.

Foi ainda considerada a situação de parte dos proprietários abrangidos aceitarem as condições de reabilitação definidas e outros não.

Nesta eventualidade, os primeiros terão a oportunidade de manter a propriedade do imóvel, suportando os custos em que se incorra com a reabilitação.

No que respeita aos arrendatários, reforçaram-se os seus direitos em caso de expropriação, prevendo o direito de suspensão do contrato e de reocupação do imóvel, bem como o direito de preferência em caso de novo arrendamento.

O quinto princípio é o do incentivo económico à intervenção dos promotores privados no processo de reabilitação.

Neste âmbito, criou-se um quadro de referência para um contrato de reabilitação urbana, a celebrar entre o município, ou a sociedade de reabilitação urbana constituída para o efeito, e os promotores privados, nos termos do qual as partes, dotadas de uma quase plena liberdade negocial, ajustarão os termos em que o promotor privado procederá às operações de reabilitação urbana.

Regime Jurídico da Reabilitação Urbana 451

Salvaguardou-se, por razões imperiosas de transparência, a escolha do promotor privado por concurso público, deixando-se a cada município e para cada situação uma margem muito ampla de fixação dos critérios de contratação.

O sexto princípio é o da celeridade procedimental e da certeza quanto ao tempo de duração dos procedimentos, enquanto elementos essenciais ao empenhamento dos agentes económicos.

Neste sentido, é de sublinhar que, face ao regime geral do Código do Procedimento Administrativo, alguns procedimentos são simplificados, os prazos legais são reduzidos, recorre-se em todas as situações ao instituto do deferimento tácito e, como já se referiu, a autoridade pública de reabilitação dispõe sempre do domínio e iniciativa dos procedimentos.

O procedimento de reabilitação urbana agora legalmente disciplinado visa concertar o imperativo público da reabilitação com os interesses sociais e, até, de teor humanitário que esta operação envolve.

A articulação deste regime com a nova lei do arrendamento, com os incentivos concedidos pelo Governo e com a possibilidade de o Estado celebrar contratos-programa com os municípios constituirá um factor acrescido de sucesso daquela concertação de interesses.

Foram ouvidos os órgãos de governo próprio das Regiões Autónomas e a Associação Nacional de Municípios Portugueses.

Assim:

No uso da autorização legislativa concedida pela Lei n.º 106/ /2003, de 10 de Dezembro, e nos termos da alínea b) do n.º 1 do artigo 198.º da Constituição, o Governo decreta o seguinte:

CAPÍTULO I
Disposições gerais sobre reabilitação urbana

ARTIGO 1.º – **Âmbito**

1 – O presente diploma regula o regime jurídico excepcional da reabilitação urbana de zonas históricas e de áreas críticas de recuperação e reconversão urbanística.

2 – Para efeitos do número anterior, entende-se por «reabilitação urbana» o processo de transformação do solo urbanizado, compreendendo a execução de obras de construção, reconstrução, alteração,

452   *Direito do Património Cultural*

ampliação, demolição e conservação de edifícios, tal como definidas no regime jurídico da urbanização e da edificação, com o objectivo de melhorar as suas condições de uso, conservando o seu carácter fundamental, bem como o conjunto de operações urbanísticas e de loteamento e obras de urbanização que visem a recuperação de zonas históricas e de áreas críticas de recuperação e reconversão urbanística.

3 – Consideram-se «zonas históricas» as como tal classificadas em plano municipal de ordenamento do território.

4 – Na falta de plano municipal de ordenamento do território ou sendo este omisso, as zonas históricas são delimitadas por deliberação da assembleia municipal, mediante a aprovação de plano de pormenor nos termos do disposto nos n.os 1 e 2 do artigo 12.º do presente diploma.

5 – As áreas críticas de recuperação e reconversão urbanística são as assim declaradas nos termos do artigo 41.º da Lei dos Solos, aprovada pelo Decreto-Lei n.º 794/76, de 5 de Novembro, na redacção em vigor.

6 – As operações de reabilitação a efectuar nas zonas históricas e nas áreas críticas de recuperação e reconversão urbanística revestem-se, para todos os efeitos, de interesse público urgente.

7 – Ficam excluídos do âmbito de aplicação do presente diploma os bens imóveis afectos a uso militar.

CAPÍTULO II
Sociedades de reabilitação urbana

ARTIGO 2.º – **Sociedades de reabilitação urbana**

1 – Para promover a reabilitação urbana de zonas históricas e de áreas críticas de recuperação e reconversão urbanística, os municípios podem criar empresas municipais de reabilitação urbana nas quais detenham a totalidade do capital social.

2 – Em casos de excepcional interesse público, a reabilitação urbana poderá competir a sociedades anónimas de capitais exclusivamente públicos com participação municipal e estatal.

3 – Podem participar nas empresas referidas no número anterior os municípios, as pessoas colectivas da administração indirecta do Estado, quando devidamente autorizadas por despacho conjunto dos

Regime Jurídico da Reabilitação Urbana 453

Ministros das Finanças e da tutela, e as pessoas colectivas empresariais do Estado.

ARTIGO 3.º – **Direito aplicável**

1 – As empresas constituídas nos termos do presente diploma regem-se pelo regime das empresas municipais, constante da Lei n.º 58/98, de 18 de Agosto, ou pelo regime do sector empresarial do Estado, estabelecido pelo Decreto-Lei n.º 558/99, de 17 de Dezembro, consoante a maioria do capital social seja detido pelo município ou pelo Estado.

2 – Às referidas empresas é igualmente aplicável o regime jurídico especial em matéria de poderes de autoridade, de planeamento, de licenciamento e de expropriação fixado pelo presente diploma.

ARTIGO 4.º – **Denominação**

A denominação das empresas deve integrar a expressão «SRU – Sociedade de Reabilitação Urbana», doravante designadas por SRU.

ARTIGO 5.º – **Objecto social**

1 – As SRU têm como objecto promover a reabilitação urbana das respectivas zonas de intervenção.

2 – Do objecto social deverá constar a identificação da respectiva zona de intervenção e, no caso de empresas municipais, igualmente a referência ao município a que respeita.

ARTIGO 6.º – **Competência**

1 – No âmbito de procedimentos de reabilitação urbana regulados por este diploma, compete às SRU:

a) Licenciar e autorizar operações urbanísticas;

b) Expropriar os bens imóveis e os direitos a eles inerentes destinados à reabilitação urbana, bem como constituir servidões administrativas para os mesmos fins;

c) Proceder a operações de realojamento;

d) Fiscalizar as obras de reabilitação urbana, exercendo, nomeadamente, as competências previstas na secção V do capítulo III do regime jurídico da urbanização e da edificação, aprovado pelo Decreto-Lei n.º 555/99, de 16 de Dezembro, na redacção em vigor, com excepção da competência para apli-

454   *Direito do Património Cultural*

cação de sanções administrativas por infracção contra-ordenacional, a qual se mantém como competência do município;
e) Exercer as competências previstas na alínea b) do n.º 1 do
artigo 42.º, no n.º 2 do artigo 44.º e no artigo 46.º, todos da
Lei dos Solos.

2 – Sem prejuízo do disposto no número seguinte, as atribuições
e competências referidas nas alíneas a), b), d) e e) do número anterior
consideram-se transferidas dos municípios para as SRU, que as exercerão em exclusivo, durante o procedimento de reabilitação urbana,
nas respectivas zonas de intervenção.

3 – Mantêm-se as competências dos órgãos autárquicos no que
diz respeito a obras a executar nas zonas de intervenção antes da
aprovação do documento estratégico, bem como, depois da aprovação deste documento, relativamente a obras que não se insiram no
procedimento de reabilitação urbana.

ARTIGO 7.º – **Zonas de intervenção**

1 – O acto ou contrato de constituição da empresa deve estabelecer os limites geográficos das respectivas zonas de intervenção
sujeitas a reabilitação urbana.

2 – Se depois da respectiva constituição o município pretender
atribuir novas zonas de intervenção às SRU poderá fazê-lo através de
deliberação da câmara municipal.

3 – No caso de SRU detidas maioritariamente pelo Estado, a
decisão a que se refere o número anterior compete, conjuntamente,
aos Ministros das Finanças, das Obras Públicas, Transportes e Habitação e das Cidades, Ordenamento do Território e Ambiente, sob
proposta da câmara municipal.

ARTIGO 8.º – **Extinção**

1 – As SRU extinguem-se por deliberação da assembleia municipal, sob proposta da câmara municipal, no caso de empresas total
ou maioritariamente detidas pelos municípios, ou por decisão conjunta dos Ministros das Finanças, das Obras Públicas, Transportes e
Habitação e das Cidades, Ordenamento do Território e Ambiente.

2 – A extinção referida no número anterior deve ocorrer sempre
que estiver concluída a reabilitação urbana da zona de intervenção,
revertendo os bens da empresa extinta para os seus accionistas na
proporção das respectivas participações sociais.

CAPÍTULO III
Licenciamento e planos de pormenor

ARTIGO 9.º – **Competência e isenção de licenciamento**

1 – As operações urbanísticas executadas pelas SRU, dentro da respectiva zona de intervenção, estão isentas dos procedimentos de licenciamento e autorização previstos no artigo 4.º do regime jurídico da urbanização e da edificação, carecendo os projectos de simples aprovação da câmara municipal, após audição das entidades exteriores ao município que, nos termos da lei, devam emitir parecer, autorização ou aprovação.

2 – Tendo sido constituída a SRU, compete-lhe licenciar ou autorizar as operações de loteamento e as obras de construção executadas pelos proprietários ou por parceiros privados, nos termos definidos no artigo 6.º e sempre de acordo com o disposto no regime jurídico da urbanização e da edificação, bem como com o disposto no artigo seguinte.

ARTIGO 10.º – **Procedimento especial de licenciamento ou autorização**

1 – As operações urbanísticas executadas pelos proprietários ou por parceiros privados estão sujeitas a autorização ou licença administrativa, consoante a área em questão esteja ou não abrangida por plano de pormenor.

2 – No âmbito do procedimento de licenciamento há lugar a consulta, em simultâneo, às entidades que nos termos da lei se devam pronunciar, consulta essa cuja promoção deve ser efectuada pelo presidente do conselho de administração da SRU, ou pelo presidente da câmara municipal, no prazo máximo de cinco dias a contar da data do requerimento inicial, excepto se o interessado fizer prova da solicitação prévia dos pareceres, autorizações ou aprovações.

3 – Os pareceres, autorizações ou aprovações das entidades consultadas devem ser recebidos pelo presidente do conselho de administração da SRU, pelo presidente da câmara municipal ou pelo interessado, consoante quem houver promovido a consulta, no prazo de 15 dias a contar da data da recepção do processo pelas referidas entidades, considerando-se haver concordância com a pretensão formulada se não forem recebidos dentro do mesmo prazo.

456   *Direito do Património Cultural*

4 – O presidente do conselho de administração da SRU ou o presidente da câmara municipal decide:

a) Sobre o procedimento de licenciamento, no prazo de 20 dias contados, consoante o caso, da data da recepção do requerimento inicial, quando previamente efectuadas as consultas, ou do último dos pareceres, autorizações ou aprovações emitidos pelas entidades referidas no n.º 2, ou ainda do termo do prazo para a recepção dos mesmos pareceres, autorizações ou aprovações;

b) Sobre o procedimento de autorização, no prazo de 10 dias contados, consoante o caso:

i) Da data da recepção do requerimento inicial, se o IPPAR tiver sido previamente consultado ou quando não haja lugar a consulta deste Instituto;

ii) Da data de recepção do parecer do IPPAR, ou ainda do termo do prazo para a recepção do mesmo parecer, nos casos de consulta obrigatória a este Instituto.

5 – Todos os demais prazos aplicáveis previstos no regime jurídico da urbanização e da edificação são reduzidos para metade.

ARTIGO 11.º – **Comissão especial de apreciação**

1 – Pode ser constituída junto de cada município ou SRU uma comissão especial de apreciação, composta pelas entidades que nos termos da lei se devem pronunciar sobre os pedidos de licenciamento, cujo parecer, assinado por todos os seus membros com menção expressa da respectiva qualidade, substitui, para todos os efeitos, os pareceres, autorizações e aprovações referidos no n.º 2 do artigo anterior.

2 – O parecer considera-se favorável se não for emitido no prazo de 10 dias, devendo as entidades que se opõem ao pedido de licenciamento manifestar, por escrito e de forma fundamentada, ao presidente do conselho de administração da SRU ou ao presidente da câmara, a sua posição.

3 – A promoção da constituição da comissão compete ao município ou à SRU, através de solicitação escrita dirigida ao presidente do órgão executivo das entidades competentes, ou ao dirigente máximo do serviço, no caso do Estado, para que indique o respectivo representante.

Regime Jurídico da Reabilitação Urbana

4 – A competência atribuída por lei aos órgãos das diversas entidades que se devem pronunciar no âmbito dos procedimentos de licenciamento e autorização pode ser delegada em qualquer inferior hierárquico para efeitos do disposto no n.º 1 do presente artigo.

ARTIGO 12.º – **Decisão sobre planos de pormenor**

1 – Sempre que tal seja necessário ou conveniente, nomeadamente face à natureza e dimensão das operações, compete à câmara municipal tomar a decisão de elaboração de um plano de pormenor com vista à realização das operações de reabilitação urbana.

2 – Os planos de pormenor a que se refere o número anterior revestirão a modalidade simplificada prevista no n.º 2 do artigo 91.º do regime jurídico dos instrumentos de gestão territorial, estabelecido pelo Decreto-Lei n.º 380/99, de 22 de Setembro, na redacção em vigor.

3 – Sempre que a operação urbanística se insira em zona para a qual não existe plano de pormenor, caso tenha sido constituída SRU, esta deve notificar a câmara municipal para que se pronuncie sobre se entende conveniente ou necessária a elaboração de tal instrumento de gestão territorial.

4 – Para efeitos do disposto no número anterior, da notificação deve constar o teor da deliberação sobre a unidade de intervenção, bem como, se for o caso, todos os elementos disponíveis relativos à intervenção que a SRU pretende que seja levada a efeito.

5 – A câmara municipal deve responder no prazo de 20 dias, considerando-se que dispensa a elaboração de plano de pormenor se não se pronunciar dentro daquele prazo.

6 – A câmara municipal poderá encarregar a SRU da execução técnica de planos de pormenor.

CAPÍTULO IV
Procedimento de reabilitação urbana a cargo de SRU

ARTIGO 13.º – **Princípios gerais**

1 – A reabilitação urbana deverá ser prioritariamente levada a cabo pelos proprietários e demais titulares de direitos reais sobre os imóveis a recuperar.

458   *Direito do Património Cultural*

2 – As SRU deverão apoiar os proprietários na preparação e execução das acções de reabilitação.

3 – As SRU deverão informar os proprietários, demais titulares de direitos reais e arrendatários sobre os respectivos direitos e deveres no processo de reabilitação urbana, nomeadamente sobre as eventuais comparticipações financeiras públicas ou bonificações de crédito a que os mesmos podem aceder.

ARTIGO 14.º – **Definição das unidades de intervenção**

1 – A reabilitação urbana na zona de intervenção será realizada mediante a definição pela SRU de unidades de intervenção.

2 – A unidade de intervenção corresponderá, regra geral, a um quarteirão, pátio ou rua, podendo em casos de particular interesse público corresponder a um edifício.

ARTIGO 15.º – **Documento estratégico**

1 – Uma vez tomada a decisão relativamente à definição de uma concreta unidade de intervenção, e, se for o caso, aprovado o plano de pormenor nos termos do artigo 12.º, compete à SRU elaborar para a unidade em questão um documento estratégico, nos termos do número seguinte.

2 – Constam do documento estratégico:

a) A definição dos edifícios a reabilitar e a extensão das intervenções neles previstas;

b) A indicação dos respectivos proprietários, demais titulares de direitos reais e arrendatários, nos termos do artigo 37.º do presente diploma;

c) Um projecto base de intervenção, no qual se descrevem as opções estratégicas em matéria de reabilitação, designadamente no que concerne a habitação, acessibilidades, equipamentos, infra-estruturas ou espaço público, quando a intervenção inclua estas áreas, explicando sumariamente as razões das opções tomadas de modo a reflectir a ponderação entre os diversos interesses públicos relevantes;

d) A planificação e estimativa orçamental das operações a realizar;

e) A indicação dos eventuais interessados em colaborar com os proprietários na recuperação dos imóveis.

Regime Jurídico da Reabilitação Urbana 459

3 – Do documento estratégico fará ainda parte o auto de vistoria de cada uma das edificações, identificando o respectivo estado de conservação do ponto de vista da segurança, salubridade e estética.

4 – Cumprido o disposto no artigo 12.º, a SRU poderá abrir concurso para apresentação de propostas de documento estratégico.

5 – A totalidade dos proprietários em causa, directamente ou através de um promotor, poderá apresentar à SRU proposta de documento estratégico, cabendo àquela pronunciar-se sobre a proposta no prazo de 30 dias, sob pena de se considerar a mesma rejeitada.

6 – A proposta, quando apresentada directamente pelos proprietários, deverá indicar o nome, morada e demais elementos de contacto de um único representante designado por aqueles, ao qual a SRU dirigirá as notificações e com o qual manterá os contactos que se mostrarem necessários.

7 – A aprovação do documento estratégico, no quadro da situação prevista no n.º 5, não dispensa a celebração entre os particulares ou o promotor e a SRU do contrato previsto no n.º 1 do artigo 18.º do presente diploma.

8 – O documento estratégico deve ter em conta os direitos adquiridos através de licenças ou autorizações eficazes.

9 – Depois de aprovado, o documento estratégico poderá vir a ser alterado por motivo de interesse público superveniente, devendo essa alteração respeitar o disposto nos artigos 16.º e 17.º, com as devidas adaptações.

10 – A vistoria referida no n.º 3 do presente artigo deverá ser realizada pela SRU ou por entidade por esta aceite.

ARTIGO 16.º – **Participação dos interessados na elaboração do documento estratégico**

1 – Quando o documento estratégico for elaborado sem recurso ao disposto nos n.os 5 e 6 do artigo anterior, deve a SRU garantir o direito de participação dos interessados no procedimento de elaboração daquele documento.

2 – Para os efeitos do disposto no número anterior, a SRU deverá comunicar publicamente a conclusão da elaboração de um projecto base de documento estratégico através da afixação de avisos em todos os edifícios integrados na unidade de intervenção.

3 – Os interessados poderão, durante o prazo de 20 dias contados da afixação dos avisos, apresentar à SRU as sugestões e críticas

460 *Direito do Património Cultural*

que entenderem, devendo esta facultar-lhes para consulta o projecto base e todos os elementos relevantes relativos ao mesmo.

ARTIGO 17.º – **Notificação aos proprietários e sujeição a registo**

1 – Excepto na situação prevista no n.º 5 do artigo 15.º, uma vez concluída a elaboração do documento estratégico, a SRU deverá notificar os proprietários, demais titulares de direitos reais conhecidos e arrendatários da decisão referida no artigo 15.º, bem como do conteúdo daquele documento, e promover a dinamização do processo com vista à assunção pelos proprietários da responsabilidade de reabilitação.

2 – Relativamente àqueles para cuja propriedade esteja prevista a expropriação no documento estratégico, nomeadamente por o espaço em questão se destinar a arruamentos ou equipamentos públicos, a SRU deverá de imediato dar início às negociações de aquisição da propriedade apresentando a respectiva proposta.

3 – A notificação a que se refere o n.º 1 processa-se através de carta registada a enviar no prazo máximo de cinco dias depois de concluído o documento estratégico.

4 – Sem prejuízo do disposto no artigo 37.º, caso sejam desconhecidos a identificação ou o paradeiro de algum dos proprietários ou titulares de direitos reais, procede-se à citação edital no próprio prédio, pelo prazo de 15 dias, e faz-se publicar anúncio com o mesmo conteúdo do edital num jornal de grande circulação nacional.

5 – O acto de aprovação do documento estratégico fica sujeito a registo, competindo à SRU pedir a sua inscrição no registo predial de cada um dos prédios abrangidos.

ARTIGO 18.º – **Procedimento por via de acordo**

1 – Na sequência da notificação do documento estratégico, os proprietários de um mesmo edifício poderão:

a) Assumir directamente a reabilitação do edifício, estabelecendo com a SRU um contrato em que se fixem prazos, quer para a sujeição das obras a autorização ou licença administrativa quer para a execução das mesmas;

b) Acordar com a SRU os termos da reabilitação do seu edifício, encarregando aquela de proceder a essa reabilitação, mediante o compromisso de pagamento das obras acrescido de comissão de gestão a cobrar pela SRU e das demais taxas devidas nos termos da lei.

Regime Jurídico da Reabilitação Urbana

2 – No caso de as obras a realizar respeitarem a partes comuns do edifício, o acordo dos proprietários será prestado pela assembleia de condóminos, nos termos da lei, sem prejuízo do prazo previsto no artigo seguinte.

3 – Para os efeitos do disposto na alínea b) do n.º 1 do presente artigo, a SRU enviará a cada proprietário uma proposta de contrato, bem como a menção de disponibilidade para dar início imediato às negociações.

4 – O valor das obras referidas na alínea b) do n.º 1 do presente artigo deve corresponder a valores razoáveis de mercado e a comissão de gestão deve ser calculada tendo em vista o equilíbrio orçamental da SRU e não objectivos lucrativos.

ARTIGO 19.º – **Prazo**

1 – O acordo dos proprietários a que se refere o artigo anterior deve ser prestado no prazo máximo de 60 dias contado da data em que a notificação do documento estratégico se considera efectuada, prorrogável por decisão da SRU.

2 – O silêncio equivale a falta de acordo.

ARTIGO 20.º – **Intervenção forçada**

1 – Na falta do acordo de todos os proprietários sobre a reabilitação da sua fracção, ou de deliberação favorável da assembleia de condóminos quanto à reabilitação das partes comuns, a SRU toma directamente a seu cargo a tarefa de reabilitação do edifício ou de parte deste, conforme o disposto no número seguinte, devendo para o efeito adquirir a propriedade daqueles que não consentiram na reabilitação, ou, se necessário, do edifício, quando se trate da reabilitação de partes comuns.

2 – No caso previsto no número anterior, os proprietários que pretendam colaborar na reabilitação da sua fracção deverão:

a) Celebrar um contrato com a SRU, ou com a empresa prevista no artigo 31.º, mediante o qual esta se encarregará de proceder à reabilitação da sua fracção;

b) Proceder eles mesmos às obras na sua fracção, celebrando para o efeito um contrato com a SRU, no qual se comprometam a cumprir prazos e prestem garantias adequadas.

3 – Caso os acordos a que se refere o número anterior não sejam obtidos no prazo de 30 dias a contar do termo do prazo previsto no

462 *Direito do Património Cultural*

artigo 19.º, o município ou a SRU poderá proceder à expropriação do imóvel ou fracção.

4 – O disposto no presente artigo aplica-se, com as necessárias adaptações, aos edifícios não afectos ao regime da propriedade horizontal.

ARTIGO 21.º – **Expropriação por utilidade pública**

1 – Caso tal se revele necessário, a SRU procederá à expropriação dos imóveis ou fracções a reabilitar nos termos do Código das Expropriações, aprovado pela Lei n.º 168/99, de 18 de Setembro, com as especificidades previstas neste diploma.

2 – Os expropriados gozam de todos os direitos e garantias consagrados no Código das Expropriações, salvo os que sejam expressamente afastados por este diploma.

3 – Sem prejuízo do disposto no n.º 2 do artigo 13.º do Código das Expropriações, são consideradas de utilidade pública as expropriações dos imóveis e direitos a eles relativos para a execução das operações de reabilitação urbana previstas neste diploma.

4 – A propriedade dos imóveis expropriados será adquirida pela SRU.

ARTIGO 22.º – **Servidões**

1 – Podem ser constituídas as servidões necessárias à reinstalação e funcionamento das actividades localizadas nas zonas de intervenção.

2 – No caso de tal se revelar necessário, à constituição das servidões aplica-se o regime previsto no Código das Expropriações, para a expropriação por utilidade pública.

ARTIGO 23.º – **Posse administrativa**

As expropriações previstas neste diploma têm carácter de urgência, podendo a SRU tomar posse administrativa imediata do bem expropriado.

ARTIGO 24.º – **Indemnização**

1 – No cálculo do montante das indemnizações seguem-se os critérios previstos nos artigos 23.º e seguintes do Código das Expropriações, com as especificidades constantes do presente artigo.

Regime Jurídico da Reabilitação Urbana 463

2 – O montante da indemnização calcula-se com referência à data da declaração de utilidade pública e deve corresponder ao valor real e corrente dos imóveis expropriados no mercado, sem contemplação das mais-valias resultantes da reabilitação da zona de intervenção e do próprio imóvel.

3 – Quando esteja em causa a expropriação de edifícios ou construções e respectivos logradouros, a justa indemnização deve corresponder ao valor da construção existente, atendendo-se, designadamente, aos elementos referidos no n.º 1 do artigo 28.º do Código das Expropriações e ao valor do solo com os edifícios ou construções nele implantados.

4 – Para os efeitos do disposto na alínea f) do n.º 1 do artigo 28.º do Código das Expropriações, na expropriação de edifícios ou fracções com contratos de arrendamentos anteriores à entrada em vigor do Decreto-Lei n.º 321-B/90, de 15 de Outubro, na redacção em vigor, o valor a considerar é o das rendas a valores de mercado e não o das efectivamente recebidas pelo expropriado.

ARTIGO 25.º – **Direito de preferência dos antigos proprietários**

1 – No momento da primeira alienação das fracções ou imóveis já reabilitados, os antigos proprietários dos bens expropriados terão direito de preferência.

2 – A entidade que pretenda vender o bem reabilitado deverá notificar o antigo proprietário da sua intenção, com indicação do preço proposto, por meio de carta registada com aviso de recepção, tendo aquele o prazo de oito dias para declarar se pretende readquirir o bem.

3 – O preço proposto deve corresponder ao preço base pelo qual o bem será colocado no mercado, no caso de o antigo proprietário não exercer a preferência.

4 – Caso, na sequência do não exercício do direito de preferência previsto nos números anteriores, a entidade expropriante apenas venha a encontrar comprador por um preço inferior ao preço base deverá novamente notificar o antigo proprietário, comunicando-lhe o projecto de venda e as cláusulas do respectivo contrato, para exercício de segundo direito de preferência, no prazo de oito dias.

5 – O direito de preferência estabelecido neste artigo prevalece sobre o direito de preferência estabelecido na lei a favor do arrendatário na venda do local arrendado.

464   *Direito do Património Cultural*

ARTIGO 26.º – **Direitos dos arrendatários habitacionais**

1 – Sem prejuízo do disposto nos números seguintes, a expropriação faz caducar o arrendamento para habitação, aplicando-se o disposto no artigo 30.º do Código das Expropriações.

2 – Para além do disposto no artigo 30.º do Código das Expropriações, e sem prejuízo de chegarem a acordo noutros termos com a SRU ou com o município, no caso de imóveis que não se destinem a ser demolidos durante a operação de reabilitação ou que, sendo demolidos, se destinem a ser reconstruídos, desde que, em ambas as situações, para eles esteja prevista a manutenção de fracções destinadas a habitação, os arrendatários têm ainda direito de:

a) Optar pela suspensão do contrato de arrendamento pelo período em que, por força das operações de reabilitação, não possam ocupar o imóvel, seguindo-se o regime de actualização de renda previsto no artigo seguinte;

b) Optar pela manutenção do contrato, com aumento de renda nos termos do artigo seguinte, no caso de não ser necessário desocupar a fracção durante as obras.

3 – Findas as obras, os arrendatários que tenham optado pela suspensão do contrato têm direito de reocupar a respectiva fracção, ou, não havendo fracção que lhe corresponda na nova planta, outra no mesmo imóvel, ou no imóvel construído no mesmo local da unidade de intervenção de que a SRU ou o município sejam ou venham a ser proprietários por força da operação de reabilitação urbana, que satisfaça as necessidades do seu agregado.

4 – Tendo presente o disposto no número anterior, no caso de o número de fogos do imóvel que se destina a habitação e de que a SRU ou o município sejam ou venham a ser proprietários na sequência da operação de reabilitação ser inferior ao número de arrendatários com o direito a que se refere o n.º 2, o direito à suspensão do contrato é conferido segundo o seguinte regime de prioridade:

a) Em primeira prioridade, os mais idosos;

b) Em igualdade de circunstâncias daqueles, os de rendimentos mais baixos;

c) Se a igualdade de circunstâncias se mantiver, os titulares de arrendamentos mais antigos.

5 – Com a expropriação, a posição contratual dos senhorios nos contratos de arrendamento transmite-se para a SRU ou para o município.

Regime Jurídico da Reabilitação Urbana 465

6 – A opção dos arrendatários a que se refere o n.º 2 deve ter lugar na fase de expropriação amigável, devendo a entidade expropriante informar os arrendatários expressamente dessa possibilidade e do respectivo prazo de exercício.

7 – A SRU ou o município, se for o caso, devem assegurar o realojamento durante o período das obras daqueles arrendatários habitacionais que optem pela suspensão do contrato.

8 – Para os efeitos de realojamento temporário, o município ou a SRU podem optar por instalar os arrendatários em unidades residenciais, podendo propor-lhes essa solução para efeitos do acordo a que se refere o n.º 2.

9 – Por unidade residencial entende-se prédio urbano, ou parte dele, destinado ao alojamento em ambiente semi-independente, garantindo áreas independentes, designadamente quartos e instalações sanitárias, áreas independentes ou não para confecção de refeições, e partilha de algumas funções comuns, como a assistência e serviços.

10 – O disposto no n.º 2 do presente artigo não se aplica aos arrendatários que disponham no mesmo concelho, ou em concelho limítrofe, de outra habitação que satisfaça adequadamente as necessidades de habitação do seu agregado.

ARTIGO 27.º – Regime especial de actualização de renda

1 – No caso de os arrendatários previstos no artigo anterior optarem pela suspensão do contrato, a respectiva renda será actualizada, segundo critérios de mercado, até ao limite de:
  a) 10% do rendimento líquido mensal do agregado familiar, caso este não exceda dois salários mínimos nacionais;
  b) 15% do rendimento líquido mensal, nos restantes casos.

2 – O limite máximo a que se refere o número anterior será fixado pela SRU ou pelo município, com base nos valores de mercado apurados e nas declarações de IRS dos membros do agregado familiar do arrendatário relativas ao ano anterior ao da fixação da renda.

3 – Caso o limite máximo a que se refere o n.º 1 seja inferior ao valor da renda já praticada não haverá lugar a actualização da renda.

4 – Caso o arrendatário não forneça à SRU ou ao município os elementos a que se refere o n.º 2, no prazo que lhe for fixado, não inferior a 10 dias, considera-se que renunciou ao direito à manutenção ou suspensão do contrato.

466   *Direito do Património Cultural*

5 – Salvo acordo em contrário das partes, o valor fixado pela SRU ou pelo município passa a constituir o valor da renda, imediatamente aplicável no mês em que os arrendatários reocupem a fracção ou, no caso previsto na alínea b) do n.º 2 do artigo anterior, no mês seguinte ao da notificação do mesmo.

6 – A decisão da SRU ou do município a que se refere o n.º 2 pode ser impugnada nos tribunais administrativos de círculo territorialmente competentes, de cuja sentença não cabe recurso.

7 – As rendas fixadas nos termos deste artigo vigorarão, no mínimo, durante períodos de 12 meses, devendo os arrendatários apresentar anualmente à SRU, ou ao município, depois de extinta aquela, as declarações de IRS dos membros do respectivo agregado familiar para efeitos de eventual aumento de renda, no caso de, por aplicação do disposto no n.º 1 deste artigo, o valor desta passar a ser mais elevado.

ARTIGO 28.º – **Direito de preferência dos arrendatários habitacionais**

1 – Os arrendatários habitacionais cujos contratos de arrendamento caduquem como consequência da expropriação têm direito de preferência em qualquer arrendamento que o proprietário pretenda celebrar até 18 meses a contar da emissão do alvará de utilização que tenha como objecto a respectiva fracção ou imóvel depois de reabilitado.

2 – O direito de preferência referido no número anterior é extensível às situações em que, na sequência da reabilitação, à fracção anteriormente ocupada pelo arrendatário corresponda outra com a mesma localização na planta, ainda que com maior ou menor área, ou com diversa disposição interna.

3 – A notificação para efeitos do exercício do direito de preferência é efectuada para a morada que o arrendatário tiver indicado à entidade expropriante, e o referido direito deve ser exercido no prazo de oito dias a contar da recepção da notificação.

Artigo 29.º

Direitos dos arrendatários não habitacionais

1 – No caso de arrendamentos comerciais para cuja fracção esteja prevista a utilização comercial depois da operação de reabilitação urbana, o arrendatário tem o direito de optar entre a indemnização por caducidade do arrendamento e a reocupação da fracção nos

Regime Jurídico da Reabilitação Urbana

termos de um novo contrato de arrendamento, mediante o pagamento de uma renda calculada com base em valores de mercado, sem prejuízo da indemnização pela interrupção da actividade durante o período de realização das operações de reabilitação.

2 – Na falta de acordo, a renda a que se refere o número anterior será fixada por um tribunal arbitral necessário, cujo regime consta do artigo seguinte.

3 – A opção a que se refere o n.º 1 deve ter lugar durante a fase de expropriação amigável.

4 – Caso a decisão arbitral seja proferida em data posterior à da reocupação do imóvel ou fracção, a renda será devida desde a data da reocupação mas sobre os montantes já vencidos não incidirão quaisquer juros.

5 – O disposto neste artigo aplica-se, com as necessárias adaptações, aos contratos de arrendamento para indústria, para o exercício de profissões liberais e para outros fins não habitacionais.

Artigo 30.º

Regras aplicáveis ao tribunal arbitral

1 – O tribunal arbitral previsto no n.º 2 do artigo anterior é constituído por três árbitros.

2 – A parte que pretende promover a arbitragem comunicará à outra parte, por correio registado ou telefax, o requerimento arbitral, do qual conste o valor da renda que considera adequada e os respectivos fundamentos de facto e de direito, bem como a nomeação de um árbitro.

3 – A outra parte dispõe de 10 dias úteis para contestar, devendo indicar o valor da renda que considera adequado e os respectivos fundamentos de facto e de direito, bem como nomear um árbitro.

4 – A falta de contestação no prazo previsto no número anterior equivale à confissão do pedido.

5 – Caso a parte requerida recorra ao apoio judiciário na modalidade de nomeação de patrono, o prazo previsto no n.º 3 apenas começa a contar a partir da data da notificação ao patrono nomeado da sua designação, ou a partir da notificação ao requerente do pedido de nomeação de patrono da respectiva decisão de indeferimento.

6 – A não apresentação de requerimento para efeitos de apoio judiciário na modalidade de nomeação de patrono no prazo de 10 dias úteis a contar da data da notificação do requerimento arbitral equivale igualmente à confissão do pedido.

468 *Direito do Património Cultural*

7 – Os dois árbitros deverão, em 10 dias úteis, nomear, por acordo, um terceiro árbitro, que presidirá.

8 – Caso no prazo previsto no número anterior não se verifique acordo entre os dois árbitros, estes deverão notificar as partes da falta de acordo, podendo qualquer delas, de imediato, requerer ao presidente do tribunal da relação da área do imóvel a nomeação do terceiro árbitro.

9 – Constituído o tribunal, este fixará, ouvidas as partes, as regras processuais aplicáveis, tendo presente, nomeadamente, os princípios da descoberta da verdade material, do contraditório e da celeridade processual.

10 – A decisão arbitral deve ser proferida no prazo de três meses a contar da constituição do tribunal, prazo este prorrogável pelo tribunal apenas em casos de absoluta necessidade.

11 – Da decisão tomada pelo tribunal arbitral cabe recurso sobre matéria de direito para o tribunal da relação competente em função do lugar da situação do imóvel.

12 – Cada parte suporta os custos com o árbitro que nomear e com o seu patrono, bem como os custos próprios com comunicações e produção de prova.

13 – Aos demais custos, nomeadamente referentes aos honorários do terceiro árbitro e às despesas de instalação e funcionamento do tribunal, são aplicáveis as regras gerais sobre custas.

14 – As partes podem, em alternativa, acordar em recorrer à mediação, a árbitro único ou a arbitragem institucionalizada para dirimir o litígio sobre o montante da renda.

ARTIGO 31.º – **Contratos com parceiros privados**

1 – A SRU poderá celebrar contratos de reabilitação urbana com parceiros privados que se encarregarão de executar a reabilitação da unidade ou unidades de intervenção, ou de parte destas.

2 – A escolha dos parceiros privados será feita através de concurso público, o qual deverá respeitar prazos adequados de apresentação das propostas e os demais princípios concursais.

3 – Caso o concurso fique deserto, o contrato poderá ser celebrado por ajuste directo, desde que o seja em condições substancialmente idênticas às estabelecidas para efeitos de concurso.

4 – Caso o processo de reabilitação em causa resulte de documento estratégico aprovado por via de concurso, nos termos do n.º 4

Regime Jurídico da Reabilitação Urbana 469

do artigo 15.º, no concurso previsto no presente artigo pode ser considerado como factor de preferência na selecção do concorrente vencedor, em caso de propostas que mereçam, à luz dos outros critérios, ponderação semelhante, o facto de ter vencido o anterior concurso.

ARTIGO 32.º – **Intervenção directa da SRU**

1 – Competirá à SRU promover directamente a reabilitação urbana:

a) Nos casos em que opte por não celebrar contrato de reabilitação urbana;

b) Nos casos em que o concurso a que se refere o n.º 2 do artigo anterior fique deserto e não recorra ao ajuste directo previsto no n.º 3 do mesmo artigo.

2 – Atendendo à urgência das intervenções, as SRU ficam isentas da aplicação do disposto no regime das empreitadas de obras públicas relativamente às empreitadas de valor inferior ao estabelecido para efeitos de aplicação da directiva da União Europeia relativa à coordenação de processos de adjudicação de obras públicas.

ARTIGO 33.º – **Concurso público**

Compete às SRU aprovar o programa de cada um dos concursos a que se refere o n.º 2 do artigo 31.º, devendo do mesmo constar, designadamente:

a) A identificação do objecto do concurso, incluindo a delimitação clara da área a reabilitar;

b) Os requisitos de admissão dos concorrentes no que respeita às exigências de idoneidade, habilitações profissionais e capacidades técnicas, económicas e financeiras mínimas;

c) Os prazos de prestação de esclarecimentos e de apresentação das propostas;

d) O modo de apresentação das propostas;

e) Os critérios de adjudicação e respectivas ponderações;

f) A existência, ou não, de uma fase de negociações com um ou mais candidatos;

g) O prazo durante o qual os concorrentes ficam obrigados a manter as suas propostas.

470 *Direito do Património Cultural*

ARTIGO 34.º – **Contrato de reabilitação urbana**

1 – O parceiro privado escolhido celebrará com a SRU um contrato de reabilitação urbana, através do qual se obriga a proceder à reabilitação de unidade ou unidades de intervenção, ou de parte destas.

2 – Pode o contrato de reabilitação urbana prever a transferência para o parceiro privado dos direitos de comercialização dos imóveis reabilitados e de obtenção dos respectivos proventos, podendo, nomeadamente, ficar acordada a aquisição do direito de propriedade ou do direito de superfície dos bens a reabilitar por parte deste, ou a atribuição de um mandato para a venda destes bens por conta da SRU.

3 – A transferência do direito de propriedade ou do direito de superfície da SRU para terceiros, nomeadamente para o promotor privado, apenas será válida após o processo de reabilitação do imóvel em causa estar concluído.

4 – O contrato de reabilitação urbana deverá regular, designadamente:

a) A transferência, ou não, para o parceiro privado da obrigação de aquisição dos prédios existentes na área em questão, sempre que tal aquisição se possa fazer por via amigável;

b) A responsabilidade pela condução dos processos expropriativos que se revelem necessários para aquisição da propriedade pela SRU ou pelo município;

c) O modo de pagamento entre as partes do valor das indemnizações devidas por força das expropriações;

d) A obrigação de preparar os projectos a submeter a licenciamento, de os submeter a licenciamento, de promover as obras de reabilitação urbana e de requerer as respectivas licenças de utilização;

e) Os prazos em que as obrigações das partes devem ser cumpridas;

f) As contrapartidas a pagar por qualquer das duas partes contratantes, as quais poderão ser fixadas em espécie;

g) O eventual dever do parceiro privado procurar chegar a acordo com os proprietários interessados na reabilitação da respectiva fracção sobre os termos da reabilitação da mesma e a eventual cessão da posição contratual da SRU a favor do parceiro privado, no caso de aquela ter já chegado a acordo com os proprietários;

Regime Jurídico da Reabilitação Urbana 471

h) O eventual dever da SRU ou do parceiro privado por conta desta de proceder ao realojamento temporário dos arrendatários que pretendam reocupar o imóvel reabilitado;

i) As garantias de boa execução do contrato a prestar pelo parceiro privado.

ARTIGO 35.º – **Poderes de fiscalização das SRU**

1 – Compete às SRU fiscalizar o cumprimento por parte dos parceiros privados contratados das obrigações assumidas através do contrato de reabilitação urbana.

2 – Compete às SRU fiscalizar a execução das obras de reabilitação.

3 – Os parceiros privados contratados, bem como os proprietários dos imóveis, devem colaborar com os municípios e com as SRU no exercício da fiscalização, permitindo-lhes o acesso aos imóveis e aos documentos relativos à reabilitação urbana que esta solicitar.

CAPÍTULO V
Disposições finais

ARTIGO 36.º – **Procedimento de reabilitação conduzido pelos municípios**

Os municípios que assumam tarefas de reabilitação urbana em zonas históricas ou áreas de recuperação e reconversão urbanística, sem intervenção de SRU, podem optar por seguir o regime previsto neste diploma, incluindo o regime previsto no n.º 2 do artigo 32.º

ARTIGO 37.º – **Conceito de titulares de direitos reais**

Para os efeitos dos procedimentos de reabilitação urbana regulados por este diploma, consideram-se titulares de direitos reais sobre os edifícios ou fracções aqueles que no registo predial, na matriz ou em títulos bastantes de provas que exibam figurem como titulares de tais direitos, sempre que se trate de prédios omissos ou haja manifesta desactualização dos registos e das inscrições aqueles que pública e notoriamente forem tidos como tais.

472   *Direito do Património Cultural*

ARTIGO 38.º – Regime especial de constituição de propriedade horizontal

1 – No âmbito dos procedimentos da reabilitação urbana previstos no presente diploma, pode ser constituída propriedade horizontal relativamente a fracções que não reúnam as condições previstas no artigo 1415.º do Código Civil, sob condição resolutiva de virem a satisfazê-las no termo das operações de reabilitação urbana.

2 – A falta de observância dos requisitos previstos no artigo 1415.º do Código Civil no termo das operações de reabilitação urbana importa a sujeição do prédio ao regime de compropriedade, aplicando-se, com as devidas adaptações, o disposto no artigo 1416.º do Código Civil.

ARTIGO 39.º – Suprimento de incapacidade de menores, inabilitados ou interditos

As SRU têm legitimidade para requerer judicialmente o suprimento da incapacidade de menores, inabilitados ou interditos que sejam titulares de direitos reais sobre imóveis objecto dos procedimentos de reabilitação urbana previstos no presente diploma.

ARTIGO 40.º – Contratos-programa

As SRU podem celebrar contratos-programa com o Estado, aplicando-se, com as necessárias adaptações, o disposto no Decreto-Lei n.º 384/87, de 24 de Dezembro, na redacção em vigor.

ARTIGO 41.º – Fundos de investimento imobiliário

1 – Para a execução da reabilitação urbana, poderão constituir-se fundos de investimento imobiliário fechados de subscrição particular.

2 – A subscrição de unidades de participação nos fundos referidos no número anterior pode ser feita em dinheiro ou através da entrega de prédios ou fracções a reabilitar.

3 – Para o efeito previsto no número anterior, o valor dos prédios ou fracções será determinado pela entidade gestora do fundo, dentro dos valores de avaliação apurados por dois avaliadores independentes registados na Comissão do Mercado de Valores Mobiliários e por aquela designados.

Regime Jurídico da Reabilitação Urbana 473

4 – As entidades gestoras de fundos de investimento imobiliário podem concorrer aos concursos a que se refere o artigo 31.º, para efeitos da celebração do contrato de reabilitação a que se refere o artigo 34.º

5 – Em tudo o que não contrarie o presente artigo aplica-se o regime jurídico dos fundos de investimento imobiliário fechados de subscrição particular estabelecido no Decreto-Lei n.º 60/2002, de 20 de Março.

6 – Os Ministros das Finanças e das Obras Públicas, Transportes e Habitação podem regulamentar o disposto no presente artigo através de portaria conjunta, designadamente no que respeita à aplicação dos artigos 20.º e 31.º aos fundos de investimento imobiliário.

ARTIGO 42.º – **Dever de cooperação**

Todas as entidades públicas e privadas devem cooperar activa e empenhadamente na prossecução do interesse público de reabilitação urbana.

ARTIGO 43.º – **Aplicação a procedimentos em curso**

1 – Sem prejuízo dos direitos adquiridos, o regime previsto neste diploma aplica-se aos procedimentos de reabilitação urbana já iniciados.

2 – Pode ser atribuído às SRU que venham a ser constituídas o exercício de competências relativas a procedimentos de reabilitação já indicados.

3 – Os municípios com procedimentos de reabilitação em curso poderão transferir as respectivas posições contratuais para as SRU que venham a constituir.

14

Código Penal Português

ARTIGO 204.º – **Furto qualificado**

(...)

2. Quem furtar coisa móvel alheia:

(...)

d) Que possua importante valor científico, artístico ou histórico e se encontre em colecção ou exposição públicas ou acessíveis ao público;

(...)

é punido com pena de prisão de 2 a 8 anos.

(...)

4. Não há lugar à qualificação se a coisa furtada for de diminuto valor.

ARTIGO 210.º – **Roubo**

(...)

2. A pena é de prisão de 3 a 15 anos se:

(...)

b) Se verificarem, singular ou cumulativamente, quaisquer situações referidas nos n.ºˢ 1 e 2 do art. 204.º, sendo correspondentemente aplicável o disposto no n.º 4 do mesmo artigo.

ARTIGO 213.º – **Dano qualificado**

1. Quem destruir, no todo ou em parte, danificar, desfigurar ou tornar não utilizável:

(...)

b) Monumento Público;

(...)

476 *Direito do Património Cultural*

d) Coisa pertencente ao património cultural e legalmente classificada ou em vias de classificação;

(...)

é punido com pena de prisão até 5 anos ou pena de multa até 600 dias.

2. Quem destruir, no todo em parte, danificar, desfigurar ou tornar não utilizável coisa alheia:

(...)

c) Que possua importante valor científico, artístico ou histórico e se encontre em colecção ou exposição públicas ou acessíveis ao público;

(...)

é punido com pena de prisão de 2 a 8 anos.

3. É correspondentemente aplicável o disposto nos n.ᵒˢ 3 e 4 do artigo 204.º, no artigo 206.º e na alínea *a*) do artigo 207.º.

ARTIGO 242.º – **Destruição de monumentos**

Quem, violando normas ou princípios do direito internacional geral ou comum, em tempo de guerra, de conflito armado ou de ocupação, destruir ou danificar, sem necessidade militar, monumentos culturais ou históricos ou estabelecimentos afectos à ciência, às artes, à cultura, à religião ou a fins humanitários é punido com pena de prisão de 3 a 10 anos.

ANEXOS

Outros instrumentos relativos ao Património Cultural

1. Instrumentos de âmbito Internacional

1.1. *UNESCO*

- *Recomendação que define os princípios internacionais que devem aplicar-se às escavações arqueológicas – 1956*
- *Recomendação relativa à concorrência internacional em arquitectura e planeamento das cidades – 1956*
- *Recomendação relativa aos instrumentos mais eficazes para tornar os museus acessíveis a todos – 1960*
- *Recomendação relativa à protecção da beleza e das características dos lugares e das paisagens – 1962*
- *Recomendação sobre medidas encaminhadas a proibir e impedir a exportação, importação e transferência de propriedades ilícitas de bens culturais – 1964*
- *Recomendação sobre a conservação dos bens culturais que a execução de obras públicas ou privadas possa por em perigo – 1968*
- *Recomendação sobre a protecção, no âmbito nacional, do património cultural e natural – 1972*
- *Recomendação de Nairobi, relativa à salvaguarda dos conjuntos históricos e à sua função na vida quotidiana – 1976*
- *Recomendação sobre o intercâmbio internacional de bens culturais – 1976*
- *Recomendação relativa à participação e contribuição das massas populares na vida nacional – 1976*
- *Recomendação sobre a protecção dos bens culturais móveis – 1978*
- *Recomendação sobre a salvaguarda e a conservação das imagens em movimento – 1980*

480   *Direito do Património Cultural*

- *Recomendação relativa à vida do artista* – 1980
- *Recomendação para a salvaguarda da cultura tradicional e popular* – 1989

1.2. International Council on Monuments and Sites – ICOMOS

1.2.1. Cartas adoptadas pela Assembleia Geral de ICOMOS:

- *Carta Internacional para a Conservação e Restauração de Monumentos e Sítios (A Carta de Veneza)* – 1964
- *Carta de Florença (Carta relativa à Salvaguarda de Jardins Históricos)* – 1982
- *Carta Internacional para a Salvaguarda das Cidades Históricas* – 1987
- *Carta Internacional para a Gestão do Património Arqueológico* – 1990
- *Carta Internacional para a Protecção e a Gestão do Património Cultural Subaquático* – 1996
- *Carta Internacional sobre Turismo Cultural* – 1999
- *Princípios a observar para a Conservação das Estruturas Históricas em Madeira*– 1999
- *Carta do Património Vernáculo Construído* – 1999
- *Princípios para a Análise Conservação e Restauro das Estruturas do Património Arquitectónico* – 2003
- *Princípios para a Preservação, Conservação e Restauro das Pinturas Murais* – 2003

1.2.2. Cartas produzidas pelos Comités Nacionais de ICOMOS:

- *Carta de ICOMOS Austrália para a conservação de lugares e bens patrimoniais de valor cultural (A Carta de Burra)* – 1979[1]
- *Carta de Conservação do Património Quebequiano (Comité Francófono do ICOMOS Canadá) – Declaração de Deschambault* – 1982

---

[1] A carta de Burra foi adoptada em 19 de Agosto de 1979 pelo ICOMOS Austrália (Comité Nacional Australiano do ICOMOS em Burra, Austrália do Sul e foi posteriormente actualizada em 23 de Fevereiro de 1981, em 23 de Abril de 1988 e em 26 de Novembro de 1999.

Anexos   481

- *Carta de* Appleton *para a protecção e a valorização do Ambiente Construído (Comité Anglófono do ICOMOS Canadá)* – 1983
- *Seminário Brasileiro sobre a Preservação e Revitalização dos Centros Históricos (ICOMOS Brasil)* – 1987
- *Carta para a Conservação de Lugares com valor histórico- -cultural (ICOMOS Nova Zelândia)* – 1992
- *Carta para a Preservação das Cidades Históricas e Áreas dos Estados Unidos da América (ICOMOS dos EUA)* – 1992

1.2.3. Resoluções e Declarações de Simpósios do ICOMOS:

- *Resolução do Simpósio sobre a Introdução da Arquitectura Contemporânea em Conjuntos de Edifícios Antigos* – 1972
- *Resolução sobre a Conservação de Pequenas Cidades Históricas* – 1975
- *Declaração de Tlaxcala sobre a Revitalização de Pequenos Sítios* – 1982
- *Declaração de Dresden (Reconstrução de Monumentos Destruídos pela Guerra)* – 1982
- *Declaração de Roma (Medidas para a Conservação de Monumentos e Sítios)* – 1983
- *Directrizes para a Educação e Instrução na Conservação de Monumentos, Conjuntos e Sítios* – 1993
- *Documento Nara sobre a Autenticidade (Diversidade Cultural e Diversidade do Património* – 1994
- *Declaração de Santo António (Autenticidade na Conservação e Gestão do Património Cultural)* – 1996
- *Princípios para a gravação de Monumentos, Conjuntos de Edifícios e Sítios* – 1996
- *Declaração de Estocolmo (Declaração do ICOMOS por ocasião do 50° aniversário da Declaração Universal dos Direitos do Homem)* – 1998

1.3. *International Council of Museums – ICOM*

- *Código deontológico do ICOM para Museus* – 1986 (com as alterações de 2001)
- *Resoluções adoptadas pelas Conferências Gerais do ICOM de 1946-2005*

1.4. Conselho da Europa

1.4.1.1. *Carta Europeia do Património Arquitectural – proclamada no Congresso sobre o Património Arquitectural Europeu, que teve lugar em Amsterdão, nos dias 21 a 25 de Outubro de 1975*
1.4.1.2. *Apelo de Granada relativo à Arquitectura rural no âmbito do ordenamento do território – 1976*
1.4.1.3. *Resolução 813 relativa à Arquitectura Contemporânea – 1983*
1.4.1.4. *Código de Boas Práticas nos Projectos Arqueológicos e Urbanos – 2000*

1.5. Outros Documentos

- *Carta de Atenas para a restauração de monumentos históricos – 1931*
- *Normas de Quioto – relatório final da reunião sobre conservação e utilização de monumentos e lugares de interesse histórico e artístico – 1967*
- *Simpósio de Cracow relativo à Segurança e Cooperação na Europa em matéria de Património Cultural – 1991*
- *Documento de Nara sobre a noção de autenticidade na Conservação do património Cultural – 1994*
- *Acordo Cultural entre a República Portuguesa e a República de Cabo Verde na Área do Património Arquitectónico e Recuperação do Património Histórico – 1997*

2. Instrumentos Normativos de âmbito Nacional

2.1. Organização Administrativa do Património

- *Decreto-Lei n.º 331/82, de 18 de Agosto* – Cria o Depósito Nacional de Espécies Museológicas
- *Decreto-Lei n.º 361/90, de 23 de Novembro (com as alterações introduzidas pelo Decreto-Lei n.º123/98, de 9 de Maio)* – Cria o Conselho Superior de Bibliotecas
- *Decreto-Lei n.º 60/97, de 20 de Março* – Instituto dos Arquivos Nacionais /Torre do Tombo
- *Decreto-Lei n.º 89/97, de 19 de Abril* – Biblioteca Nacional
- *Decreto-Lei n.º 103/97, de 28 de Abril* – Aprova o estatuto do Instituto de Arte Contemporânea, do Ministério da Cultura

Anexos 483

- *Decreto-Lei n.º 372/98, de 23 de Novembro* – Cria o Conselho Superior de Arquivos
- *Decreto-Lei n.º 13/99, de 11 de Janeiro* – Cria a Estação Arqueológica do Freixo, como serviço dependente do Instituto Português do Património Arquitectónico (IPPAR) e adita a mesma à respectiva lista de serviços dependentes
- *Decreto-Lei n.º 210/99, de 11 de Junho* – Secretaria-Geral do Ministério da Cultura
- *Decreto-Lei n.º 398/99, de 13 de Outubro* – Aprova a nova orgânica do Instituto Português de Museus
- *Decreto Regulamentar n.º 29/93, de 16 de Setembro (com as alterações introduzidas pelo Decreto Regulamentar n.º 24/ /99, de 27 de Outubro)* – Define a estrutura das unidades orgânicas da Direcção-Geral dos Edifícios e Monumentos Nacionais, bem como a localização e a sede das respectivas direcções regionais
- *Portaria n.º 1008/2000, de 19 de Outubro* – Define as áreas geográficas de actuação dos serviços regionais do Instituto Português do Património Arquitectónico (IPPAR)
- *Decreto Regulamentar Regional n.º7/2000/A, de 10 de Fevereiro* – Aprova a orgânica do Gabinete da Zona Classificada de Angra do Heroísmo

2.2. *Protecção de Bens Culturais*

- *Decreto-Lei n.º 429/77, de 15 de Outubro* – Estabelece normas relativas à salvaguarda de arquivos e bens culturais pertencentes a empresas privadas
- *Decreto-Lei n.º16/93, de 23 de Janeiro* – Estabelece o regime geral dos arquivos e do património arquivístico
- *Decreto-Lei n.º 215/2000, de 2 de Setembro* – Constitui a sociedade anónima de capitais exclusivamente públicos Parque Sintra Monte da Lua, S.A. (entidade que tem a seu carga a tutela da protecção da paisagem cultural de Sintra)
- *Decreto Regional n.º13/79/A, de 16 de Agosto* – Define o património cultural da Região dos Açores e estabelece normas relativas à sua protecção

- *Decreto Legislativo Regional n.º 30/83/A, de 29 de Outubro* – Estabelece as normas sobre achados no fundo do mar dos Açores
- *Decreto Legislativo Regional n.º23/91/M, de 16 de Agosto* – Aprova o regime de protecção de bens móveis do património cultural da Região Autónoma da Madeira
- *Decreto Legislativo Regional n.º16/93/M, de 13 de Setembro (com as alterações introduzidas pelos Decreto Legislativo Regional n.º6/96/M, de 27 de Junho e Decreto Legislativo Regional n.º21/98/M, de 17 de Setembro)* – Aprova medidas de protecção e valorização da paisagem relativas ao acabamento exterior dos edifícios
- *Decreto Legislativo Regional n.º32/96/A, de 13 de Julho* – Estabelece as normas de classificação e o sistema de apoios à conservação ou reconstrução dos moinhos de vento e de água da Região Autónoma dos Açores.
- *Decreto Legislativo Regional n.º13/98/A, de 4 de Agosto* – Define e caracteriza o património baleeiro regional e estabelece medidas e apoios destinados à respectiva inventariação, recuperação, preservação e utilização
- *Decreto Legislativo Regional n.º11/2000/A, de 19 de Maio* – Aprova o regulamento de protecção aos imóveis classificados
- *Decreto Legislativo Regional n.º32/2000/A, de 24 de Outubro* – Estabelece medidas cautelares para a preservação e salvaguarda do património natural e cultural das fajãs da ilha de São Jorge
  - *Resolução do Conselho de Ministros n.º96/2000, de 26 de Julho* – Considera a gastronomia portuguesa como um bem imaterial integrante do património cultural de Portugal
  - *Decreto n.º32/97, de 2 de Julho* – Classifica como monumento nacional os Sítios Arqueológicos no Vale do Rio Côa
  - *Decreto Regulamentar n.º 68-D/79, de 27 de Dezembro* – Estabelece disposições quanto à defesa de determinado património cultural e monumental e à preservação de certas áreas da estrutura verde da cidade de Évora
  - *Decreto Regulamentar Regional n.º8/97/A, de 14 de Abril* – Estabelece uma área envolvente de protecção dos imóveis classificados

2.3. Domínio Público

- *Decreto-Lei n.º 477/80, de 15 de Outubro* – Cria o Inventário Geral do património do Estado
- *Decreto-Lei n.º 32/99, de 5 de Fevereiro (com as alterações introduzidas pela Lei n.º 131/99, de 28 de Agosto)* – Regime de alienação e da reafectação dos imóveis pertencentes ao domínio privado do Estado afectos ao Ministério da Defesa Nacional

2.4. Arqueologia

- *Decreto-Lei n.º270/99, de 15 de Julho (com as alterações introduzidas pelo Decreto-Lei n.º 287/2000, de 10 de Novembro)* – Aprova o Regulamento de Trabalhos Arqueológicos.
- *Lei n.º 121/99, de 20 de Agosto* – Utilização de detectores de metais
- *Decreto-Lei n.º131/2002, de 11 de Maio* – Estabelece a forma de criação e gestão de parques arqueológicos, bem como os objectivos, o conteúdo material e o conteúdo documental do plano de ordenamento de parque arqueológico
  - *Portaria n.º 568/95, de 16 de Junho* – Aprova o Regulamento dos Trabalhos Arqueológicos Subaquáticos
  - *Portaria n.º51/98, de 4 de Fevereiro* – Aprova a tabela de recompensas por achados arqueológicos

2.5. Urbanismo

- *Lei n.º 2032, de 11 de Junho de 1949* – Promulga disposições sobre protecção e conservação de todos os elementos ou conjuntos de valor arqueológico, histórico, artístico ou paisagístico concelhios.
- *Decreto-Lei n.º 205/88, de 16 de Junho* – determina que os projectos de arquitectura são da exclusiva responsabilidade dos arquitectos em imóveis classificados e respectivas zonas de protecção
- *Decreto-Lei n.º 555/99, de 16 de Dezembro (com as alterações introduzidas pelo Decreto-Lei n.º 177/2001, de 4 de Junho)* – Regime jurídico da urbanização e da edificação
  - *Resolução do Conselho de Ministros n.º 26/2000, de 15 de Maio* – Aprova o Programa Polis – Programa de Requalificação Urbana e Valorização Ambiental das Cidades

2.6. Incentivos financeiros

- *Decreto-Lei n.º197/92, de 22 de Setembro (com as alterações introduzidas pelo Decreto-Lei n.º104/96, de 31 de Julho e pelo Decreto-Lei n.º329-C/2000, de 22 de Dezembro)* – cria o Regime Especial de Comparticipação na Recuperação de Imóveis Arrendados (RECRIA)
  - *Portaria n.º 1214-B/2000, de 27 de Dezembro* – cria e regulamenta o Sistema de Incentivos a Produtos Turísticos de Vocação Estratégica (SIVETUR)
  - *Despacho Normativo n. 24/2002, de 18 de Abril* – regulamenta a execução do Programa de Intervenções para a Qualificação do Turismo (PIQTUR), aprovado no âmbito do Plano de Consolidação do Turismo pela Resolução do Conselho de Ministros n.º 12/2002
  - *Decreto Regulamentar Regional n.º25/99/M, de 27 de Agosto* – Estabelece o sistema de enquadramento e definição legal dos apoios financeiros a projectos de interesse cultural ou de promoção e animação turísticas
  - *Decreto Regulamentar Regional n.º16/2000/A, de 30 de Maio* – Estabelece o sistema de apoios a conceder pela administração regional autónoma à recuperação e conservação do património cultural arquitectónico e móvel da Região Autónoma dos Açores
  - *Decreto Regulamentar Regional n.º24/2000/A, de 7 de Setembro* – Regulamenta o sistema de apoios à recuperação, conservação e valorização do património baleeiro da Região Autónoma dos Açores

2.7. Turismo Cultural

- *Decreto-Lei n.º 167/97, de 4 de Julho (com as alterações introduzidas pelo Decreto-Lei n.º 305/99, de 6 de Agosto)* – Aprova o regime jurídico da instalação e do funcionamento dos empreendimentos turísticos.
- *Decreto-Lei n.º47/99, de 16 de Fevereiro* – Regula o turismo de natureza
- *Decreto-Lei n.º 54/2002, de 11 de Março* – Estabelece o novo regime jurídico da instalação e do funcionamento dos empreendimentos de turismo no espaço rural

Anexos 487

- *Resolução do Conselho de Ministros n.º127/97, de 30 de Julho de 2000 (actualizada pela Resolução do Conselho de Ministros n.º19/2000, de 28 de Abril)* – cria o Programa de Incremento do Turismo Cultural

2.8. Conservação e Restauro

- *Decreto n.º 20985, de 7 de Março de 1932* – Institui ou Conselho Superior de Belas Artes, normas sobre belas-artes, arqueologia, protecção e conservação de monumentos.
- *Decreto-Lei n.º 342/99, de 25 de Agosto* – Cria o Instituto Português de Conservação e Restauro
  - *Portaria n.º155/87, de 5 de Março* – Determina que qualquer arranjo, alteração, restauro ou outra obra a efectuar em órgãos que estejam classificados ou em vias de classificação só possam ser executados após o prévio parecer do IPPC, que deverá proceder ao acompanhamento técnico das obras a realizar

2.9. Classificação de Bens Imóveis (a partir de 1970)

- *Decreto-Lei n.º392/91, de 10 de Outubro de 1991* – Cria os Sítios Classificados de Rocha da Pena e Fonte Benémola, no município de Loulé
  - *Decreto Legislativo Regional n.º15/84/A, de 13 de Abril* – Classifica a zona central da cidade de Angra do Heroísmo como monumento regional
  - *Decreto Legislativo Regional n.º21/86/M, de 2 de Outubro* – Classifica a zona velha da cidade do Funchal como conjunto arquitectónico de valor regional
  - *Decreto Legislativo Regional n.º10/88/A, de 30 de Março de 1988* – Classifica a vila de Santa Cruz da Graciosa, na Região Autónoma dos Açores, para efeitos de defesa paisagística e cultural
  - *Decreto Legislativo Regional n.º29/99/A, de 31 de Julho* – Classifica a zona central da cidade de Angra do Heroísmo
  - *Decreto n.º129/77, de 29 de Setembro* – Classifica vários imóveis como monumentos nacionais
  - *Decreto n.º95/78, de 12 de Setembro* – Estabelece a classificação de vários imóveis como monumentos nacionais, de interesse público e de valor concelhios

- *Decreto n.º 28/82, de 26 de Fevereiro* – Classifica vários imóveis como monumentos nacionais, edifícios de interesse público e valor concelhios
- *Decreto n.º 29/84, de 25 de Junho* – Classifica vários imóveis como monumento nacional, como de interesse público ou como valor concelhios
- *Decreto n.º 29/90, de 17 de Julho* – Classifica diversos monumentos nacionais e imóveis de interesse público
- *Decreto n.º 26-A/92, de 1 de Junho* – Procede à classificação de imóveis arqueológicos como monumentos nacionais, imóveis de interesse público e imóveis de valor concelhio
- *Decreto n.º 45/93, de 30 de Novembro* – Classifica como monumentos nacionais, imóveis de interesse público e imóveis de valor concelhio 128 imóveis de relevante interesse arquitectónico e arqueológico
- *Decreto n.º2/96, de 6 de Março (com as rectificações introduzidas pela Declaração de Rectificação n.º10-E/96, de 31 de Maio e pela Declaração de Rectificação n.º9-J/ /98, de 30 de Abril)* – Classifica como monumentos nacionais, imóveis de interesse público e imóveis de valor concelhio vários imóveis de relevante interesse arquitectónico
- *Decreto n.º32/97, de 2 de Julho* – Classifica como monumento nacional os Sítios Arqueológicos no Vale do Rio Côa
- *Decreto n.º67/97, de 31 de Dezembro* – Classifica como monumentos nacionais, imóveis de interesse público e imóveis de valor concelhio vários imóveis de relevante interesse arquitectónico e arqueológico
- *Decreto n.º5/2002, de 19 de Fevereiro* – Procede à classificação de 107 imóveis como monumentos nacionais e imóveis de interesse público

2.10. *Outras referências*

- *Lei n.º11/87, de 7 de Abril* – Lei de Bases do Ambiente
- *Lei n.º83/95, de 31 de Agosto* – Lei de Participação Procedimental e de Acção Popular
- *Lei n.º 159/99, de 14 de Setembro* – Estabelece o quadro de transferência de atribuições e competências para as autarquias locais

- *Lei n.º 168/99, de 18 de Setembro* – Aprova o Código das Expropriações
- *Lei n.º 169/99, de 18 de Setembro (com as alterações introduzidas pela Lei n.º 5-A/2002, de 11 de Janeiro)* – Estabelece o quadro de competências, assim como o regime jurídico de funcionamento, dos órgãos dos municípios e das freguesias

Critérios relativos à Classificação de Bens Culturais e Naturais, no Âmbito da Convenção para a Protecção do Património Mundial, Cultural e Natural

Critérios para a classificação de bens culturais

(i) Representar uma obra-prima do génio criador humano.

(ii) Testemunhar uma troca de influências considerável durante um dado período ou numa área cultural determinada, sobre o desenvolvimento da arquitectura, ou da tecnologia das artes monumentais, da planificação das cidades ou da criação de paisagens.

(iii) Fornecer um testemunho único ou excepcional sobre uma tradição cultural ou uma civilização viva ou desaparecida.

(iv) Oferecer um exemplo eminente de um tipo de construção ou de conjunto arquitectónico ou tecnológico ou de paisagem ilustrando um ou vários períodos significativos da história humana.

(v) Constituir um exemplo eminente de fixação humana ou de ocupação do território tradicionais representativos de uma cultura (ou de várias culturas), sobretudo quando o mesmo se torna vulnerável sob o efeito de mutações irreversíveis.

(vi) Estar directa ou materialmente associado a acontecimentos ou a tradições vivas, a ideias, a crenças, ou a obras artísticas e literárias com um significado universal excepcional.

Critérios para a classificação de bens naturais

(i) Serem exemplos eminentemente representativos dos grandes estádios da história da terra, incluindo o testemunho da vida, de processos geológicos em curso no desenvolvimento das formas terrestres ou de elementos geomórficos ou fisiográficos de grande significado.

(ii) Serem exemplos eminentemente representativos de processos ecológicos e biológicos em curso na evolução e no desenvolvimento de ecossistemas e de comunidades de plantas e de animais terrestres, aquáticos, costeiros e marinhos.

(iii) Representarem fenómenos naturais ou áreas de uma beleza natural e de uma importância estética excepcional.

(iv) Conter os *habitats* naturais mais representativos e mais importantes para a conservação *in situ* da diversidade biológica, incluindo aqueles onde sobrevivem espécies ameaçadas que tenham um valor universal excepcional do ponto de vista da ciência ou da conservação.

Bens Portugueses inscritos na Lista do Património Mundial

CENTRO HISTÓRICO DE ANGRA DO HEROÍSMO

Data de Inscrição 1983
Critérios C (iv) (vi):
C iv: excelente exemplo de um tipo de construção ou um conjunto arquitectónico ou tecnológico ou paisagístico ilustrando um ou mais períodos significativos da história da humanidade.
C vi: directa ou materialmente associado a acontecimentos ou tradições, ideias, crenças ou obras artísticas e literárias com um significado universal.
Justificação da Inscrição Relatório da 7.ª sessão do Comité
Breve Descrição Esta cidade, situada numa das ilhas do Arquipélago dos Açores, foi um porto de escala obrigatório desde o século XV até ao aparecimento dos barcos a vapor, no século XIX. As suas imponentes fortificações de São Sebastião e de São João Baptista, construídas há cerca de 400 anos, são um exemplo único de arquitectura militar.
Entidade que tutela: Gabinete da Zona Classificada de Angra do Heroísmo

MOSTEIRO DOS JERÓNIMOS E TORRE DE BELÉM

Data de Inscrição 1983
Critérios C (iii) (vi):
C iii: proporciona um testemunho único ou pelo menos excepcional sobre uma tradição cultural ou de uma civilização mesmo que desaparecida.
C vi: directa ou materialmente associado a acontecimentos ou tradições, ideias, crenças ou obras artísticas e literárias com um significado universal.

494 *Direito do Património Cultural*

Justificação da Inscrição Relatório da 7.ª sessão do Comité

Breve Descrição Situado à entrada do porto de Lisboa, o Mosteiro dos Jerónimos, cuja construção se iniciou em 1502, é considerado a "jóia" do manuelino, um estilo exclusivamente português, enquanto a vizinha Torre de Belém, construída para comemorar a expedição de Vasco da Gama, é um monumento às grandes descobertas marítimas que lançaram as fundações do mundo moderno.

Entidade que tutela: Instituto Português do Património Arquitectónico (IPPAR)

MOSTEIRO DA BATALHA

Data de Inscrição 1983

Critérios C (i) (ii):

C i: representativa de uma obra prima do génio criativo da humanidade.

C ii: testemunho de uma troca considerável de influências durante um dado período ou numa determinada área cultural, sobre o desenvolvimento da arquitectura, ou da tecnologia das artes monumentais, do ordenamento das cidades ou da formação das paisagens.

Justificação da Inscrição Relatório da 7.ª sessão do Comité

Breve Descrição Construído para comemorar a vitória dos portugueses sobre os castelhanos na Batalha de Aljubarrota em 1385, o Mosteiro da Batalha é o grande monumento do gótico final português, onde também nasceu o estilo manuelino, ilustrado pela sua obra-prima, o Claustro Real.

Entidade que tutela: Instituto Português do Património Arquitectónico (IPPAR)

CONVENTO DE CRISTO EM TOMAR

Data de Inscrição 1983

Critérios C (i) (vi):

C i: representativa de uma obra prima do génio criativo da humanidade.

C vi: directa ou materialmente associado a acontecimentos ou tradições, ideias, crenças ou obras artísticas e literárias com um significado universal.

Justificação da Inscrição Relatório da 7.ª sessão do Comité

Breve Descrição Originalmente concebido como um monumento simbolizando a Reconquista, o Convento dos Cavaleiros Templários de Tomar, transferido em 1344 para os Cavaleiros da Ordem de Cristo, passou a simbolizar, no período manuelino, a abertura de Portugal a outras civilizações.

Entidade que tutela: Instituto Português do Património Arquitectónico (IPPAR)

CENTRO HISTÓRICO DE ÉVORA

Data de Inscrição 1986

Critérios C (ii) (iv):

C ii: testemunho de uma troca considerável de influências durante um dado período ou numa determinada área cultural, sobre o desenvolvimento da arquitectura, ou da tecnologia das artes monumentais, do ordenamento das cidades ou da formação das paisagens.

C iv: excelente exemplo de um tipo de construção ou um conjunto arquitectónico ou tecnológico ou paisagístico ilustrando um ou mais períodos significativos da história da humanidade.

Justificação da Inscrição Relatório da 10.ª sessão do Comité

Breve Descrição Esta vila-museu, que remonta à época romana, teve a sua idade de ouro no século XV, quando foi residência dos reis de Portugal. O seu carácter único vem das suas casas caiadas de branco e decoradas com azulejos e varandas de ferro forjado que datam dos séculos XVI a XVIII. Os seus monumentos tiveram uma influência decisiva na arquitectura portuguesa no Brasil.

Entidade que tutela: Câmara Municipal de Évora

MOSTEIRO DE ALCOBAÇA

Data de Inscrição 1989

Critérios C (i) (iv):

C i: representativa de uma obra prima do génio criativo da humanidade.

C iv: excelente exemplo de um tipo de construção ou um conjunto arquitectónico ou tecnológico ou paisagístico ilustrando um ou mais períodos significativos da história da humanidade.

Justificação da Inscrição Relatório da 13.ª sessão do Comité

Breve Descrição O Mosteiro de Santa Maria de Alcobaça, a norte de Lisboa, foi fundado no século XII pelo Rei D. Afonso Henriques. O seu tamanho, a clareza do seu estilo arquitectónico, a beleza dos materiais usados e o cuidado com que foi construído fazem dele uma obra-prima da arte gótica cisterciense.

496 *Direito do Património Cultural*

Entidade que tutela: <u>Instituto Português do Património Arquitectónico</u> (IPPAR)

PAISAGEM CULTURAL DE SINTRA

Data de Inscrição 1995
Critérios C (ii) (iv) (v):
C ii: testemunho de uma troca considerável de influências durante um dado período ou numa determinada área cultural, sobre o desenvolvimento da arquitectura, ou da tecnologia das artes monumentais, do ordenamento das cidades ou da formação das paisagens.
C iv: excelente exemplo de um tipo de construção ou um conjunto arquitectónico ou tecnológico ou paisagístico ilustrando um ou mais períodos significativos da história da humanidade.
C v: excelente exemplo da criação humana ou da ocupação do território, representativa de uma cultura tradicional (ou de culturas), principalmente quando se tornam vulneráveis sob os efeitos de mutações irreversíveis.
Justificação da Inscrição Relatório da 19.ª sessão do Comité
Breve Descrição Sintra foi, no século XIX, o primeiro foco da arquitectura romântica europeia. Fernando II transformou aqui as ruínas de um mosteiro num castelo onde a nova sensibilidade se exprimiu pela utilização de elementos góticos, egípcios, islâmicos e da Renascença, e pela criação de um parque conjugando espécies locais e exóticas. Outras residências de prestígio foram construídas segundo o mesmo modelo, na serra, criando uma combinação única de parques e jardins que influenciaram o desenvolvimento de paisagens na Europa.
Entidades que tutelam: <u>Sociedade Parques de Sintra – Monte da Lua; Câmara Municipal de Sintra</u>

CENTRO HISTÓRICO DO PORTO

Data de Inscrição 1996
Critérios C (iv):
C iv: excelente exemplo de um tipo de construção ou um conjunto arquitectónico ou tecnológico ou paisagístico ilustrando um ou mais períodos significativos da história da humanidade.
Justificação da Inscrição Relatório da 20.ª sessão do Comité
Breve Descrição Na desembocadura do Douro, a cidade do Porto desenvolve-se nas colinas que dominam o rio e forma uma paisagem urbana excepcional, herdeira de uma história milenar. O seu

Anexos 497

crescimento contínuo, ligado à actividade marítima – foram os romanos que a baptizaram como *Portus*, ou seja, o Porto -, está patente na profusão e diversidade de monumentos que se dispõem harmoniosamente, desde a sua Catedral com coro românico à Bolsa neoclássica, passando ainda pela igreja de Santa Clara, de estilo manuelino, típico de Portugal.

Entidade que tutela: <u>Câmara Municipal do Porto</u>

SÍTIO DE ARTE RUPESTRE PRÉ-HISTÓRICA DO VALE DO CÔA

Data de Inscrição 1998

Critérios C (i) (iii):
C i: representativa de uma obra prima do génio criativo da humanidade.
C iii: proporciona um testemunho único ou pelo menos excepcional sobre uma tradição cultural ou de uma civilização mesmo que desaparecida.
Justificação da Inscrição Relatório da 22.ª sessão do Comité
Critério C i: a arte rupestre do Paleolítico superior do Vale do Côa é uma ilustração excepcional da expansão repentina do génio criador, nos alvores do desenvolvimento cultural do homem.
Critério C iii: a arte rupestre do Vale do Côa expõe, de forma excepcional, a vida social, económica e espiritual dos primeiros ancestrais da humanidade.
Breve Descrição Esta excepcional concentração de gravuras rupestres do Paleolítico superior (de 22.000 a 10.000 anos a C.) constitui o exemplo mais importante das primeiras manifestações da criação artística humana, até agora desconhecido a um nível semelhante em qualquer outra parte do mundo.
Entidade que tutela: <u>Parque Arqueológico do Vale do Côa</u>

FLORESTA LAURISSILVA DA MADEIRA

Data de Inscrição 1999
Critérios N (ii) (iv):
N ii: Exemplar eminentemente representativo do processo ecológico e biológico em curso na evolução e desenvolvimento de ecossistemas e comunidades de plantas e animais terrestres, aquáticos, costeiros e marinhos.

498   *Direito do Património Cultural*

N iv: Abrange *habitats* naturais verdadeiramente representativos e de reconhecida importância para a conservação *in situ* da diversidade biológica, incluindo aqueles onde sobrevivem espécies ameaçadas de valor universal excepcional sob o ponto de vista da ciência ou da conservação.

Justificação da Inscrição Relatório da 23.ª sessão do Comité

Breve Descrição: A floresta Laurissilva da ilha da Madeira constitui na actualidade o remanescente de um coberto florestal primitivo mais largamente disseminado, que resistiu a cinco séculos de humanização, e que contribuiu para que os navegadores portugueses atribuíssem o nome de "Madeira" à região. É a maior área de floresta laurissilva existente actualmente e crê-se ser 90% floresta primária. O seu maior valor natural é a biodiversidade. Quase todas as suas plantas e animais são endémicos da laurissilva.

Entidade que tutela: Secretaria Regional do Ambiente do Governo Regional da Madeira

CENTRO HISTÓRICO DE GUIMARÃES

Inscrição: 2001

Critérios C (ii) (iii) (iv):

Critério (ii) Guimarães tem um considerável valor universal em virtude de as técnicas de construção especializadas aqui desenvolvidas na Idade Média terem sido transmitidas às colónias portuguesas em África e no Novo Mundo, tornando-se nas suas características distintivas.

Critério (iii) O passado histórico de Guimarães está estreitamente associado com o estabelecimento da identidade nacional portuguesa e da língua portuguesa no século XII.

Critério (iv) Cidade excepcionalmente bem preservada, Guimarães ilustra a evolução de tipos particulares de construção, desde o povoado medieval até à cidade dos nossos dias, e particularmente dos séculos XV a XIX.

Justificação da Inscrição: Relatório da 25.ª Sessão do Comité

Breve descrição: O centro histórico de Guimarães está associado à emergência da identidade nacional portuguesa no século XII. Um exemplo excepcionalmente bem preservado e autêntico da evolução de um povoado medieval para uma cidade moderna, a sua rica tipologia de construção ilustra bem o desenvolvimento específico da arquitectura portuguesa do século XV ao século XIX, através da utilização consistente de técnicas e materiais de construção tradicionais.

Entidade que tutela: <u>Câmara Municipal de Guimarães</u>

ALTO DOURO VINHATEIRO

Inscrição : 2001

Critérios: C (iii) (iv) (v)

Critério (iii) A Região do Alto Douro produz vinho há dois mil anos e a sua paisagem foi moldada pelas actividades humanas.

Critério (iv) As componentes da paisagem do Alto Douro são representativas da totalidade das actividades associadas à produção vinícola – socalcos, quintas (complexos de produção vinícola), aldeias, capelas e estradas.

Critério (v) A paisagem cultural do Alto Douro é um exemplo notável de uma região vinícola europeia tradicional, reflectindo a evolução desta actividade humana ao longo do tempo.

Justificação da Inscrição: Relatório da 25.ª Sessão do Comité

Breve descrição: Os proprietários de terras do Alto Douro produzem vinho há dois mil anos. Desde o século XVIII, o seu principal produto, o vinho do Porto, é mundialmente famoso pela sua qualidade. Esta longa tradição vitícola produziu uma paisagem cultural de notável beleza que reflecte a sua evolução tecnológica, social e económica.

Entidade que tutela: <u>Associação de Municípios de Trás-os-</u> <u>-Montes e Alto Douro</u> (assegura transitoriamente a gestão da região classificada, até à criação do Gabinete Técnico Intermunicipal)

Sítios (Sites) Relacionados com o Património Cultural

1. Internacionais (de âmbito informativo)

- ONU – http://www.un.org
- UNESCO - http://www.unesco.org
- Conselho da Europa – http://www.coe.int/portalT.asp
- Lista do património mundial classificado, por ordem alfabética de países – http://whc.unesco.org/heritage.htm
- Organização das cidades do património mundial – http://ovpm.org/
- Centro do Património Mundial – http://whc.unesco.org
- Conselho Internacional dos Monumentos e Sítios – http://icomos.org
- Conselho Internacional dos Museus – http://icom.museum
- Centro Internacional para o Estudo da Preservação e Restauro de Bens Culturais – http://www.iccrom.org
- The World Conservation Union – http://www.iucn.org
- International Union of Architects (IUA) – http://www.uia-architectes.org

2. Nacionais (de âmbito informativo)

- Comissão Nacional da UNESCO – Portugal – http://www.unesco.web.pt
- Centro de Informação da ONU em Portugal – http://www.onuportugal.pt
- Ministério da Cultura – http://www.min-cultura.pt
- Instituto Português do Património Arquitectónico – http://www.ippar.pt

502 *Direito do Património Cultural*

- Instituto Português de Arqueologia – http://www.ipa.min-cultura.pt
- Centro Nacional de Arte Rupestre – http://www.ipa.min-cultura.pt/cnart
- Centro Nacional de Arqueologia Náutica e Subaquática – http://www.ipa.min-cultura.pt/cnans
- Biblioteca Nacional – http://www.bn.pt
- Instituto dos Arquivos Nacionais/Torre do Tombo – http://www.iantt.pt/index.html
- Instituto Português de Museus – http://www.ipmuseus.pt/cgi-bin/ipmuseus/
- Rede Portuguesa de Museus – http://rpmuseus-pt.org

3. Nacionais (de divulgação de alguns bens integrados no património cultural)

- Museu Nacional de Arqueologia – http://www.mnarqueo-logia-ipmuseus.pt [1]
- Centro Histórico de Angra do Heroísmo – http://www.gzcah.pt/angra/index.htm
- Mosteiro do Jerónimos e Torre de Belém – http://www.ippar.pt /patrimonio/mundial/jeronimos.html
- Mosteiro da Batalha – http://www.ippar.pt/patrimonio/mundial/batalha.html
- Convento de Cristo – http://www.ippar.pt/patrimonio/mundial/tomar.html
- Centro Histórico de Évora – http://www.cm-evora.pt/itinerarios/
- Mosteiro de Alcobaça – http://www.ippar.pt/patrimonio/mundial/alcobaca.html
- Paisagem cultural de Sintra – http://www.cm-sintra.pt
- Centro Histórico do Porto – http://.cm-porto.pt/turismo/visitas_culturais.asp

---

[1] O site português do Museus Nacional de Arqueologia foi premiado com o "Web Art d'Or 2002", pelo "Comité Internacional dos Museus para o Audiovisual e as Tecnologias da Imagem e do Som" (AVICOM), um dos organismo da agência da UNESCO para os museus.

- Sítios de Arte Rupestre Pré-Histórica do Vale do Côa – http://www.ipa.min-cultura.pt/pavc
- Floresta Laurissilva da Madeira – http://www.sra.pt
- Centro Histórico de Guimarães – http://www.cm-guimaraes.pt
- Alto Douro Vinhateiro – http://www.ippar.pt/patrimonio/mundial/altodouro.html
- Outros monumentos portugueses (palácios, conjuntos monásticos, castelos e fortalezas, sés e igrejas, monumentos e sítios arqueológicos, bibliotecas...) – http://www.ippar.pt/monumentos/monumentos/.html

ÍNDICE

NOTA À 2.ª EDIÇÃO 5

NOTA PRÉVIA 7

I
CONSTITUIÇÃO DA
REPÚBLICA PORTUGUESA

II
DIREITO INTERNACIONAL

1. Concordata entre a Santa Sé e a República Portuguesa 17

2. Convenções da UNESCO 23

    2.1. Convenção para a Protecção dos Bens Culturais em Caso de Conflito Arma-
do, adoptada na Haia em 14 de Maio de 1954 23

        2.1.1. *Regulamento de Execução da Convenção para a Protecção de Bens
Culturais em Caso de Conflito Armado* 40

    2.2. Convenção Relativa às medidas a Adoptar para Proibir e Impedir a Importa-
ção, a Exportação e a Transferência Ilícitas da propriedade de Bens Culturais,
adoptada em Paris a 14 de Novembro de 1970 51

    2.3. Convenção para a Protecção do Património Mundial, Cultural e Natural, con-
cluída em Paris a 16 de Novembro de 1972 52

    2.4. Convenção para a Protecção do Património Cultural Subaquático, aprovada
em Paris em 2001 79

    2.5. Convenção para a Salvaguarda do Património Cultural Imaterial 103

506   *Direito do Património Cultural*

3. **Convenção do UNIDROIT sobre bens culturais roubados ou ilicitamente exportados, aprovada em Roma em 1995** 121

4. **Convenções do Conselho da Europa** 135

    4.1. Convenção Cultural Europeia, assinada em Paris aos 19 de Dezembro de 1954   135

    4.2. Convenção Europeia para a Protecção do Património Arqueológico (revista), assinada em Londres a 6 de Maio de 1969[2] e revista em La Valetta, Malta, em 16 de Janeiro de 1992 139

    4.3. Convenção para a Salvaguarda do Património Arquitectónico da Europa, assinada em Granada, a 3 de Outubro de 1985 149

    4.4. Convenção Europeia sobre Infracções relativas a Bens Culturais, assinada em Delfos a 23 de Junho de 1985 159

    4.5. Convenção Europeia da Paisagem, assinada em Florença em 20 de Outubro de 2000 176

5. **Convenção das Nacões Unidas sobre o Direito do Mar** 187

III
DIREITO COMUNITÁRIO

1. **Regulamento (CEE) n.º 3911/92, de 9 de Dezembro, relativo à exportação de bens culturais** 191

2. **Regulamento (CEE) n.º 752/93, de 30 de Março, que estabelece normas de execução do Regulamento (CEE) n.º 3911/92 do Conselho, relativo à exportação de bens culturais** 201

3. **Directiva 93/7/CEE do Conselho, de 15 de Março, relativa à restituição de bens culturais que tenham saído ilicitamente do território de um Estado--membro** 211

IV
LEGISLAÇÃO NACIONAL

1. **Lei de bases da política e do regime de protecção e valorização do património cultural (Lei n.º 107/2001, de 8 de Setembro)** 223

2. **Decreto n.º 20:985, de 7 de Março de 1932** 281

3. **Decreto-Lei n.º 27:633, de 6 de Abril de 1937** 301

Índice

4. Lei do Património Cultural Subaquático (Decreto-Lei n.º 164/97, de 27 de Junho) 309

5. Benefícios Fiscais e Estatuto do Mecenato 321

6. Lei orgânica do Ministério da Cultura (Decreto-Lei n.º 42/96, de 7 de Maio) 329

7. Lei orgânica do Instituto Português do Património Arquitectónico (Decreto--Lei N.º 120/97, de 16 de Maio) 343

8. Lei orgânica do Instituto Português de Arqueologia (Decreto-Lei n.º 117/97, de 14 de Maio) 375

9. Lei Orgânica da Direcção-Geral dos Edifícos e Monumentos Nacionais (Decreto-Lei n.º 284/93, de 18 de Agosto) 391

10. Autoridade Marítima Nacional 397

11. Criação e gestão de parques arqueológicos (Decreto-Lei n.º 131/2002, de 11 de Maio) 401

12. Lei Quadro dos Museus Portugueses (Lei n.º 47/2004, de 19 de Agosto) 407

13. Regime Jurídico excepcional da reabilitação urbana de zonas históricas (Decreto-lei n.º 104/2004, de 7 de Maio) 449

14. Código Penal Português 475

ANEXOS

Outros instrumentos relativos ao Património Cultural 479

Critérios relativos à Classificação de Bens Culturais e Naturais, no Âmbito da Convenção para a Protecção do Património Mundial, Cultural e Natural 491

Bens Portugueses inscritos na Lista do Património Mundial 493

Sítios (Sites) Relacionados com o Património Cultural 501